高等医药院校课程改革新形态教材

供高等职业教育临床医学、药学、康复治疗技术、医学检验技术、老年保健与管理、智慧健康养老服务与管理等专业使用

药 理 学

主 审 徐 红
主 编 王开贞 孙经兴
副主编 卢 敏 吴 彬 董艳艳
编 者 （按姓氏汉语拼音排序）
蔡秀婷（山东圣翰财贸职业学院）
董艳艳（山东大学齐鲁医院）
刘玉芹（山东现代学院）
卢 敏（山东力明科技职业学院）
孙经兴（山东力明科技职业学院）
孙岩梅（山东第一医科大学第一附属医院）
王 娜（山东圣翰财贸职业学院）
王 伟（山东力明科技职业学院）
王开贞（山东圣翰财贸职业学院）
王学屏（山东圣翰财贸职业学院）
吴 彬（山东圣翰财贸职业学院）
赵 健（济南护理职业学院）

科学出版社

北 京

内 容 简 介

本教材为高等医药院校课程改革新形态教材。教材以思维导图、学习目标、案例导入开篇，重点介绍临床常用药物的药理作用、临床应用、不良反应与用药注意事项。内容取舍以岗位需求为宗旨，删去了临床少用或不用的药物及过时的理论，对近年来医药研究新药物、新知识、新技术、新规范即“四新”内容，予以重点介绍。正文中穿插知识拓展、处方分析等模块。章末附有学习小结、高频考点、自测题，书末附有自测题（选择题）参考答案，并配备了课程全部教学内容 PPT 课件等数字化内容，以满足学生自主学习的需求。

本教材可供高等职业教育临床医学、药学、康复治疗技术、医学检验技术、老年保健与管理、智慧健康养老服务与管理等专业学生使用，也可作为社区医药工作者专业提升培训教材及临床参考书等。

图书在版编目（CIP）数据

药理学 / 王开贞，孙经兴主编 . —北京：科学出版社，2024.8

高等医药院校课程改革新形态教材

ISBN 978-7-03-078622-7

Ⅰ . ①药…　Ⅱ . ①王…　②孙…　Ⅲ . ①药理学 – 高等职业教育 – 教材　Ⅳ . ① R96

中国国家版本馆 CIP 数据核字（2024）第 109231 号

责任编辑：王昊敏 / 责任校对：周思梦

责任印制：赵　博 / 封面设计：涿州锦晖

科学出版社 出版

北京东黄城根北街16号

邮政编码：100717

http://www.sciencep.com

保定市中画美凯印刷有限公司印刷

科学出版社发行　各地新华书店经销

*

2024年 8 月第　一　版　开本：850×1168　1/16

2026年 1 月第四次印刷　印张：18 3/4

字数：540 000

定价：72.80元

（如有印装质量问题，我社负责调换）

前　言

党的二十大报告指出“人民健康是民族昌盛和国家强盛的重要标志。把保障人民健康放在优先发展的战略位置，完善人民健康促进政策。”贯彻落实党的二十大决策部署，积极推动健康事业发展，离不开人才队伍建设。“培养造就大批德才兼备的高素质人才，是国家和民族长远发展大计。”教材是教学内容的重要载体，是教学的重要依据、培养人才的重要保障。本版创新教材编写旨在贯彻党的二十大精神，坚持为党育人、为国育才。

本教材坚持以立德树人为根本任务，以“三教”改革为主线，以编写一本优秀教材（金教材）为工作目标，在对高等卫生职业教育现有同类教材进行综合分析研究，并广泛征求全国卫生职业教育院校对药理学教材使用的意见和建议的基础上，组织教学一线专业教师和临床一线专家共同编写完成。

本教材编写的创新做法如下。

一、团队组建：组建校企合作的编写团队，聘请山东大学齐鲁医院董艳艳博士，山东第一医科大学第一附属医院孙岩梅副主任药师参与论证和编写，并进行了大量临床用药现状调研。以确保教材内容与临床医学及医学相关专业岗位需求无缝对接。

二、内容取舍：力求全面反映医药科学发展最新成果，重点更新增加新药物、新知识、新技术、新规范，即“四新”内容。一些已经淘汰或者临床基本不用的药物，以及某些陈旧过时的理论、某些过时的给药方案、临床用药选择等不再收入教材。将近年来临床广泛应用，且安全有效的新药物等“四新”内容，如抗生素使用新规、药物不良反应报告制度、药物新型制剂、新的给药方法、新的治疗方案、新的用药原则、医药研究新成果等内容收入教材中，更加突出教材的时代性、新颖性、适用性。

三、课证对接：教材内容选取与执业助理医师、健康管理师、执业药师、康复治疗师、养老护理员等职业准入证书考试内容紧密对接，每章后列出高频考点，模拟考题自测及案例分析等，以助力各专业执业资格证书考取。

四、课赛融合：强化岗课赛证综合育人，与岗位技能大赛有关的内容，重点介绍。每章编有案例导入，处方与案例分析、以赛促学、知识链接等。为强化动手能力，同时编写了配套实训教程，与主教材同步出版。使教、学、做融为一体，把以赛促教，以赛促学，以赛强技的职业教育育人理念内化于教材中。

五、课程思政：把课程思政教育融入教材，以国家荣誉、抗疫故事、知识拓展等形式呈现。在第一章绪言中，还增加了“我国对世界药学的重大贡献”一节，列举部分我国医药研究取得的重大成果，如青蒿素的发现、二巯丁二钠的首创等，春风化雨，润物无声，使学生坚定科技强国的信念，对伟大祖国取得的辉煌成就肃然起敬。

六、体例创新：部分章节编有思维导图、学习目标，案例导入、知识拓展、新技术新工艺、国家法规、处方与案例分析、用药警戒、高频考点、自测题等，使学生通过对本教材的学习，形成一个完整的知识链、技能链、素养链。

七、数字融合：采用纸质-数字一体化的融合出版模式，在传统纸质版教材的基础上，配备数字化内容，以满足学生知识贯通、实践能力、人文精神及自主学习的需求，探索数字化赋能职业教育新生态，提高数字化时代，高素质技术技能型人才培养质量，助推新质生产力的发展。

本教材的编写出版，得到了山东圣翰财贸职业学院刘广耀校长及编者所在单位给予的大力支持。在教材出版之际，编写团队谨向支持和帮助教材编写出版的各位领导、专家、同仁表示崇高的敬意和衷心的感谢。

由于编者水平所限，教材难免存在不足之处，敬请广大师生批评指正。

王开贞

2024 年 6 月

配 套 资 源

欢迎登录“中科云教育”平台，**免费**数字化课程等你来！

本系列教材配有图片、视频、音频、动画、题库、PPT 课件等数字化资源，持续更新，欢迎选用！

“中科云教育”平台数字化课程登录路径

电脑端

- 第一步：打开网址 http://www.coursegate.cn/short/XIZC9.action
- 第二步：注册、登录
- 第三步：点击上方导航栏“课程”，在右侧搜索栏搜索对应课程，开始学习

手机端

- 第一步：打开微信“扫一扫”，扫描下方二维码
- 第二步：注册、登录
- 第三步：用微信扫描上方二维码，进入课程，开始学习

PPT 课件：请在数字化课程各章节里下载！

目　录

第1章 绪 言

思维导图 >>>

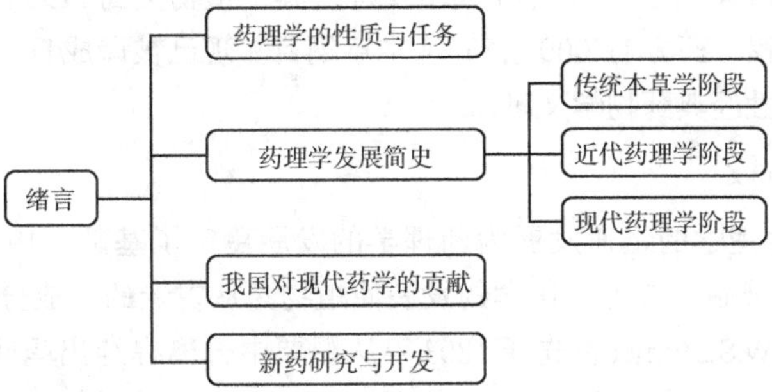

学习目标

1. 掌握药物、药理学、药效学、药动学的概念。
2. 熟悉药理学发展简史。
3. 能够举例说明我国对现代药学的贡献；新药的研究与开发。

案例导入

目前，在非洲、东南亚、美洲地区，疟疾仍是高流行疾病。2021 年 6 月 30 日，世界卫生组织宣布中国获得无疟疾认证。中国成为西太平洋地区 30 多年来，第一个获得世界卫生组织消除疟疾认证的国家。

问题：我国科学家发明了哪种抗疟疾的药物，为消除疟疾做出了卓越贡献，并向全世界提供援助？

一、药理学的性质与任务

药物（drug）是指可以改变或查明机体的生理功能及病理状态，可用于预防、诊断和治疗疾病的化学物质。毒物（toxicant）指在较小剂量即对机体产生剧烈毒性作用，损害人体健康的化学物质。药物和毒物之间并无严格界限，任何药物剂量过大时都可能产生毒性反应。

药理学（pharmacology）是研究药物与机体（包括病原体）间相互作用及其规律的学科。其主要研究内容为药物代谢动力学（pharmacokinetics，简称药动学）和药物效应动力学（pharmacodynamics，简称药效学）。药动学研究机体对药物的作用及规律，包括药物的体内过程及药物在体内随时间而变化的动态规律；药效学研究药物对机体的作用及机制，包括药物的作用、临床应用和不良反应等。

药理学的任务是：①阐明药物的作用及其作用机制，为临床合理用药、防治不良反应提供理论依据；②研究开发新药，发现老药新用途；③探索生命现象的本质和揭示疾病发生发展的规律。

二、药理学发展简史

从远古时代起，人类在生活和生产实践中就积累了丰富的药物方面的知识和防病治病的经验，其中有不少流传至今，如饮酒止痛、大黄导泻等，但当时对药物治疗疾病还缺乏科学的认识。药理学学科的逐步形成和发展与现代科学技术的发展密切相关，大致分为三个阶段。

（一）传统本草学阶段

古代的药物学著作称为本草学，是因为药物中植物类药占绝大部分。我国最早的药物学著作是《神农本草经》，著书于公元1世纪前后，共收载药物365种，并按其作用和毒性进行了分类，这也是世界上最早的药物学著作之一。《新修本草》记载药物800余种，是我国乃至世界上第一部由政府颁发的药物法典性书籍，即药典。16世纪末，明代医药学家李时珍所著的《本草纲目》是一部世界闻名的药物学巨著。全书52卷，约190万字，收载药物1892种，其中植物类药1195种，动物类药340种，矿石类药357种，插图1100多幅，药方11 000余条。《本草纲目》现已被译成日、法、朝、德、英、俄、拉丁等多种文本，成为世界性经典药物学文献。

（二）近代药理学阶段

在18世纪，化学和生理学的迅速发展为药理学的发展奠定了基础。19世纪初实验药理学的创立标志着近代药理学阶段的开始。首先，化学的发展使植物药从古老的、成分复杂的粗制剂发展为化学纯品。例如，德国药师F.W.Serturner首先于1803年从罂粟中分离提纯出吗啡，随后士的宁、咖啡因、奎宁、阿托品等生物碱相继问世。其次，生理学的兴起对药理学发展发挥了重要作用。19世纪，生理学家建立了许多实验生理学的方法，并用来观察植物药和合成药对生理功能的影响。1819年，F.Magendie用青蛙实验确定了士的宁的作用部位在脊髓。1878年，英国生理学家J.N.Langley提出了药物作用的受体（receptor）概念，为现代受体学说奠定了基础。这些工作为药理学创造了实验方法，并将其系统地用于药物筛选。此后，诸如催眠药、解热镇痛药和局部麻醉药等大量被应用于临床。在此期间，德国的R.Buchheim建立了第一个药理学实验室，使药理学真正成为一门独立的学科。

（三）现代药理学阶段

现代药理学阶段大约是从20世纪初开始。1909年德国的P.Ehrlich发现胂凡纳明可以治疗梅毒，开创了应用化学药物治疗传染病的新纪元。1940年，英国学者H.W.Florey在A.Fleming研究的基础上提取出了青霉素，使化学治疗进入抗生素时代。20世纪中叶，自然科学技术的蓬勃发展为新药研究与开发提供了理论、技术和方法，使药理学的研究从原来的系统、器官水平发展到细胞、亚细胞及分子水平，对药物作用机制的研究也逐步深入。近几十年来，随着医药相关学科的发展，尤其是分子生物学技术包括单克隆技术、基因重组技术及基因敲除技术等的应用，现代药理学的发展更加迅速，现已形成许多各具特色的分支学科，以及与其他学科相互渗透而形成的边缘交叉学科，如分子药理学、临床药理学、网络药理学行为药理学、精神药理学、免疫药理学、遗传药理学、生化药理学、量子药理学等。药理学已由过去的传统经典药理学逐步发展成为与基础医学和临床医学等多学科密切相关的综合学科。特别是分子药理学的发展，不仅更深入地阐明了许多药物的作用机制，更准确地指导药物合成及基因工程药物的研发，而且更进一步促进了网络药理学、遗传药理学、神经药理学、时辰药理学等学科的发展。

知识拓展　网络药理学

网络药理学（network pharmacology）是基于网络生物学和生物网络平衡提出的。传统的药理学理论认为，一种药物作用于一个靶点，从而治疗某一疾病，也就是常说的一把钥匙开一把锁。近年来，网络药理学研究证明，很多药物是作用于多个靶点，而非单一靶点，以呈现药物疗效。例如，β-内酰胺类抗生素至少要抑制细菌细胞壁多个青霉素结合蛋白中的两个，方可发挥杀菌作用。喹诺酮类抗菌药物则同时抑制细菌ParC和GyrA两个蛋白，发挥抗菌作用。网络药理学的研究有利于揭示药物疗效及不良反应的发生，特别是中成药多种活性成分对应多个靶点的作用。同时也为新药研究开发提供新的思路和方法。

三、我国对现代药学的重大贡献

中华人民共和国成立以来，我国大力加强新药研究开发及药物生产技术工艺的创新，在新药研制及发掘祖国医药宝库等方面取得了举世瞩目的成就。

1958年，我国科学家研制的首创药物二巯丁二钠用于金属和类金属中毒解救，疗效好、毒性低，至今仍在临床广泛应用，1977年载入《中国药典》。1965年，我国科学家人工合成了结晶牛胰岛素，这是世界上第一次人工合成多肽类生物活性物质，引起世界轰动。1972年，我国科学家从中药青蒿中分离提取出抗疟原虫有效单体成分——青蒿素，临床应用证明其杀灭疟原虫的有效率达100%。此后又研制出青蒿素衍生物双氢青蒿素。青蒿素和双氢青蒿素分别于1986年和1992年获得国家一类新药证书。青蒿素和双氢青蒿素制剂不但满足了国内需求，而且出口到世界近百个国家和地区，拯救了全球数百万疟疾患者的生命。我国青蒿素的第一发明人、中国中医科学院屠呦呦研究员获得2015年诺贝尔生理学或医学奖。我国科学家从砒霜中提取三氧化二砷治疗白血病，取得了临床治愈白血病的疗效。成果多多，不胜枚举。

现在我国许多药品的生产技术、生产工艺等已达到国际领先水平，药品质量得到国际社会的普遍认可，还有一大批中成药制剂，如连花清瘟胶囊、复方丹参滴丸、速效救心丸、麝香保心丸等，在临床广泛应用，已出口到世界上120多个国家和地区，满足了国际市场的需求。我国新药研究开发的诸多重大成果及祖国传统医药研究开发的卓越成就，为世界医药学做出了巨大贡献，为人类健康、防病治病、战胜疫情，展现出大国担当和中国智慧。

知识拓展 屠呦呦2015年获得诺贝尔生理学或医学奖

屠呦呦长期从事中药学研究。1971年她首先从药用植物黄花蒿中发现抗疟有效物质；1972年，她带领团队分离提取出有效成分青蒿素，经进一步研究，又开发出双氢青蒿素，为抗疟新药青蒿素的第一发明人。青蒿素和双氢青蒿素挽救了全球特别是发展中国家数百万疟疾患者的生命。为表彰她对青蒿素研究的突出贡献，2015年10月屠呦呦获得诺贝尔生理学或医学奖，成为我国第一位获得诺贝尔生理学或医学奖的科学家。

四、新药研究与开发

新药是指未曾在中国境内上市销售的药品。对已生产上市的药品改变剂型、改变给药途径、增加新的适应证或制成新的复方制剂，也属于新药范围，也按新药管理。新药研究与开发是一项非常严格而复杂的系统工程，是不断发现和提供安全、高效和适应疾病谱的药物的源泉，对保障全人类健康和促进经济发展具有十分重要的意义。现代科学技术的进步推动了医药工业的发展，提高了新药研发水平，加快了新药开发速度。

知识拓展 基因工程药物

基因工程药物是预防或治疗某种疾病的蛋白质，通过基因重组工程技术，将合成此类蛋白质的基因，植入到细菌、酵母菌或者动物细胞中，在这些受体细胞中不断繁殖，从而大规模生产出预防或治疗某种疾病的蛋白质，如乙肝疫苗、人胰岛素、人生长激素等。

新药研究过程分为临床前研究、新药临床研究和上市后药物监测三个阶段。

临床前研究包括药物制备工艺路线、理化性质、质量控制标准及以实验动物为研究对象，进行的药效学、药动学及毒理学研究。

新药临床研究一般分为四期。Ⅰ期临床试验是选择20～30例正常成年志愿者进行，是初步的临床药理学及人体安全性评价试验。Ⅱ期临床试验一般是采用随机双盲对照临床试验形式，观察病例不少于100例，主要是对新药的有效性和安全性做出初步评价。Ⅲ期临床试验为扩大的多中心临床试验，观察的病例一般不少于300例，目的是进一步验证新药的有效性和安全性，通过Ⅲ期临床试验后，新药才能被批准生产和上市。

上市后药物监测期，即Ⅳ期临床试验，目的是考察新药在广泛长期临床应用的条件下，药物的疗效和不良反应，评价新药使用的利益与风险的关系，调整给药剂量等。此期自该新药批准生产之日起计算，一般不超过5年。但不同的新药，根据安全性和有效性研究的结果、境内外研究状况，其监测期限有所不同。

我国大力支持和鼓励具有自主知识产权的新药研究与开发。

知识拓展　药物警戒质量管理规范

为贯彻落实《中华人民共和国药品管理法》关于建立药物警戒制度的要求，规范药品上市许可持有人的药物警戒主体责任，保障公众用药安全，国家药品监督管理局颁布《药物警戒质量管理规范》，并于2021年12月1日起正式实施，以监测、识别、评估和控制药品不良反应及用药有关的有害反应。

学习小结

药物是指可以改变或查明机体的生理功能及病理状态，可用于预防、诊断和治疗疾病的化学物质。药理学是研究药物与机体间相互作用及其规律的学科，其主要研究内容为药效学和药动学。药理学的学科任务是阐明药物作用机制、提高药物疗效、开发新药、发现药物新用途。我国科学家首次人工合成了牛结晶胰岛素，我国科学家首创的药物二巯丁二钠、青蒿素、双氢青蒿素等，满足了国内和国际市场的需求，为人类战胜疾病，保障健康做出了卓越贡献，也极大地推动了现代药学的发展。

高频考点　1. 药物、药理学概念

2. 新药的概念

自 测 题

1. 研究机体对药物作用的科学称为
   A. 药理学　B. 药效学
   C. 药物化学　D. 药动学
   E. 配伍禁忌
2. 可以改变或查明机体的生理功能及病理状态，可用于预防、诊断和治疗疾病的化学物质称为
   A. 药物　B. 制剂
   C. 剂型　D. 生物制品
   E. 生药
3. 药理学的任务不包括
   A. 阐明药物的作用及其作用机制
   B. 研究开发新药
   C. 探索生命现象的本质和揭示疾病发生发展的规律
   D. 新剂型的设计和开发
   E. 发现老药新用途
4. 新药研究开发的四期临床试验包括
   A. 初步的临床药理学及人体安全性评价试验
   B. 治疗作用初步评价阶段
   C. 治疗作用确证阶段
   D. 新药上市后应用研究阶段
   E. 研究药物生物等效性
5. 明代医药学家李时珍的巨著是
   A.《神农本草经》　B.《新修本草》
   C.《本草纲目》　D.《神农本草经集注》
   E.《千金药方》

（王开贞）

第2章 药物代谢动力学

思维导图 >>>

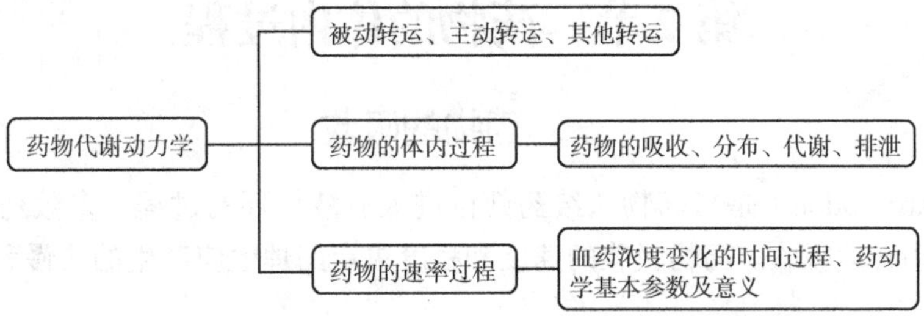

学习目标

1. 掌握首过效应、药酶诱导剂、药酶抑制剂、恒比消除、恒量消除、半衰期、坪值、生物利用度、肝肠循环的概念。
2. 熟悉吸收、分布、代谢、排泄的概念及影响因素。
3. 了解表观分布容积、时效关系、时量关系的概念。
4. 能运用药动学的基本知识和基本理论，解释体内过程对药物作用的影响。
5. 能与患者和家属沟通，开展用药咨询服务与指导。

案例导入

患者，男，43岁。饮酒后不慎头部磕碰受伤，右额眉弓处有皮肤全层裂口。急诊入院后，予以清创缝合，注射破伤风抗毒素，同时给予头孢曲松静脉滴注。输注过程中患者突发呕吐，继而出现呼吸窘迫、神志模糊、心跳呼吸消失，经抢救无效于入院2小时后死亡。

问题：试问饮酒对药物的作用有哪些影响？

药物代谢动力学（pharmacokinetics，简称药动学）是研究机体对药物的处置过程及血药浓度随时间的变化规律的科学。机体对药物的处置过程包括机体对药物的吸收、分布、生物转化和排泄等过程，也称为药物的体内过程。

第1节　药物的跨膜转运

药物的体内过程如吸收、分布、排泄均需通过各种生物膜，这一过程称为药物的跨膜转运。药物在体内的跨膜转运方式主要有以下几种。

1. 被动转运（passive transport）是指药物由高浓度一侧向低浓度一侧的扩散过程，为不耗能的顺浓度差转运，膜两侧浓度差越大，药物转运的速度越快。被动转运的特点为：①顺浓度差转运；②不需要载体；③不消耗能量；④分子量小的、脂溶性大的、极性小的、非解离型药物易被转运，反之不易被转运。临床应用的多数药物以此种方式转运。

2. 主动转运 是指药物从浓度低的一侧向浓度高的一侧转运。主动转运的特点有：①逆浓度差转运；②需要载体，且载体对药物具有特异性和选择性；③消耗能量；④存在竞争性抑制现象；⑤具有饱和现象。如青霉素和丙磺舒均由肾小管同一载体转运排泄，两药同时应用时，因丙磺舒占据了大量载体而使青霉素的主动转运被竞争性抑制，使排泄减少，血药浓度维持时间延长，从而增强了青霉素的抗菌效果。

3. 其他转运 除上述转运方式外，体内的药物转运还可通过易化扩散、胞吞、胞饮、胞吐等方式进行。

第2节 药物的体内过程

一、药物的吸收

药物的吸收（absorption）是指药物从给药部位进入血液循环的过程。多数药物通过被动转运吸收，少数药物经主动转运吸收。药物吸收的速度和程度决定药理效应产生的快慢和强弱。影响药物吸收的因素如下所述。

（一）给药途径

除静脉给药直接进入血液循环外，其他给药途径均存在吸收过程。药物的吸收速度和程度受给药途径的影响：一般情况下，不同途径给药吸收速度由快到慢依次为：吸入＞肌内注射＞皮下注射＞舌下及直肠＞口服＞黏膜＞皮肤。吸收程度以吸入、肌内注射、皮下注射、舌下、直肠较完全，口服次之。少数脂溶性大的药物可通过皮肤吸收（透皮吸收）。

皮下或肌内注射给药是通过毛细血管壁吸收，快速而完全；口服给药主要经小肠吸收，这是由于小肠吸收面积大、血流丰富，少数弱酸性药物可在胃中吸收，胃肠吸收药物需通过毛细血管经肝门静脉再进入体循环。某些药物在通过肠黏膜及肝脏时，经过灭活代谢，进入体循环的药量减少，药效随之减弱，这种现象称为首过效应（first pass effect），又称首过消除（first pass elimination）或首关代谢（first pass metabolism）。舌下和直肠给药可不同程度地减少首过消除，如舌下给予硝酸甘油、直肠给予对乙酰氨基酚栓剂；直肠给药主要适用于少数刺激性强的药物（如水合氯醛）或不能口服药物的患者（如小儿、严重呕吐或昏迷患者）。

（二）其他因素

1. 药物的理化性质 药物的分子越小，脂溶性越大或极性越小，越容易吸收。不溶于水又不溶于脂类的药物（如活性炭等）口服后只能在肠道局部发挥作用。

2. 药物的剂型 药物可制成多种剂型，如口服溶液剂、糖浆剂、片剂、胶囊剂、颗粒剂、注射剂、气雾剂、栓剂等。剂型不同、给药途径不同，药物吸收速度也不同，如片剂的崩解、胶囊剂的溶解等均可影响口服给药的吸收速度；油剂和混悬剂注射液可在给药局部滞留，使药物吸收缓慢而持久。近年来，随着药动学的发展，生物药剂学为临床提供了许多新的剂型，如缓释制剂（sustained-release preparation）利用无药理活性的基质或包衣，阻止药物迅速溶出以达到非恒速缓慢释放的效果。控释制剂（controlled-release preparation）可以控制药物按零级动力学恒速或近恒速释放，以保持恒速吸收，既确保疗效的持久性，又方便使用。

3. 吸收环境 药物局部吸收面积、血液循环情况、局部环境pH、胃排空速度、肠蠕动速度等均可影响药物的吸收。空腹服药吸收快，餐后服药吸收较缓慢。

二、药物的分布

药物的分布（distribution）是指药物吸收后，经血液循环到达机体各个组织器官的过程。多数药物的分布过程属被动转运，少数药物为主动转运。影响药物分布的因素如下所述。

（一）药物的血浆蛋白结合率

血浆蛋白结合率指血液中的药物与血浆蛋白结合的百分率，表示药物与血浆蛋白结合的程度。多数药物进入血液循环后，能不同程度地与血浆蛋白可逆性结合，结合后呈现以下特点：①结合型药物分子量大，不能跨膜转运，暂时失去药理活性，也不能被代谢或排泄，故血浆蛋白结合率高的药物在体内消除较慢，作用维持时间较长。当血浆中游离型药物浓度降低时，部分结合型药物解离为游离型药物，两者始终处于动态平衡状态。②因血浆蛋白结合点有限，结合具有饱和性，当给药剂量增大、血药浓度过高、结合达到饱和时，血浆内游离型药物浓度可升高，作用增强或毒性增大。③存在竞争现象。药物与血浆蛋白结合特异性低，与相同蛋白结合的两个药物可在结合部位发生竞争性置换现象，也可使游离型药物浓度增加。例如，抗凝血药双香豆素与解热镇痛药保泰松的血浆蛋白结合率分别为99%和98%，若两药同时应用，因竞争置换而使双香豆素结合率下降1%时，游离型药物浓度在理论上将增加一倍，可致抗凝血作用大大增强，甚至自发性出血。

（二）体液的pH

生理状态下，细胞外液pH为7.4，细胞内液pH为7.0，弱酸性药物在细胞外液中易解离，不易进入细胞内液，弱碱性药物则相反。如果改变体液pH，则可改变药物的分布，如弱酸性药巴比妥类中毒时，用碳酸氢钠碱化血液及尿液，可促使巴比妥类药物从脑组织向血浆转移，并加速药物自尿排出。

（三）药物与组织的亲和力

大多数药物在体内分布是不均匀的，药物与组织的亲和力和药物分布的多少有关。当连续给药，血药浓度与组织中浓度达到动态平衡时，各组织中药物浓度并不均等，血药浓度与组织内浓度也不相等，这是由于药物与各组织亲和力不同所致。例如，碘剂主要分布到甲状腺，氯喹在肝内的浓度高。药物在靶器官的浓度决定药物作用的强弱。

（四）器官的血流量

药物由血液向组织器官的分布速度，主要取决于该组织器官的血流量，如肝、肾、脑、肺等血流丰富的器官药物分布较快，而皮肤、脂肪等器官或组织药物分布较慢。组织或器官的血流量并不能决定药物的最终分布浓度，如静脉麻醉药硫喷妥钠，首先分布到血流量大的脑组织发挥作用，随后向血流量少的脂肪组织转移，此称为药物在体内的再分布。

（五）体内屏障

1. 血脑屏障（blood-brain barrier）　脑组织内的毛细血管内皮细胞紧密相连，内皮细胞之间无间隙，且毛细血管外表面几乎均由星形胶质细胞包围，这种特殊结构形成了血浆与脑脊液之间的屏障。此屏障能阻碍许多大分子、水溶性或解离型药物通过，只有脂溶性高的药物才能以简单扩散的方式通过血脑屏障。这种大脑自我保护的生理屏障有利于维持中枢神经系统内环境的相对稳定。婴幼儿血脑脊液屏障发育不完善，中枢神经系统易受某些药物的影响。血脑屏障的通透性并非一成不变，炎症可以改变其通透性。例如，脑膜炎时，血脑屏障对青霉素的通透性增高，青霉素可在脑脊液中达到有效治疗浓度，而其他疾病时，常规剂量应用青霉素进入脑脊液的量较少。

2. 胎盘屏障（placental barrier）　胎盘绒毛与子宫血窦间的屏障，称为胎盘屏障。该屏障由数层生物膜组成，其通透性与生物膜相似，几乎所有能通过生物膜的药物都能穿透胎盘进入胎儿体内。药物进入胎盘后，即在胎儿体内循环，并很快在胎盘和胎儿之间达到平衡，此时胎儿血液和组织内的药物浓度通常和母亲的血浆浓度相似。因此，妊娠期间用药应谨慎，禁用对胎儿发育有影响的药物。

3. 血眼屏障（blood-eye barrier）　是血-视网膜、血-房水、血-玻璃体屏障的总称。全身给药时，药物在房水、晶状体和玻璃体等组织难以达到有效浓度，采取局部滴眼或眼周边给药如结膜下注射、球后注射及结膜囊给药等，可提高眼内药物浓度，减少全身不良反应。

三、药物的代谢

药物的代谢（metabolism）是指药物在体内发生的化学结构和药理活性的变化，也称生物转化（biotransformation）。代谢可改变药物的药理活性，由活性药物转化为无活性的代谢物称灭活；由无活性或活性较低的药物转化为有活性或活性强的药物称活化。肝脏是药物代谢的主要器官，其次是肠、肾、肺和血浆等。药物在肝脏代谢时受肝功能影响，肝功能不全时药物代谢减慢，使药物在体内蓄积。代谢与排泄统称为药物的消除过程。

（一）药物代谢方式

体内药物的代谢是在酶的催化下进行，有氧化、还原、水解、结合四种方式，可分为两个时相：Ⅰ相反应为氧化、还原或水解反应，在药物分子结构中加入或使之暴露出极性基团，产物多数是灭活的代谢物，少数转化成活性或毒性代谢物；Ⅱ相反应为结合反应，是药物分子结构中的极性基团与体内的葡糖醛酸、乙酰基、硫酸基、甲基等结合，药物活性减弱或消失，水溶性和极性增加，易于通过肾脏从尿中排出。

（二）药物代谢酶系

1. 专一性酶 是针对特定的化学结构基团进行代谢的特异性酶，分别存在于肝、肾、肺、肠、神经组织及血浆中，如胆碱酯酶、单胺氧化酶等。

2. 非专一性酶 是非特异性酶，为肝脏微粒体混合功能氧化酶系统，又称肝药酶或药酶。其主要的氧化酶为细胞色素P450酶系，是肝内促进药物代谢的主要酶系统。其特点为：①选择性低，能对多种药物进行代谢；②种族和个体差异性大，常因遗传、年龄、机体状态等因素的影响而产生明显的个体差异；③酶活性易受药物等因素的影响而出现增强或减弱现象。

（三）药酶的诱导与抑制

某些药物可使肝药酶的活性增强或减弱，从而影响该药本身及其他经肝药酶代谢的药物的作用。

1. 药酶诱导剂（enzyme inducer） 凡能增强肝药酶活性或增加肝药酶生成的药物称为肝药酶诱导剂（表2-1）。例如，巴比妥类有肝药酶诱导作用，能加速药物的消除而使药效减弱，如与抗凝血药双香豆素合用，可加速双香豆素的肝代谢，降低其血药浓度，使其药效减弱。有些经肝药酶代谢的药物本身也是肝药酶诱导剂，因而也可加速药物自身的代谢。

2. 药酶抑制剂（enzyme inhibitor） 凡能减弱肝药酶活性或减少肝药酶生成的药物称为肝药酶抑制剂（表2-1）。例如，异烟肼等有肝药酶抑制作用，能减慢在肝脏代谢药物的消除速率而使其药效增强，若与双香豆素合用可减慢后者的代谢，使其血药浓度升高，甚至引起自发性出血。

表2-1 常见的药酶诱导剂和药酶抑制剂及其相互作用

	药物种类	受影响的药物
药酶诱导剂	利福平	华法林、口服避孕药、甲苯磺丁脲
	乙醇	苯巴比妥、苯妥英钠、甲苯磺丁脲
药酶抑制剂	甲硝唑	乙醇、华法林
	红霉素	氨茶碱
	环丙沙星、依诺沙星	氨茶碱
	阿司匹林	华法林、甲苯磺丁脲
	吩噻嗪类	华法林
	异烟肼、对氨基水杨酸	华法林

四、药物的排泄

药物的排泄（excretion）是指药物的原型或其代谢物通过排泄或分泌器官自体内排出的过程。排泄是药物自机体消除的重要方式，肾是主要的排泄器官，胆道、肠道、肺、乳腺、唾液腺、汗腺及泪腺等也可排泄某些药物。药物经这些器官排泄时具有如下共同规律：①多数药物的排泄属被动转运，少数药物属主动转运；②排泄物可以是水溶性代谢物，也可以是在体内未经转化的药物原型，大多数药物部分以原型、部分以代谢物形式排泄；③药物在排泄器官中浓度较高时，既具有治疗价值，同时还可造成某种程度的不良反应；④排泄器官功能不全时，药物排泄速率减慢。

（一）肾排泄

1. 肾排泄药物的方式 药物及其代谢物经肾排泄有如下两种方式。

（1）肾小球滤过 由于肾小球膜孔较大，血流丰富，滤过压高，大多数游离型药物及其代谢物均易通过肾小球滤过，但与血浆蛋白结合的药物不易滤过。所以血浆蛋白结合率高的药物排泄较慢。

（2）肾小管分泌 有少数药物在近曲小管经载体自血浆主动转运进入肾小管排泄，药物可分为弱酸性和弱碱性两大类，分别由弱酸性或弱碱性载体转运。

2. 肾排泄药物的特点

（1）肾小管重吸收 药物及其代谢物自肾小球滤过到达肾小管后，极性低、脂溶性高、非解离型的药物及其代谢物，可重吸收到血液，使之排泄延缓。

（2）竞争抑制现象 经同一类载体转运的两个药物同时应用时，两者存在竞争性抑制现象。例如，丙磺舒与β-内酰胺类药物合用时，相互竞争同一载体，丙磺舒可抑制青霉素的主动分泌，使后者血药浓度增高，排泄减慢，作用时间延长，药效增强。

3. 影响肾排泄药物的因素

（1）肾功能 药物经肾排泄受肾功能状态的影响，肾清除率与肾小球滤过率成正比，而肾小球滤过率又与肾血流量成正比。肾功能不全时，主要自肾排泄的药物消除减慢，可致药物蓄积中毒，宜相应减少药物的剂量或延长给药间隔时间，对肾排泄较慢的药物如强心苷等尤应注意。

（2）尿液pH 改变肾小管内尿液pH，可使弱酸性或弱碱性药物的排泄加速或延缓。

（二）胆汁排泄

有些药物及其代谢物可经胆汁主动排泄。任何影响肝血流量、肝细胞对药物的摄取、药物在肝内的代谢、药物向胆汁的转运、胆汁形成的速度等因素，均可影响药物自胆汁排泄。经胆汁排泄的药物胆道内药物浓度较高，可用于治疗胆道疾病，如红霉素、利福平等用于治疗胆道感染。自胆汁排入肠腔的药物，可再经小肠上皮细胞吸收，经肝脏进入血液循环，药物在肝脏、胆汁、小肠间的循环称为肝肠循环（hepato-enteral circulation）。肝肠循环可使药物作用时间延长，当胆道引流或阻断肝肠循环时可加速药物的排泄。

（三）肠道排泄

经肠道排泄的药物，主要包括口服后在肠道中未吸收的药物以及由肠黏膜分泌到肠道的药物。

（四）其他途径排泄

药物还可经乳汁、唾液、泪液、汗液及肺排泄，这些途径的排泄受药物脂溶性、解离度、所处环境的pH等因素影响。例如，乳汁pH略低于血浆，又富含脂质，脂溶性强或弱碱性药物（如阿托品、吗啡等）易由乳汁排泄而影响乳儿，哺乳期妇女用药时应予以注意。有些药物（如苯妥英钠）经唾液排出时，唾液中药物的排出量与血药浓度有良好的相关性，由于唾液标本易于采集，且无创伤性，临床可用其代替血液标本进行血药浓度监测，以间接反映血液中药物浓度。利福平还可由汗液排泄，因利福平药物为红色，故可致汗液呈红色。肺是挥发性药物的主要排泄途径，如检测呼气中的乙醇含量，以间接判定血液乙醇含量，此法常用于检测机动车驾驶员是否酒后驾车等。

第3节 药物的速率过程

药物在体内转运或转化过程中，始终伴随着药物体内浓度随时间变化而变化的动态过程，称为药物的速率过程或动力学过程。药动学参数的计算能够定量反映药物在体内的这种动态变化规律，是临床制定和调整给药方案的重要依据。

一、血药浓度变化的时间过程

（一）药物浓度时间曲线

以血药浓度为纵坐标，时间为横坐标作图，即为血药浓度-时间曲线，简称药时曲线（图2-1）。药物效应随时间的变化而变化的规律，称为时效关系。若将图2-1中药时曲线纵坐标的血药浓度改为药物效应时，可得到时间-效应曲线（简称时效曲线）。由于血药浓度与药物效应呈正相关，时效曲线的形态和意义也与药时曲线相似，血药浓度的变化易于监测，所以药时曲线更为常用。

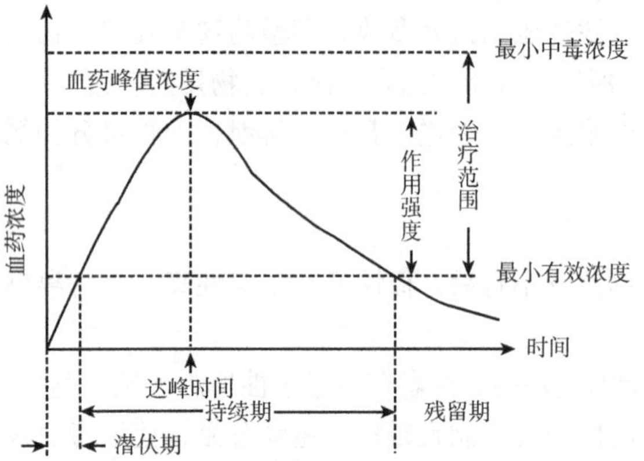

图2-1 非静脉给药的药时曲线

（二）药时曲线的意义

1. 药时曲线的形态 有助于定量分析药物在体内的动态变化过程，体内的药物吸收速度大于消除速率时曲线上升，故曲线的升段反映药物吸收及分布的快慢，吸收快的药物曲线升段坡度陡。曲线的最高点为血药浓度峰值，此时药物的吸收速度与消除速度相等。当体内药物的消除速度大于吸收速度时曲线下降，故曲线降段反映药物消除的快慢，消除快的药物曲线下降快。

2. 药时曲线的时间段 反映药物在体内的时间过程，受药物的吸收与消除速率影响。①潜伏期是指给药后到开始呈现疗效或达到有效血药浓度的时间，静脉给药一般无潜伏期；②显效时间是药物刚开始产生疗效或刚达到最小有效血药浓度的时间；③达峰时间是药物在体内达到高峰浓度的时间；④持续期是药物维持最小有效浓度或基本疗效的持续时间；⑤残留期是指体内药物降至最小有效浓度以下，直至在体内完全消除的时间。

3. 曲线下面积（area under the curve，AUC） 药时曲线下所覆盖的面积称曲线下面积。AUC反映药物进入体循环的相对量，与吸收进入血液循环的药物相对累积量成比例。

二、药动学的基本参数及意义

（一）生物利用度

1. 概念 生物利用度（bioavailability）是指非血管内给药时，药物制剂实际吸收进入血液循环的药量占所给总药量的百分率，用F表示。

$$F=A/D\times 100\%$$

式中，A为进入血液循环的药量；D为实际给药总量，通常用血管内给药所得药时曲线下面积表示。药物静脉注射全部进入血液循环，F值为100%。以口服药物为例，其绝对和相对生物利用度计算公式如下：

$$绝对生物利用度（\%）=\frac{口服等量药物后AUC}{静脉注射等量药物后AUC}\times 100\%$$

$$相对生物利用度（\%）=\frac{待测制剂AUC}{标准制剂AUC}\times 100\%$$

2. 意义

（1）生物利用度是评价药物吸收率、药物制剂质量或生物等效性的重要指标。

（2）绝对生物利用度可用于评价同一药物不同途径给药的吸收程度。

（3）相对生物利用度可用于评价药物剂型对吸收率的影响，可以反映不同厂家同一种制剂或同一厂家的不同批号药品的吸收情况。

（4）生物利用度还反映药物吸收速度对药效的影响，同一药物的不同制剂AUC相等时，吸收快的血药浓度达峰时间短且峰值高。

（二）表观分布容积

1. 概念　表观分布容积（apparent volume of distribution，V_d）是假设药物在血浆和组织内分布达到平衡时，按照血药浓度（C）推算体内药物总量（A）在理论上应占有的体液容积，计算公式为

$$V_d=\frac{A}{C}$$

2. 意义

（1）所测得的V_d并非药物在体内真正占有的体液容积，仅反映所测药物在组织中分布的范围、结合程度的高低。V_d大小取决于药物脂溶性和药物与组织的亲和力。

（2）根据V_d可推测药物分布范围。对一个70kg体重的正常人，如V_d=5L左右时，相当于血浆的容量，表示药物主要分布于血浆；如V_d=10～20L，相当于细胞外液的容量，表示药物分布于细胞外液；如V_d=40L，相当于细胞内、外液容量，表示药物分布于全身体液；如V_d=100～200L，则表示药物可能在特定组织器官中蓄积，即体内有“贮库”，如对甲状腺、肝及脂肪组织有较高亲和力的药物。

（3）根据V_d还可推算体内药物总量、血药浓度、达到某血药浓度所需药物剂量，以及排泄速度。V_d小的药物排泄快，V_d越大，药物排泄越慢。

（三）房室模型

房室模型是指定量分析药物在体内动态变化的数学模型。假设机体由几个互相连通的房室组成，这个房室不是解剖学上分隔体液的房室，而是根据药物在体内的转运速率以数学方法划分的药动学概念的房室，是反映药物分布状况的假设空间。凡分布特点相同、摄取或消除药物速率相似、药物浓度同步增减的脏器组织，可划归为同一房室。其中一室模型和二室模型应用较多，三室模型或多室模型较为复杂，虽有理论意义，但实际应用较少。

1. 一室模型　药物在体内转运速率高，在全身体液和各组织器官中分布可迅速达到动态平衡，此时的整个机体可视作单一房室，此房室的容积就是药物在体内的表观分布容积。一室模型分布的药物从体内消除的速率常与血药浓度成正比。

2. 二室模型　表示药物在体内组织器官中的分布速率不同，吸收后首先分布到血流丰富的组织器官，然后再分布到血流较少的组织器官。因此设想机体是由两个相互贯通的中央室和周边室组成。中央室包括血液及心、肝、脑、肺、肾等血流量丰富并迅速与血液中药物达到平衡的器官，分布容积较小。周边室包括肌肉、皮肤、脂肪、骨髓等血流量相对较少，且不能立即与血液中药物达到平衡的器官，分布容积较大。但两者的界限并不明确，药物能在中央室和周边室之间可逆性转运，药物的消除发生在中央室。二室模型考虑了药物体内分布过程的影响，较好地反映了体内药物浓度的动态变化，多用于药动学研究。

（四）消除动力学

药物自血浆的消除（elimination）是指进入血液循环的药物由于分布、代谢和排泄，血药浓度不断衰减的过程。

1. 恒比消除 即单位时间内体内药量以恒定比例消除，又称一级动力学消除。血中药物消除速率与血药浓度成正比，即血药浓度高，单位时间内消除的药量多；当血药浓度降低后，药物消除速率也成比例下降。机体消除功能正常，体内药量未能超过机体的最大消除能力时，如大多数药物在治疗量时的消除，呈恒比消除。

2. 恒量消除 即单位时间内体内药量以恒量消除，又称零级动力学消除。血中药物消除速率与血药浓度无关。当机体消除功能低下或用药剂量过大超过机体的最大消除能力时，机体消除能力达饱和，此时药物按恒量消除。

3. 非线性消除 有些药物如苯妥英钠、阿司匹林等在高浓度时呈恒量消除，但当血药浓度下降到最大消除能力以下时，又可转为恒比消除，这种恒量和恒比混合型消除动力学的微分方程，为非线性方程，故称为非线性消除。

（五）半衰期

半衰期（half-life time，$t_{1/2}$）通常指血浆半衰期，即血浆药物浓度下降一半所需要的时间。大多数药物的消除速率属恒比消除，其$t_{1/2}$是恒定值。$t_{1/2}$是药物消除速率的一个重要参数，其意义如下所述。

1. 恒比消除的药物，一次给药后经5个$t_{1/2}$，药物从体内消除96%以上，即基本消除。按$t_{1/2}$的长短可将药物分类为：超短效，$t_{1/2}\leqslant$1小时；短效，$t_{1/2}$为1～4小时；中效，$t_{1/2}$为4～8小时；长效，$t_{1/2}$为8～12小时；超长效，$t_{1/2}>$24小时。

2. 恒比消除的药物，任何途径定时恒量反复多次给药，经5个$t_{1/2}$，药物在体内可达到稳态血药浓度。肝肾功能不全者，绝大多数药物的$t_{1/2}$延长，应调整用药剂量或给药间隔。

3. 恒比消除的药物，间隔一个$t_{1/2}$给药时，首剂药量加倍（负荷量等于2倍维持量），以后用维持量，可在首次给药后迅速达到稳态血药浓度。给予负荷量是快速、有效的给药方法，但仅适用于安全范围大、起效较慢的药物。

4. $t_{1/2}$反映药物消除的速度和体内消除药物的能力，可用于计算血药浓度、作用持续时间，确定给药间隔、给药量。

（六）清除率

清除率（clearance，CL）是指单位时间内多少容积血浆中的药物被清除，通常指总清除率。CL与消除速率常数及表观分布容积成正比，公式：$CL=k\cdot V_d$，是药物自体内消除的一个重要指标。多数药物是通过肝代谢及肾排泄从体内清除，可分为肝清除率和肾清除率等，CL则是肝和肾清除率等的总和。它反映肝、肾功能状态，肝代谢多的药物易受肝功能影响，肾排泄多的药物易受肾功能影响，在肝、肾功能不全时CL值会下降，药物易在体内蓄积。单位时间内清除的药量等于CL与血药浓度的乘积。

（七）稳态血药浓度

临床治疗常需连续给药以维持有效血药浓度。恒比消除或恒量消除的药物，连续恒速或分次恒量给药时，当给药速度大于消除速度时，血药浓度会逐渐增高，体内药物蓄积；当给药速度等于消除速度时，血药浓度维持在一个相对稳定的水平，称稳态血药浓度（steady state concentration，C_{ss}），其波动的峰值为峰浓度（C_{max}），谷值为谷浓度（C_{min}），二者之间的相对距离为波动幅度。临床用药可根据药动学参数如V_d、CL、$t_{1/2}$、AUC等计算给药剂量及设计给药方案，达到并维持有效稳态血药浓度。属恒比消除的药物，连续恒速或分次恒量给药的药时曲线见图2-2。若口服给药，为使血药浓度迅速达到坪值，可首次剂量予加倍剂量，然后再予维持量，即可在一个 $t_{1/2}$ 达 C_{ss}。

1. 稳态血药浓度的高低与给药总量成正比　单位时间内恒量给药时，稳态血药浓度的高低取决于连续给药的剂量。剂量大则稳态血药浓度高，剂量小则稳态血药浓度低。若给药总量加倍，稳态血药浓度也提高一倍；单位时间内药物总量分次给予，稳态血药浓度高低不变。

2. 稳态血药浓度的波动幅度与给药间隔成正比　单位时间内给药总量不变时，延长或缩短给药间隔，会影响血药浓度的波动幅度。静脉恒速滴注时血药浓度可以平稳地达到稳态血药浓度，分次给药血药浓度可上下波动，给药间隔时间越长，波动越大，临床对有效浓度接近中毒浓度的药物，常将每日总量分次给予，以减少血药浓度波动幅度。

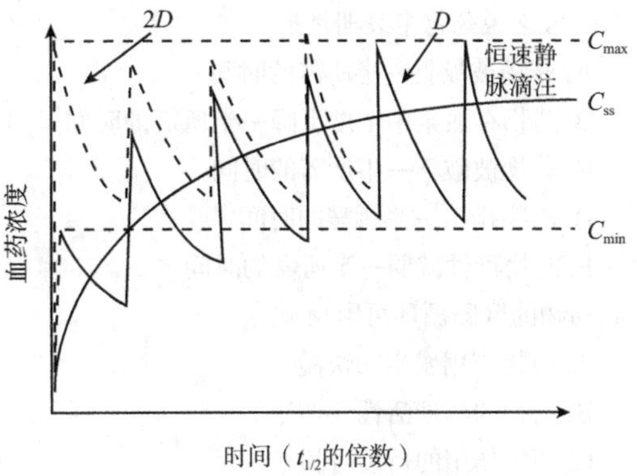

图2-2　连续给药的药时曲线

D. 每个 $t_{1/2}$ 的给药量；2D. 首剂加倍量

3. 达到稳态血药浓度的时间与 $t_{1/2}$ 成正比　达到95%稳态血药浓度的时间是4～5个 $t_{1/2}$。临床需要立即达到有效血药浓度时，可在首次给药时采用负荷剂量，以后用维持量。静脉滴注时，可将第一个 $t_{1/2}$ 内静脉滴注量的1.44倍静脉注射，即可立即达到并维持稳态血药浓度。

学习小结

药动学是研究机体对药物的处置过程及血药浓度随时间而变化的规律的科学。机体对药物的处置过程包括机体对药物的吸收、分布、生物转化和排泄等过程，也称为药物的体内过程。

药物口服后在胃肠道多以被动转运的方式通过生物膜。吸收多少和吸收速度影响药物作用的效果和起效时间，影响药物吸收的因素包括给药途径、药物的理化性质、药物的剂型、吸收环境等。

分布是指药物吸收后随血液循环分配到各组织器官的过程，影响因素有药物的血浆蛋白结合率、药物和组织的亲和力、体液的pH、器官的血流量和体内屏障等。

药物的生物转化是指药物在体内发生的化学结构和药理活性的变化，肝脏是药物代谢的主要器官，肝功能不全时药物代谢减慢，应慎用或禁用经肝代谢药物。肾功能不全时，对药物的排泄功能降低，需调整用药剂量和给药时间间隔。

药物的排泄是指药物及其代谢产物自体内排出体外，肾脏是重要排泄器官，肾功能不全时，应慎用或禁用经肾排泄或对肾有毒性的药物。

药物的消除方式有恒比消除和恒量消除两种。药动学的一些基本参数如半衰期、稳态血药浓度、生物利用度、表观分布容积及清除率等对临床用药有重要的指导意义。

高频考点　1. 简述生物利用度、半衰期和稳态血药浓度的概念
2. 肾脏清除率
3. 房室模型的分类

自 测 题

1. 弱酸性药物在胃中
   A. 不吸收　B. 大量吸收
   C. 少量吸收　D. 全部吸收
   E. 全部灭活
2. 碱化尿液可使弱碱性药物经肾排泄时
   A. 解离增加，再吸收增加，排除减少
   B. 解离减少，再吸收增加，排除减少
   C. 解离减少，再吸收减少，排除增加
   D. 解离增加，再吸收减少，排除增加
   E. 解离增加，再吸收减少，排除减少

3. 一般常说药物半衰期是指
A. 药物被吸收一半所需的时间
B. 药物在血浆中浓度下降一半所需的时间
C. 药物被破坏一半所需的时间
D. 药物排出一半所需的时间
E. 药物毒性减弱一半所需的时间
4. 药物的肝肠循环可影响
A. 药物作用发生的快慢
B. 药物的药理活性
C. 药物作用的持续时间
D. 药物的分布
E. 药物的代谢
5. 在恒量、定时按半衰期给药时，为缩短达到稳态血浓度的时间，应该
A. 增加每次给药量 B. 首次加倍
C. 连续恒速静脉滴注 D. 缩短给药间隔
E. 以上都不是
6. 关于生物利用度（F）的叙述错误的是
A. 是评价药物吸收程度的一个重要指标
B. 口服吸收的量与服药量之比
C. 与制剂的质量无关
D. 常用来作为制剂的质量评价指标
E. 同一厂家同一制剂不同批号F可能不同

（王开贞）

第3章 药物效应动力学

思维导图

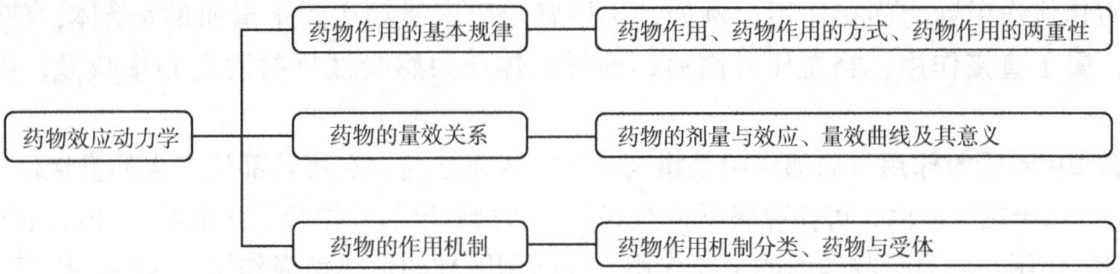

学习目标

1. 掌握药物的防治作用、不良反应、副作用、毒性反应、过敏反应、精神依赖性、躯体依赖性、剂量、受体激动药、受体拮抗药等概念。

2. 熟悉药物作用的选择性、局部作用、吸收作用、后遗效应、继发反应、对因治疗、对症治疗、受体部分激动药、量效曲线、半数致死量、半数有效量、效能、效价强度、治疗指数、亲和力、内在活性、受体脱敏、受体增敏的概念。

3. 了解受体学说、药物作用机制。

4. 具有运用药效学基本理论和基本知识，解释临床药物治疗方案和不良反应的能力。

5. 能与患者和家属沟通，开展合理用药咨询服务与指导。

案例导入

患者，男，35岁，因肺炎入院，给予青霉素400万U，加入0.9%氯化钠注射液200ml中静脉滴注，5分钟左右，患者突然感到胸闷、呼吸困难，口唇发绀，血压骤降为80/50mmHg。诊断为青霉素导致的过敏性休克，立即停止输液，并立即静脉注射肾上腺素0.5mg、地塞米松20mg及其他抢救措施后症状缓解。

问题：请分析患者出现过敏性休克的原因，应如何预防？

药物效应动力学（pharmacodynamics）是研究药物对机体作用规律及其机制的科学。

第1节　药物作用的基本规律

一、药物作用

1. 药物作用与药理效应　药物作用（drug action）是药物对机体细胞产生的初始作用，而药理效应（pharmacological effect）是药物与机体细胞大分子之间相互作用引起机体生理、生化功能或形态发生的变化。例如，肾上腺素对血管的初始作用是激动α肾上腺素受体，而药理效应是引起血管收缩、血压上升。这种区分有助于分析药物的作用机制，但在通常情况下，药物作用和药理效应两者常互相通用。

2. 药物的基本作用 兴奋作用与抑制作用是药物的基本作用，兴奋是使机体器官原有功能水平提高或增强，抑制是使机体器官原有功能水平降低或减弱。从治疗学角度来看，药物通过将机体病理生理状态调整为正常生理功能状态而发挥治疗作用。因此，对机体功能低下者，常选用具有兴奋作用的药物；对机体功能亢进者，常选用具有抑制作用的药物，使机体功能在药物的作用下达到新的动态平衡。

二、药物作用的方式

1. 直接作用和间接作用 直接作用是指药物对其所接触的组织器官直接产生的作用；由直接作用引发的其他作用称为间接作用。例如，去甲肾上腺素激动血管平滑肌的α受体，使血管收缩、血压升高，属于直接作用；当血压升高后，通过机体压力感受性反射而使心率减慢，则属于间接作用。

2. 局部作用和吸收作用 局部作用是指药物吸收入血之前，在用药部位产生的直接作用，如局部麻醉药丁卡因涂于黏膜表面，可使黏膜下神经麻醉。药物从给药部位吸收入血后，分布到机体各组织、器官所呈现的作用，称为吸收作用或全身作用，如阿司匹林的解热镇痛作用。有些外用药也可以通过皮肤或黏膜产生吸收作用。

3. 药物作用的选择性 药物对机体不同组织器官的作用性质或作用强度方面的差异，称为药物作用的选择性。一般来说，这种选择性与药物在体内的分布、机体组织器官的结构及生化功能等方面的差异有关，并取决于药物与组织的亲和力和组织细胞对药物的反应性。

选择性决定药物致机体产生效应的范围。选择性高的药物，作用专一性强，作用范围窄，大多数药理活性也较高，用药时针对性强，无关的效应相对较少，如尼可刹米治疗剂量时，可选择性兴奋延髓呼吸中枢。而选择性低的药物，通常作用较广泛，用药的针对性不强，不良反应较多，如抗恶性肿瘤药等。药物的选择性是相对的，与用药剂量有关，当尼可刹米用量增大时，可广泛兴奋中枢神经系统，甚至导致惊厥。

多数情况下，药物作用的选择性与药物作用的特异性有关，但有的药物作用的特异性与其选择性并不平行，如阿托品特异性阻断M胆碱受体，由于M胆碱受体分布广泛，所以，阿托品对腺体、内脏、心血管、神经系统等，可产生较广泛的药理效应。

三、药物作用的两重性

药物既有防治疾病的作用，也可给患者带来不适和危害，故药物作用具有两重性，即防治作用及不良反应。

（一）防治作用

凡符合用药目的或能达到防治疾病效果的作用，称为防治作用。根据治疗目的不同分类如下。

1. 预防作用（preventive action） 用药目的在于预防疾病的发生。例如，接种疫苗预防疾病的发生、使用维生素D预防佝偻病等。

2. 对因治疗（etiological treatment） 用药目的在于消除原发致病因子，也称治本。例如，抗生素抑制或杀灭体内致病微生物，消除病因，起到防治疾病的作用。

3. 对症治疗（symptomatic treatment） 用药目的在于改善疾病症状或减轻患者痛苦，也称治标。例如，应用解热镇痛药可使高热的患者体温降至正常，起到缓解症状作用。

一般来说，对因治疗比对症治疗更为重要，但在某些情况下对症治疗也是必不可少的，如对病因未阐明暂时无法根治的疾病，或治疗某些诊断未明的危重急症如休克、高热、疼痛、惊厥、心力衰竭时，对症治疗比对因治疗更为迫切，这对维持重要的生命指征，为对因治疗赢得时机非常重要。

因此，临床药物治疗时，应根据患者的具体情况，遵循“急则治其标，缓则治其本，标本兼治”的原则。

（二）不良反应

药物按正常用法、用量，在预防、诊断或治疗疾病过程中，发生与治疗目的无关的有害反应，称为不良反应（adverse reaction）。多数不良反应是药物固有的效应，在一般情况下是可以预知的，但不一定能够避免。少数较严重的较难恢复的不良反应，被称为药源性疾病（drug-induced disease），如氨基糖苷类药物引起的神经性耳聋，氯霉素引起的再生障碍性贫血。

知识拓展 药品不良反应报告和监测管理办法

2011年，我国制定了《药品不良反应报告和监测管理办法》，自2011年7月1日起施行。

该管理办法明确规定了药品生产、经营企业和医疗卫生机构发生、发现的可疑药品不良反应病例的报告程序、报告范围和报告时限要求等。一般病例实行逐级、定期报告，应在发现之日起3个月内完成上报工作。发现新的或严重的药品不良反应/事件，应于发现之日起15日内报告，其中死亡病例须及时向所在省、自治区、直辖市药品不良反应监测中心报告，必要时可以越级报告。

1. 副作用（side effect） 指药物在治疗剂量时和治疗作用同时出现的、与治疗目的无关的作用，又称副反应（side reaction）。由于药物选择性低，药理效应涉及多个器官，当某一效应用作治疗目的时，其他效应就成为副作用。所以，随着治疗目的不同，治疗作用与副作用可以相互转化，如阿托品有松弛内脏平滑肌（用于缓解胃肠痉挛）和抑制腺体分泌（用于全身麻醉前给药）等作用，当其中一种作用被用作治疗目的时，另外一种作用就成为副作用。

2. 毒性反应（toxic reaction） 指用药量过大或用药时间过长，药物在体内蓄积过多时发生的对机体的危害性反应。用药剂量过大而迅速发生的毒性反应称为急性毒性，多损害循环、呼吸及神经系统功能。长期用药在体内蓄积而逐渐发生的毒性反应称为慢性毒性，可损害肝、肾、骨髓及内分泌等器官功能。致癌（carcinogenesis）、致畸（teratogenesis）、致突变（mutagenecity）合称为三致反应，是药物损伤细胞遗传物质所致的，特殊毒性作用或潜在性毒性作用，也属于慢性毒性范畴。药物使DNA分子中的碱基对排列顺序发生改变，造成基因变异，称为致突变；突变发生在体细胞，在个体导致肿瘤形成，称为致癌；突变发生在胚胎细胞，影响其正常发育，使之畸变，称为致畸。

知识拓展 沙利度胺事件

沙利度胺最早由德国格仑南苏制药厂开发，1957年作为镇静催眠药上市，用于治疗晨吐、恶心等妊娠反应，因此，此药又被称为反应停。在20世纪60年代前后，欧美多个国家广泛应用该药治疗妊娠反应。但随后出生的许多婴儿短肢畸形，形同海豹，被称为海豹肢畸形。最终被证实是孕妇服用反应停所致，于是该药在全球被禁用。历史上这一严重的药害事件，被称为沙利度胺事件。

3. 后遗效应（residual effect） 是指停药后血药浓度已降至阈浓度以下时残存的药理效应。例如，应用镇静催眠药后，导致次晨乏力、困倦现象。

4. 继发反应（secondary reaction） 是由药物的治疗作用所引起的不良后果，也称治疗矛盾。例如，长期应用广谱抗生素引起的继发感染，称为二重感染。

5. 停药反应（withdrawal reaction） 是指长期用药后突然停药，原有疾病症状迅速重现或加剧的现象，也称为反跳现象（rebound phenomenon）。例如，长期应用普萘洛尔降压，突然停药出现的血压升高现象。

6. 变态反应（allergic reaction） 是指药物作为抗原或半抗原，经接触致敏后所引发的病理性免疫反应，也称过敏反应。反应性质与药物作用和药物剂量无关，是致敏患者对某药的特殊反应。反应程度从轻微的皮疹、发热至造血功能障碍、肝肾损害、休克，甚至危及生命，且不易预知。引起变态反应的致敏物质可能是药物本身，也可能是其代谢物，也可能是制剂中的杂质。例如，青霉素致过敏性休克，临床用药前必须做皮肤过敏试验，但即使进行皮肤过敏试验，仍有少数假阳性或假阴性反应，应注意观察。

7. 特异质反应（idiosyncratic reaction） 少数特异体质患者对某些药物的反应特别敏感，此与遗传多态性有关。反应的严重程度与药物剂量相关。例如，葡萄糖-6-磷酸脱氢酶（G-6-PD）缺乏者，在应用抗疟药伯氨喹等药物治疗时易发生溶血现象。

8. 耐受性（tolerance） 连续用药后机体对药物的反应性降低，必须增加药物剂量方可保持原有药物效应，称为耐受性。停药后机体对药物反应性可逐渐恢复到原有水平。在短时间内多次用药后耐受性在数分钟内快速形成的现象，称为快速耐受性（tachyphylaxis）。在药物治疗过程中，病原体或肿瘤细胞等对药物的敏感性降低，称为耐药性（resistance），也称抗药性。

9. 依赖性（dependence） 指长期用药后，患者对药物产生主观和客观上需要连续用药的现象。分为精神依赖性和躯体依赖性。精神依赖性（psychic dependence），也称心理依赖性（psychological dependence），是指患者对药物产生精神上的依赖，停药会造成患者极大的精神负担，有主观上的不适感觉，渴望再次用药，没有客观上的体征表现。躯体依赖性（physical dependence），也称生理依赖性（physiological dependence），是指长期用药患者对药物产生适应状态，中断用药将产生强烈的戒断症状，表现为精神和躯体方面，一系列特有的生理功能紊乱症状。绝大多数具有依赖性的药物同时兼有精神依赖性和躯体依赖性。

知识拓展　假药与劣药

《中华人民共和国药品管理法》规定，禁止生产（包括配制，下同）、销售、使用假药、劣药。

有下列情形之一的，为假药：

（一）药品所含成分与国家药品标准规定的成分不符；

（二）以非药品冒充药品或者以他种药品冒充此种药品；

（三）变质的药品；

（四）药品所标明的适应证或者功能主治超出规定范围。

有下列情形之一的，为劣药：

（一）药品成分的含量不符合国家药品标准；

（二）被污染的药品；

（三）未标明或者更改有效期的药品；

（四）未注明或者更改产品批号的药品；

（五）超过有效期的药品；

（六）擅自添加防腐剂、辅料的药品；

（七）其他不符合药品标准的药品。

第 2 节　药物的量效关系

药物的剂量-效应关系（dose-effect relationship，简称量效关系）是指在一定范围内，药物剂量或血药浓度与效应之间的规律性变化。通过量效关系的研究，可定量分析和阐明药物剂量与效应之间的规律，有助于了解药物作用的性质，并为临床用药提供参考。

一、药物的剂量与效应

剂量，即用药的分量。剂量的大小决定血药浓度的高低，血药浓度又决定药理效应。因此，药物剂量决定药理效应强弱，在一定剂量范围内，剂量越大，效应也随之增强。

根据剂量与效应的关系，剂量可分为以下几种情况。

1. 无效量　即药物剂量过小，在体内达不到有效浓度，不能产生明显药理效应的剂量。

2. 最小有效量　指刚能引起药理效应的剂量，又称为阈剂量。

3. 有效量　即介于最小有效量和极量之间的量，又称治疗量。在治疗量中，大于最小有效量而小于极量、疗效显著且安全的剂量，为临床常用量。

4. 极量　即能引起最大效应而不至于中毒的剂量，又称最大治疗量。极量是国家药典明确规定允许使用的最大剂量，即安全剂量的极限，超过极量有中毒的危险。除非特殊需要时，一般不采用极量。

5. 最小中毒量和中毒量　药物引起毒性反应的最小剂量为最小中毒量。介于最小中毒量和最小致死量之间的剂量为中毒量。一般将最小有效量与最小中毒量之间的剂量范围，称为安全范围（治疗作用宽度），此范围越大，该药越安全。

6. 最小致死量和致死量　药物引起死亡的最小剂量为最小致死量，用量大于最小致死量即为致死量。

二、量效曲线

量效关系用图解说明，以药理效应的强度为纵坐标，药物剂量或血药浓度为横坐标，绘制出的长尾S形曲线，即量效曲线（dose-effect curve）。

1. 量反应量效曲线　药理效应的强弱呈连续增减的变化，可用具体的数量或最大效应的百分率表示者，称为量反应（graded response），如心率快慢、血压升降等。以药物的剂量或血药浓度为横坐标，以药理效应强度为纵坐标，可获得直方双曲线；如以对数药物剂量或血药对数浓度为横坐标，以最大效应的比率为纵坐标作图，则曲线呈典型的对称S形（图3-1）。

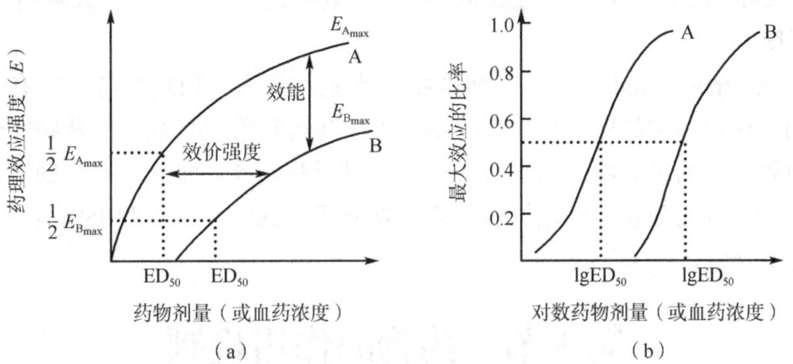

图3-1　量反应量效曲线

2. 质反应量效曲线　药理效应是以阴性或阳性（有效或无效、生存或死亡等）表示的变化称为质反应（quantal response）。质反应量效曲线如以阳性反应发生频数为纵坐标，对数药物剂量（或血药浓度）为横坐标作图，则为正态分布曲线。当纵坐标采用累加阳性反应发生频率，其曲线也呈典型对称S形曲线（图3-2）。

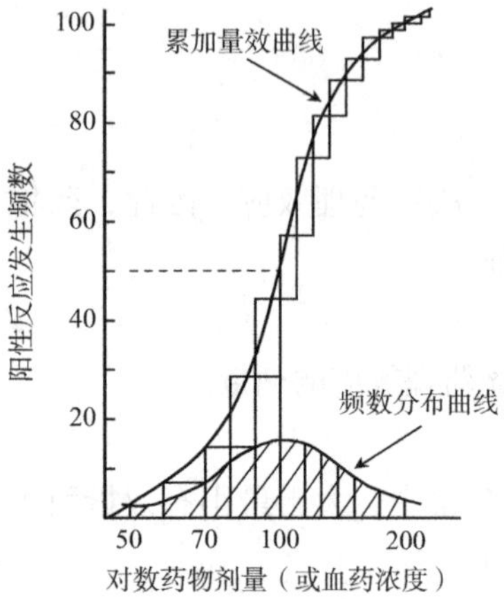

图3-2 质反应量效曲线

三、量效曲线的意义

量效曲线在药理学上有重要意义。从量效曲线可以看出以下几个特定位点。

1. 效能（efficacy） 是指药物所能产生的最大效应。随着药物剂量（或血药浓度）增加，效应强度相应增强，当效应达到一定程度后，再增加剂量（或血药浓度），效应不再继续增强，这一药理效应的极限称为效能。效能反映药物内在活性的大小。高效能药物所产生的最大效应是低效能药物无论多大剂量也无法产生的。例如，吗啡是高效能镇痛药，用于剧痛；吲哚美辛是低效能镇痛药，对钝痛有效，但对剧痛效果差，即使增加剂量效果也不够理想。

2. 效价强度（potency） 是指能引起等效反应的相对浓度或剂量，其值越小强度越大。药效性质相同的两个药物的效价强度进行比较称为效价比。例如，10mg吗啡的镇痛作用强度与哌替啶100mg的镇痛作用强度相当，即吗啡的效价强度为哌替啶的10倍。

效价强度与效能之间无相关性，在具有相同作用的同类药物中，效能最大的药物不一定效价强度也大。例如，利尿药以每日排钠量为效应指标进行比较，氢氯噻嗪的效价强度大于呋塞米，但呋塞米的最大效应远远大于氢氯噻嗪（图3-3）。药物的效应值有更大的实际意义，如果不区分最大效应和效价强度，只讲甲药比乙药强若干倍，容易被误解。在临床治疗时，药物的效价强度与效能可作为选择药物和确定用药剂量的依据。

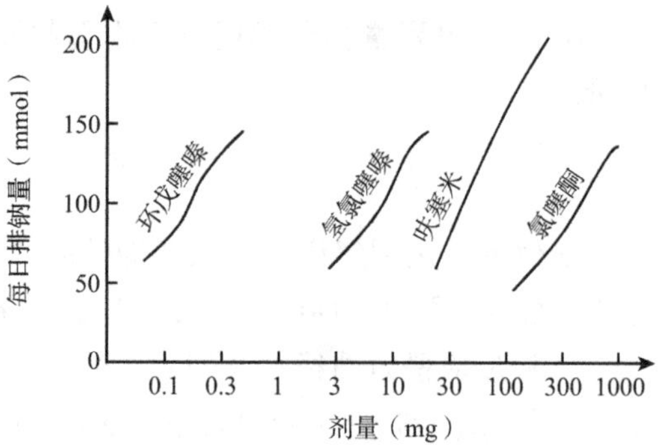

图3-3 几种利尿药的效价强度和效能比较

3. 半数有效量（50% effective dose，ED_{50}） 在量反应中是指能引起50%最大反应强度的药物剂量；在质反应中是指引起50%实验动物出现阳性反应的药物剂量。半数有效量常以效应指标命名，如果效应指标为死亡，则称为半数致死量（50% lethal dose，LD_{50}）。量效曲线在50%效应处的斜率最大，故常用半数有效量（ED_{50}）计算药物的效价强度。

4. 治疗指数（therapeutic index，TI） 即药物的半数致死量（LD_{50}）与半数有效量（ED_{50}）的比值。治疗指数可用来评价药物的安全性，治疗指数大的药物较治疗指数小的药物安全性大，但这仅适合于治疗效应和致死效应的量效曲线相平行的药物。对于两条量效曲线不平行的药物，还应适当参考1%致死量（LD_1）和99%有效量（ED_{99}）的比值，或5%致死量（LD_5）和95%有效量（ED_{95}）之间的距离来衡量药物的安全性。

第3节 药物的作用机制

药物作用机制（mechanism of drug action）是研究药物如何与机体细胞结合而发挥作用的。其研究有助于理解药物的治疗作用和不良反应的本质，从而为提高药物疗效和避免或减少不良反应，为合理用药、安全用药提供理论依据。大多数药物的作用来自药物与机体生物大分子之间的相互作用，这种相互作用引起了机体生理、生化功能的改变。药物与机体细胞结合的部位称为药物作用的靶点（target），根据药物有无特异性作用的靶点，将药物的作用机制分为以下两类。

一、药物作用机制分类

（一）药物非特异性作用机制

药物非特异性作用机制如吸附作用、沉淀作用、渗透压改变、离子交换、酸碱中和、氧化还原、水解结合及络合反应等，引起细胞内外环境改变，产生药理效应。因此，药物非特异性作用机制主要与药物的理化性质（如解离度、溶解度、表面张力等）相关，机制相对比较简单。例如，甘露醇高渗溶液脱水利尿，治疗脑水肿；抗酸药中和胃酸，治疗消化性溃疡等。

（二）药物特异性作用机制

机体细胞具有复杂的生命活动过程，而药物作用的靶点（如受体、酶、离子通道等）又几乎涉及生命代谢过程的所有环节。因此，药物作用机制复杂，可概括为以下几方面。

1. 参与或干扰代谢过程 有些药物通过补充生命代谢物质，参与机体代谢过程，治疗机体相应物质缺乏症，如维生素、铁剂等的补充治疗。还有些药物由于化学结构与正常代谢所需物质相似，干扰后者参与代谢过程，即通过抑制或阻断代谢过程发挥治疗作用，如氟尿嘧啶因为与尿嘧啶结构相似，可掺入恶性肿瘤细胞DNA及RNA中，干扰蛋白质合成。

2. 影响物质转运过程 许多物质在体内的转运需要载体参与，有些药物通过干扰载体转运产生药理效应，如利尿药抑制肾小管Na^+-K^+、Na^+-H^+交换而发挥排钠利尿作用。细胞膜离子通道的开放或关闭，能迅速改变细胞功能，有些药物以离子通道为作用靶点，通过影响离子跨膜转运而发挥治疗作用，如硝苯地平阻滞血管平滑肌的钙通道，使血管扩张。

3. 影响酶的活性 机体的许多功能和代谢过程是在酶的催化下进行的，酶是生命活动的重要物质，是有些药物作用的靶点，药物可对酶产生激活、抑制或复活等作用。例如，尿激酶激活血浆纤溶酶原、新斯的明抑制胆碱酯酶，氯解磷定复活被有机磷酸酯类抑制的胆碱酯酶等。

4. 作用于受体（receptor） 参见下文。

二、药物与受体

（一）受体

1. 受体与配体 受体是存在于细胞膜或细胞内，能识别、结合特异性配体（如药物、激素、神经递质等），并产生特定生物效应的大分子物质。配体（ligand）是能与受体特异性结合的物质，也称第一信使。包括内源性配体（如神经递质、激素、自体活性物质等）和外源性配体（如药物、毒物等）。

知识拓展 受体类型

目前已研究发现的受体有30余种，根据受体的结构及功能特点，可将受体分为四类：①离子通道偶联受体：此类受体直接操纵离子通道的开关，调控细胞内外离子的转运；药物与受体结合后，影响膜离子通道，改变离子的跨膜转运，导致膜电位或胞内离子浓度的变化而产生效应，如N胆碱受体、谷氨酸受体等。②G蛋白偶联受体：此类受体胞内部分结合着鸟苷酸结合调节蛋白（G蛋白），G蛋白有多种亚型，形成G蛋白家族，具有信号转导功能。激动药与受体结合通过激活G蛋白，可将信息传递至效应器。此类受体最多，数十种神经递质及多肽激素类的受体需要G蛋白介导其细胞作用，如肾上腺素、多巴胺、阿片受体。③酪氨酸激酶受体：此类受体由细胞外、跨膜及细胞内三部分组成，细胞外侧与配体结合，由此接收外部信息，与之相连的是一段跨膜结构，细胞内侧为酪氨酸激酶活性区域，能促进自身酪氨酸残基的磷酸化而增强此酶活性，再催化细胞内各种底物蛋白磷酸化，激活细胞内蛋白激酶，从而将细胞外信息传递到细胞内，如胰岛素受体等。④细胞内受体：此类受体被激动后可通过转录而促进一些活性蛋白的合成，如细胞质内的甾体激素受体，与相应的甾体激素结合形成复合物后，以二聚体的形式进入细胞核中发挥作用。

2. 受体的特性

（1）特异性 受体对其配体具有高度特异性识别能力，能与其结构相适应的配体特异性结合。

（2）敏感性 受体只需与很低浓度的配体结合就能产生显著的效应。

（3）饱和性 因受体的数目是一定的，受体与配体的结合具有饱和性，且作用于同一受体的配体之间存在竞争结合现象。

（4）可逆性 受体与配体的结合是可逆的，配体-受体复合物可以解离。

（5）多样性 同一类型受体，可广泛分布在不同的细胞而产生不同的效应。受体的多样性是受体亚型分类的基础。

（二）药物与受体的结合

多数药物是通过分子间化学键与受体结合。其中，分子间作用力、氢键、离子键的键能小，易解离；共价键的键能较大，结合牢固，不易解离。药物与受体的结合方式决定了药物作用持续的时间。例如，短效α受体阻断药酚妥拉明以氢键、离子键与受体结合，作用仅维持1.5小时左右；而长效α受体阻断药酚苄明以共价键和受体结合，作用可持续3～4日。

（三）作用于受体的药物分类

药物与受体结合产生效应，必须具备两个条件：一是药物与受体结合的能力，即亲和力（affinity），决定药物作用的强度；二是药物与受体结合后，激活受体产生特异药理效应的能力，即效应力（efficacy），也称内在活性，决定药物作用的最大效应。因此，作用于受体结合的药物可分为以下两类。

1. 激动药（agonist） 是指与受体既有亲和力，又具有内在活性的药物。能与受体结合并激动受体而产生效应。依其内在活性的大小又可分为完全激动药（full agonist）和部分激动药，前者为具有较强亲和力和内在活性的药物；后者有较强亲和力，但内在活性不强，与激动药联用还可拮抗激动药的部分效应，如吗啡为完全激动药，而喷他佐辛则为部分激动药。

2. 拮抗药（antagonist） 是指与受体有较强的亲和力，但无内在活性的药物。能与受体结合但不能激动受体，因占据受体而拮抗激动药的效应，也称完全拮抗药。少数拮抗药以拮抗作用为主，同时尚有较弱的内在活性，故有较弱的激动受体作用，如β受体阻断药氧烯洛尔。拮抗药依其与受体结合是否具有可逆性，分为竞争性拮抗药和非竞争性拮抗药两类。①竞争性拮抗药（competitive antagonist）：与激动药可逆性竞争同一受体，其结合是可逆的，拮抗激动药的作用，与激动药合用时的效应取决于两者的浓度与亲和力；②非竞争性拮抗药（non-competitive antagonist）：与受体的结合是相对不可逆的，结合牢固，可引起受体构型的改变，从而阻碍激动药与同一受体的结合而改变效应器的反应性，激动药不能竞争性对抗非竞争性拮抗药的作用。

（四）受体调节

受体的数量、亲和力及效应力受到各种生理、病理或药物等因素的影响而发生的变化，称为受体调节（receptor regulation）。受体调节是维持机体内环境稳定的一个重要因素，其调节方式有受体脱敏和受体增敏两种方式。

1. 受体脱敏（receptor desensitization） 是指长期使用受体激动药后，受体的数目、亲和力、内在活性下降，受体对激动药的敏感性和反应性下降的现象。例如，β受体激动药治疗哮喘，长期用药易出现耐受性。

2. 受体增敏（receptor hypersensitization） 是指长期使用受体阻断药或受体激动药浓度降低后，受体的数目、亲和力和内在活性增强的现象，是某些药物停药反跳的原因。例如，长期应用β受体阻断药普萘洛尔时，突然停药可出现心率增快、血压升高等反跳现象，这是由于β受体增敏所致。

（五）信号转导

受体在识别相应配体（第一信使）并与之结合后，细胞内环磷酸腺苷（cAMP）、环磷酸鸟苷（cGMP）、钙离子（Ca^{2+}）、肌醇磷脂（第二信使）等物质增多，参与细胞的各种生物调控过程，将获得的信息增强、分化、整合并传递给效应器，才能发挥特定的生理功能或药理效应。这种将细胞外信息，传递到细胞内的过程称为信号转导。

学习小结

药物效应动力学是研究药物对机体作用规律及其机制的科学。药物作用于机体时，可产生对机体有利的防治作用，也可产生对机体无利甚至有害的不良反应，可分为副作用、毒性反应、后遗效应、继发反应、停药反应、变态反应、特异质反应、耐受性和依赖性等，在用药时须注意。药物的作用大小与药物的剂量密切相关，根据剂量与效应的关系，剂量可分为无效量、最小有效量、有效量、极量、最小中毒量和中毒量、最小致死量和致死量。药物的种类繁多，药物的作用机制也各不相同，其中，受体学说越来越受到重视，并根据药物与受体亲和力和内在活性的大小，将药物分为激动药、拮抗药。长期用药时，受体的数量、亲和力及效应力是可变的。

高频考点 1. 受体分类及化学本质

2. 精神依赖性与躯体依赖性有何不同

3. 试述副作用、毒性反应、量效曲线、效能、效价、受体脱敏、受体增敏的概念

自 测 题

1. 下列对选择性的叙述，错误的是
   A. 选择性是相对的
   B. 与药物剂量大小无关
   C. 是药物分类的依据
   D. 是临床选药的基础
   E. 大多数药物均有各自的选择性
2. 增强机体器官功能的药物作用称为
   A. 苏醒作用　B. 兴奋作用
   C. 预防作用　D. 治疗作用
   E. 防治作用
3. 受体激动药是指
   A. 只具有亲和力
   B. 只具有内在活性
   C. 既无亲和力又无内在活性
   D. 既有亲和力又有内在活性
   E. 以上都不是
4. 药物副作用是在下述哪种剂量时产生的不良反应
   A. 治疗量　B. 无效量
   C. 极量　D. LD_{50}
   E. 中毒量
5. 甲、乙两个药，甲药内在活性小于乙药，但与受体亲和力大于乙药，则
   A. 甲药效能＞乙药
   B. 乙药效价＞甲药
   C. 甲药效价＞乙药
   D. 甲药效价＝乙药
   E. 甲药效能＜乙药

（王开贞）

第4章 影响药物作用的因素

思维导图 >>>

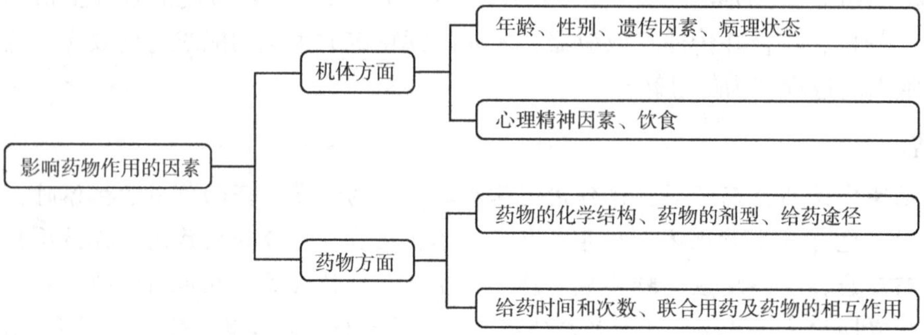

学习目标

1. 掌握年龄、遗传因素、病理状态、心理精神因素、饮食及给药途径等对药物作用的影响。
2. 熟悉配伍禁忌、协同作用、拮抗作用、高敏性、耐受性的概念及临床意义。
3. 了解其他因素对药物作用的影响。
4. 具有运用相关知识分析判断影响药物作用因素的能力，以指导临床合理用药。
5. 能与患者和家属沟通，为安全用药、合理用药提供指导与咨询服务。

案例导入

患者，男，42岁，诊断为肝炎后肝硬化失代偿期，有腹水、双下肢水肿，口服螺内酯、氢氯噻嗪治疗，效果欠佳，予静脉输注白蛋白，更换呋塞米治疗，患者尿量明显增多，水肿随之消退。

问题：提高血浆蛋白浓度后，呋塞米的利尿作用增强与蛋白结合率改变有何关系？

药物的作用可受到多种因素的影响，使药物作用增强或减弱，甚至发生质的改变，除前述的影响因素外，还与以下多种因素有关。

一、机体方面

1. 年龄 机体的某些生理功能如肝、肾功能，体液与体重的比例，血浆蛋白结合量等可因年龄而异，年龄对药物作用的影响在小儿和老年人方面体现得尤为突出。一般所说的剂量是指18～60岁成年人的药物平均剂量。

老年人由于各器官功能逐渐减退，特别是肝、肾功能逐渐减退，对药物的代谢和排泄能力降低，对药物的耐受性较差，用药剂量一般约为成人的3/4。在敏感性方面，老年人与成年人也有所不同。老年人对中枢神经抑制药、心血管系统药、非甾体抗炎药等药物的反应更敏感，易导致不良反应发生，用药时应注意。

小儿各种生理功能包括自身调节功能尚未发育完善，与成年人有很大差异，对药物的处理能力差而敏感性高，以致影响某些药物的肝脏代谢或肾脏排泄，而产生不良反应或毒性。例如，新生儿尤其是早产儿肝脏葡糖醛酸转移酶结合能力尚未发育完善，应用吗啡可导致呼吸抑制；新生儿的血脑屏障发育尚未完善，药物更容易透过血脑屏障。

2. 性别 除性激素外，性别对药物反应通常无明显差别，但妇女有月经、妊娠、哺乳等特殊生理时期，用药时应予注意。月经期应避免使用作用剧烈的泻药和抗凝血药，以免月经过多。妊娠期特别是妊娠早期应避免使用可能引起胎儿畸形或流产的药物。哺乳期妇女应注意药物是否会进入乳汁，对乳儿产生影响。

3. 遗传因素 基因是药物代谢和效应的决定因素，是决定药物代谢酶、药物转运蛋白和受体活性与功能表达的结构基础，基因的突变可引起所编码的药物代谢酶、转运蛋白和受体蛋白氨基酸序列和功能异常，成为产生药物效应个体差异和种族差异的主要原因。

（1）遗传多态性（genetic polymorphism） 具有遗传多态性的常见药物代谢酶，如异烟肼的代谢，具有快乙酰化型和慢乙酰化型，服用同样的剂量，前者血药浓度低，半衰期短，后者反之。

（2）种族差异（racial differences） 种族因素包含遗传和环境两方面。不少药物的代谢和反应具有种族差异，如服用普萘洛尔后的心血管反应，中国人比白色人种敏感，而黑色人种的敏感性最差。

（3）个体差异 在人群中即使各方面条件都相同，也会有少数人对药物的反应与大多数人存在质或量的差异，称为个体差异。其中量的差异表现为高敏性和耐受性，质的差异有变态反应和特异质反应。

知识拓展 遗传多态性对药物作用与毒性影响甚大

药物的作用、毒性和治疗效应存在个体差异，导致个体差异的原因很多，其中药物代谢酶、转运蛋白和药物作用靶点（如受体）的遗传多态性是一个重要的影响因素，如细胞色素氧化酶P450、乙醛脱氢酶、*N*-乙酰基转移酶等药物代谢酶的活性，个体间可相差几十倍，甚至相差1000倍以上，严重影响到药物的代谢速率。

遗传多态性会影响某些降压药、降血糖药、镇静催眠药、抗菌药物、β受体阻断药等诸多药物的血药浓度、半衰期和不良反应，使药物作用的强弱、维持时间的长短、毒性的大小呈现出显著的个体差异。因此，在临床用药时，要注意遗传多态性对药物作用及毒性的影响，注重采用个体化用药剂量，以确保科学用药、安全用药。

4. 病理状态 病理状态可改变机体对药物的敏感性，影响药物效应。例如，阿司匹林可使发热患者的体温下降，而对正常体温无影响；胰岛功能完全丧失的患者，应用磺酰脲类药物无降血糖作用。病理因素也能引起药动学的改变，如肝、肾功能不全时，药物的清除率降低，药物的半衰期延长，血药浓度增高，效应增强及发生严重的不良反应；一些慢性病引起的低蛋白血症，会使奎尼丁、地高辛、苯妥英钠等药物的游离型形式增多，作用增强甚至引起毒性反应。此外，一些药物可诱发或加重疾病，如糖皮质激素可诱发或加重溃疡病和糖尿病等。

5. 心理精神因素 药物的效应在一定程度上受患者的情绪、患者对药物的信赖程度和医护人员的言语、表情、态度、暗示及工作经验等因素影响。研究表明，安慰剂对于头痛、高血压、神经官能症等可获得30%～50%甚至更高比率的“疗效”，显然这种“疗效”是心理因素起作用的结果。

患者对药物治疗信心不足，惧怕用药后产生的严重不良反应等，均会影响药物的疗效。这就要求临床医生运用自己掌握的药物知识，耐心、细致地向患者及家属宣传介绍所用药物的治疗效果、不良反应及其防治措施，尤其是一些有特殊反应的药物，应讲清其利弊，消除患者的心理顾虑，正确对待用药反应，提高患者用药的依从性，使患者乐观地接受药物治疗，以便药物发挥更好的疗效。

6. 饮食 饮食和药物之间存在着相互作用，影响药物的吸收和消除。因此，医护工作者有责任向患者及其家属讲明用药期间饮食方面的注意事项，指导患者选择合适的食材，以提高疗效，避免不必要的后果。

（1）饮食对药物吸收的影响　如酸性食物可增加铁的溶解度，使Fe^{3+}还原为Fe^{2+}，促进吸收；高脂饮食可促进脂溶性维生素A、维生素D、维生素E的吸收，增强药效。而含钙、磷较多的食物，饮茶等会影响铁的吸收；补充钙剂时不宜同食含有大量草酸的菠菜等食品，以免形成不易溶解的草酸钙而影响钙剂的吸收。

（2）饮食对尿液pH的影响　尿液pH常受饮食的影响。鱼、肉、蛋等荤性食物属酸性食品，而菠菜、豆类、水果、牛奶等属碱性食品。通常，氨苄西林等在酸性尿液中抗菌能力强，而金黄色葡萄球菌、铜绿假单胞菌在酸性尿液中生长受到抑制，用药时宜多食酸性食品。红霉素、头孢菌素类等在碱性尿液中抗菌力强，用药时宜多食碱性食品。

（3）饮食与药物的相互作用　乳酶生不宜用热水冲服，以免杀灭乳酸杆菌而降低药效。服用泻药、解热镇痛药等药物后应多饮水，以补充机体丢失的水分或减轻对肾脏的毒性。含蛋白质的药物制剂忌与茶同服，防止鞣酸和蛋白质发生络合作用而失去药效。服用降压药、排钠利尿药时应限制高钠饮食。应用中枢抑制药、头孢菌素类、甲硝唑等药物期间禁饮酒，否则可发生严重的毒性反应，甚至死亡。

知识拓展　头孢加酒“说走就走”

在口服或注射头孢菌素类、甲硝唑类、呋喃唑酮、喹诺酮类等药物期间饮酒，可发生严重的双硫仑反应，甚至死亡。因以上药物可抑制乙醛脱氢酶，致使乙醇的代谢产物乙醛不能进一步脱氢转变成乙酸，导致乙醛在体内蓄积，乙醛可致血压骤降、心率增快、恶心、呕吐、头痛等，即双硫仑反应，严重者可导致死亡。近年来，应用头孢菌素类药物后饮酒，导致死亡的病例时有报道，特别是静脉用药的患者，尤其严重。因此坊间就有了头孢加酒“说走就走”警示语。应用以上药物期间及停用两周内，切勿饮酒，包括白酒、红酒、啤酒及含有乙醇的各种饮品。

二、药物方面

1. 药物的化学结构　一般来说，化学结构相似的药物其作用相似，如苯二氮䓬类有镇静、催眠、抗焦虑作用。但有些药物化学结构相似，但其作用却相反，如维生素K与华法林化学结构相似，却分别具有促凝血和抗凝血作用。

2. 药物的剂型　一种药物的不同剂型，其生物利用度往往不同，其血药浓度也有较大差异，影响药物的疗效。一般而言，注射剂比口服剂型吸收快；口服给药时，溶液剂吸收最快，散剂次之，片剂和胶囊剂较慢。吸收快的剂型，血药浓度达峰速度较快，故起效快；吸收慢的剂型，因其潜伏期长，故起效慢，维持时间长。

3. 给药途径　给药途径也可影响药物的吸收、药物出现作用快慢和维持时间的长短。个别药物给药途径不同，其药物作用性质不同，如硫酸镁口服可产生导泻和利胆作用，肌内注射呈现降压和抗惊厥作用；利多卡因局部给药可产生局部麻醉作用，而其静脉注射给药则可产生抗心律失常作用。

4. 给药时间和次数　给药时间不同也可影响药物疗效，临床用药时应根据具体药物作用特点、病情需要及人体周期规律而定。例如，催眠药应在睡前服；助消化药需在饭前或饭时服用；驱肠虫药宜空腹或半空腹时服用；有的药物如利福平等，因食物会影响其吸收，也特别注明空腹服用；对胃肠道有刺激性的药物，宜饭后服用等；胰岛素在餐前给药以便发挥其降糖作用。

人体的生理功能活动表现为昼夜节律性变化，机体在昼夜24小时内的不同时间，对某些药物的敏感性不同。按照生物周期节律性变化，制订临床给药方案，以顺应人体生物节律变化，能更好地发挥药物疗效，减少不良反应，如肾上腺皮质激素的分泌高峰在上午8时左右，然后逐渐降低，零时达低谷。临床需长期应用糖皮质激素类药物治疗时，可依据此节律在上午8时一次顿服，既能达到治疗效果，又可减轻对肾上腺皮质的负反馈抑制作用。

知识拓展 时间药理学

时间药理学（chronopharmacology）又称时辰药理学，是药理学研究的一门边缘学科，其研究内容包括时间药动学和时间药效学两大内容。前者主要研究药物生物利用度、血药浓度、代谢与排泄过程中的昼夜节律性变化，后者主要研究药物的应用、不良反应所呈现的与时间相关的周期性变化。时间药理学与临床实践相结合，由此产生了一门新的学科：时间治疗学（chronotherapeutics），是以时间药动学和时间药效学为依据，根据药物疗效、毒性、代谢的时间节律，选择最佳给药时间和给药方案，以提高疗效或降低毒性等。例如，糖皮质激素上午8时服，顺应机体糖皮质激素的生理节律，以减轻对肾上腺皮质的抑制；青霉素更容易在夜间发生过敏反应，夜间应用要更加谨慎。

5. 联合用药及药物的相互作用 两种或多种药物合用或先后序贯应用，称为联合用药或配伍用药。联合用药的目的是提高疗效，减少不良反应或防止耐受性、耐药性的发生。但不合理的多药联用也常导致药物间不良的相互作用，从而降低疗效、加重不良反应甚至产生药源性疾病。因此，在多药联用时，应注意可能发生的药物不良相互作用。

两种或多种药物合用或先后序贯使用而引起药物作用和效应的变化，称为药物的相互作用（drug interaction）。药物的相互作用可使药效增强，也可使药效降低或不良反应加重。因此，在用药过程中要加以注意。

（1）体外配伍禁忌 药物在体外配伍时发生的物理、化学变化而降低疗效，甚至产生毒性反应，称为配伍禁忌。注射剂在混合使用或大量稀释时，易产生化学或物理改变。因此，静脉滴注时应特别注意配伍禁忌，避免发生严重后果。

（2）药效学方面的相互作用 联合用药时，表现为药物效应增强称为协同作用（synergism），表现为药物效应减弱称为拮抗作用（antagonism）。例如，吗啡与阿托品合用治疗胆绞痛，前者具有镇痛作用，后者可解除胆道痉挛，两药合用可使疗效增强，为协同作用。而沙丁胺醇的扩张支气管作用，可被普萘洛尔所拮抗，若两药合用，可使前者的作用减弱。非甾体抗炎药与华法林合用，有增加出血的可能。

（3）药动学方面的相互作用 联合用药时，一种药物会影响到另一种药物的吸收、分布、生物转化和排泄，而使另一种药物的作用或效应发生变化。例如，铁制剂与维生素C合用，可促进铁的吸收；若与西咪替丁合用，可减少铁的吸收。铁制剂与氟喹诺酮类药物合用，后者吸收减少。

学习小结

药物的作用可受到多种因素的影响，使药物作用增强或减弱，甚至发生质的改变。机体方面如年龄、性别、遗传因素、病理状态、心理精神因素、饮食等因素，药物方面如药物的化学结构、剂型、给药途径、给药时间和次数、联合用药及药物的相互作用等因素均可影响药物的作用。故临床用药时，要充分考虑这些因素对药物作用的影响，使药物发挥最大的疗效，并尽量避免不良反应的发生。

高频考点 1. 影响药物作用的因素
2. 给药途径对药物作用的影响

自 测 题

1. 遗传因素对药物作用的影响，下列描述哪项是正确的
   A. 仅影响药物的代谢
   B. 不影响药物作用的性质
   C. 既影响药物的代谢，也影响药物的效应
   D. 老年人用药更容易受到影响
   E. 儿童用药不受遗传因素影响
2. 药物作用的个体差异，下列哪个描述是不正确的
   A. 患者对药物反应呈现高敏性
   B. 患者对药物反应呈现耐受性
   C. 患者对药物呈现过敏反应
   D. 患者对药物呈现特异质反应
   E. 药物用量越大，作用越强大
3. 肝、肾功能减退时，药物
   A. 代谢速率加快
   B. 清除率降低，半衰期延长
   C. 增加剂量，作用不会增强
   D. 减小剂量，半衰期缩短
   E. 易发生药物相互作用
4. 应用头孢菌素等药物时，不能饮酒，因为
   A. 饮酒会降低药物疗效
   B. 头孢菌素等药物，可加速乙醇代谢
   C. 可出现严重双硫仑反应，甚至死亡
   D. 易导致酒精依赖性的产生
   E. 影响药物的吸收速率
5. 饮食对药物作用的影响，下列哪项是不正确的
   A. 酸性食物可促进铁制剂的吸收
   B. 高脂肪饮食，可促进维生素A、D、E的吸收
   C. 服药时不宜用茶水冲服
   D. 空腹服药是指饭后半小时服药，并用牛奶冲服
   E. 菠菜含有草酸，会影响钙剂的吸收
6. 两种或两种以上药物联合应用，可出现下列相互作用
   A. 药效增强或降低，不良反应减轻或加重
   B. 联合用药时，只考虑疗效增强
   C. 有的联合用药，药物不良反应可以降至零
   D. 中西药物联合应用，不会发生相互作用
   E. 药物联合应用，无须考虑配伍禁忌

（王开贞）

第5章 传出神经系统药理概述

学习目标

1. 掌握传出神经系统受体的类别及被激动后的生理效应。
2. 熟悉传出神经系统药物的作用方式。
3. 了解传出神经系统药物的分类。
4. 具备观察药物的疗效、不良反应及做出正确处理的能力。
5. 充分利用所学的知识进行健康教育，正确指导患者合理用药、安全用药。

案例导入

患者，女，46岁。因眼涨、视力消退、头晕、头痛就医。检查：眼压升高，视杯凹陷，视野缺损，房角正常宽。诊断为开角型青光眼。医生予滴眼液，使用10分钟后症状开始缓解，同时出现视远物模糊，2小时后消失，眼压下降作用维持8小时。

问题：1. 该患者选用的滴眼液为何种药物？

2. 该患者使用本药可能出现哪些不良反应？

第1节 传出神经的分类及化学传递

传出神经主要是指传导来自中枢的冲动以支配效应器活动的神经。作用于传出神经系统的药物是通过直接或间接影响传出神经的化学传递过程，而改变效应器官的功能活动。

一、传出神经的分类

传出神经按解剖学或递质分类如下。

1. 按解剖学分类 传出神经按解剖学分类包括自主神经和运动神经。

（1）自主神经 分为交感神经和副交感神经，主要支配心脏、平滑肌、腺体和眼睛等效应器。自主神经自中枢发出后，先经过神经节交换神经元，然后到达所支配的效应器，因此有节前纤维和节后纤维之分。

（2）运动神经 自中枢发出后，中途不交换神经元，直接到达骨骼肌支配其运动（图5-1）。

2. 按递质分类 根据神经末梢释放递质的不同，传出神经主要分为胆碱能神经和去甲肾上腺素能神经。

（1）胆碱能神经 包括全部交感神经和副交感神经的节前纤维、副交感神经的节后纤维、极少数交感神经的节后纤维（如支配汗腺分泌神经和骨骼肌血管舒张神经）和运动神经。

（2）去甲肾上腺素能神经 包括绝大部分交感神经的节后纤维。

此外，在某些效应器上存在多巴胺能神经、5-羟色胺能神经、嘌呤能神经和肽能神经等，在局部发挥调节作用（图5-1）。

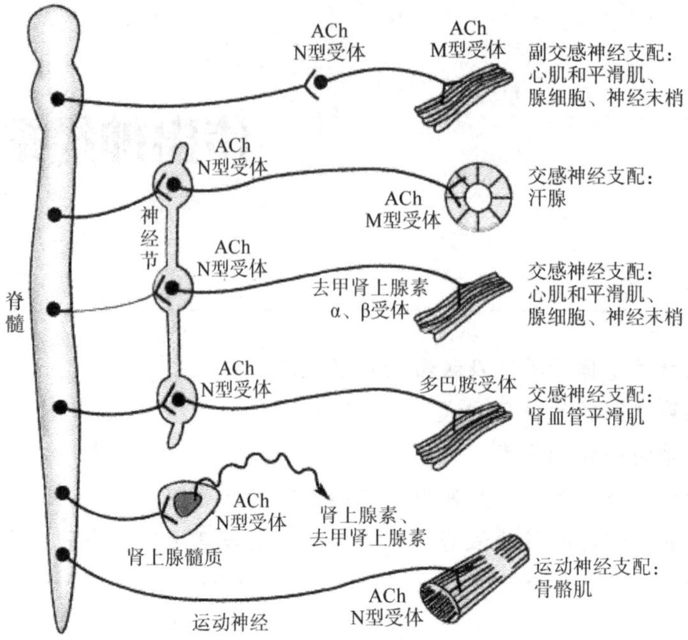

图5-1　传出神经分类与递质

二、传出神经的化学传递

1. 传出神经突触的超微结构　传出神经末梢与次一级神经元或与效应器细胞之间的衔接处，统称为突触。运动神经末梢与骨骼肌细胞间的突触称为运动终板。突触是传出神经系统完成信息传递的重要结构，包括突触前膜、突触后膜和它们之间的突触间隙。突触前膜内含有许多线粒体和大量的囊泡。线粒体除提供能量外，还含有合成或代谢递质的酶；囊泡内贮存着高浓度的递质。突触后膜含有大量的受体。

2. 传出神经的化学传递　依赖于囊泡中递质的释放，当神经冲动到达神经末梢时，突触前膜去极化，Ca^{2+}内流，促使囊泡膜与突触前膜融合，并形成裂孔，递质通过裂孔释放入突触间隙，与突触后膜的受体结合产生效应，这种排出方式称为胞裂外排。

第2节　传出神经递质

传出神经末梢释放的递质主要有乙酰胆碱（acetylcholine，ACh）和去甲肾上腺素（noradrenaline，NA）。

1. 乙酰胆碱　主要在胆碱能神经末梢合成。胆碱能神经末梢内的胆碱和乙酰辅酶A，在胆碱乙酰化酶的催化下合成乙酰胆碱。乙酰胆碱形成后即进入囊泡，并与ATP和囊泡蛋白共同贮存于囊泡中。当神经冲动到达神经末梢时，囊泡中的乙酰胆碱以胞裂外排的方式释放至突触间隙，在呈现作用的同时，数毫秒内即被突触间隙中的乙酰胆碱酯酶（acetylcholinesterase，AChE）水解为胆碱和乙酸。部分胆碱被突触前膜再摄取，供合成乙酰胆碱使用（图5-2）。

2. 去甲肾上腺素　主要在去甲肾上腺素能神经末梢合成。酪氨酸从血液循环进入神经元后，经酪氨酸羟化酶催化生成多巴，再经多巴脱羧酶的催化生成多巴胺（DA），后者进入囊泡中，经多巴胺β-羟化酶的催化，转变为去甲肾上腺素（NA）。去甲肾上腺素形成后，与ATP及嗜铬颗粒蛋白结合，贮存于囊泡中，以避免被细胞质中的单胺氧化酶（MAO）所破坏。当神经冲动到达神经末梢时，囊泡中的递质以胞裂外排的方式，释放至突触间隙。释放的去甲肾上腺素在呈现作用的同时，75%～95%被突触前膜重摄取，大部分重新贮存于囊泡中，以供再次释放。部分未进入囊泡的去甲肾上腺素可被细胞质中线粒体膜上的MAO所破坏。非神经组织如心肌、平滑肌等也能摄取去甲肾上腺素，递质摄取后被细胞内的儿茶酚-*O*-甲基转移酶（COMT）和MAO所破坏。此外，尚有小部分去甲肾上腺素从突触间隙扩散到血液中，最后被肝、肾等组织中的COMT和MAO所破坏（图5-3）。

此外，传出神经递质还有多巴胺（DA）、5-羟色胺（5-HT）等。

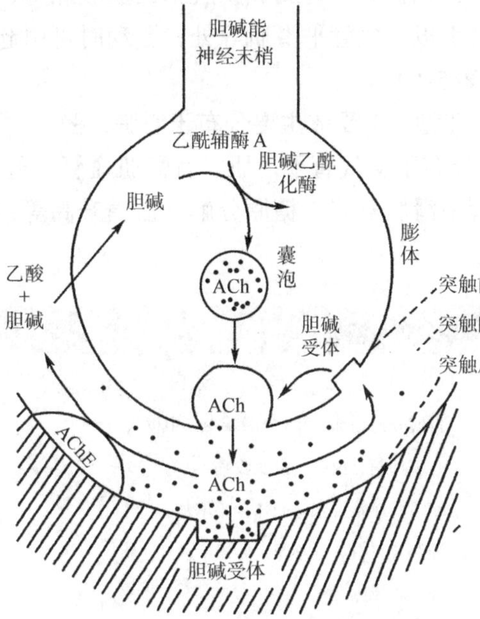

图5-2　乙酰胆碱的体内过程

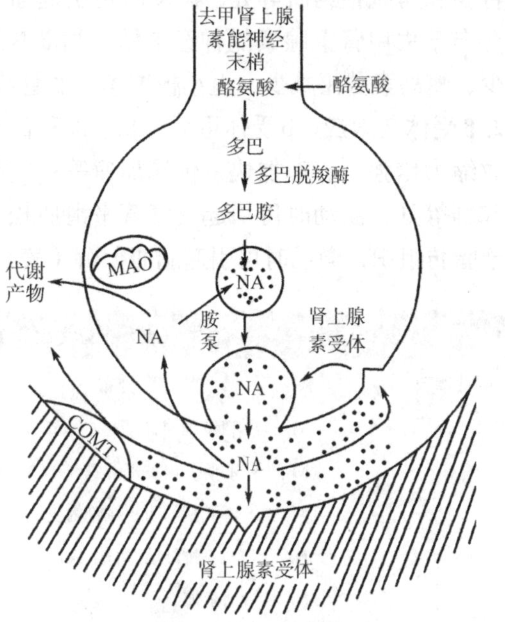

图5-3　去甲肾上腺素的体内过程

第3节　传出神经系统受体和效应

传出神经系统的受体常根据能与之选择性结合的递质或药物来命名，主要分为胆碱受体和肾上腺素受体。

一、胆碱受体

能与乙酰胆碱结合的受体称为胆碱受体，可分为毒蕈碱型受体（简称M受体）和烟碱型受体（简称N受体）。

1. 毒蕈碱型受体　能选择性地与毒蕈碱结合的受体称为M受体，主要位于副交感神经节后纤维所支配的效应器细胞膜上。根据不同组织M受体与配体的亲和力不同，可将M受体分为M_1、M_2和M_3受体等。其中M_1受体主要分布于自主神经节、胃壁细胞、中枢神经系统等处，受体激动时可引起NA分泌减少、胃酸分泌增加、中枢兴奋等；M_2受体主要分布于心脏，激动时可引起心肌收缩力减弱、心率减慢、传导减慢等；M_3受体主要分布于胃肠壁、膀胱壁、支气管平滑肌、胃肠及膀胱括约肌、瞳孔括约肌、血管内皮和腺体等处，激动时可引起胃肠壁、膀胱壁、支气管平滑肌收缩、胃肠及膀胱括约肌舒张、瞳孔缩小、血管舒张、腺体分泌增加等。M受体激动所产生的效应常称为M样作用（表5-1）。

2. 烟碱型受体　能选择性地与烟碱结合的受体称为N受体，可分为N_N和N_M受体两个亚型。N_N受体位于自主神经节突触后膜和肾上腺髓质，激动时可引起神经节兴奋和肾上腺髓质分泌增加；N_M受体位于骨骼肌，激动时可引起骨骼肌收缩。N受体激动所产生的效应常称为N样作用（表5-1）。

二、肾上腺素受体

能与去甲肾上腺素（NA）或肾上腺素（AD）结合的受体称为肾上腺素受体，可分为α肾上腺素受体（简称α受体）和β肾上腺素受体（简称β受体）。

1. α受体与效应 α受体可分为α_1和α_2受体两个亚型。α_1受体主要分布于血管平滑肌、瞳孔开大肌、胃肠和膀胱括约肌等处，激动时可引起血管收缩、瞳孔扩大、胃肠和膀胱括约肌收缩等；α_2受体主要分布于去甲肾上腺素能神经末梢、胰岛B细胞、血小板、血管平滑肌等处，激动时可引起NA释放减少、胰岛素分泌减少、血小板聚集、血管收缩等（表5-1）。

2. β受体与效应 β受体可分为β_1、β_2和β_3受体三个亚型。β_1受体主要分布于心脏，激动时可引起心肌收缩力增强、心率加快、传导加速等；β_2受体主要分布于支气管平滑肌、骨骼肌血管、冠状动脉血管和肝等处，激动时可引起支气管平滑肌松弛、血管平滑肌舒张、糖原分解、血糖升高等；β_3受体分布于脂肪组织，激动时可引起脂肪分解（表5-1）。

表5-1 传出神经系统的受体分布与效应

受体类型		分布	效应
胆碱受体	M_1	胃壁细胞、自主神经节、中枢神经系统	胃酸分泌增加、NA分泌减少、中枢兴奋
	M_2	心脏、内脏平滑肌	心脏抑制、内脏平滑肌收缩
	M_3	瞳孔括约肌、血管内皮细胞、腺体	缩瞳、血管舒张、腺体分泌增加
	N_N	自主神经节、肾上腺髓质	神经节兴奋、分泌肾上腺素
	N_M	骨骼肌	骨骼肌收缩
肾上腺素受体	α_1	瞳孔开大肌、血管（皮肤、黏膜、内脏）	扩瞳、血管收缩
	α_2	突触前膜	抑制去甲肾上腺素释放
	β_1	心脏、肾近球细胞	心脏兴奋、肾素分泌
	β_2	支气管平滑肌、冠状动脉血管、骨骼肌血管、肝糖原、肌糖原、突触前膜	支气管平滑肌舒张、冠状动脉及骨骼肌血管舒张、糖原分解、去甲肾上腺素释放增加
	β_3	脂肪组织	脂肪分解

知识拓展　燃烧的是香烟，消耗的是生命

烟碱（nicotine，尼古丁）由烟草中提取，是烟草中的主要成分之一。烟草中至少含有60余种已知的致癌物质，如苯并芘、芳香胺类、甲醛等。40～60mg烟碱即可致人死亡。许多恶性肿瘤的发生也与吸烟有关。

第4节　传出神经系统药物的作用方式和分类

一、传出神经系统药物的作用方式

1. 直接作用于受体 某些传出神经系统药物能直接与胆碱受体或去甲肾上腺素受体结合而产生效应。凡结合后能激动受体，产生与递质相似的作用，称为受体激动药或拟似药，如胆碱受体激动药和肾上腺素受体激动药；结合后不能激动受体，并阻碍递质或激动药与受体结合，产生与递质相反的作用，称为受体阻断药或拮抗药，如胆碱受体阻断药和肾上腺素受体阻断药。

2. 影响递质　某些药物通过影响递质生物转化而产生效应，如抗胆碱酯酶药通过抑制胆碱酯酶而阻碍ACh水解，使突触间隙的ACh含量增加，激动胆碱受体而发挥拟胆碱作用。某些药物还可通过影响递质的合成、贮存、释放或摄取而产生效应，如麻黄碱和间羟胺可促进NA的释放而发挥拟肾上腺素作用。

二、传出神经系统药物的分类

传出神经系统药物可按其作用性质及对受体选择性的不同进行分类，见图5-4。

拟似药
- 胆碱受体激动药
  - M、N胆碱受体激动药（卡巴胆碱）
  - M胆碱受体激动药（毛果芸香碱）
  - N胆碱受体激动药（烟碱）
- 胆碱酯酶抑制药（新斯的明）
- 肾上腺素受体激动药
  - α、β受体激动药（肾上腺素）
  - α受体激动药
    - α_1、α_2受体激动药（去甲肾上腺素）
    - α_1受体激动药（去氧肾上腺素）
    - α_2受体激动药（可乐定）
  - β受体激动药
    - β_1、β_2受体激动药（异丙肾上腺素）
    - β_1受体激动药（多巴酚丁胺）
    - β_2受体激动药（沙丁胺醇）

拮抗药
- 胆碱受体阻断药
  - M胆碱受体阻断药
    - 非选择性M受体阻断药（阿托品）
    - M_1受体阻断药（哌仑西平）
  - N胆碱受体阻断药
    - N_N受体阻断药（樟磺咪芬）
    - N_M受体阻断药（泮库溴铵）
- 肾上腺素受体阻断药
  - α受体阻断药
    - α_1、α_2受体阻断药（酚妥拉明）
    - α_1受体阻断药（哌唑嗪）
    - α_2受体阻断药（育亨宾）
  - β受体阻断药
    - β_1、β_2受体阻断药（普萘洛尔）
    - β_1受体阻断药（阿替洛尔）
  - α、β受体阻断药（拉贝洛尔）

图5-4　传出神经系统药物的分类

学习小结

传出神经释放的递质主要有乙酰胆碱和去甲肾上腺素。传出神经按释放的递质不同分为胆碱能神经和去甲肾上腺素能神经。传出神经系统的受体分为胆碱受体和肾上腺素受体，胆碱受体分为毒蕈碱型受体（M受体）和烟碱型受体（N受体），肾上腺素受体分为α肾上腺素受体（α受体）和β肾上腺素受体（β受体）。M受体激动时可引起内脏平滑肌收缩、心脏抑制、瞳孔缩小、血管扩张、腺体分泌增加等；N受体激动时可引起神经节兴奋、肾上腺髓质分泌增加、骨骼肌收缩等。α受体激动时，可引起血管收缩、瞳孔扩大等；β受体激动时可引起心脏兴奋、支气管平滑肌松弛、血管平滑肌舒张、糖原和脂肪分解等。传出神经系统药物通过直接作用于受体或影响递质发挥作用。传出神经系统药物分为拟似药和拮抗药。

高频考点　1. 传出神经系统递质分类
2. 传出神经系统受体和效应

自测题

1. 突触间隙的ACh消除的主要方式是
   A. 被MAO灭活
   B. 被COMT灭活
   C. 被AChE灭活
   D. 被磷酸二酯酶灭活
   E. 被神经末梢再摄取
2. 受体激动时，可引起支气管平滑肌松弛的是
   A. M受体　B. α_1受体
   C. α_2受体　D. β_1受体
   E. β_2受体
3. 去甲肾上腺素能神经兴奋引起的效应不包括
   A. 心脏兴奋
   B. 胃肠平滑肌收缩
   C. 支气管平滑肌松弛
   D. 皮肤黏膜和内脏血管收缩
   E. 瞳孔扩大

4. $β_2$受体兴奋可引起
  A. 瞳孔缩小
  B. 胃肠平滑肌收缩
  C. 支气管平滑肌松弛
  D. 腺体分泌增加
  E. 皮肤血管收缩
5. 胆碱能神经不包括
  A. 部分交感神经节前纤维
  B. 部分副交感神经节前纤维
  C. 部分副交感神经节后纤维
  D. 大部分交感神经节后纤维
  E. 运动神经
6. M受体激动不会引起
  A. 血压升高
  B. 心率减慢
  C. 胃肠平滑肌收缩
  D. 瞳孔括约肌收缩
  E. 腺体分泌增加

（王　娜）

第6章 拟胆碱药

思维导图 >>>

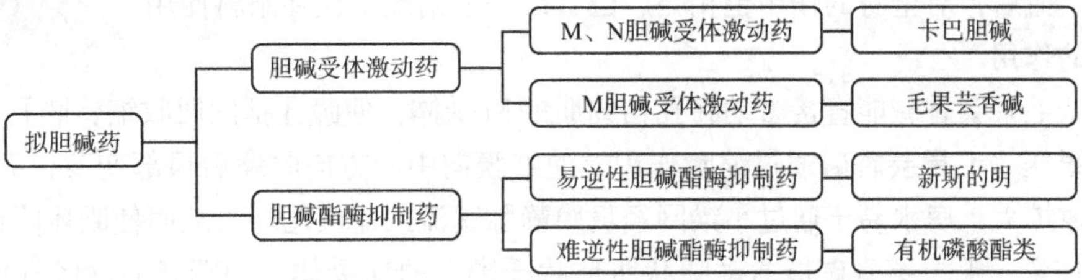

学习目标

1. 掌握毛果芸香碱、新斯的明的药理作用、临床应用、不良反应和注意事项。
2. 熟悉卡巴胆碱、毒扁豆碱的药理作用、临床应用、不良反应和注意事项。
3. 了解其他拟胆碱药的特点。
4. 具备观察药物的疗效、不良反应及做出正确处理的能力。
5. 充分利用所学的知识进行健康教育，正确指导患者合理用药、安全用药。

案例导入

患者，男，43岁。近日左侧头部剧烈疼痛，左眼球充血，视力骤降，有恶心、呕吐、出汗等。入院就诊，医生诊断为急性闭角型青光眼。予1%～2%硝酸毛果芸香碱滴眼液治疗。

问题： 1. 该患者选用毛果芸香碱治疗的依据是什么？

2. 毛果芸香碱为什么不能采用口服或静脉注射的给药方式？

拟胆碱药（cholinomimetic drug）是一类与胆碱能神经递质ACh作用相似的药物，按其作用方式的不同，可分为胆碱受体激动药和胆碱酯酶抑制药。

第1节 胆碱受体激动药

一、M、N胆碱受体激动药

卡巴胆碱

卡巴胆碱（carbamylcholine，氨甲酰胆碱）为人工合成的拟胆碱药，其作用和ACh相似，化学性质较稳定，不易被水解，作用时间较长。全身给药可激动M、N受体，产生广泛的M样作用和N样作用。因不良反应较多，仅限眼科局部用药。

本药滴眼可透过角膜，直接激动瞳孔括约肌M受体，使瞳孔缩小，眼压降低，作用维持时间较长。局部滴眼用于治疗开角型青光眼，或用于对毛果芸香碱无效和过敏的患者。本药为快速强效缩瞳剂，眼科手术中前房注射本药2秒后，瞳孔开始缩小。眼部注射给药用于人工晶状体植入、白内障摘除、角膜移植等需要缩瞳的眼科手术。

甲状腺功能亢进（甲亢）、低血压、心力衰竭、消化性溃疡、支气管哮喘等患者禁用。

二、M胆碱受体激动药

毛果芸香碱

毛果芸香碱（pilocarpine，匹罗卡品）是从毛果芸香属植物叶子中提取的生物碱，现已能人工合成，水溶液稳定。

【药理作用】 本药可选择性激动M受体，对眼睛和腺体的作用最强，对心血管系统影响相对较小，但其吸收入血后，对全身的作用也相当广泛，故一般情况下仅在眼科使用。

1. 对眼睛的作用

（1）缩瞳　毛果芸香碱能直接激动瞳孔括约肌的M受体，使瞳孔括约肌收缩，瞳孔缩小。

（2）降低眼压　毛果芸香碱通过缩瞳作用，使虹膜向中心方向收缩后根部变薄，而处在虹膜周围部的前房角间隙扩大，房水易于通过小梁网经巩膜静脉窦流入血液循环，从而使眼压降低。

（3）调节痉挛　毛果芸香碱能激动睫状肌环状纤维上的M受体，使睫状肌向瞳孔中心方向收缩，悬韧带松弛，晶状体因本身弹性而自然变凸，屈光度增加，导致视近物清楚，而视远物模糊，这一作用称为调节痉挛（图6-1）。

2. 对腺体的作用　毛果芸香碱能激动腺体上的M受体，促进腺体分泌，其作用以汗腺和唾液腺最为明显。

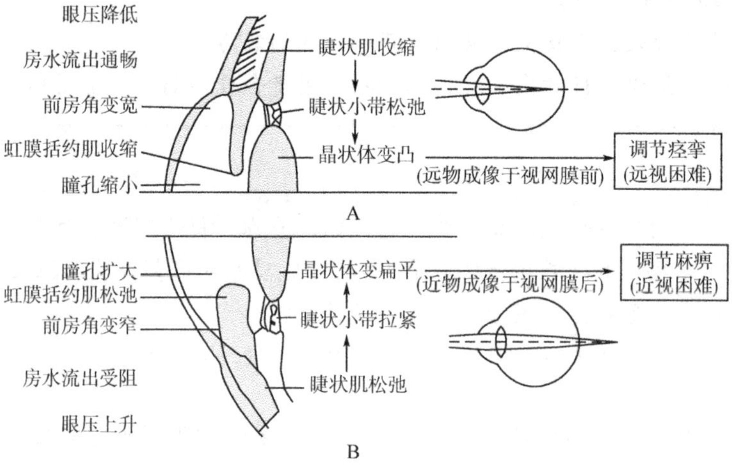

图6-1　M受体激动药和阻断药对眼睛的作用

A. 调节痉挛；B. 调节麻痹

【临床应用】

1. 青光眼　主要特征是眼压升高，出现头痛、视力减退等症状，严重时可致失明。青光眼可分为闭角型青光眼和开角型青光眼，前者是由于前房角间隙狭窄，阻碍房水回流而使眼压升高；后者主要是小梁网及巩膜静脉窦变性或硬化，阻碍房水回流而使眼压升高。毛果芸香碱能使前房角间隙扩大，眼压迅速降低，对闭角型青光眼疗效较佳；对开角型青光眼的早期也有一定疗效，可能与睫状肌被收缩牵拉后使房水易于回流等因素有关。

2. 虹膜炎　与扩瞳药交替应用，可防止虹膜与晶状体粘连。

3. 解救阿托品类药物中毒　毛果芸香碱1～2mg皮下注射，可用于阿托品等药物中毒的解救。

【不良反应和注意事项】 多为滴眼时药物经鼻泪管吸收产生各种M受体激动症状，如流涎、多汗、腹痛、腹泻、支气管痉挛等，故使用时应压迫内眦，防止药物吸收。本药遇光易变质，应避光保存。

第2节 胆碱酯酶抑制药

胆碱酯酶抑制药又称抗胆碱酯酶药，本类药物能抑制胆碱酯酶（AChE）活性，使乙酰胆碱水解减少，导致乙酰胆碱（ACh）在突触间隙蓄积而激动M、N受体，呈现M及N样作用。按药物与胆碱酯酶结合后水解速度的快慢，可分为易逆性胆碱酯酶抑制药和难逆性胆碱酯酶抑制药。

一、易逆性胆碱酯酶抑制药

新斯的明

新斯的明（neostigmine）为季铵类化合物，其脂溶性低。口服不易吸收，给药后1小时显效，药效持续3～4小时；皮下注射或肌内注射15分钟显效，作用可持续2～4小时。不易透过血脑屏障，无明显中枢作用；滴眼时不易透过角膜，对眼睛的作用较弱。

【药理作用】 主要通过抑制胆碱酯酶，使乙酰胆碱蓄积而呈现M样及N样作用。其作用具有选择性，对骨骼肌的兴奋作用最强，对胃肠平滑肌和膀胱平滑肌兴奋作用较强，对心血管、腺体、眼和支气管等作用较弱。

【临床应用】

1. 重症肌无力 通过兴奋骨骼肌，可改善肌无力症状。一般口服给药，即可使症状改善。重症患者或紧急时，可皮下注射或肌内注射。

2. 手术后腹气胀和尿潴留 新斯的明可增强胃肠壁和膀胱壁平滑肌的张力，促进排便和排尿，常用于治疗术后腹气胀和尿潴留。

3. 治疗阵发性室上性心动过速 新斯的明通过其拟胆碱作用，减慢房室传导，降低心室率。

4. 肌松药中毒的解救 适用于非去极化型肌松药，如筒箭毒碱过量中毒的解救，但对去极化型肌松药过量中毒无效。

【不良反应和注意事项】 该药治疗剂量时不良反应较少，过量可产生恶心、呕吐、腹痛、肌肉震颤等。严重者可出现“胆碱能危象”，表现为肌无力症状加重，还可伴有大汗淋漓、大小便失禁、心动过速等，严重者可发生呼吸肌麻痹。此时应停药，用阿托品对抗其M样症状。机械性肠梗阻、尿路梗阻和支气管哮喘患者禁用。

毒扁豆碱

毒扁豆碱（physostigmine，依色林）是从毒扁豆种子中提取出的生物碱，亦可人工合成，脂溶性高，易透过血脑屏障；滴眼时易透过角膜。吸收后的外周作用与新斯的明相似；中枢作用表现为小剂量兴奋，大剂量抑制。本药吸收作用选择性低，毒性大，较少全身用药。对眼的作用与毛果芸香碱相似，但作用强、起效快而持久。缩瞳作用和降低眼压作用可维持1～2天。

主要用于治疗青光眼，常以0.25%溶液滴眼。滴眼后可致睫状肌强烈收缩而伴有头痛、眼痛，且本药刺激性强，患者不易耐受，不宜久用。滴眼时需压迫内眦，以免药物吸收中毒。

二、难逆性胆碱酯酶抑制药

难逆性胆碱酯酶抑制药主要为有机磷酸酯类杀虫药，如敌百虫、乐果、马拉硫磷、敌敌畏、内吸磷和对硫磷等。本类药物能够与AChE结合成难以解离的磷酰化胆碱酯酶，使其失去水解ACh的活性，导致体内ACh过度蓄积，激动M、N受体，引起一系列胆碱能神经功能亢进的中毒症状。详见第43章解毒药。

学习小结

拟胆碱药主要通过直接兴奋胆碱受体或通过抑制 AChE 引起 ACh 堆积，而间接兴奋胆碱受体发挥作用。其中毛果芸香碱为 M 胆碱受体激动药，对眼睛和腺体作用最为明显，对眼睛的作用包括缩瞳、降低眼压、调节痉挛；可使汗腺和唾液腺分泌增加。主要用于治疗青光眼。新斯的明为胆碱酯酶抑制药，对骨骼肌、内脏平滑肌作用强，主要用于治疗手术后腹气胀、尿潴留、重症肌无力和阵发性室上性心动过速。

高频考点 1. 毛果芸香碱的药理作用及临床应用
2. 新斯的明的药理作用、临床应用及不良反应

自 测 题

1. 毛果芸香碱滴眼可引起
   A. 缩瞳、升高眼压、调节痉挛
   B. 缩瞳、降低眼压、调节麻痹
   C. 扩瞳、降低眼压、调节麻痹
   D. 扩瞳、升高眼压、调节痉挛
   E. 缩瞳、降低眼压、调节痉挛
2. 关于毛果芸香碱的叙述，正确的是
   A. 为M胆碱受体激动药
   B. 可抑制胆碱酯酶活性
   C. 可导致视近物模糊而视远物清楚
   D. 不易透过角膜，对眼的作用很弱
   E. 可用于治疗重症肌无力
3. 关于新斯的明的叙述，错误的是
   A. 对骨骼肌的兴奋作用最强
   B. 为难逆性胆碱酯酶抑制药
   C. 可用于术后腹气胀和尿潴留
   D. 不易透过角膜，对眼的作用很弱
   E. 禁用于支气管哮喘患者
4. 新斯的明禁用于
   A. 青光眼　　B. 重症肌无力
   C. 机械性肠梗阻　　D. 术后尿潴留
   E. 高血压
5. 用于腹部手术后尿潴留可选用
   A. 阿托品　　B. 乙酰胆碱
   C. 毛果芸香碱　　D. 新斯的明
   E. 毒扁豆碱
6. 治疗重症肌无力可选用
   A. 乙酰胆碱　　B. 琥珀胆碱
   C. 毛果芸香碱　　D. 新斯的明
   E. 安贝氯铵

（王　娜）

第7章 抗胆碱药

思维导图 >>>

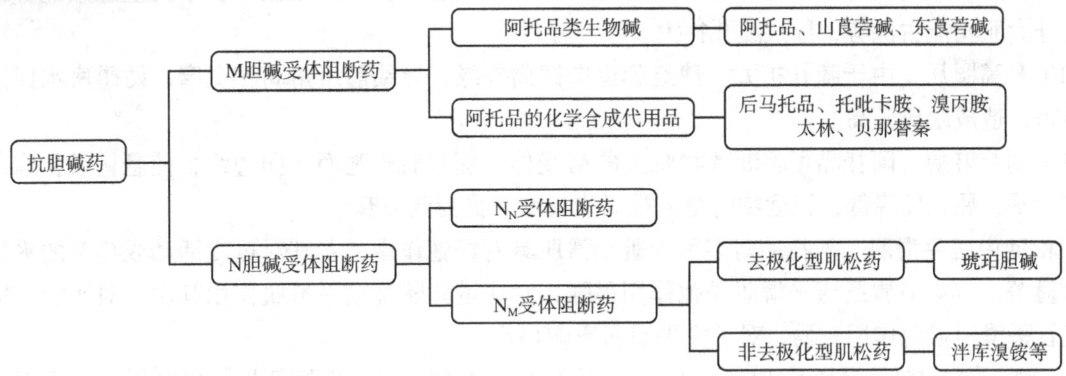

学习目标

1. 掌握阿托品的药理作用、临床应用、不良反应和注意事项。
2. 熟悉山莨菪碱、东莨菪碱及溴丙胺太林的作用特点和临床应用。
3. 了解其他抗胆碱药的作用特点和临床应用。
4. 具有根据适应证合理选择抗胆碱药、防止不良反应的能力。
5. 能与患者及家属进行沟通，开展用药咨询服务，并能正确指导患者合理用药。

案例导入

患者，女，33岁。因腹痛、呕吐和腹泻1天就诊。诊断为急性胃肠炎，给予硫酸阿托品片，每次0.6mg，每日3次，同时给予左氧氟沙星片每次200mg，每日1次。用药后患者上述症状明显缓解，但出现皮肤干燥、面部潮红、口干的症状。

问题： 1. 该患者选用阿托品止痛、止呕、止泻的作用机制是什么？

2. 该患者用药后为什么会出现皮肤干燥、面部潮红、口干的症状？该如何处理？

抗胆碱药（anticholinergic drug）是一类能与胆碱受体结合而不激动或极少激动胆碱受体的药物，其竞争性阻断了乙酰胆碱或胆碱受体激动药与受体结合，从而产生抗胆碱的作用。根据其对胆碱受体选择性的不同，可分为M胆碱受体阻断药和N胆碱受体阻断药。

第1节 M胆碱受体阻断药

一、阿托品类生物碱

阿 托 品

阿托品（atropine）为颠茄、莨菪或曼陀罗等植物中提取的生物碱，现亦可人工合成。

【体内过程】 口服易吸收，作用1小时达峰浓度，持续3～4小时；注射给药起效更快，$t_{1/2}$为2～4小时；眼科局部使用，作用可长达数日。吸收后分布广泛，可透过血脑屏障及胎盘屏障。80%以上经肾排泄，少量可随乳汁和粪便排出。

【药理作用】

1. 对腺体的作用 阿托品通过阻断M受体抑制腺体分泌。对不同腺体的抑制作用强度不同，汗腺和唾液腺最敏感，其次为泪腺及呼吸道腺体；剂量较大时也可减少胃液分泌。

2. 对眼的作用

（1）扩瞳 阿托品能阻断瞳孔括约肌上的M受体，使瞳孔括约肌松弛，去甲肾上腺素能神经支配的瞳孔开大肌功能占优势，导致瞳孔扩大。

（2）升高眼压 由于瞳孔扩大，使虹膜退向四周外缘，导致前房角间隙变窄，妨碍房水回流入巩膜静脉窦，造成眼压升高。

（3）调节麻痹 阿托品可阻断睫状肌上的M受体，睫状肌松弛而退向边缘，使悬韧带拉紧，晶状体变为扁平，屈光度降低，视远物清楚，视近物模糊，称为调节麻痹。

3. 松弛内脏平滑肌 阿托品对多种内脏平滑肌具有松弛作用，尤其对过度活动或痉挛的平滑肌作用更为显著。其中对胃肠道平滑肌松弛作用最强，对尿道和膀胱壁平滑肌作用其次，对胆管、输尿管和支气管平滑肌松弛作用较弱，对子宫平滑肌影响很小。

4. 心脏 治疗剂量阿托品（0.4～0.6mg）在部分患者常可见心率短暂性轻度减慢，较大剂量阿托品可引起心率加快。阿托品可拮抗迷走神经过度兴奋所致的房室传导阻滞和心动过缓。

5. 血管与血压 治疗剂量阿托品对血管与血压无显著影响。大剂量阿托品可引起皮肤黏膜血管舒张，出现潮红、温热等症状，可能是由于机体对阿托品引起的体温升高后的代偿性散热反应，也可能是阿托品的直接舒张血管作用所致。

6. 中枢神经系统 治疗剂量阿托品可轻度兴奋中枢；剂量增大，中枢兴奋作用增强。阿托品严重中毒时，中枢由兴奋转入抑制。

【临床应用】

1. 抑制腺体分泌 临床用于全身麻醉前给药，以减少呼吸道腺体及唾液腺分泌，防止分泌物阻塞呼吸道及吸入性肺炎的发生。也可用于严重盗汗及流涎症。

2. 眼科应用

（1）虹膜睫状体炎 0.5%～1.0%的阿托品滴眼液局部滴眼，可松弛瞳孔括约肌和睫状肌，使之活动减少、充分休息，有助于炎症消退；常与缩瞳药交替使用，防止虹膜与晶状体的粘连。

（2）检查眼底 利用阿托品的扩瞳作用可以观察眼底的周边部位。

（3）验光配镜 阿托品滴眼后使睫状肌松弛，晶状体充分固定，可准确测定晶状体的屈光度。但由于阿托品调节麻痹作用可维持2～3天，扩瞳作用可持续1～2周，视力恢复过于缓慢，故现仅用于睫状肌调节功能较强的小儿验光配镜。

3. 缓解内脏绞痛 临床适用于各种内脏绞痛，对胃肠绞痛、膀胱刺激症状如尿频、尿急等疗效较好，对胆绞痛或肾绞痛疗效较差，常需与阿片类镇痛药合用。

4. 治疗缓慢型心律失常 临床可用于治疗窦性心动过缓、房室传导阻滞等缓慢型心律失常。

5. 抗休克 在补足血容量的基础上，阿托品可用于抢救暴发型流行性脑脊髓膜炎、中毒性菌痢、中毒性肺炎等所致的感染性休克。但对于休克伴有高热或心率加快者，不宜使用。

6. 解救有机磷酸酯类中毒 阿托品可快速、有效缓解有机磷酸酯类中毒的M样症状，是特效的对症治疗药（详见第43章解毒药）。

【不良反应和注意事项】 阿托品的常见不良反应有口干、视近物模糊、畏光、心悸、皮肤干燥潮红、排尿困难和体温升高等。随着剂量增加，阿托品的不良反应可逐渐加重，还可出现焦虑、失眠、不安、幻觉、谵妄、躁狂甚至惊厥等中枢兴奋样症状；严重中毒者由兴奋转为抑制，出现昏迷及呼吸肌麻痹。

青光眼、前列腺肥大患者禁用。老年人、妊娠期、哺乳期妇女等慎用。

山莨菪碱

山莨菪碱（anisodamine）是从我国茄科植物唐古特莨菪中提取出的生物碱，其人工合成品称654-2。与阿托品相比，中枢作用小，对平滑肌和血管的选择性高，可解除平滑肌痉挛，改善微循环，尤其适用于治疗胃肠绞痛和感染性休克。不良反应与阿托品相似，但毒性较低。

东莨菪碱

东莨菪碱（scopolamine）是从洋金花、颠茄或莨菪等植物中提取出的生物碱。与阿托品相比，其特点为中枢抑制作用较强，随剂量增加依次可出现镇静、催眠、麻醉；扩瞳、调节麻痹及抑制腺体分泌作用较阿托品强，对心血管系统及内脏平滑肌的作用较弱。主要用于麻醉前给药，亦可用于晕动病、帕金森病的治疗。不良反应与阿托品相似。此外，本药可引起老年人思维错乱，老年人应避免用作麻醉前给药。

二、阿托品的化学合成代用品

后马托品、托吡卡胺

后马托品（homatropine）、托吡卡胺（tropicamide）二者均属短效M胆碱受体阻断药。与阿托品相比，其扩瞳作用和调节麻痹作用弱，维持时间明显缩短，视力恢复较快，故适用于一般的眼科检查。但因其调节麻痹作用较弱，小儿验光仍需用阿托品。

溴丙胺太林

溴丙胺太林（propantheline bromide，普鲁本辛）为人工合成的季铵类解痉药，口服吸收不完全，食物可妨碍其吸收，宜在饭前0.5～1.0小时服用。能选择性缓解胃肠道平滑肌痉挛，作用较强且持久。不易透过血脑屏障，中枢作用不明显。不良反应类似阿托品。

贝那替秦

贝那替秦（benactyzine，胃复康），具有解除胃肠平滑肌痉挛及抗胃酸分泌作用，也有安定作用。适用于治疗兼有焦虑症的溃疡患者，亦可用于治疗膀胱刺激症状及肠蠕动亢进患者。不良反应有口干、嗜睡及头晕等。

第2节 N胆碱受体阻断药

N胆碱受体阻断药按其对N受体亚型的选择性不同可分为N_N和N_M受体阻断药。

一、N_N受体阻断药

N_N受体阻断药又称神经节阻滞药，可阻断交感神经和副交感神经，作用广泛，不良反应较多，现已少用。

二、N_M受体阻断药

N_M受体阻断药又称骨骼肌松弛药，简称肌松药，能选择性地与终板膜上的N_M受体结合，阻碍神经冲动的传递，使骨骼肌松弛，主要作为外科麻醉的辅助用药。按其作用机制可分为去极化型肌松药和非去极化型肌松药两大类。

（一）去极化型肌松药

去极化型肌松药又称非竞争性肌松药。其分子结构与ACh相似，与N_M受体有较强的亲和力，并且在神经肌肉接头处不易被胆碱酯酶分解，因而能产生与ACh相似但较持久的去极化作用，使N_M受体对ACh的反应减弱或消失，此时神经肌肉的阻滞方式已由去极化转变为非去极化，前者为Ⅰ相阻断，后者为Ⅱ相阻断，从而导致骨骼肌松弛。胆碱酯酶抑制药不能拮抗其肌松作用，因此过量时不能用新斯的明抢救。

琥珀胆碱

琥珀胆碱（succinylcholine，司可林）肌松作用快而短暂，静脉注射先出现短暂的肌束颤动，尤以胸腹部肌肉明显。1分钟内即转变为肌肉松弛状态，约2分钟肌肉松弛作用达高峰，5分钟作用即消失，静脉滴注可延长其作用时间。可用于气管内插管及气管镜和食管镜检查等短时操作，亦可用于外科麻醉辅助用药。因有强烈的窒息感，故清醒患者禁用。一般可在硫喷妥钠静脉注射后给予本药。

主要不良反应有手术后肌痛、呼吸肌麻痹、眼压升高和血钾升高等。

（二）非去极化型肌松药

非去极化型肌松药又称竞争型肌松药，能与ACh竞争骨骼肌运动终板膜上的N_M受体，本身无内在活性，但可通过阻断ACh与N_M受体结合，使骨骼肌运动终板膜不能去极化，导致骨骼肌松弛。胆碱酯酶抑制药（如新斯的明）能拮抗其肌松作用，过量时可用适量新斯的明解救。

泮库溴铵

泮库溴铵（pancuronium bromide）为人工合成的长效非去极化型肌松药，主要用于各种外科手术维持肌松和气管插管等。静脉注射起效快（4～6分钟），产生肌肉松弛作用，维持时间长（2～3小时）。不良反应有心率加快和血压升高，主要是因为其有促进儿茶酚胺释放和轻度抗胆碱作用。

维库溴铵、阿曲库铵

维库溴铵（vecuronium）和阿曲库铵（atracurium）静脉注射后均2～3分钟显效，作用维持30～40分钟。临床应用与泮库溴铵相似，治疗剂量无明显的阻断副交感神经或神经节作用，不良反应更少。

学习小结

抗胆碱药包括M胆碱受体阻断药和N胆碱受体阻断药。M胆碱受体阻断药代表药物为阿托品，作用广泛，对M受体有较高选择性，但对于各种M受体亚型的选择性较低。可产生腺体分泌减少、瞳孔扩大和调节麻痹、胃肠道及膀胱平滑肌抑制、心率加快等作用。主要用于缓解内脏绞痛、麻醉前给药、眼科应用、缓慢型心律失常、感染性休克及解救有机磷酸酯类中毒，不良反应主要为口干、皮肤潮红、心悸、视近物模糊等，禁用于青光眼及前列腺肥大的患者。

高频考点 1. 阿托品的药理作用及临床应用
2. 阿托品的不良反应

自 测 题

1. 阿托品对眼睛的作用是
   A. 扩大瞳孔，升高眼压，视远物模糊
   B. 扩大瞳孔，升高眼压，视近物模糊
   C. 扩大瞳孔，降低眼压，视近物模糊

D. 扩大瞳孔，降低眼压，视远物模糊
E. 缩小瞳孔，升高眼压，视近物模糊

2. 用于房室传导阻滞的药物是
A. 琥珀胆碱 B. 毛果芸香碱
C. 毒扁豆碱 D. 阿托品
E. 泮库溴铵

3. 具有防晕止吐作用的药物是
A. 阿托品 B. 新斯的明
C. 东莨菪碱 D. 山莨菪碱
E. 毒扁豆碱

4. 关于阿托品的叙述，错误的是
A. 可用于麻醉前给药
B. 常用于感染性休克
C. 可用于治疗缓慢型心律失常
D. 常用于缓解支气管哮喘
E. 治疗胆绞痛常与哌替啶合用

5. 大剂量阿托品治疗感染性休克，其主要的理论依据是
A. 收缩血管，升高血压
B. 扩张小血管，改善微循环
C. 扩张支气管，解除呼吸困难
D. 兴奋心脏，增加心排血量
E. 兴奋大脑皮质，使患者苏醒

6. 阿托品用于麻醉前给药，其目的是
A. 增强麻醉效果
B. 兴奋呼吸中枢
C. 预防麻醉引起的低血压
D. 使骨骼肌完全松弛
E. 减少呼吸道腺体分泌

（王 娜）

第8章 拟肾上腺素药

思维导图

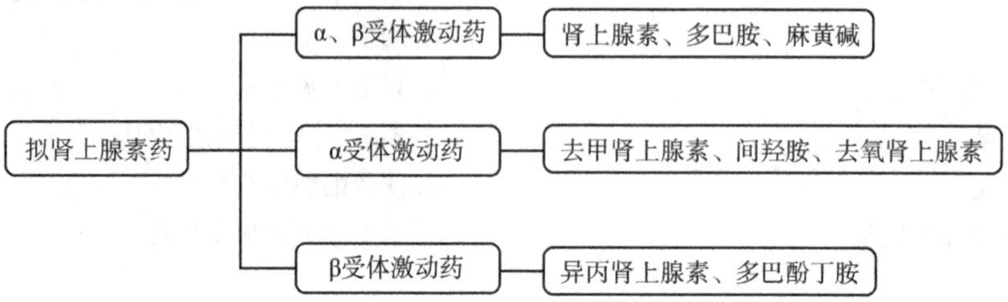

学习目标

1. 掌握肾上腺素、多巴胺的药理作用、临床应用、不良反应和用药注意事项。
2. 熟悉麻黄碱和间羟胺的药理作用、临床应用、不良反应和用药注意事项。
3. 了解其他拟肾上腺素药的作用特点及临床应用。
4. 具备观察药物的疗效、不良反应并做出正确处理的能力。
5. 能与患者及家属进行沟通，开展用药咨询服务，并能正确指导患者合理用药。

案例导入

患者，男，51岁。因肺部感染使用青霉素治疗，在静脉滴注过程中发生头晕、心慌、气促、四肢发冷的现象，随即出现呼吸困难、大汗淋漓、面色苍白、抽搐，血压降至75/60mmHg。诊断为过敏性休克。立即皮下注射1%肾上腺素注射液0.5ml及其他药物抢救后，患者恢复正常。

问题：1. 为什么使用肾上腺素抢救？

2. 应用肾上腺素的不良反应有哪些？

拟肾上腺素药（adrenergics）能与肾上腺素受体结合并激动受体，产生肾上腺素样作用，又称为肾上腺素受体激动药。根据药物对肾上腺素受体的选择性不同，肾上腺素受体激动药分为α、β受体激动药、α受体激动药和β受体激动药3类。

第1节 α、β受体激动药

肾上腺素

肾上腺素（adrenaline，AD，epinephrine）是肾上腺髓质分泌的主要激素。药用肾上腺素是从家畜肾上腺提取或人工合成。本药不宜与氧化物、碱性药物合用，以免失效。与日光或空气接触易变质，应避光保存。

【体内过程】 口服无效，皮下注射因收缩血管而吸收缓慢，作用维持1小时左右。肌内注射吸收较快，作用维持10～30分钟。静脉注射立即起效，作用仅维持数分钟。其在体内迅速被突触前膜再摄取或被COMT和MAO代谢失活，其代谢产物经肾排泄。

【药理作用】 本品可直接激动α和β受体，产生相应的药理作用。

1. 兴奋心脏 肾上腺素激动心脏β_1受体，使心肌收缩力增强，心率加快，传导加速，心排血量增加。但可提高心肌代谢率，增加心肌耗氧量；对心脏异位起搏点的兴奋性增强，可引起心律失常甚至心室颤动。

2. 对血管的作用 肾上腺素激动血管平滑肌的α_1受体及β_2受体，使以α受体占优势的皮肤、黏膜和内脏血管收缩，以β_2受体占优势的骨骼肌血管和冠状动脉舒张。

3. 对血压的影响 肾上腺素对血压的影响与其用药剂量有关：①治疗量的肾上腺素激动β_1受体，使心脏兴奋，心排血量增加，故收缩压增高；由于激动β_2受体，骨骼肌血管舒张作用抵消或超过了皮肤、黏膜和内脏血管的收缩作用，故舒张压不变或略下降，脉压增大；②较大剂量肾上腺素，除强烈兴奋心脏外，还可使血管平滑肌的α受体兴奋占优势，血管收缩效应超过血管舒张效应，外周阻力增加，收缩压和舒张压均升高。

4. 扩张支气管 肾上腺素激动支气管平滑肌上的β_2受体，使支气管平滑肌舒张；并能抑制肥大细胞释放过敏性物质如组胺等；还可兴奋α受体，使支气管黏膜血管收缩，有利于消除支气管黏膜水肿。

5. 促进代谢 肾上腺素能提高机体代谢功能，升高血糖浓度，且使血中游离脂肪酸浓度升高。

【临床应用】

1. 心搏骤停 可用于触电、溺水、麻醉或手术过程中的意外及心脏本身疾病所诱发的心搏骤停，尤其是在触电、溺水、麻醉或手术过程中的意外所致的心搏骤停可首选肾上腺素。但应配合电除颤器或联用利多卡因除颤，同时必须进行有效的人工呼吸、心脏按压和纠正酸中毒等。

2. 过敏性休克 肾上腺素是抢救过敏性休克的首选药物。肾上腺素有兴奋心脏、收缩血管、舒张支气管、抑制过敏性物质释放和减轻支气管黏膜水肿等作用，可迅速缓解过敏性休克所致的循环衰竭和呼吸衰竭症状。一般皮下注射或肌内注射，必要时也可用0.9%氯化钠溶液稀释10倍后缓慢静脉注射。

3. 支气管哮喘 控制支气管哮喘的急性发作，肌内注射后数分钟内奏效，作用强，但维持时间短。由于本品对心脏的严重不良反应，禁用于心源性哮喘患者。

4. 与局麻药配伍 局麻药中加入肾上腺素的浓度为1：200 000，可延缓局部麻醉药的吸收，延长局部麻醉药的作用时间，减少局部麻醉药的不良反应。但肢体远端（手指、足趾、阴茎等）手术时，不宜加用肾上腺素，以免引起局部组织缺血坏死。

5. 局部止血 当鼻黏膜或牙龈出血时，用浸有0.1%肾上腺素的脱脂棉球，填塞于出血处，可使局部微血管收缩，用于局部止血。

【不良反应和注意事项】 治疗剂量常见不良反应为心悸、烦躁、皮肤苍白、头痛、烦躁、震颤等。剂量过大或皮下注射误入血管或静脉注射速度过快，可致血压骤升、搏动性头痛，有发生脑出血的危险；也可引起心律失常，甚至室颤。应严格控制剂量，并密切观察患者的血压、脉搏及情绪变化。

高血压、器质性心脏病、心源性哮喘、糖尿病、脑动脉硬化和甲状腺功能亢进患者禁用。老年人、儿童慎用。

以赛促学　心肺复苏术

我国每年约有55万人发生心脏性猝死，相当于约每分钟就有1人因心搏骤停而死亡。其中，约90%发生在医院以外。当心搏骤停发生时，及早进行心肺复苏，若抢救及时可挽回50%的生命，特别是在心搏骤停4分钟内抢救，成功率更高，故称为黄金4分钟。心肺复苏（cardiopulmonary resuscitation，CPR）是对由于各种原因导致的呼吸、心搏骤停，必须紧急采取重建和促进心搏、呼吸有效功能恢复的一系列措施。

心肺复苏术的操作要点：快速识别心搏骤停，包括判断患者意识，判断患者呼吸和脉搏；启动急救医疗服务系统，先拨打急救电话；并实施高质量的心肺复苏。①患者体位：迅速将患者置于硬质的平面上，头、颈、躯干保持在同一轴线，解开领口、腰带。②按压部位：胸骨下半段，两乳头连线中点。③按压姿势：一只手掌根部置于按压部位，另一手掌根部叠放其上，双手指紧扣，以手掌根部为着力点。身体稍前倾，双臂伸直，使肩、肘、腕位于同一轴线上，与患者身体平面垂直。用上身重力按压，按压与放松时间相同。④按压频率：100～120次/分。⑤按压深度：成人5～6cm，每次按压后胸廓须完全回复，但放松时手掌不离开胸壁。按压暂停间歇施救者不可双手倚靠患者。接着开放气道并进行人工呼吸，每30次按压后给予2次人工呼吸（若现场备有自动体外除颤器，应迅速使用并遵循其指示进行电除颤），如此重复5个循环后，判断患者复苏状态，若无复苏，需继续按压。心肺复苏成功的标志是心跳和呼吸恢复。

心肺复苏术是每个医学及医学相关专业学生必须掌握的技能，常通过各级技能大赛，予以强化。通过社区培训，让公众普遍掌握心肺复苏术，也是广大医务工作者的重要使命。

多 巴 胺

多巴胺（dopamine，DA）是体内去甲肾上腺素合成的前体物质，药用多巴胺为人工合成品。口服无效，一般采用静脉滴注给药。在体内迅速经MAO和COMT代谢失效，作用时间短暂。本药不易透过血脑屏障，无明显中枢作用。

【药理作用】 多巴胺主要激动α、β和外周多巴胺受体，产生相应相似的作用。

1. 兴奋心脏 多巴胺能激动心脏β_1受体，使心肌收缩力增强，心排血量增加，但较少引起心律失常。

2. 对血管的作用 小剂量多巴胺主要激动肾脏、肠系膜血管的多巴胺受体，从而产生血管舒张效应，增加肾血流量和肾小球滤过率，尿量及钠排泄量也随之增加，这一特点对休克少尿的患者有较好的治疗效果；大剂量时则激动α_1受体，使血管收缩，肾血流量和尿量反而减少。

【临床应用】

1. 休克 用于各种休克，尤其适用于伴有肾功能不全、心排血量降低、外周血管阻力增高且已补充血容量的患者。用药前应注意补充血容量和纠正酸中毒。

2. 急性肾衰竭 常与利尿药合用，可增强疗效。

3. 充血性心力衰竭 对强心苷类治疗无效的难治性充血性心力衰竭有一定治疗效果。

【不良反应和注意事项】 偶见恶心、呕吐。剂量过大或静脉滴注速度过快可致心动过速、血压升高、心律失常、肾血管收缩、头痛等。

嗜铬细胞瘤患者禁用。室性心律失常、闭塞性血管病、心肌梗死、动脉硬化、高血压等患者慎用。

麻 黄 碱

麻黄碱（ephedrine）是从中药麻黄中提取的生物碱，也可人工合成。口服易吸收，1小时后可达峰浓度。也易透过血-脑脊液屏障。一次给药可维持3～6小时，79%以药物原型经肾排泄。

【药理作用】 本药能直接激动α、β受体，又能促进去甲肾上腺素能神经末梢释放去甲肾上腺素。与肾上腺素比较，其特点如下。

1. 兴奋心脏、收缩血管、升高血压和舒张支气管的作用缓慢、温和而持久。

2. 中枢兴奋作用强，易致失眠。

3. 短期内反复应用可产生快速耐受性。

【临床应用】 主要用于防治硬膜外麻醉和蛛网膜下隙麻醉所引起的低血压、鼻黏膜充血所致鼻塞，也可用于预防支气管哮喘发作和轻症的治疗。

【不良反应和注意事项】 可引起中枢兴奋，出现不安、失眠等，尽量避免晚间用药，如需晚间应用宜加用镇静催眠药。禁忌证同肾上腺素。

知识拓展　麻黄碱为易制毒化学品

国家药品监督管理局出台了《关于进一步加强含麻黄碱类复方制剂管理的通知》。该通知规定：①规范含麻黄碱类复方制剂的经营行为；②严格审核含麻黄碱类复方制剂购买方资质；③严把含麻黄碱类复方制剂准入关；④继续严控生产含麻黄碱类复方制剂所需原料药审批量；⑤完善信息报送，加强监督检查。各级药品监管部门应当加强对含麻黄碱类复方制剂生产经营的监管，堵塞管理漏洞，发现问题和异常情况时，应当组织进行调查，必要时，可请公安机关协助调查。对不按规定销售的，由药品监管部门依据《药品流通监督管理办法》等有关规定严肃处理；触犯刑律的，及时移交公安机关处理。

第2节　α受体激动药

去甲肾上腺素

去甲肾上腺素（noradrenaline，NA）是去甲肾上腺素能神经末梢释放的主要递质，肾上腺髓质亦可少量分泌，药用为人工合成品。口服无吸收作用，皮下注射和肌内注射因强烈收缩血管，吸收很少，且易发生局部组织坏死而禁用。静脉注射因迅速被突触前膜再摄取或被COMT和MAO破坏而作用短暂，临床采用静脉滴注给药以维持疗效。

【药理作用】

1. 对血管的作用　激动血管α_1受体，使全身小动脉、小静脉收缩。以皮肤、黏膜血管收缩最明显，其次为肾血管。对脑、肝、肠系膜及骨骼肌血管都有收缩作用。因心脏兴奋，致代谢产物如腺苷增多，故可使冠状动脉舒张。

2. 兴奋心脏　去甲肾上腺素能激动心脏β_1受体，使心肌收缩力增强，心率加快，传导加速。在整体情况下，由于血压升高反射性兴奋迷走神经，反而使心率减慢。当剂量过大、静脉注射过快时，可引起心律失常，但这种现象较肾上腺素少见。

3. 升高血压　小剂量去甲肾上腺素静脉滴注，因兴奋心脏，心排血量增加，收缩压升高；此时，血管收缩作用致弱，故舒张压升高不多，脉压增大。较大剂量时，因血管强烈收缩，外周阻力明显增高，故收缩压、舒张压均明显升高。

【临床应用】

1. 休克和低血压　目前，休克治疗中已较少使用。对血容量不足所致的休克或低血压，作为急救时补充血容量的辅助治疗；也可用于椎管内阻滞时低血压及心搏骤停复苏后的血压维持。

2. 上消化道出血　去甲肾上腺素8mg加入冰生理盐水150ml，分次口服，使上消化道黏膜血管剧烈收缩而产生局部止血效应。

【不良反应和注意事项】

1. 局部组织缺血坏死　静脉滴注时间过长、浓度过高或药液外漏，使局部血管剧烈收缩，引起局部缺血坏死。

2. 急性肾衰竭　用药时间过长或剂量过大，可使肾脏血管剧烈收缩，肾血流量急剧减少，出现少尿、无尿和肾实质损伤。

高血压、动脉硬化症、器质性心脏病、少尿或无尿患者及孕妇禁用。

间 羟 胺

【药理作用和临床应用】 间羟胺（metaraminol，阿拉明）与去甲肾上腺素有相同的作用及效果，但作用较弱而持久。对心脏和肾血管的作用弱，较少引起心律失常及少尿。常作为去甲肾上腺素的良好替代品，用于各种休克的早期及防治低血压等。

【不良反应和注意事项】 治疗剂量较少，大剂量可诱发急性肺水肿、抽搐、严重高血压、严重心律失常等。静脉给药时药液外溢，可引起局部组织缺血坏死。长期使用骤然停药可能发生低血压。

去氧肾上腺素

【药理作用和临床应用】 去氧肾上腺素（phenylephrine，苯肾上腺素）主要激动α受体而使血管收缩、血压升高。作用与去甲肾上腺素相似，但较弱而持久。可反射性兴奋迷走神经，使心率减慢，并有短暂的扩瞳作用，与阿托品比较，其扩瞳作用弱、起效快、维持时间短，一般不引起眼压升高和调节麻痹。临床用于休克、阵发性室上性心动过速及麻醉时维持血压等，眼科用于扩瞳检查。

【不良反应和注意事项】 少见胸部不适、眩晕、易激怒、震颤等，持续头痛、异常心率缓慢、呕吐、头胀或手足麻刺痛感（提示用药过量）；静脉注射给药治疗阵发性室上性心动过速时常见心率加快或不规则（提示过量）。

高血压、冠状动脉硬化、甲状腺功能亢进、糖尿病、心肌梗死患者，妊娠晚期或分娩期禁用。

第3节　β 受体激动药

异丙肾上腺素

异丙肾上腺素（isoprenaline，喘息定）为人工合成品。口服无效，气雾吸入或舌下给药吸收较快，亦可静脉滴注。在体内主要被COMT代谢，作用维持时间较肾上腺素略长。

【药理作用】 异丙肾上腺素激动β受体，对β_1、β_2受体的选择性很低，对α受体几乎无作用。

1. 兴奋心脏　与肾上腺素比较，异丙肾上腺素加快心率和加速传导的作用较强，对心脏正常起搏点有显著兴奋作用。用量过大，易致心率失常，甚至室颤。

2. 舒张血管　异丙肾上腺素能激动β_2受体，使骨骼肌血管和冠状血管明显舒张，对肾血管和肠系膜血管舒张作用较弱。

3. 对血压的影响　因兴奋心脏，使心排血量增加，而外周血管舒张，使外周阻力下降，故收缩压升高而舒张压下降，脉压增大。

4. 扩张支气管　异丙肾上腺素能激动β_2受体，松弛支气管平滑肌，缓解支气管痉挛作用比肾上腺素强，但反复长期应用容易产生耐受性。

5. 影响代谢　异丙肾上腺素能促进糖原和脂肪分解，升高血糖和血中游离脂肪酸，增加组织耗氧量。

【临床应用】

1. 支气管哮喘　气雾吸入或舌下给药，可迅速控制支气管哮喘急性发作，疗效快而强。

2. 房室传导阻滞　舌下含化或静脉滴注给药，治疗Ⅱ、Ⅲ度房室传导阻滞。

3. 心搏骤停　常用于心脏本身疾病（高度房室传导阻滞、窦房结功能衰竭）引起的心搏骤停，也可用于溺水、麻醉意外等引起的心搏骤停。

4. 休克　可治疗感染性休克及伴有房室传导阻滞或心率减慢的心源性休克，但要注意补充血容量。

【不良反应和注意事项】 常见不良反应有心悸、头痛、头晕、皮肤潮红等。过量仍可致心律失常甚至室颤，故应严格控制剂量。心绞痛、心肌梗死、甲状腺功能亢进及嗜铬细胞瘤患者禁用。

多巴酚丁胺

【药理作用和临床应用】 多巴酚丁胺（dobutamine）与多巴胺的化学结构相似，但对肾多巴胺受体无激动作用，主要激动β_1受体，对β_2和α受体作用相对较小。具有较好的正性肌力作用，能增强心肌收缩力和心排血量，并降低外周血管阻力和左心室充盈压。用于心力衰竭与心脏手术后心排血量低的休克治疗。

【不良反应和注意事项】 常见心动过速和收缩压升高，但减量后常可控制。偶见恶心、头痛、胸痛、心悸、心绞痛等。

学习小结

肾上腺素主要产生α型和β型效应，临床上主要用于心搏骤停、过敏性休克、支气管哮喘、局部止血及与局部麻醉药配伍。不良反应有心悸、头痛、血压升高等，严重者可致心律失常、心室颤动。禁用于高血压、脑动脉硬化、器质性心脏病、糖尿病及甲状腺功能亢进。去甲肾上腺素主要产生α效应，临床上主要短期用于低血压、休克和上消化道出血。异丙肾上腺素主要产生β效应，临床上主要用于支气管哮喘、房室传导阻滞、心搏骤停和休克。

高频考点 1. 拟肾上腺素药的药理作用及临床应用
2. 拟肾上腺素药的不良反应和注意事项

自 测 题

1. 使用过量易致引起心律失常的药物是
   A. 异丙肾上腺素
   B. 多巴胺
   C. 间羟胺
   D. 麻黄碱
   E. 去甲肾上腺素
2. 抢救过敏性休克的首选药是
   A. 肾上腺素
   B. 去甲肾上腺素
   C. 异丙肾上腺素
   D. 多巴胺
   E. 多巴酚丁胺
3. 肾上腺素与局麻药配伍的目的是
   A. 防止过敏性休克
   B. 增强中枢镇静作用
   C. 局部血管收缩，促进止血
   D. 延长局麻药作用时间及防止药物吸收中毒
   E. 防止出现低血压
4. 关于肾上腺素的叙述，正确的是
   A. 口服易吸收
   B. 可引起骨骼肌血管和冠状动脉舒张
   C. 不易引起心律失常
   D. 不能采用心室内注射给药
   E. 可使血中游离脂肪酸降低
5. 舒张肾及肠系膜血管作用最强的是
   A. 间羟胺
   B. 多巴胺
   C. 去甲肾上腺素
   D. 肾上腺素
   E. 麻黄碱
6. 防治硬膜外和蛛网膜下隙麻醉引起的低血压宜选用
   A. 肾上腺素
   B. 去甲肾上腺素
   C. 异丙肾上腺素
   D. 多巴胺
   E. 麻黄碱

（王开贞）

第9章
抗肾上腺素药

思维导图

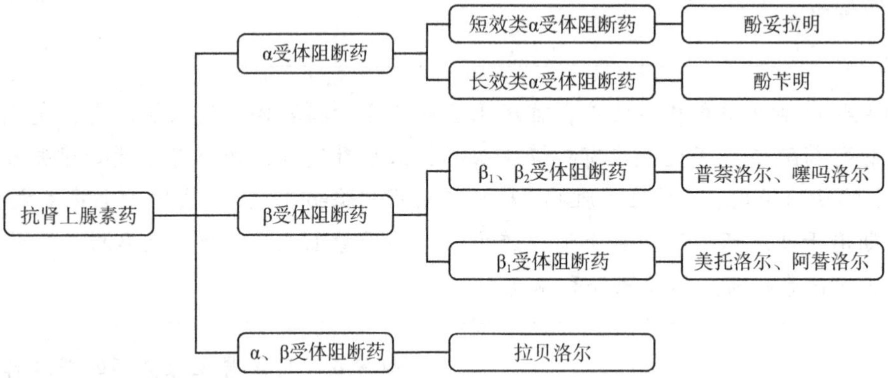

学习目标

1. 掌握酚妥拉明的药理作用、临床应用、不良反应和注意事项。
2. 熟悉β受体阻断药的药理作用、临床应用、不良反应和注意事项。
3. 了解其他抗肾上腺素药的作用特点及临床应用。
4. 具有根据适应证合理选择抗肾上腺素药、防治不良反应的能力。
5. 能与患者及家属进行沟通，开展用药咨询服务，并能正确指导患者合理用药。

案例导入

患者，女，45岁。患有精神分裂症。因使用氯丙嗪不当引起低血压，为升高血压使用去甲肾上腺素静脉滴注，用药过程中发现滴注部位皮肤苍白，皮肤温度下降。

问题： 1. 静脉滴注去甲肾上腺素为何会引起滴注部位皮肤苍白、皮肤温度下降？

2. 以上情况应如何处理？

抗肾上腺素药（antiadrenergic drug）能与肾上腺素受体结合，本身不产生或较少产生拟肾上腺素作用，但可阻断去甲肾上腺素能神经递质或肾上腺素受体激动药的作用，也称为肾上腺素受体阻断药。根据药物对肾上腺素受体的选择性不同，可将本类药物分为α受体阻断药、β受体阻断药和α、β受体阻断药三类。

第1节　α受体阻断药

α受体阻断药能选择性地与α受体结合，阻断去甲肾上腺素能神经递质及肾上腺素受体激动药与α受体结合而发挥作用。

如先使用α受体阻断药如酚妥拉明，再使用原升压剂量的肾上腺素，则肾上腺素激动α受体的缩血管作用被取消，激动β_2受体的扩血管作用得以充分地表现出来，此时血压下降，这种现象被称为肾上腺素升压作用的翻转（图9-1）。故α受体阻断药引起的低血压不能用肾上腺素治疗，否则会导致血压的进一步下降，应选用主要激动α受体的药物去甲肾上腺素。

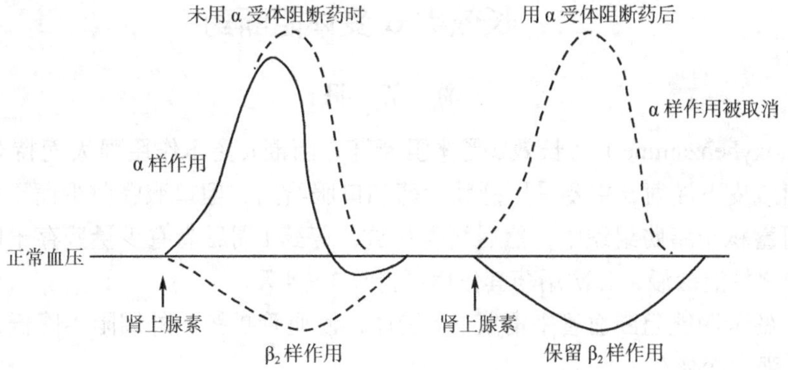

图9-1　肾上腺素升压作用的翻转

一、短效类α受体阻断药

酚妥拉明

酚妥拉明（phentolamine，立其丁）口服生物利用度低，常采用肌内注射或静脉给药，药物在体内迅速代谢和排泄，肌内注射作用维持30～45分钟。

【药理作用】

1. 舒张血管　静脉注射酚妥拉明，可阻断血管平滑肌α受体和直接松弛血管平滑肌，使血管舒张，肺动脉压和外周阻力降低，血压下降。

2. 兴奋心脏　因血压下降可反射性地兴奋交感神经，又因阻断去甲肾上腺素能神经末梢突触前膜α_2受体，增加去甲肾上腺素释放而兴奋心脏，使心肌收缩力增强，心率加快，心排血量增加。

【临床应用】

1. 外周血管痉挛性疾病　酚妥拉明可用于肢端动脉痉挛性疾病、血栓闭塞性脉管炎。

2. 去甲肾上腺素静脉滴注外漏　酚妥拉明作局部浸润注射，以拮抗去甲肾上腺素的血管收缩作用，防止局部组织缺血坏死。

3. 嗜铬细胞瘤　酚妥拉明可用于嗜铬细胞瘤的鉴别诊断、嗜铬细胞瘤所致的高血压危象及手术前治疗。

4. 休克　酚妥拉明适用于感染性休克、心源性休克及神经源性休克。本药能扩张血管，改善微循环；还可增强心肌收缩力，增加心排血量，有利于休克的纠正。但给药前应补足血容量，否则，可致血压下降。

5. 顽固性充血性心力衰竭　酚妥拉明能扩张血管，解除心力衰竭引起的小动脉和小静脉的反射性收缩，降低心脏前、后负荷，使左心室舒张末压和肺动脉压下降，心排血量增加，心力衰竭得以减轻。

【不良反应和注意事项】

1. 心血管反应　常见低血压，静脉给药可引起心率加快、心律失常和心绞痛，冠心病患者慎用。用药过程中注意监测血压、脉搏变化。

2. 胃肠道反应　可引起腹痛、腹泻、呕吐、胃酸分泌增多等，甚至可诱发或加剧溃疡病，溃疡病患者慎用。

妥拉唑林

妥拉唑林（tolazoline）作用与酚妥拉明相似，但对α受体阻断作用较弱。主要用于血管痉挛性疾病，局部浸润注射用于去甲肾上腺素静脉滴注时药液外漏。不良反应与酚妥拉明相似，发生率较高。

二、长效类α受体阻断药

酚 苄 明

酚苄明（phenoxybenzamine）为长效α受体阻断药，阻断α受体作用强大而持久。因局部刺激性强，不作肌内注射或皮下注射，主要采用静脉给药和口服给药，但口服吸收少而不规则。本药脂溶性高，大剂量用药可蓄积于脂肪组织中，然后缓慢释放，停药1周后尚有少量残存于体内。由于药物与受体结合牢固，加之排泄缓慢，一次用药其作用可持续3～4天。

【药理作用】 酚苄明能阻断血管平滑肌的α受体，使血管扩张，外周阻力降低，改善微循环。其特点是作用缓慢、强大而持久。

【临床应用】

1. 外周血管痉挛性疾病 用于酚妥拉明无效时的患者。

2. 嗜铬细胞瘤 用于术前准备或并发高血压危象的患者。

3. 抗休克 通过降低外周阻力、增加心排血量、改善微循环等作用，用于感染性休克。

4. 前列腺增生 用于前列腺增生引起的排尿困难，可明显改善症状。

【不良反应和注意事项】 常见直立性低血压和心悸，一旦发生应平卧，采用头低足高位，必要时给予去甲肾上腺素，禁用肾上腺素。也可出现心率加快、心悸和鼻塞等，用药过程中注意监测血压、脉搏等变化。尚可见恶心、呕吐、嗜睡、疲乏等。

处方分析

患者，男，40岁。既往有胃溃疡病史，近日左足及左小腿时有疼痛、发冷、怕冷、麻木感，严重时肌肉抽搐，不能行走，休息后症状减轻或消失。诊断为左足及其下肢血栓闭塞性脉管炎。处方如下，试分析处方是否合理，为什么？

Rp：酚妥拉明注射液 5mg×20 支

用法：10mg　肌内注射　立即　需要时可重复给药

氢麦角碱 0.25g×20

用法：0.5g/ 次　3 次 / 天　口服

第2节　β受体阻断药

β受体阻断药能选择性地与β受体结合，竞争性地阻断去甲肾上腺素能神经递质或肾上腺素受体激动药与β受体结合而发挥作用。根据其对受体选择性的不同，可分为β_1、β_2受体阻断药和β_1受体阻断药两类。常用药物特点见表9-1。

表9-1　β受体阻断药分类及药理学特性

	药物分类	β受体阻滞作用的效价	内在拟交感活性	膜稳定作用	口服生物利用度（%）	血浆半衰期（小时）
β_1、β_2受体阻断药	普萘洛尔	1.0	－	++	约25	3～5
	噻吗洛尔	5～10	－	－	约50	3～5
	吲哚洛尔	5～10	++	+	约75	3～4
	纳多洛尔	0.5	－	－	约35	10～20

续表

	药物分类	β受体阻滞作用的效价	内在拟交感活性	膜稳定作用	口服生物利用度（%）	血浆半衰期（小时）
β_1受体阻断药	美托洛尔	0.5～2.0	-	±	约40	3～4
	阿替洛尔	0.5～1.0	-	-	约50	5～8
	醋丁洛尔	0.3	+	+	约40	2～4

【药理作用】

1. β受体阻断作用

（1）对心血管系统的影响　阻断心脏β_1受体，使心率减慢，心房和房室结的传导减慢，心肌收缩力减弱，心排血量减少，心肌耗氧量下降，血压降低。由于非选择性β受体阻断药如普萘洛尔对血管β_2受体也有阻断作用，加上心脏功能受到抑制，反射性兴奋交感神经引起血管收缩和外周阻力增加，可使肝、肾和骨骼肌等血流量减少，冠状血管血流量也降低。

（2）收缩支气管平滑肌　阻断支气管平滑肌β_2受体，使支气管平滑肌收缩而增加呼吸道阻力，可诱发或加重哮喘。

（3）影响代谢　可抑制交感神经兴奋所致的脂肪、糖原分解，减弱肾上腺素的升高血糖作用，延缓使用胰岛素后的血糖恢复，并且能掩盖低血糖时交感神经兴奋的症状，使低血糖不易被及时察觉。对血糖、血脂正常者的糖代谢和脂肪代谢影响较小。

（4）抑制肾素释放　通过阻断肾小球旁器细胞β_1受体而抑制肾素的释放，这可能是其降压作用的原因之一。以普萘洛尔的作用最强。

2. 内在拟交感活性　有些β受体阻断药（如吲哚洛尔）与β受体结合后，除能阻断受体外，尚对β受体具有部分激动作用，称为内在拟交感活性。由于这种作用较弱，一般被其β受体阻断作用所掩盖。内在拟交感活性较强的药物在临床应用时，其抑制心肌收缩力、减慢心率和收缩支气管作用较弱。

3. 膜稳定作用　有些β受体阻断药具有局部麻醉作用和奎尼丁样作用，这两种作用都是由于其降低细胞膜对离子的通透性所致，故称为膜稳定作用。这一作用在常用量时与其治疗作用的关系不大。

4. 其他　普萘洛尔具有抗血小板聚集作用；噻吗洛尔具有降低眼压作用，这可能与其阻断血管平滑肌β_2受体、减少房水的形成有关。

【临床应用】

1. 心律失常　对多种原因引起的快速型心律失常均有效，对于交感神经兴奋性过高、甲状腺功能亢进等引起的窦性心动过速疗效较好，也可用于运动或情绪激动所引发的室性心律失常。

2. 心绞痛和心肌梗死　对心绞痛有良好的疗效。长期应用可降低心肌梗死复发率和猝死率。

3. 高血压　是治疗高血压的常用药物，能使高血压患者的血压下降，并伴有心率减慢。

4. 充血性心力衰竭　对扩张型心肌病的心力衰竭治疗作用明显，在心肌状况严重恶化之前早期应用，能缓解某些充血性心力衰竭的症状，改善其预后。

5. 辅助治疗甲状腺功能亢进　可降低基础代谢率，减慢心率，控制激动不安等症状，对甲状腺危象可迅速控制症状。

6. 其他　①可用于嗜铬细胞瘤和肥厚型心肌病；②普萘洛尔适用于偏头痛、肌震颤、肝硬化所致的上消化道出血等；③噻吗洛尔局部用药治疗青光眼，疗效与毛果芸香碱相近或较优，且无缩瞳和调节痉挛等不良反应。

【不良反应和注意事项】

1. 一般不良反应　有恶心、呕吐、轻度腹泻等消化道症状。偶见过敏反应如皮疹、血小板减少等。

2. 心脏抑制 因对心脏β_1受体的阻断作用，可引起心脏抑制，特别是窦性心动过缓、房室传导阻滞、心功能不全等患者对药物的敏感性增高，尤易发生，甚至引起严重心功能不全、肺水肿、房室传导完全阻滞或心搏骤停等严重后果。

3. 诱发或加重支气管哮喘 由于阻断支气管平滑肌β_2受体，本类药物使支气管平滑肌收缩，呼吸道阻力增加，诱发或加重支气管哮喘。

4. 外周血管收缩和痉挛 由于对血管平滑肌β_2受体的阻断，本类药物可使外周血管收缩和痉挛，导致四肢发冷、皮肤苍白或发绀，出现雷诺症状或间歇性跛行，甚至引起脚趾溃疡和坏死。

5. 反跳现象 长期应用β受体阻断药突然停药，可使疾病原有症状加重，与β受体向上调节有关。因此，长期用药者不宜突然停药，须逐渐减量停药。

6. 其他 本类药物可掩盖低血糖休克所引起的心动过速、出汗等症状，使用本类药物的糖尿病患者，对此应予注意。严重心功能不全、窦性心动过缓、重度房室传导阻滞和支气管哮喘等患者禁用。心肌梗死、肝功能不全者慎用。

第3节 α、β 受体阻断药

本类药物对α受体和β受体均有阻断作用，但对β受体的阻断作用强于对α受体的阻断作用。代表药物为拉贝洛尔，临床主要用于高血压的治疗。

拉贝洛尔

拉贝洛尔（labetalol）口服吸收后部分被首过消除，生物利用度为20%～40%，个体差异大。$t_{1/2}$为4～6小时，血浆蛋白结合率为50%，约有99%的药物在肝代谢，只有少量经肾排泄。

【药理作用和临床应用】 拉贝洛尔能同时阻断α受体和β受体，其中阻断β_1和β_2受体的作用强度相似，对α_1受体的阻断作用较弱，对α_2受体无作用。主要用于中、重度高血压，心绞痛，静脉注射或静脉滴注，也可用于高血压危象。

【不良反应和注意事项】 可引起眩晕、乏力、上腹不适等，大剂量可引起直立性低血压。支气管哮喘及心功能不全者禁用。小儿、孕妇及脑出血患者禁止静脉注射。注射液不能与葡萄糖氯化钠注射液混合静脉滴注。

学习小结

抗肾上腺素药分为α受体阻断药、β受体阻断药和α、β受体阻断药。酚妥拉明为短效类α受体阻断药，可用于外周血管痉挛性疾病、去甲肾上腺素静脉滴注外漏、嗜铬细胞瘤、休克和顽固性充血性心力衰竭。β受体阻断药可用于心律失常、心绞痛和心肌梗死、高血压、充血性心力衰竭和甲状腺功能亢进等。

高频考点 1. 酚妥拉明为什么可治疗难治性充血性心力衰竭？
2. β受体阻断药的主要临床应用和禁忌证有哪些？

自 测 题

1. 酚妥拉明的临床应用不包括
   A. 支气管哮喘
   B. 休克
   C. 外周血管痉挛性疾病
   D. 难治性充血性心力衰竭
   E. 肾上腺嗜铬细胞瘤
2. 普萘洛尔禁用于
   A. 偏头痛　　B. 心绞痛

C. 高血压　　D. 心律失常
E. 支气管哮喘

3. 长效α受体阻断药，可用于前列腺增生引起的排尿困难的药物是
A. 阿托品　　B. 酚妥拉明
C. 妥拉唑啉　　D. 哌唑嗪
E. 酚苄明

4. 非选择性的α受体阻断药是
A. 美托洛尔　　B. 普萘洛尔
C. 哌唑嗪　　D. 酚妥拉明
E. 阿托品

5. 选择性阻断β_1受体的药物是
A. 美托洛尔　　B. 拉贝洛尔
C. 噻吗洛尔　　D. 普萘洛尔
E. 吲哚洛尔

6. 具有降低眼压作用，可用于治疗青光眼的药物是
A. 普萘洛尔　　B. 阿替洛尔
C. 美托洛尔　　D. 噻吗咯尔
E. 拉贝洛尔

（孙经兴）

第10章 麻醉药

学习目标

1. 掌握普鲁卡因、丙泊酚、七氟烷的药理作用、临床应用、给药方法和用药注意事项。
2. 熟悉其他局部麻醉药的作用特点、临床应用及不良反应。
3. 了解其他吸入麻醉药和静脉麻醉药作用特点、临床应用。
4. 具备根据适应证合理选择麻醉药及正确处置不良反应的能力；能区别各类麻醉药的作用特点。
5. 能与患者及家属进行沟通，具有正确进行用药宣教的能力。

案例导入

患者，女，48岁。查体发现左侧乳房有一纤维腺瘤，入院行手术切除。

问题： 1. 该患者应采用什么麻醉方法？

2. 选用何药进行麻醉？

3. 为了延长作用时间，减少吸收中毒，可加用何药？

第1节 局部麻醉药

局部麻醉药（local anesthetics）简称局麻药，是一类局部应用于神经末梢或神经干周围，能可逆地阻断感觉神经冲动的产生和传导的药物。局麻药是在意识清醒的状态下，使局部感觉，特别使痛觉暂时消失，利于手术进行的药物。

一、局麻药的作用

（一）局麻作用

局麻药可使神经纤维兴奋阈升高、传导速度减慢、动作电位幅度降低甚至完全丧失。低浓度时能阻断无髓鞘感觉神经、无髓鞘自主神经节后纤维冲动的发生和传导，较高浓度时对有髓鞘感觉神经、运动神经和中枢神经均有阻断作用。传导痛觉冲动的神经纤维细而无髓鞘，故局麻药的麻醉作用顺序是痛觉、冷觉、温觉、触觉和压觉。蛛网膜下隙麻醉时，首先阻断自主神经。神经冲动传导的恢复则是按相反的顺序进行。

局麻药作用于电压门控性钠通道，与钠通道内侧受体结合，引起通道蛋白构象发生改变，阻滞 Na^+ 内流，阻止动作电位的产生和神经冲动的传导，从而产生局麻作用。

（二）吸收作用

1. 中枢神经系统 局麻药吸收后可抑制中枢神经元，表现为先兴奋后抑制。首先表现为眩晕、不安、震颤，甚至惊厥，随后引起中枢神经广泛抑制，导致昏迷、呼吸肌麻痹，严重者可因呼吸衰竭而死亡。

2. 心脏 局麻药吸收后可抑制心脏，降低心肌兴奋性，使心肌收缩力减弱、心脏传导减慢，甚至引起心脏停搏。偶有少数人应用小剂量局麻药突发心室纤颤导致死亡。

3. 血管 各种局麻药通过抑制交感神经而致血管扩张。浓度过高时可导致血压骤降，甚至休克。

二、局麻药的给药方法

1. 表面麻醉（topical anesthesia） 又称黏膜麻醉，是将黏膜穿透力强的药液直接涂布或喷于黏膜表面，使黏膜下的感觉神经末梢麻醉。多用于口腔、鼻、气管、咽喉、眼及泌尿生殖系统黏膜手术或检查，常选用脂溶性高、黏膜穿透力较强的局麻药，如丁卡因等。

2. 浸润麻醉（infiltration anesthesia） 是将药液注入手术切口部位的皮内、皮下或深部组织，使局部神经末梢被药液浸润而麻醉。适用于浅表的小手术。常选用毒性较低、安全性较高、穿透力小的局麻药，如普鲁卡因、利多卡因等。

3. 传导麻醉（conduction anesthesia） 又称神经干阻滞麻醉，是将药液注射于神经干附近或神经丛周围，以阻滞该部位神经传导，使该神经所分布的区域产生麻醉作用。适用于口腔、四肢、面部等部位手术，常用普鲁卡因、利多卡因和布比卡因等。

4. 脊髓麻醉（spinal anesthesia） 又称腰麻或蛛网膜下隙麻醉（subarachnoid anesthesia），是将药液从第3～4或第4～5腰椎间隙穿刺注入，麻醉该部位的脊神经根。适用于下腹部及下肢手术。常用普鲁卡因和丁卡因等。应注意药液的相对密度与患者的体位，防止药液扩散进入脑室，产生抑制延髓，导致呼吸中枢麻痹的作用。常用局麻药如普鲁卡因、利多卡因等。

5. 硬膜外麻醉（epidural anesthesia） 又称硬脊膜外腔麻醉，是将药液注入硬脊膜外腔，阻断附近脊神经根的传导，使其沿脊神经根扩散而麻醉脊神经。适用于从颈部至下肢的多种手术，特别适用于上腹部手术。常用局麻药如利多卡因、普鲁卡因、丁卡因等。

三、常用局麻药

常用局麻药根据化学结构不同可分为酯类和酰胺类。

普鲁卡因

【体内过程】 注射给药后1～3分钟起效，维持30～45分钟。吸收后，大部分与血浆蛋白暂时结合，随即释出而分布于全身。能透过血脑屏障进入中枢神经系统。在体内可被假性胆碱酯酶水解变成对氨基苯甲酸和二乙氨基乙醇。对氨基苯甲酸能对抗磺胺类药的抗菌作用；二乙氨基乙醇可增强强心苷类的毒性；抗胆碱酯酶药能抑制普鲁卡因的水解过程，使其毒性增加。

【药理作用和临床应用】

1. 局麻作用 对组织无刺激性，毒性较小，应用广泛，但黏膜穿透力弱，不适用于表面麻醉。由于有扩张血管作用而致药液吸收快、维持时间短，并增加中毒机会，故在药液中加适量肾上腺素，可延长作用时间（达1～2小时）、减少吸收毒素和手术部位出血。但指、趾、鼻尖和阴茎环行浸润麻醉时勿加肾上腺素，以免导致组织坏死。心脏病、高血压、甲亢等患者进行局麻时禁加肾上腺素。

2. 局部封闭 用0.25%～0.50%溶液注入炎症或损伤的病灶周围，可减少病灶对中枢神经系统产生的恶性刺激，有利于改善病变局部组织的营养过程，使炎症、组织损伤部位的症状缓解，促进病变痊愈。常用于治疗急性化脓性炎症，蛇蛟伤、蝎蜇伤所致的炎症，神经痛及外伤痛；急性肾衰竭时，可做肾囊封闭；也用于纠正四肢血管舒缩功能障碍及静脉滴注去甲肾上腺素引起的局部组织疼痛和坏死等。

【不良反应和注意事项】

1. 过敏反应 少数人用药后可能发生皮疹、哮喘、血管神经性水肿等，严重者甚至会发生过敏性休克。故用药前应详细询问过敏史，并做皮肤过敏试验（简称皮试），皮试阳性者禁用，应注意皮试阴性者仍可能发生过敏反应，应加强临床观察。

2. 毒性作用 用量过大或误注入血管时，可出现中枢神经系统和心血管系统的毒性反应。表现为先兴奋后抑制；并可致血压下降，甚至心脏停搏。发生惊厥时可静脉注射地西泮，出现呼吸抑制时需立即进行人工呼吸和给氧。还可在局麻药中加入少量肾上腺素以收缩局部血管，延缓局麻药的吸收。

3. 低血压 腰麻和硬膜外麻醉时，因局部交感神经被抑制，静脉血管失去神经支配而发生扩张，导致血压下降，术前可肌内注射麻黄碱预防，术后应去枕平卧8～12小时。

【药物相互作用】 应避免与磺胺类、强心苷类、胆碱酯酶抑制药合用。与葡萄糖配伍，局麻效力降低。局麻药液均显酸性，不得与碱性药液混合。

利多卡因

【药理作用和临床应用】

1. 局麻作用 脂溶性较高，黏膜穿透力强，安全范围较大。无明显扩张血管作用，对组织几乎没有刺激性，可用于各种形式的局部麻醉，故有全能麻醉药之称。临床主要用于传导麻醉和硬膜外麻醉。本药的弥散性较强，用于蛛网膜下隙麻醉时麻醉平面难掌握，要慎重，以防药液向上扩散进入颅腔。对酯类局麻药过敏者可改用此药。

2. 抗心律失常 利多卡因有较好的抗心律失常作用，常用于治疗室性心律失常（见第21章）。

【不良反应和注意事项】 利多卡因的毒性反应发生率较普鲁卡因高，严重者可引起惊厥和心搏骤停，故临床上应严格控制剂量。

丁 卡 因

丁卡因又名地卡因，属于芳香酯类化合物。局麻作用迅速（1～3分钟显效）而强大（比普鲁卡因大10倍），对黏膜穿透性强，作用时间持久（维持2～3小时）。常用于表面麻醉，也可用于传导麻醉、腰麻和硬膜外麻醉。但毒性大（为普鲁卡因的10～20倍）、吸收快，故禁用于浸润麻醉。

用量过大或误注入血管，可致心脏及中枢神经系统抑制，甚至引起猝死，切勿过量。

布比卡因

布比卡因又名麻卡因，属酰胺类局麻药，局麻作用强（为普鲁卡因的8～10倍），持续时间可长达5～10小时，故为比较安全的长效局麻药。但穿透力较弱，不适用于表面麻醉。主要用于浸润麻醉、传导麻醉和硬膜外麻醉。

罗哌卡因

罗哌卡因化学结构类似布比卡因，对痛觉的阻断作用强，对运动的阻断作用弱。作用维持时间短，心脏毒性较布比卡因小，并有明显的缩血管作用，使用时无须加用肾上腺素。适用于硬膜外麻醉、臂丛阻滞和局部浸润麻醉，是布比卡因良好的替代药。

第2节 全身麻醉药

全身麻醉药(general anesthetie)简称全麻药，是一类能可逆性抑制中枢神经系统，引起暂时性感觉(特别是痛觉)、意识和反射消失的药物。主要用于外科手术麻醉。根据给药途径的不同，可分为静脉麻醉药和吸入麻醉药。

一、静脉麻醉药

静脉全麻药通过静脉注射后，透过血脑屏障，作用于中枢神经系统，产生全身麻醉效果。优点为诱导快，对呼吸道无刺激，无环境污染。

丙 泊 酚

丙泊酚(propofol)属短效静脉麻醉药，对中枢有抑制作用，静脉给药后40秒内即可进入睡眠状态，起效快，作用时间短，苏醒迅速，无蓄积作用，但镇痛作用弱。能抑制咽喉反射，有利于气管插管，能降低颅内压和眼压，减少脑耗氧量及脑血流量，术后恶心呕吐发生率低，临床主要用于麻醉诱导、麻醉维持及胃肠镜检查麻醉等。

主要不良反应是对心血管和呼吸系统的抑制，三岁以下儿童慎用，孕妇及哺乳妇不宜使用。

依托咪酯

依托咪酯(etomidate) 为强效超短时非巴比妥类催眠药，起效快，维持时间短，苏醒迅速，无明显镇痛作用，故作诱导麻醉时常需加用镇痛药、肌松药或吸入麻醉药。对心脏功能影响小，尤其适用于冠心病、瓣膜病和其他心脏功能低下的患者。主要缺点是恢复期恶心、呕吐发生率高，并可抑制肾上腺皮质激素合成。

二、吸入麻醉药

吸入麻醉药是指经过呼吸道吸入从而产生麻醉效应的药物。

吸入麻醉药脂溶性高，易通过生物膜，经肺泡扩散而吸收入血，然后随血液循环分布至中枢神经系统发挥作用，当中枢神经系统的吸入麻醉药达到一定的分压(浓度)时，产生全身麻醉作用。药物的脂溶性越高、吸入气中全麻药的浓度越高、肺部血流量及通气量越大，药物的吸收速率越快。临床一般应用最小肺泡浓度(minimal alveolar concentration，MAC)衡量药物麻醉作用的强度，MAC是指在一个大气压下，可使50%患者痛觉消失的肺泡气体中全麻药的浓度。药物的 MAC值越低，则药物的麻醉作用越强。

麻醉药首先分布于血液，当血液中与吸入气体中药物浓度达到平衡时的比值称作血/气分布系数。血/气分布系数越大，药物在血液中的溶解度越大，分布于血液的药物越多，组织尤其是脑组织的药物含量则升高缓慢，麻醉诱导时间长；反之，则药物的麻醉诱导时间短。吸入麻醉药多以原形从肺排出，部分经肝代谢。药物的血/气及脑/血分配系数越小，消除越快，患者的苏醒越快。

吸入麻醉药对中枢神经系统具有广泛和显著的抑制作用，使患者的意识、痛觉等各种感觉和神经反射暂时消失，达到镇痛和一定程度的肌松作用。

吸入剂量超过外科麻醉量的2～4倍时，可明显抑制心脏和呼吸功能，严重者可导致死亡；偶见恶性高热；可导致肝肾损害；手术室工作人员，若长期吸入全麻药可能会导致头痛、警觉性降低、孕妇流产等。

异 氟 烷

异氟烷(isoflurane，异氟醚)麻醉诱导平稳、迅速和舒适，麻醉停药后苏醒快，麻醉时肌肉松弛良好，不增加心肌对儿茶酚胺的敏感性，反复使用无明显副作用，偶有恶心、呕吐，是目前较为常用的吸入麻醉药之一。尤其适用于颅脑手术。

地 氟 烷

地氟烷(desfurane，地氟醚)的化学结构与异氟烷相似，诱导期短，易苏醒，麻醉性能较弱。有一定的刺激性，可引起咳嗽和喉头痉挛等。用于成人和儿童的麻醉维持，也可用于成人的诱导麻醉。

七 氟 烷

七氟烷(sevoflurane，七氟醚)的化学结构与异氟烷相似，麻醉诱导期短而平稳，患者苏醒快，麻醉强度高于地氟烷，麻醉深度易于控制。不刺激呼吸道，对心脏功能影响小。广泛用于成人和儿童的诱导麻醉和维持麻醉，对严重缺血性心脏病而进行高危心脏手术者尤为适用。

三、复合全身麻醉

为达到良好的全麻效果(意识消失、明显镇痛、必要的肌肉松弛和合理控制应急反应)，常在麻醉前或麻醉过程中同时或先后联合用药，被称为复合全身麻醉。

1. 麻醉前给药（preanesthetic medication） 指患者进入手术室前应用的药物。如麻醉前应用地西泮等镇静催眠药，使患者消除紧张、稳定情绪；注射吗啡、哌替啶等中枢性镇痛药，增强镇痛效果；注射阿托品、东莨菪碱等M受体阻断药，可减少呼吸道分泌物，防止窒息和吸入性肺炎，也可防止反射性心律失常的发生。

2. 基础麻醉（basal anesthesia） 指进入手术室前给予较大剂量的催眠药，使患者处于深睡状态，在此基础上进行麻醉，可减少麻醉药用量并使麻醉过程平稳。常用于不配合的小儿或极度紧张不能自控的患者。

3. 诱导麻醉（induction of anesthesia） 先使用诱导期短的全麻药，使患者迅速进入外科麻醉期，避免诱导期的不良反应，然后改用其他麻醉药物维持麻醉。

4. 合用肌松药 麻醉同时合用琥珀胆碱或筒箭毒碱等肌松药，以满足手术时对肌肉松驰的要求。

5. 低温麻醉（hypothermal anesthesia） 在物理降温的基础上配合氯丙嗪，使体温下降到28～30℃，降低心、脑等生命器官的耗氧量，可用于一些复杂的心血管及颅脑手术等。

6. 控制性降压（controlled hypotension） 加用短时作用的血管扩张药硝普钠或钙拮抗剂使血压适度适时下降，并抬高手术部位，以减少出血。常用于止血比较困难的颅脑手术。

7. 神经安定镇痛术（neurolept analgesia） 氟哌利多与芬太尼按50∶1制成氟芬合剂静脉注射，使患者达到意识模糊、朦胧，痛觉消失，安静，适用于外科小手术。如同时加用肌松药则可达到满意的外科麻醉效果，又称为神经安定麻醉。

学习小结

麻醉药包括局部麻醉药（局麻药）和全身麻醉药（全麻药）。

局麻药主要通过阻滞电压门控性 Na^+ 通道，阻滞 Na^+ 内流，使局部的痛觉暂时消失。可用于各种类型的局部麻醉，如表面麻醉、浸润麻醉、传导麻醉、脊髓麻醉和硬膜外麻醉等。局麻药吸收后主要引起中枢神经系统和心血管系统的不良反应。常用的局麻药有普鲁卡因、利多卡因、丁卡因等。

全麻药能可逆性地抑制中枢神经系统，引起暂时性感觉、意识和反射消失。根据给药途径的不同，分为吸入麻醉药和静脉麻醉药。吸入麻醉药是指经过呼吸道吸入而产生麻醉效应的药物。本类药物有异氟烷、七氟烷、地氟烷等。静脉麻醉药通过静脉注射入血后，作用于中枢神经系统，产生全身麻醉作用。常用药物有丙泊酚、依托咪酯等。

为达到良好的全麻效果，临床手术时常采用复合麻醉，主要有麻醉前给药、基础麻醉、诱导麻醉、合用肌松药、低温麻醉、控制性降压、神经安定镇痛术等。

高频考点 1. 常用局麻药的种类及作用特点
2. 局部麻醉的给药方法
3. 血气分析系数的定义和意义

自 测 题

1. 普鲁卡因一般不用于哪种麻醉方法
   A. 表面麻醉　B. 浸润麻醉
   C. 传导麻醉　D. 蛛网膜下隙麻醉
   E. 硬膜外麻醉
2. 既有局麻作用又有抗心律失常作用的药物是
   A. 普鲁卡因　B. 利多卡因
   C. 丁卡因　D. 布比卡因
   E. 罗哌卡因
3. 为延长局麻时间、防止吸收中毒，局麻药常与下列哪种药物合用
   A. 肾上腺素　B. 去甲肾上腺素
   C. 异丙肾上腺素　D. 麻黄碱
   E. 多巴胺
4. 易出现过敏反应的局麻药是
   A. 普鲁卡因　B. 利多卡因
   C. 丁卡因　D. 布比卡因
   E. 以上都不是
5. 在全麻中哌替啶及阿托品的作用是
   A. 诱导麻醉
   B. 麻醉前给药
   C. 加强肌肉松弛作用
   D. 安定镇痛术
   E. 基础麻醉
6. 下列不属于麻醉药的是
   A. 利多卡因　B. 吗啡
   C. 丙泊酚　D. 异氟烷
   E. 依托咪酯

（刘玉芹）

第11章
镇静催眠药和抗惊厥药

思维导图 >>>

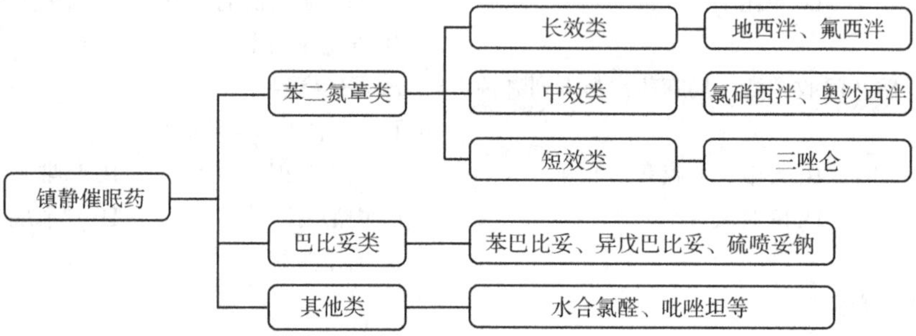

学习目标

1. 掌握苯二氮䓬类药物的药理作用、临床应用、主要不良反应和注意事项。
2. 熟悉巴比妥类药物及硫酸镁的作用特点、主要不良反应及中毒解救。
3. 了解其他镇静催眠药作用特点及临床应用。
4. 具有根据适应证合理选择镇静催眠药、抗惊厥药和防治其不良反应的能力。
5. 能与患者及家属进行沟通，开展用药咨询服务，能正确指导患者合理用药。

案例导入

患者，女，40岁。近一个月来心情郁闷，莫名烦躁，常常出现入睡困难，半夜被噩梦惊醒，醒后难入睡。严重影响了工作和生活，入院诊断为焦虑性失眠。

问题： 1. 针对患者症状，应服用什么药物？

2. 服药时应注意的事项有哪些？

第1节　镇静催眠药

镇静催眠药（sedative-hypnotics）是一类能选择性抑制中枢神经系统，产生镇静和维持近似生理睡眠的药物。镇静催眠药因所用剂量的不同而出现不同的作用。小剂量能缓和激动、消除躁动、恢复安静情绪，称为镇静；较大剂量时能诱导入睡、促进和维持近似生理睡眠，称为催眠。随着剂量的加大，还可产生抗惊厥、抗癫痫等作用。临床主要用于治疗焦虑、失眠和惊厥。催眠药可增加抑郁症发生率，故当有抑郁症危险性时，应避免服用催眠药，应选择镇静性抗抑郁药。

镇静催眠药种类很多，根据化学结构的不同分为三类：苯二氮䓬类、巴比妥类和其他类药物。其中苯二氮䓬类由于作用良好，安全范围大，目前应用最广泛。

一、苯二氮䓬类

苯二氮䓬（benzodiazepine，BZ）类药多属1,4-苯并二氮䓬衍生物。根据半衰期长短可分为：①长效类：地西泮（diazepam，安定）、氟西泮（flurazepam，氟安定）、夸西泮（quazepam）。②中效类：氯氮䓬（chlordiazepoxide，利眠宁）、氯硝西泮（clonazepam）、奥沙西泮（oxazepam，去甲羟基安定）、劳拉西泮（lorazepam）、艾司唑仑（estazolam，舒乐安定）、阿普唑仑（alprazolam）。③短效类：三唑仑（triazolam，海乐神）等。不同的衍生物之间，抗焦虑、镇静催眠、抗惊厥作用则各有侧重。

【体内过程】 苯二氮䓬类口服吸收完全，约1小时血药浓度达高峰。肌内注射吸收慢而不规则。地西泮吸收入血后95%以上与血浆蛋白结合，可迅速分布到脑组织，然后再分布于肌肉、脂肪等组织中，亦可通过胎盘屏障。主要在肝代谢为多种活性代谢产物（如奥沙西泮），最终与葡糖醛酸结合而失活。经肾排出，也可自胆汁中排出形成肝肠循环。连续使用应注意药物及代谢产物在体内的蓄积。

【药理作用和临床应用】 苯二氮䓬类药物对中枢神经具有较强的选择性，其作用机制是与脑内相应部位的BZ受体结合，促进中枢抑制性递质γ-氨基丁酸（GABA）与GABA受体的结合，使GABA能神经的中枢抑制功能增强。

1. 抗焦虑 地西泮的抗焦虑作用明显，小于镇静剂量即有显著的抗焦虑作用，能明显改善患者的紧张、恐惧、忧虑、烦躁等症状。临床主要用于治疗各种原因引起的焦虑症。

2. 镇静催眠 中等剂量即可表现出现镇静催眠作用，缩短入睡时间，延长睡眠持续时间，产生近似生理性睡眠。本药镇静催眠具有以下特点：①在快速镇静的同时，可引起短暂性记忆丧失，能缓解患者手术前的恐惧情绪；②对快速眼动睡眠（REMS）影响较小，停药后出现反跳性REMS延长相对较轻；③加大剂量不引起麻醉作用；④治疗指数高，安全范围大，对呼吸、循环系统抑制作用轻；⑤依赖性、戒断症状轻。

临床主要用于治疗失眠症、夜间惊恐和夜游症，麻醉前给药和心脏电击复律或内镜检查前给药。

知识拓展　生理性睡眠时相

生理睡眠可分为非快速眼动睡眠（NREMS，又称慢波睡眠）和快速眼动睡眠（REMS，又称快波睡眠）两个时相，睡眠时两个时相交替发生，保持适当的比例。目前认为，NREMS与体力的休整有关，同时夜间惊恐、夜游症常发生在这个时相；REMS与神经发育、精神活动有关，且梦境多发生在这个时相。某些镇静催眠药可缩短REMS，长期应用后突然停药可致该时相反跳性延长，出现多梦和焦虑现象。理想的催眠药应具备以下特点：快速诱导睡眠、维持时间适当、对精神运动无影响、无记忆损害、无依赖性和呼吸抑制。

3. 抗惊厥、抗癫痫 大剂量具有较强的抗惊厥、抗癫痫作用，能限制惊厥病灶异常放电的扩散，终止或减轻惊厥的发作。临床用于破伤风、子痫、小儿高热和药物中毒引起惊厥的辅助治疗。

4. 中枢性肌肉松弛作用 地西泮可降低肌张力，具有较强的肌肉松弛作用，而不影响正常活动。临床主要用于治疗中枢神经病变和局部病变引起的肌张力增高及肌肉痉挛。

【不良反应和注意事项】

1. 中枢神经系统反应 治疗量连续用药常可出现头晕、嗜睡、乏力等后遗效应。大剂量可致共济失调、言语不清、手震颤等，故驾驶员及其他机械操作人员慎用。

2. 耐受性和依赖性 长期用药可产生耐受性，甚至发生精神依赖性，久用突然停药时出现反跳和戒断症状，表现为失眠、焦虑、兴奋、心动过速、震颤等，甚至发生惊厥。

3. 急性中毒 静脉注射过快或超大剂量服用可致昏迷和呼吸、循环抑制，甚至死亡。一旦出现中毒，须及时清除毒物，维持呼吸和循环功能，其特异性解毒药为氟马西尼（flumazenil），该药是选择性的中枢苯二氮䓬受体拮抗药，具有逆转苯二氮䓬类药物的中枢镇静作用（如麻醉后的苏醒）。

4. 其他 本药因可通过胎盘屏障和随乳汁分泌，有致畸性，故孕妇和哺乳期妇女禁用。

常用苯二氮䓬类药物的作用比较见表11-1。

表11-1 常用苯二氮䓬类药物的作用比较

分类	药物	半衰期（小时）	主要药理作用及临床应用
短效类	三唑仑	2～3	镇静、催眠、肌松作用迅速、强大，但维持时间短。用于各种失眠症
	咪达唑仑	1.5～2.5	作用快而持续时间短，无耐药性和戒断症状或反跳。用于各种失眠症，麻醉前给药
中效类	奥沙西泮	5～12	抗焦虑抗惊厥作用强，催眠作用较弱。主要用于焦虑症、失眠、癫痫
	氯氮䓬	5～30	作用与地西泮相似，但较弱。主要用于焦虑症、失眠、癫痫、酒精戒断症状
	艾司唑仑	10～24	镇静、催眠、抗焦虑、抗惊厥作用强。主要用于焦虑症、失眠、癫痫及麻醉前给药
	阿普唑仑	12～15	作用较地西泮强，有抗抑郁作用。主要用于失眠、焦虑及抑郁症
长效类	地西泮	20～70	具有抗焦虑、镇静催眠、抗惊厥、抗癫痫、中枢性肌松作用。主要用于焦虑症、各种失眠、惊厥、癫痫持续状态、麻醉前给药
	氟西泮	40～100	催眠作用时间长而持久，主要用于各种失眠症

二、巴比妥类

巴比妥类（barbiturates）是巴比妥酸的衍生物，属较早用于临床的一类镇静催眠药。根据其起效速度和持续时间的长短分为长效、中效、短效和超短效四类，巴比妥类药物随着剂量增加，相继出现镇静、催眠、抗惊厥和麻醉作用，主要用于抗惊厥、抗癫痫。硫喷妥钠用于静脉麻醉和诱导麻醉，不良反应较多，后遗效应明显，易产生耐受性和依赖性。本类药物还可用于急性中毒的解救，以清除毒物（洗胃、导泻），加速毒物排泄（注射碳酸氢钠碱化体液和尿液）。

知识拓展 精神药品

精神药品是指直接作用于中枢神经系统，使之兴奋或抑制，连续使用能产生依赖性的药品。

依据其对人体产生依赖性和对身体的危害程度，分为第一类精神药品和第二类精神药品。第一类如氯胺酮、哌甲酯、司可巴比妥、三唑仑、γ-羟丁酸等，第二类如苯二氮䓬类（除三唑仑）、巴比妥类（除司可巴比妥、硫喷妥钠）、咖啡因、安钠咖、匹莫林、喷他佐辛、曲马多、麦角胺咖啡因片、唑吡坦、扎来普隆、氨酚氢可酮片等。执业医师取得麻醉药品和第一类精神药品的处方资格后，方可在本医疗机构开具麻醉药品和第一类精神药品处方。第二类精神药品零售企业应当凭执业医师出具的处方，按规定剂量销售第二类精神药品，并将处方保存2年备查。

三、其他镇静催眠药

水合氯醛

水合氯醛（chloral hydrate）为白色或无色透明结晶，口服易吸收。治疗量催眠作用强而可靠，不缩短REMS，无后遗效应。可用于治疗失眠症，尤其是其他催眠药无效的失眠。大剂量有抗惊厥作用，可用于子痫、破伤风、小儿高热惊厥的治疗。水合氯醛对胃刺激性强，味微苦，可引起恶心、呕吐、胃炎等，须稀释后口服或灌肠。久服可产生耐受性、依赖性。胃炎、溃疡病和严重心、肝、肾疾病患者禁用。

丁螺环酮

丁螺环酮（buspirone）为选择性5-HT_{1A}受体的部分激动药，是第一个非苯二氮䓬类新型抗焦虑药。抗焦虑作用良好，无显著镇静、催眠和抗惊厥作用；同时兼有一定的抗抑郁作用。主要用于焦虑症及焦虑状态。不良反应较轻，药物依赖性小，且与苯二氮䓬类之间无交叉耐受性。

唑吡坦

唑吡坦（zolpidem）是新一代非苯二氮䓬类镇静催眠药，是$GABA_A$受体上的BZ_1受体的选择性激动剂。具有较强的镇静催眠作用，但抗焦虑、抗惊厥和中枢性的肌肉松弛作用较弱。临床主要用于偶发性失眠和暂时性失眠的患者。后遗效应、耐受性、药物依赖性轻微。中毒时可用氟马西尼解救。儿童、孕妇禁用。

佐匹克隆

佐匹克隆（唑吡酮）（zopiclone）是第三代镇静催眠药物。主要特点：起效快、维持时间长，能减少梦境，提高睡眠质量。主要用于各种原因引起的失眠症。后遗效应轻，且无明显的耐受性和依赖性，为苯二氮䓬类药物良好的代用品。

扎来普隆

扎来普隆（zaleplon）是新型非苯二氮䓬类药物，具有抗焦虑、镇静催眠、抗惊厥和肌肉松弛作用。能缩短入睡时间，适用于入睡困难失眠症的短期治疗。常见不良反应有头痛、眩晕、嗜睡。

第2节 抗惊厥药

惊厥是由疾病或药物等多种原因引起的中枢神经过度兴奋而致全身骨骼肌不自主地强直性收缩。多见于高热、子痫、破伤风、癫痫强直-阵挛发作和中枢兴奋药中毒等。常用抗惊厥药有苯二氮䓬类、巴比妥类和水合氯醛等药物。此外，硫酸镁注射给药具有抗惊厥作用。

硫酸镁

硫酸镁（magnesium sulfate）口服吸收少，有泻下和利胆作用；静脉或肌内注射，可产生抗惊厥和降压作用。神经化学传递和骨骼肌收缩均需Ca^{2+}参与，Mg^{2+}与Ca^{2+}化学性质相似，可以特异性地竞争Ca^{2+}结合位点，拮抗Ca^{2+}的作用，如运动神经末梢乙酰胆碱释放减少致骨骼肌松弛，拮抗作用于血管平滑肌的Ca^{2+}致血管扩张、血压下降。硫酸镁注射给药可用于各种惊厥，尤其对子痫有较好的作用；也可用于高血压危象的治疗。

Mg^{2+}浓度过高则可抑制延髓呼吸中枢和血管运动中枢，引起呼吸抑制、血压剧降、心脏停搏而导致死亡。腱反射消失常为呼吸停止的先兆，故在用药过程中应经常检查，以防用药过量。如用药不当引起急性Mg^{2+}中毒时，应立即进行心肺腹苏，静脉缓慢注射钙剂对抗。

学习小结

镇静催眠药可分为苯二氮䓬类、巴比妥类和其他类。

苯二氮䓬类药理作用和临床应用有：①抗焦虑，用于各种原因引起的焦虑症。②镇静催眠，用于失眠症的治疗及夜间惊恐和夜游症等。③抗惊厥及抗癫痫，可用于破伤风、子痫、小儿高热及药物中毒等引起的惊厥，静脉注射地西泮常用于治疗癫痫持续状态。④中枢性肌肉松弛，用于治疗脑血管意外、脊髓损伤等中枢神经病变所引起的肌强直。

巴比妥类药物临床已基本不用。

常用抗惊厥药除多数镇静催眠药外，硫酸镁注射给药也具有抗惊厥作用。硫酸镁注射给药可用于各种惊厥。

高频考点 1. 苯二氮䓬类药物的药理作用和临床应用
2. 苯二氮䓬类药物的主要不良反应

自测题

1. 治疗癫痫持续状态首选
A. 苯妥英钠 B. 苯巴比妥
C. 地西泮静脉注射 D. 劳拉西泮
E. 异戊巴比妥

2. 用于抢救苯二氮䓬类药物过量导致中毒的药物是
A. 氯丙嗪 B. 纳洛酮
C. 水合氯醛 D. 氟马西尼
E. 阿托品

3. 地西泮不具有以下哪种作用
A. 镇静 B. 催眠
C. 抗焦虑 D. 抗精神分裂
E. 抗惊厥

4. 对惊厥治疗无效的药物是
A. 水合氯醛 B. 苯巴比妥
C. 口服硫酸镁 D. 注射硫酸镁
E. 苯二氮䓬类

（刘玉芹）

第12章 抗癫痫药

学习目标

1. 掌握苯妥英钠的药理作用、临床应用、不良反应。
2. 熟悉其他抗癫痫药物作用特点、临床应用及主要不良反应。
3. 了解癫痫分型及抗癫痫药应用原则。
4. 具有根据适应证合理选择抗癫痫药和防止其不良反应的能力。
5. 能与患者及家属进行沟通，开展用药咨询服务，并能正确指导患者合理用药。

案例导入

患者，男，16岁。发作性抽搐8年。数日前，突然意识丧失，跌倒在地，全身肌肉强直收缩，醒后无发病情况的记忆。诊断为癫痫大发作。

问题： 1. 对于癫痫大发作，常选哪种药物治疗？

2. 如何根据癫痫发作类型选药？

癫痫（epilepsy）是由脑组织局部病灶神经元异常高频放电，并向周围扩散，从而导致大脑功能短暂失调的综合征。主要特征为慢性、突发性、反复性和短暂性的运动、感觉、意识和（或）精神障碍，发作时多伴有异常的脑电图（EEG）。按病因可分为原发性和继发性癫痫两种。前者与遗传等因素有一定关系，后者因脑部外伤、肿瘤、感染、发育异常、脑血管疾病或某种代谢异常引起。根据临床症状和脑电图的不同可将癫痫分为部分（局限）性发作和全身性发作（表12-1）。

表12-1　癫痫发作的类型及治疗药物

主要发作类型		临床发作特征	治疗药物
部分（局限）性发作	1.单纯部分性发作（单纯局限性发作）	一侧肢体或某肌群痉挛、抽搐或特定部位感觉异常，无意识障碍。持续20～60秒	苯妥英钠、卡马西平、苯巴比妥
	2.复杂部分性发作（精神运动性发作）	以精神症状为主，出现无意识的运动，如摇头、唇抽动等。持续0.5～2.0分钟	卡马西平、苯妥英钠、丙戊酸钠、扑米酮
全身性发作	1.强直-阵挛性发作（大发作）	突然意识丧失，倒地，全身强直-阵挛性抽搐、面色青紫、口吐白沫，持续数分钟多见于儿童，表现为短暂而突发的意识丧失、知觉丧失、动作和语言中断，不倒地，无抽搐，一般持续5～30秒后迅速恢复	苯妥英钠、卡马西平、苯巴比妥、丙戊酸钠
	2.失神性发作（小发作）	以意识障碍为主，没有任何先兆的突然发作。患者正在进行的动作突然中断，发呆，可伴有短暂的双眼上翻	氯硝西泮、丙戊酸钠、拉莫三嗪
	3.肌阵挛性发作	部分肌群短暂休克样抽动，约1秒	糖皮质激素、丙戊酸钠、氯硝西泮
	4.癫痫持续状态	通常指大发作持续状态，患者大发作频繁，间歇期甚短或无，持续昏迷	地西泮、劳拉西泮、苯妥英钠、苯巴比妥

目前防治癫痫发作的主要方法是长期服用抗癫痫药物。药物作用方式有两种：①直接抑制病灶神经元的高频放电。②作用于病灶周围正常脑组织，防止病灶异常放电的扩散。多数抗癫痫药主要是通过后一种方式发挥作用。其机制可能与增强脑内GABA功能、促进Cl^-内流、降低神经细胞膜兴奋性有关；或与阻滞Na^+、Ca^{2+}等离子通道有关。

第1节 常用抗癫痫药

苯妥英钠

苯妥英钠（phenytoin sodium，大仑丁），口服吸收缓慢且不规则，连续用药6～10日，才能达到有效血药浓度。因其钠盐呈强碱性（pH=10.4），刺激性大，故不宜肌内注射，可缓慢静脉注射。血浆蛋白结合率约90%，易通过血脑屏障，静脉注射几分钟内血浆和脑中药物浓度达到平衡。主要经肝药酶代谢失活，由肾排出，消除速率与血药浓度密切相关，血药浓度低于10μg/ml，按一级动力学消除，$t_{1/2}$约20小时。由于羟化代谢能力受遗传影响，故其血浆浓度个体差异较大，且不同厂家制剂的生物利用度亦有差别，临床用药应注意剂量的个体化。

【药理作用和临床应用】

1. 抗癫痫 对癫痫大发作、单纯部分性发作疗效最佳，具有疗效高、无催眠作用等优点；其次是癫痫持续状态和精神运动性发作；对小发作和肌阵挛发作无效，有时甚至使小发作加重。

2. 抗神经痛 苯妥英钠对三叉神经痛疗效好，对舌咽神经痛也有一定疗效。此作用也与其稳定神经细胞膜有关。

3. 抗心律失常 对室性心律失常，特别是强心苷中毒所致室性心律失常的疗效较好。

【不良反应】

1. 胃肠道反应 本药为强碱性，口服可致恶心、呕吐、食欲不振、上腹疼痛。

2. 毒性反应

（1）急性毒性 用药过量或增量过快所致，当血药浓度达20μg/ml左右时即可出现毒性反应。表现为小脑及内耳迷路系统的反应，如眼球震颤、眩晕、共济失调、复视等，眼球震颤出现最早；当血药浓度大于40μg/ml则出现精神错乱；大于50μg/ml可致昏睡、昏迷等。幼儿患者因复视及共济失调等反应难以察觉，应避免使用本药。静脉注射过快还可引起血压降低、心律失常及心脏抑制。

（2）慢性毒性 长期服用可引起慢性毒性。表现为①齿龈增生：由胶原组织增生所致，多见于青少年，注意口腔卫生、经常按摩牙龈，可防止或减轻慢性毒性发生，一般停药3～6个月后可恢复。②巨幼细胞贫血：因其对叶酸的影响引起。③低钙血症、软骨病及佝偻病等：由于本药诱导肝药酶，使维生素D代谢加速引起。

3. 过敏反应 表现为皮肤瘙痒、皮疹、粒细胞缺乏、血小板减少、再生障碍性贫血、肝损害等。部分患者出现严重皮肤过敏反应。

4. 其他 妊娠初期服药偶致畸胎，孕妇禁用。

卡马西平

卡马西平（carbamazepine，酰胺咪嗪）口服吸收缓慢且不规则，2～4小时血药浓度达高峰。经肝代谢生成的环氧化物仍有抗癫痫活性，其强度近似卡马西平，进一步代谢后由肾排出。单次给药血浆$t_{1/2}$为30～36小时。本药有肝药酶诱导作用，可加速自身代谢，故长期用药后血浆$t_{1/2}$缩短为10～20小时。

【药理作用和临床应用】

1. 抗癫痫 本药是一种安全、有效的抗癫痫药。对精神运动性发作疗效较好，其次是大发作和单纯部分性发作，对癫痫并发的精神症状（躁狂抑郁症）亦有效。

其抗癫痫机制与苯妥英钠相似，治疗浓度尚能阻滞神经细胞膜钠通道、钙通道，稳定神经细胞膜，抑制癫痫病灶放电及扩散；也可能与增强GABA功能有关。

2. 抗神经痛 用于治疗三叉神经痛，对三叉神经痛和舌咽神经痛的疗效较苯妥英钠好，用药24小时即可奏效。

3. 抗躁狂抑郁 本药有较强的抗躁狂抑郁作用，对锂盐或抗抑郁药治疗无效的或不能耐受的躁狂抑郁症有效。

【不良反应】 用药初期常见不良反应有眩晕、视物模糊、恶心、呕吐和共济失调等，也可有皮疹和心血管反应。一般不需中断治疗，1周左右逐渐消退，以上应提前告知患者。大剂量可致甲状腺功能低下、房室传导阻滞。少见而严重的不良反应有骨髓抑制，肝、肾损害等。

丙戊酸钠

【药理作用和临床应用】 丙戊酸钠（sodium valproate）是广谱抗癫痫药，通过抑制脑内GABA的降解，或促进其合成，增加脑内GABA浓度，可抑制癫痫病灶放电扩散，对多种癫痫模型有对抗作用。对大发作疗效不如苯妥英钠和苯巴比妥，但对后两药无效者，用本药仍有效；对不典型小发作的疗效不及氯硝西泮；对精神运动性发作的疗效近似卡马西平。临床常用于混合型癫痫的治疗，亦可用于肌阵挛发作。

【不良反应】

1. 胃肠道反应 包括恶心、呕吐及食欲不振等。

2. 中枢神经系统反应 包括嗜睡、震颤、乏力、共济失调等，多与剂量过大有关。

3. 肝损害 约30%的患者在服药几个月内出现无症状性肝功能异常，偶见重型肝炎、急性胰腺炎等，应定期检查肝功能。

4. 其他 少数患者有皮疹、脱发、血小板减少等症状。对胎儿有致畸作用，常见脊柱裂，应予以重视。

奥卡西平

奥卡西平（oxcarbazepine）是一种新型的抗癫痫药，是卡马西平的10-酮基衍生物，作用与卡马西平相似。在临床上主要用于对卡马西平过敏者，可作为卡马西平的替代药物，主要用于精神运动性发作和大发作的治疗，单药治疗效果较好，对于难治性癫痫，需要联合应用其他抗癫痫药物进行治疗；还可用于不耐受卡马西平或用其治疗无效的三叉神经痛。常见不良反应有头晕、头痛、复视，过量后可出现共济失调等。

苯巴比妥

苯巴比妥（phenobarbital，鲁米那）是巴比妥类药，具有起效快（口服1～2日起效）、疗效好、价廉等优点。本药既能抑制病灶放电，又能抑制放电的扩散。对大发作及癫痫持续状态疗效较好；对精神运动性发作有一定疗效；对小发作疗效差。因其中枢抑制作用明显，均不作为首选药。临床常可用于抗惊厥治疗。

扑米酮

扑米酮（primidone，扑痫酮）化学结构和作用与苯巴比妥相似，与苯巴比妥相比无特殊优点，且价格贵，主要用于苯巴比妥和苯妥英钠不能控制的大发作，也可作为精神运动性发作的辅助药。常见不良反应为嗜睡、眩晕、复视、共济失调、眼球震颤等小脑综合征；偶见白细胞、血小板减少和巨幼细胞贫血等。

苯二氮䓬类

常用抗癫痫的苯二氮䓬类药物有地西泮、硝西泮、氟硝西泮等。

地西泮：缓慢静脉注射是控制癫痫持续状态的首选药，起效快，安全性大。但剂量过大，静脉注射速度过快可引起呼吸抑制。

硝西泮：主要用于小发作、肌阵挛性发作、婴儿痉挛等。

氟硝西泮：具有广谱抗癫痫作用，对小发作疗效好，对肌阵挛性发作、婴儿痉挛也有较好的疗效。

氟桂利嗪

氟桂利嗪（flunarizine，西比灵）为选择性钙通道阻滞药，近年来发现它具有较强的抗惊厥作用，对多种动物癫痫模型均有不同程度的治疗作用。适用于各型癫痫，尤其对局限性发作、大发作疗效好。临床还可用于脑动脉缺血性疾病治疗、血管性偏头痛的防治等。不良反应有嗜睡、乏力，长期用药有锥体外系症状等。

拉莫三嗪

拉莫三嗪（lamotrigine）的作用与阻断电压依赖性钠通道，从而稳定神经元细胞膜和抑制兴奋性神经递质释放有关。单独使用可治疗全身性发作，可作为成人部分性发作的辅助用药，临床上多与其他抗癫痫药合用治疗一些难治性癫痫。不良反应有头晕、困倦、头痛、共济失调、皮疹等。

托吡酯

托吡酯（topiramate）为广谱抗癫痫药，对各类癫痫发作均有效。其中对大发作及部分性发作疗效好，可作为辅助药物治疗难治性癫痫。常见的不良反应有共济失调、注意力受损、意识模糊、头晕、疲劳、感觉异常、嗜睡和思维异常等。

第 2 节　临床用药原则

原发性癫痫治疗需长期用药；继发性癫痫应去除病因，如脑囊虫病、脑瘤等，但残余病灶和术后瘢痕形成仍可引起癫痫发作，亦需药物治疗。

1. 合理选择药物　根据癫痫发作类型合理选药（表12-1）。

2. 治疗方案个体化　不同患者对药物反应的个体差异较大，所以治疗方案应个体化。充分考虑个体因素，给药剂量应从小剂量开始，逐渐增量，直至产生最好疗效而不出现严重不良反应。

3. 给药方法　用药初期单纯型癫痫一般选用一种有效药物，单药治疗无效时才推荐联合治疗。不要随意更换药物，必须换药时应采用过渡方式，可在原药基础上加用新药，待后者发挥疗效后，再逐渐撤掉原药，否则可能会使发作加剧甚至诱发癫痫持续状态。

4. 长期用药　癫痫症状完全控制后，也不可随意停药，至少应维持治疗2～3年后方可在数月甚至1～2年内逐渐停药，以防反跳，有些患者需终身用药。长期用药时要定期进行肝功能和血常规检查。

知识拓展　迷走神经刺激系统治疗癫痫

迷走神经刺激（vagus nerve stimulation，VNS）系统包括脉冲发生器、电极、体外控制磁铁和医生程控仪。通过手术将电极线圈缠绕在左颈部的迷走神经上，利用医生程控仪调整刺激设备参数，使脉冲发生器发送电脉冲，经电极到达迷走神经，控制癫痫发作。临床应用证明，经过VNS系统治疗，约50%癫痫患者发作次数可以减少一半以上，约10%患者可以治愈。癫痫控制的效果可长期维持，并可能随着应用时间的延长而效果增强。该刺激系统无明显毒副作用，患者依从性良好。

学习小结

癫痫根据临床症状的不同可分为不同的类型。抗癫痫药物的作用机是抑制癫痫病灶神经元的过度放电，或作用于病灶周围正常神经元，抑制异常放电的扩散。

苯妥英钠可用于治疗癫痫大发作和局限性发作，但对小发作（失神发作）无效。亦可用于治疗中枢性疼痛综合征及心律失常等。卡马西平作用类似苯妥英钠，对精神运动性发作疗效较好；苯巴比妥对大发作及癫痫持续状态疗效较好；地西泮静脉注射是控制癫痫持续状态的首选药之一；丙戊酸钠是广谱抗癫痫药，临床广泛用于混合型癫痫的治疗。

抗癫痫药物应用原则为：①根据癫痫发作类型来合理选药。②治疗方案要个体化，初期从小剂量开始。③治疗过程中不能随意更换药物。④长期用药。

高频考点 1. 治疗各型癫痫发作的药物
2. 苯妥英钠的药理作用、临床应用和不良反应

自测题

1. 在抗癫痫的药物中具有抗心律失常作用的是
   A. 苯妥英钠　B. 卡马西平
   C. 丙戊酸钠　D. 苯巴比妥
   E. 扑米酮
2. 具有广谱抗癫痫作用的药物是
   A. 苯妥英钠　B. 卡马西平
   C. 丙戊酸钠　D. 苯巴比妥
   E. 扑米酮
3. 精神运动性发作选用
   A. 苯妥英钠　B. 卡马西平
   C. 丙戊酸钠　D. 苯巴比妥
   E. 扑米酮
4. 患儿，男，4岁，患癫痫大发作，用苯妥英钠片治疗1年后出现软骨病，与下列何种原因有关
   A. 神经系统反应　B. 胃肠道反应
   C. 过敏反应　D. 叶酸代谢障碍
   E. 维生素D缺乏
5. 治疗癫痫持续状态的首选药为
   A. 苯妥英钠　B. 卡马西平
   C. 丙戊酸钠　D. 苯巴比妥
   E. 地西泮
6. 患者，男，16岁。发病时突然意识丧失，精神恍惚，运动障碍，动作中断，手中持物掉落，不能发音。临床诊断为精神运动性癫痫，最合适的药物是
   A. 苯巴比妥　B. 水合氯醛
   C. 地西泮　D. 卡马西平
   E. 硫喷妥钠

（刘玉芹）

第13章 抗帕金森病药和治疗阿尔茨海默病药

学习目标

1. 掌握左旋多巴的作用特点、临床应用及不良反应。

2. 熟悉左旋多巴增效药和苯海索的作用特点、临床应用。

3. 了解抗帕金森病药分类；其他抗帕金森病药的作用特点；治疗阿尔茨海默病药物分类及作用特点。

4. 具有根据适应证合理选择抗帕金森病和治疗阿尔茨海默病药物、防治不良反应的能力。

5. 能与患者及家属进行沟通，开展用药咨询服务和健康教育服务，并能正确指导患者合理用药。

案例导入

患者，男，60岁。3年前出现运动迟缓、左手无明显诱因轻微颤抖。1年前，四肢震颤严重、右侧肢体明显肌肉萎缩、肌强直，同时伴有垂涎、面具脸，步幅缩短，走路、转颈和转身动作特别缓慢、困难。临床诊断：帕金森病。

问题： 1. 应选用什么药物进行治疗？

2. 使用该药时有哪些注意事项？

中枢神经系统退行性疾病是指一组由慢性进行性的中枢神经组织退行性变性而产生的疾病的总称。主要疾病包括帕金森病（Parkinson disease，PD）、阿尔茨海默病（Alzheimer disease，AD）、亨廷顿病（Huntington disease，HD）、肌萎缩侧索硬化（amyotrophic lateral sclerosis，ALS）等。虽然本组疾病的病因和发病机制尚不清楚，但神经细胞发生退行性病理学改变是其共同的特征，在众多有关假说中，兴奋性毒性、细胞凋亡和氧化应激等假说受到广泛重视。

流行病学调查结果显示，PD和AD主要发生于中老年人。随着社会发展和人口老龄化的出现，该类疾病已成为继肿瘤和心血管疾病之后，严重影响人类健康的因素。本章重点介绍治疗PD和AD的药物。

第1节 抗帕金森病药

帕金森病又称震颤麻痹，是由多种原因引起的慢性进行性锥体外系功能障碍的中枢神经组织退行性变性疾病。典型症状为静止性震颤、肌肉强直、运动迟缓（困难）、共济失调等。若由脑动脉硬化、脑炎后遗症及化学药物（抗精神病药、氰化物、一氧化碳、锰）中毒等病因所致，出现类似帕金森病的症状，则称为帕金森综合征（Parkinsonism）。

PD主要病变在锥体外系黑质-纹状体神经通路。已知黑质中多巴胺能神经元发出上行性纤维到纹状体（尾核及壳核），与纹状体神经元形成突触，释放多巴胺（DA）递质，最终对脊髓前角运动神经元起抑制作用（抑制性递质）；纹状体内有乙酰胆碱能神经元释放ACh，对脊髓前角运动神经元起兴奋作用（兴奋性递质）。正常时两种递质相互拮抗，处于平衡状态，共同作用于脊髓前角运动神经元，参与运动功能调节。PD是由于黑质中多巴胺能神经元变性，数目减少，多巴胺能神经功能低下而胆碱能神经功能相对亢进，从而产生肌张力增高等一系列临床症状。

抗帕金森病药可分为拟多巴胺类药和中枢抗胆碱药两类。通过增强中枢多巴胺能神经功能或降低中枢胆碱能神经功能控制或缓解症状，改变患者的预后，减少并发症，提高患者生活质量和延长寿命，但不能根治。

一、拟多巴胺类药

本类药物按其作用机制可分为4类：①多巴胺前体药（左旋多巴）。②左旋多巴增效药（外周脱羧酶抑制药卡比多巴、单胺氧化酶B抑制药司来吉兰、COMT抑制药硝替卡朋）。③促多巴胺释放药（金刚烷胺）。④多巴胺受体激动药（溴隐亭等）。

（一）多巴胺前体药

左旋多巴

【体内过程】 左旋多巴（levodopa）口服吸收迅速，但绝大部分（95%以上）在肝和胃肠黏膜被外周多巴脱羧酶脱羧，转变成DA，后者不易透过血脑屏障，在外周引起不良反应；仅有少量（约1%）左旋多巴进入中枢神经系统，在脑内脱羧转变为DA，发挥中枢作用，因此显效较慢。若同时服用外周脱羧酶抑制药，可使进入中枢的左旋多巴增多，提高疗效，减轻外周不良反应。其代谢产物经肾排出。

【药理作用和临床应用】

1. 抗帕金森病　适用于各种类型的PD患者。左旋多巴进入中枢，在中枢脱羧酶作用下转变为DA，补充纹状体中的DA递质，使DA和ACh两种递质重新达到平衡，改善PD症状。不论年龄、性别和病程长短，均可获得疗效。其特点为：①显效慢，服药2～3周开始起效，服药1～6个月以上才获得最大的疗效，但作用持久，且随用药时间延长而疗效增强，疗程超过3个月，50%的患者获得较好疗效，疗程1年以上，疗效达75%。②改善肌肉强直、运动困难效果较改善肌肉震颤效果好。③对轻症及年轻患者疗效较重症及老年患者为好。④对吩噻嗪类抗精神失常药物所引起的帕金森综合征无效，因该类药物能阻断中枢DA受体。

2. 肝性脑病　能使患者清醒，改善脑功能，与左旋多巴在脑内转化为去甲肾上腺素有关。但不能改善肝功能，故不能根治。

【不良反应和注意事项】 与左旋多巴转变成多巴胺有关。

1. 胃肠道反应　治疗初期有恶心、呕吐、食欲减退等，与DA刺激延髓催吐化学感受区有关，可用多潘立酮缓解。偶见溃疡、出血或穿孔。

2. 心血管反应　治疗初期出现轻度直立性低血压，严格控制药量可避免。老年患者亦可引起心律失常，与DA对β受体激动作用有关，冠心病患者禁用。

3. 神经系统反应

（1）运动过多症（异动症、运动障碍）　为长期用药所引起的不自主异常运动，多见于面部肌群抽动，如张口、伸舌、咬牙，称为口-舌-颊三联征，皱眉和头颈扭动等。也可累及肢体或躯体肌群引起摇摆运动，偶见喘息样呼吸。

（2）症状波动及“开-关现象”（on-off phenomenon）　服药3～5年，有40%～80%患者出现症状快速波动，重者出现“开-关现象”，即患者突然多动或活动正常（开），而后又出现全身性或肌肉强直性运动不能（关），两种现象可交替出现，严重妨碍患者正常活动。用药疗程长，发生率高，适当减少用量可减轻此不良反应。

4. 精神障碍　可见失眠、焦虑、噩梦、躁狂、幻觉、妄想或抑郁等，需减量或停药，精神病患者慎用。此反应可能与DA作用于边缘系统有关，应用中脑-边缘系统DA受体选择性阻断药氯氮平可对抗该不良反应。

【药物相互作用】①维生素B_6为多巴脱羧酶的辅基，可增强外周脱羧酶活性，产生外周副作用。②抗精神病药能阻断中枢DA受体，故能拮抗左旋多巴的中枢作用。③利血平能耗竭中枢DA，甚至引起帕金森综合征，使左旋多巴作用失效。④非选择性MAO抑制剂能抑制DA在外周的代谢，因而可增强DA的外周副作用，也能使NA堆积，引起血压升高，甚至发生高血压危象。

（二）左旋多巴增效药

卡比多巴

卡比多巴（carbidopa，α-甲基多巴肼）是较强的*L*-芳香族氨基酸脱羧酶抑制药，不易透过血脑屏障，故仅能抑制外周多巴脱羧酶的活性，使左旋多巴在外周组织中脱羧减少，DA生成受阻，进入脑中的左旋多巴增多。与左旋多巴合用不仅能使循环中左旋多巴含量增高，而且也可减轻外周副作用，故为左旋多巴的主要辅助药。卡比多巴单独应用基本无作用，临床上将卡比多巴与左旋多巴以1：4或1：10的剂量比例配伍，制成复方制剂称心宁美（sinemet），现有心宁美控释剂。

苄丝肼

苄丝肼（benserazide）作用与卡比多巴相似，它与左旋多巴按1：4剂量比例制成复方制剂为美多芭（madopar）。

司来吉兰

司来吉兰（selegiline）是选择性较高的中枢神经系统单胺氧化酶B（MAO-B）抑制药，在脑内抑制纹状体中的DA代谢，使纹状体中DA增多，是治疗PD的辅助药，与左旋多巴合用可减少后者剂量和副作用，使左旋多巴的“开-关现象”消失。近来发现，司来吉兰作为神经保护剂，能优先抑制黑质-纹状体中的超氧阴离子和羟自由基的形成，延迟神经元变性和PD的发展。

硝替卡朋和托卡朋

硝替卡朋（nitecapone）和托卡朋（tolcapone）为新型COMT抑制药。其中，硝替卡朋只抑制外周COMT，增加左旋多巴生物利用度，使纹状体中左旋多巴和DA增加来发挥抗帕金森病作用。托卡朋则能延长左旋多巴半衰期，稳定血药浓度，使更多的左旋多巴进入脑组织，同时也能抑制中枢COMT，减少DA降解，可明显改善病情，尤其适用于伴有症状波动的患者。托卡朋的主要不良反应为肝损伤，甚至引起暴发性肝衰竭，仅用于其他抗PD药无效的患者，且要严密监测肝功能。

（三）促多巴胺释放药

金刚烷胺

金刚烷胺（amantadine）特点为见效快、维持时间短，用药数日即可获得最大效应，6～8周后逐渐减弱，而左旋多巴起效慢，维持时间长，因此二者合用，有协同作用。作用机制主要是促进纹状体中残存的多巴胺能神经元释放DA递质、抑制DA的再摄取，使突触间隙中DA递质增高；还有较弱的中枢抗胆碱作用。对PD的肌肉强直、震颤和运动障碍的缓解作用较强，优于抗胆碱药，但不及左旋多巴。长期用药可见下肢出现网状青斑，还可引起精神不安、失眠和运动失调等。

（四）多巴胺受体激动药

溴隐亭

溴隐亭（bromocriptine）口服吸收迅速，血药浓度个体差异大（5倍之多），故剂量应个体化。小剂量激动结节-漏斗通路DA受体，抑制催乳素和生长激素的释放，用于产后回乳、催乳素分泌过高引起的闭经及溢乳，也可治疗垂体瘤伴有的肢端肥大症；大剂量可激动黑质-纹状体通路的DA受体，主要用于治疗PD，与左旋多巴合用治疗PD疗效较好。对外周DA受体作用弱。

不良反应较多，可见食欲减退、恶心、呕吐、便秘等消化系统症状，直立性低血压、心律失常等心血管系统反应，长期用药可出现无痛性手指血管痉挛等。

二、中枢抗胆碱药

中枢抗胆碱药通过阻断中枢胆碱受体，减弱纹状体中乙酰胆碱的作用，治疗PD。传统胆碱受体阻断药阿托品、东莨菪碱抗帕金森病有效，但因外周抗胆碱副作用大，一般不用，常用中枢性胆碱受体阻断药包括苯海索等。

苯海索、丙环定和苯扎托品

苯海索（trihexyphenidyl，安坦）外周抗胆碱作用弱，为阿托品的1/10～1/3，对中枢胆碱受体有明显阻断作用，能阻断纹状体胆碱受体，使增高的肌张力降低，临床主要用于不能耐受或禁用左旋多巴的患者。疗效不及左旋多巴，与之合用可提高疗效。其特点为：①对肌震颤疗效好，对流涎、多汗及情感抑郁也可使之好转，但对肌肉强直、运动困难效果差。②对抗精神病药引起的帕金森综合征有效。

不良反应与阿托品相似但较轻，闭角性青光眼、前列腺增生者慎用。中枢神经系统副作用有精神错乱、谵妄及幻觉等，使其应用受到了一定的限制。久用突然停药，可使病情恶化。

丙环定（procyclidine，开马君）药理作用、临床应用及不良反应与苯海索相似。

苯扎托品（benzatropine，苄托品）具有抗胆碱作用，同时还有抗组胺、局部麻醉和大脑皮质抑制作用。临床应用和不良反应同苯海索，老年患者对其敏感，用药时要谨慎，3岁以下小儿不能用本药。

三、抗帕金森病药物治疗原则

1. 给药应从小剂量开始，逐渐递增，在获得最佳疗效后将剂量减少15%～20%为宜，长期以此剂量作为维持剂量。

2. 早期、轻症病例一般以一种药物治疗为宜。

3. 长期用药会产生疗效减低或症状波动现象。疗效减低时可加用其他抗帕金森病药物，症状波动时可调整用药次数和剂量或联合用药。

4. 长期用药突然停药会致症状急剧加重，应逐渐减量或加用其他抗帕金森病药替代。

第2节　治疗阿尔茨海默病药

老年性痴呆分为原发性痴呆症、血管性痴呆症和两者的混合型，前者被称为阿尔茨海默病（Alzheimer disease，AD）。AD是一种与年龄高度相关的、以进行性认知障碍和记忆力损害为主的中枢神经系统退行性疾病，表现为记忆力、判断力、抽象思维等一般智力的丧失，但视力、运动能力等则不受影响。AD约占老年性痴呆患者总数的70%，其发病率在65岁以上人群为5%，我国65岁以上老年人的患病率约为4%。随着人类寿命的延长和社会老龄化问题的日益突出，AD患者数量和比例将持续增高。

AD迄今尚无理想的治疗药物，现有的药物治疗策略是增强中枢胆碱能神经功能，主要有胆碱酯酶抑制药和M受体激动药等。

一、胆碱酯酶抑制药

他 克 林

他克林（tacrine）属第一代可逆性AChE抑制药，对AD的治疗作用是多方面共同作用的结果。它通过抑制血浆和组织中的AChE而增加ACh的含量；可直接激动M、N胆碱受体和促进ACh释放；还可促进脑组织对葡萄糖的利用。最常见的不良反应为肝毒性，是患者终止治疗的主要原因。

多奈哌齐

多奈哌齐（donepezil）为第二代可逆性AChE抑制药。与他克林相比：①多奈哌齐对中枢AChE有更高的选择性，能改善轻度至中度AD患者的认知能力和临床综合功能。②具有剂量小、毒性低和价格相对较低的优点，患者耐受性较好。不良反应常见的有流感样胸痛、牙痛；高血压、血管扩张、心房颤动等心血管反应；有大小便失禁、胃肠道出血、腹痛等；亦可出现谵妄、震颤和感觉异常等。

加兰他敏

加兰他敏（galantamine）属于第二代AChE抑制药。疗效与他克林相当，肝毒性小。主要不良反应为用药早期的恶心、呕吐及腹泻等胃肠道反应。

利斯的明

利斯的明（rivastigmine，卡巴拉汀）是第二代AChE抑制药。对中枢的AChE的抑制作用明显强于对外周的作用，能选择性地抑制大脑皮质、海马中的AChE活性。适用于轻、中度AD患者，可改善患者的记忆和认知功能，改善日常生活能力，减轻精神症状，对伴有心、肝、肾疾病的AD患者具有独特的疗效。不良反应轻，常有恶心、呕吐、眩晕等。

石杉碱甲

石杉碱甲（huperzine A）是我国学者从植物千层塔中分离得到的一种强效、可逆性AChE抑制药。易透过血脑屏障。有强的拟胆碱活性，能易化神经肌肉接头递质传递；能改善AD患者的记忆障碍和认知功能。用于老年性记忆功能减退及老年痴呆患者。不良反应有胃肠道反应和头晕、多汗等。

美曲膦酯

美曲膦酯（metrifonate，敌百虫）原用作杀虫剂，直到20世纪80年代才被用于治疗AD，是目前用于AD治疗的唯一以无活性前药形式存在的AChE抑制药。本药能改善AD患者的行为和认知功能，亦能改善患者的幻觉、抑郁或焦虑等症状。用于轻、中度AD。不良反应少而轻，偶有腹泻、下肢痉挛、鼻炎等症状。

二、M受体激动药

占诺美林

占诺美林（xanomeline）是M_1受体选择性激动药，为目前选择性最高的M_1受体激动剂之一。口服易吸收，大剂量可明显改善AD患者的认知功能和行为能力，但易引起胃肠道和心血管方面的不良反应。新研制的透皮吸收贴剂可避免消化道不良反应。

三、其 他 类

随着对AD研究的进一步深入，治疗AD的药物不断出现，除了拟胆碱药物之外，还有：①*N*-甲基-*D*-天冬氨酸（NMDA）受体拮抗药：美金刚。②单胺氧化酶B抑制药：司来吉兰。③非甾体抗炎药：布洛芬、阿司匹林等。④抗氧化剂：维生素E、褪黑素等。⑤激素及调节激素药：雌激素、雷洛昔芬等。⑥神经生长因子和神经代谢激活药：茴拉西坦、吡硫醇及脑活素等。

美 金 刚

美金刚（memantine）是一个用于治疗中、重度AD的药物。其机制可能与干扰谷氨酸兴奋毒性反应、抗氧化应激有关，是第一个用于治疗晚期AD的NMDA受体非竞争性拮抗药，与AChE抑制药合用效果更好。用药后有轻微眩晕、不安、头重、口干等。

茴拉西坦

茴拉西坦（aniracetam）是新一代脑代谢增强药。对AD患者记忆和认知功能有明显改善作用，亦能改善行为障碍等症状。

学习小结

帕金森病（PD）和阿尔茨海默病（AD）为中枢神经系统退行性疾病，病因和发病机制尚不清楚。PD的药物治疗主要以刺激多巴胺能神经和恢复胆碱/多巴胺能平衡为主。拟多巴胺药中左旋多巴通过补充脑内多巴胺，发挥治疗作用。卡比多巴能抑制外周多巴脱羧酶的活性，减少左旋多巴在外周转化为多巴胺，提高左旋多巴的疗效和减少其不良反应，左旋多巴和卡比多巴两药合用为治疗PD的常规药物。抗胆碱药苯海索通过阻断中枢胆碱受体发挥作用，适应于PD轻症患者。AD的治疗策略是增强中枢胆碱能神经功能，主要有胆碱酯酶抑制药他克林、多奈哌齐、加兰他敏等，以及M受体激动药占诺美林。

高频考点　1. 左旋多巴抗帕金森病的作用机制、特点及应用
2. 左旋多巴与卡比多巴合用的药理学基础

自 测 题

1. 左旋多巴治疗帕金森病的机制是
   A. 提高纹状体中乙酰胆碱的含量
   B. 左旋多巴在脑内转变为多巴胺，补充纹状体内多巴胺的不足
   C. 降低黑质中乙酰胆碱的含量
   D. 提高纹状体中的乙酰胆碱的含量
   E. 阻断黑质中胆碱受体
2. 能提高左旋多巴疗效，减少不良反应的药物是
   A. 多巴胺
   B. 多巴酚丁胺
   C. 卡比多巴
   D. 氯丙嗪
   E. 维生素B_6
3. 吩噻嗪类抗精神病药引起的帕金森病综合征宜选用
   A. 左旋多巴
   B. 溴隐亭
   C. 金刚烷胺
   D. 卡比多巴
   E. 苯海索
4. 下列何药既可抗帕金森病，又可治疗肝性脑病
   A. 卡比多巴
   B. 金刚烷胺
   C. 溴隐亭
   D. 苯海索
   E. 左旋多巴
5. 苯海索治疗帕金森病的机制是
   A. 补充纹状体中多巴胺
   B. 激动多巴胺受体
   C. 兴奋中枢胆碱受体
   D. 阻断中枢胆碱受体
   E. 抑制多巴脱羧酶活性
6. 下列治疗阿尔茨海默病药物中，不属于胆碱酯酶抑制药的是
   A. 他克林
   B. 占诺美林
   C. 石杉碱甲
   D. 加兰他敏
   E. 美曲膦酯

（刘玉芹）

第14章 抗精神失常药

思维导图

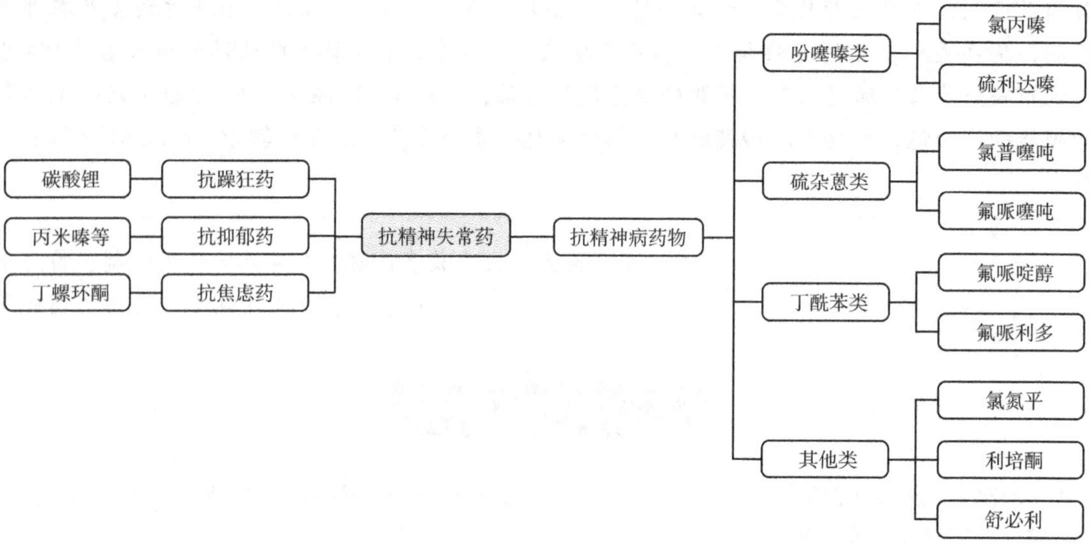

学习目标

1. 掌握利培酮、氯丙嗪、氯氮平的药理作用、临床应用、主要不良反应及禁忌证。
2. 熟悉碳酸锂、氟西汀的作用特点和临床应用。
3. 了解其他同类药的作用特点和临床应用。
4. 具有根据患者不同症状正确选择药物和给药方式、防治不良反应的能力。
5. 能与患者及家属进行沟通，开展用药咨询服务和健康教育，并能指导患者合理用药。

案例导入

患者，男，36岁。性格内向，近期无明显诱因凭空感觉被人监视，认为周围人在议论、谋害自己，常自言自语，晚上不敢睡觉，病后3个月就诊，诊断：精神分裂症。使用氯丙嗪进行治疗。

问题： 1. 氯丙嗪的药理作用有哪些？

2. 使用氯丙嗪时会出现哪些的不良反应？

抗精神失常药根据临床应用可分为抗精神病药、抗躁狂药、抗抑郁药及抗焦虑药。

第1节 抗精神病药

精神分裂症是以思维、情感、行为不协调，精神活动与现实脱离为主要特征的一类常见精神病。临床上表现为阳性症状群、阴性症状群、意志行为异常。临床分型为首次发作、反复发作和持续性。

患者应具有2项以上特征性精神病性症状，包括思维鸣响、思维插入、思维被撤走及思维广播、特殊的妄想（如被影响妄想、被控制或被动妄想、评论性幻听、与文化不相称且根本不可能的其他类型的持续性妄想）。症状必须持续至少1个月，且不能归因于其他疾病（如脑肿瘤），也不是由于物质滥用或药物（如皮质类固醇）作用于中枢神经系统的结果，包括戒断反应（如酒精戒断），才考虑诊断为精神分裂症。

一、吩噻嗪类

氯丙嗪

【体内过程】 氯丙嗪（chlorpromazine，冬眠灵）口服吸收慢而不规则，2～4小时达血药浓度高峰。个体差异较大，受食物及药物（如抗胆碱药）的影响。肌内注射吸收迅速，药物进入血液后，与血浆蛋白的结合率为90%以上，分布于全身，易透过血脑屏障，脑中浓度可达血中浓度10倍，并可通过胎盘屏障进入胎儿体内。因脂溶性较高药物易蓄积于脂肪内，故排泄缓慢，$t_{1/2}$为6～9小时。药物主要经肝代谢、经肾排泄。

【药理作用】 氯丙嗪阻断脑内D_2样多巴胺受体产生抗精神病作用，此外，还可阻断α受体和M受体。

1. 对中枢神经系统的作用

（1）抗精神病作用：氯丙嗪对中枢神经系统有较强的抑制作用。精神病患者用药后，可使兴奋躁狂症状得到有效控制。大剂量持续用药（6周至6个月），可使患者的幻觉、妄想、精神运动性兴奋逐渐消失，情绪安定，理智恢复，生活自理。氯丙嗪的抗精神病作用无耐受性。

氯丙嗪抗精神病作用机制是阻断了中脑-边缘系统通路和中脑-皮质通路的D_2样受体。

（2）镇吐作用：氯丙嗪具有较强的镇吐作用。

（3）对体温调节的作用：在物理降温措施配合下，氯丙嗪可使机体温度降至正常或以下水平。

（4）加强中枢抑制药的作用：氯丙嗪对中枢神经系统有较强的抑制作用，与麻醉药、镇静催眠药、镇痛药及乙醇等中枢抑制药合用时，应适当减少后几类药物的用量，以免加重对中枢神经系统功能的抑制。

2. 对自主神经的作用 氯丙嗪能阻断肾上腺素α受体，翻转肾上腺素的升压作用，同时抑制血管运动中枢，故能扩张血管、降低血压。因易产生耐受性，不宜用于高血压的治疗。也能阻断M受体，但无治疗意义，多与其不良反应有关。

3. 对内分泌系统的影响 通过对结节-漏斗通路中的D_2样受体的阻断作用，氯丙嗪可促进催乳素的分泌（因减少下丘脑催乳素抑制因子的释放），抑制促性腺激素、糖皮质激素及生长激素的分泌。

【临床应用】

因不良反应较多见及临床疗效影响，氯丙嗪已是精神分裂症的三线用药。

1. 精神分裂症 氯丙嗪对急、慢性精神分裂症均有效。主要用于Ⅰ型精神分裂症，以急性期效果尤佳。能显著缓解或消除患者的兴奋、躁狂、攻击行为及幻觉、妄想症状，有效改善异常的思维、情感和行为，使之理智恢复，生活自理。但不能根治，需长期甚至终生用药。也可用于治疗躁狂症及其他伴有兴奋、紧张、躁动、幻觉和妄想的精神病患者。

2. 呕吐和顽固性呃逆 氯丙嗪可用于多种原因引起的呕吐，也可用于顽固性呃逆，但对前庭受刺激所致的呕吐（如晕动病）无效。

3. 低温麻醉与人工冬眠 在物理降温配合下，氯丙嗪可用于低温麻醉；与哌替啶、异丙嗪组成冬眠合剂，应用后可使患者呈深睡状态，体温、基础代谢及组织耗氧量均明显降低，称为“人工冬眠疗法”。

【不良反应和注意事项】

1. 一般不良反应 包括嗜睡、无力、淡漠；口干、无汗、便秘、视物模糊、眼压升高等；鼻塞、血压下降、直立性低血压及反射性心率过快等。

2. 锥体外系反应 是长期大量应用氯丙嗪后出现的严重不良反应，常见的有以下三种表现。①帕金森综合征：出现肌张力增高、面容呆板（即面具脸）、肌肉震颤、动作迟缓、流涎等，发生率约为30%。②静坐不能：以中年患者多见，出现坐立不安、反复徘徊。③急性肌张力障碍：多出现在用药后5天以内，由于舌、面、颈及背部肌肉痉挛，患者出现强迫性张口、伸舌、斜颈、呼吸运动障碍以及吞咽困难等。减少用药量或停药后症状可减轻甚至消失，必要时加用中枢抗胆碱药。

此外，大约有1/5的患者出现一种称为迟发性运动障碍的不良反应。表现为不自主有节奏的刻板运动，出现口-舌-颊三联症（如吸吮、舔舌、咀嚼等）及广泛性舞蹈样手足徐动症。及早停药可减轻或恢复，应用中枢抗胆碱药反而加重，抗多巴胺药可减轻此症状。

3. 精神异常 表现为兴奋、躁动、恐惧、妄想、意识障碍或抑郁、焦虑等，应注意与原有疾病鉴别。一旦发生，应立即减量、停药或换用其他药物。

4. 过敏反应 皮疹、光敏性皮炎较常见，少数患者可出现肝损害、黄疸、粒细胞减少、溶血性贫血甚至再生障碍性贫血。

5. 内分泌系统反应 可出现男性乳房发育、女性乳房肿大、泌乳、月经不调、闭经等。

6. 急性中毒 一次过量应用氯丙嗪后可致急性中毒，出现昏睡、血压下降、心动过速、心肌损害、心电图异常（P-R间期或Q-T间期延长，T波低平或倒置），应立即进行对症治疗。可用去甲肾上腺素升压，但禁用肾上腺素。

【禁忌证】 青光眼、乳腺增生、乳腺癌、昏迷、严重肝功能障碍及有癫痫、惊厥病史者禁用；冠心病患者慎用。

硫利达嗪

硫利达嗪（thioridazine，甲硫达嗪）作用类似氯丙嗪，但锥体外系反应为本类药中较轻者，故应用较广泛，其他作用较弱。常用于老年患者，也可用于注意缺陷多动障碍和行为障碍。

二、硫杂蒽类

氯普噻吨

氯普噻吨（chlorprothixene，泰尔登）是本类药的代表药物，与氯丙嗪比较，具有以下特点：镇静作用强，调整情绪、控制焦虑和抑郁的作用较强，而抗幻觉妄想的作用较弱。常用于伴有焦虑、抑郁症状的精神分裂症、焦虑性神经官能症及更年期抑郁症。不良反应为锥体外系反应，但较氯丙嗪轻。

氟哌噻吨

氟哌噻吨（flupentixol，三氟噻吨）抗精神病作用与氯丙嗪相似，还可抑制神经末梢对NA和5-HT的再摄取，故有抗抑郁作用。适用于伴有情感淡漠、幻觉、焦虑及抑郁的急、慢性精神分裂症患者。因有特殊的激动作用，故禁用于躁狂症患者。锥体外系反应较常见，偶有猝死现象。

三、丁酰苯类

氟哌啶醇

氟哌啶醇（haloperidol，氟哌丁苯）药理作用和临床应用与吩噻嗪类相似，但化学结构与氯丙嗪完全不同，却能选择性阻断D_2样受体，具有很强的抗精神病作用。氟哌啶醇不仅可显著控制各种精神运动兴奋的作用，同时对慢性症状也有较好疗效。锥体外系反应发生率高达80%，且程度较重。因对心血管和肝脏的影响较轻，临床仍保留其应用价值。

因本药可从乳汁中排出，哺乳期妇女禁用。剂量宜从小量开始（尤其是老年患者），根据反应逐渐增加，直到确定适宜个体的最佳剂量。

氟哌利多

氟哌利多（droperidol，氟哌啶）作用同氟哌啶醇，由于其在体内代谢快，故作用更快、更强、更短。临床常作为一种强安定药，与镇痛药芬太尼合用，使患者处于一种特殊的麻醉状态，即痛觉消失、精神恍惚、活动减少、对周围环境淡漠，被称为“神经阻滞镇痛术”。用于小手术（如清创）、内镜检查、造影等，也可用于麻醉前给药、呕吐及控制精神病患者的攻击行为等。

四、其 他 类

氯 氮 平

氯氮平（clozapine，氯扎平）属苯二氮䓬类，为新型抗精神病药。

氯氮平为广谱神经安定剂。疗效与氯丙嗪相当，但作用更迅速，较氯丙嗪更常用。多在1周内见效。能较快控制患者的兴奋躁动、焦虑不安及幻觉妄想症状。常用于其他抗精神病药物无效或锥体外系反应明显的精神分裂症患者。也用于氯丙嗪等药物引起的迟发性运动障碍，用药后可使症状明显改善，原有精神病得到控制。

本药几乎无锥体外系反应，但可引起粒细胞减少甚至缺乏。用药期间应作血常规检查。

利 培 酮

利培酮（risperidone，利司培酮）为第二代非典型抗精神病药，是临床最常用的抗精神病药物，对5-HT受体和D_2样受体均有阻断作用。利培酮对Ⅰ型精神分裂症如幻觉、妄想、思维障碍等和Ⅱ型精神分裂症均有效，常用于治疗首发急性或慢性患者。不同于其他药物的是该药对精神分裂症患者的认知功能障碍和继发性抑郁也有治疗作用。因利培酮有效剂量小，用药方便、见效快，锥体外系反应轻且抗胆碱样作用和镇静作用弱，易被患者接受，自20世纪90年代推广应用于临床以来，已成为治疗精神分裂症的一线药物。

舒 必 利

舒必利（sulpiride，硫苯酰胺）能选择性阻断中脑-边缘系统通路的D_2样受体，有一定抗抑郁作用。常用于紧张型精神分裂症，可改善患者与周围的接触，减轻幻觉和妄想；对情绪低落、抑郁等症状的患者可使情绪活跃；也可用于长期应用其他药治疗无效的精神分裂症患者；对顽固性恶心、呕吐有效。锥体外系反应较轻。

第2节　抗躁狂药和抗抑郁药

躁狂抑郁症又称情感性精神障碍，分躁狂和抑郁两种症状，可单独一种症状反复发作，也可两种症状交替出现。其发病机制与脑内单胺类神经递质改变有关，脑内5-HT含量降低，是二者发病的共同基础。在此基础上，如去甲肾上腺素功能亢进，则表现为躁狂，反之，则为抑郁。抗躁狂药和抗抑郁药通过调节脑内5-HT、NA及DA能神经递质的含量与受体功能发挥治疗作用。

一、抗躁狂药

躁狂症主要表现为情绪高涨、联想丰富、烦躁不安、活动过度、思维和语言难以自制。氯丙嗪、氟哌啶醇及某些抗癫痫药具有抗躁狂作用，但碳酸锂是典型的抗躁狂药物。

碳 酸 锂

碳酸锂（lithium carbonate）口服吸收快，但透过血脑屏障进入脑组织较慢，故显效慢，连续用药2～3周方可充分显效。主要经肾排泄，因与钠离子竞争性重吸收，钠盐摄入量多时可使血浆锂离子浓度降低。

【药理作用和临床应用】 治疗量对躁狂症和精神分裂症的躁狂症状有显著疗效，使言语、行为恢复正常，尤其对急性躁狂和轻度躁狂效果明显。主要用于躁狂症，但有时对抑郁症也有效，故有情绪稳定药之称。

【不良反应和注意事项】 锂盐安全范围窄，血药浓度超过2mmol/L即可发生中毒。随着血药浓度的增加，轻者出现头昏、口干、恶心、呕吐、腹痛、腹泻、多尿，严重者可出现精神紊乱、视物不清、意识模糊、反射亢进、肌肉震颤、癫痫发作等脑病综合征，甚至昏迷、休克、急性肾衰竭与死亡。故有条件的医院应开展血药浓度监测，发现血锂浓度过高时，立即减量或停药，并适当补充0.9%氯化钠注射液以促进锂盐的排泄。

二、抗抑郁药

抑郁症患者临床表现为情绪低落、寡言少语、思维缓慢、动作迟钝、自责感强、有自杀倾向或行为等。常用药物有以下几类。

（一）三环类抗抑郁药

丙 米 嗪

丙米嗪（imipramine，米帕明）口服吸收良好，2～8小时血药浓度达峰值，药物吸收后在体内分布广泛，尤以脑、肝、肾及心脏分布较多，血浆$t_{1/2}$为10～20小时。经肝代谢，经肾排出。

【药理作用和临床应用】

1. 对中枢神经系统的作用 丙米嗪可阻断NA及5-HT在神经末梢的再摄取，使突触间隙中两种递质的浓度增高，促进突触传递功能，发挥抗抑郁作用。

丙米嗪对内源性及更年期抑郁症疗效较好，对反应性抑郁症疗效次之，对精神病的抑郁症状效果较差。还可用于强迫症的治疗。对伴有焦虑的抑郁症效果明显，也可用于恐惧症。

抑郁症患者连续用药后出现精神振奋、情绪提高、思维得到改善、注意力集中。本药作用缓慢，需连续服药2～3周才会出现显著疗效。

2. 对自主神经系统的作用 治疗量的丙米嗪有明显阻断M受体的作用，患者出现阿托品样反应，与其副作用有关。

3. 对心血管系统的作用 治疗量的丙米嗪通过阻断支配心肌组织的神经突触间隙NA的再摄取，使心肌中NA的含量增高，从而引起心动过速，甚至心律失常，心电图表现为T波倒置或低平。此外，本药对心肌尚有奎尼丁样作用。

【不良反应和注意事项】

1. 一般不良反应 如口干、视物模糊、眼压升高、便秘及尿潴留等，系药物阻断M受体所致。

2. 中枢神经反应 包括乏力、震颤、反射亢进、共济失调、精神紊乱、癫痫样发作等。

3. 心脏毒性 过量应用可致心动过速、直立性低血压、心律失常、心电图异常等。

4. 过敏反应 极少数患者用药后可出现皮疹、粒细胞减少及黄疸，故长期服药应定期复查血常规和肝功能。

心血管病患者、5岁以下小儿慎用。肝及肾功能不全、前列腺增生、青光眼患者、孕妇、甲状腺功能亢进者禁用。

阿米替林

阿米替林（amitriptyline，依拉维）是临床上常用的三环类抗抑郁药，其药理作用和临床应用与丙米嗪极为相似，与后者相比，阿米替林对5-HT再摄取的抑制作用明显强于对NA再摄取的抑制作用；镇静作用和抗胆碱作用较强。鉴于阿米替林有较强的镇静催眠作用，主张每天口服一次，从25mg开始逐渐增加剂量，甚至用到150mg，睡前口服。其不良反应与丙米嗪相似，但比丙米嗪严重，偶有加重糖尿病症状的报道，禁忌证与丙米嗪相同。

（二）NA摄取抑制药

马普替林

马普替林（maprotiline）为选择性NA再摄取抑制剂，对5-HT的再摄取几无影响。药物的镇静作用和对血压的影响与丙米嗪类似，但抗胆碱作用较弱。口服吸收缓慢但较完全，$t_{1/2}$为27～58小时，故用药2～3周后才充分发挥疗效。可用于各型抑郁症患者，尤其适用于老年抑郁症患者。常见不良反应有口干、便秘、眩晕、恶心及视物模糊等，少数患者可出现心动过速、直立性低血压、焦虑、震颤、躁狂、癫痫发作症状、过敏反应及中性粒细胞减少等。

（三）5-HT再摄取抑制药

选择性5-HT再摄取抑制药（SSRIs）是20世纪80年代开发并试用于临床的一类新型抗抑郁药，现正逐渐取代三环类抗抑郁药，成为治疗抑郁症的一线药物。目前常用的SSRIs包括氟西汀（fluoxetine）、帕罗西汀（paroxetine）、舍曲林（sertraline）、氟伏沙明（fluvoxamine）以及西酞普兰（citalopram）。

选择性5-HT再摄取抑制药治疗抑郁症，副作用少而轻，很少引起镇静作用，对心脏没有毒性作用，心血管和抗胆碱副作用轻微、安全性较高，也不损伤精神运动功能。前列腺增生和青光眼患者可用。本类药物具有抗抑郁和抗焦虑的双重作用，还可用于强迫症、惊恐症和贪食症等。

氟　西　汀

氟西汀（fluoxetine，氟苯氧丙胺）是一种强效选择性5-HT再摄取抑制药，对抑郁症的疗效与三环抗抑郁药相当，还具有抗焦虑作用。常用于各型抑郁症、焦虑症、强迫症及神经性贪食症。

本药安全范围较大，不良反应轻。偶可发生恶心、呕吐、头痛、失眠、易激动、乏力、震颤及惊厥等。肝功能不全者服药后半衰期延长，应注意调整给药间隔时间。孕妇、哺乳期妇女、同时服用单胺氧化酶抑制剂患者及对本药过敏者禁用。

帕罗西汀

帕罗西汀（paroxetine，赛乐特）为选择性中枢神经5-HT再摄取抑制药，可使突触间隙5-HT递质浓度增高，发挥治疗抑郁症的作用。对其他递质作用较弱，对自主神经系统和心血管系统的影响较小。用于各种类型的抑郁症。

常见不良反应为口干、便秘、视物模糊、恶心、头痛、震颤等。

（四）其他抗抑郁药

曲　唑　酮

曲唑酮（trazodone，苯哌丙吡唑酮）抗抑郁作用可能与抑制5-HT的再摄取有关，但目前还不清楚。能阻断中枢α_1受体，对M受体无影响。可用于各型抑郁症，有明显镇静作用，适用于夜间给药。不良反应较小，用药较安全。

第3节 抗焦虑药

焦虑症是一种以情绪焦虑为主的神经官能症，其主要表现是反复发作性惊恐或持续性精神紧张，常伴有自主神经功能紊乱。其症状包括紧张、忧虑、恐惧、心悸、头痛、失眠、多梦、消化不良等，临床将其分为广泛性焦虑障碍和惊恐障碍两种类型。常用的抗焦虑药除苯二氮䓬类、巴比妥类、三环类抗抑郁药等外，尚有新型抗焦虑药丁螺环酮。

丁螺环酮

丁螺环酮（buspirone，布斯哌隆）为5-HT_{1A}受体部分激动剂。能与5-HT_{1A}受体结合，同时还可增加蓝斑区去甲肾上腺素细胞的放电，故产生抗焦虑作用；本药也能降低5-HT受体的敏感性，因而具有抗抑郁作用。无明显镇静、抗惊厥及肌肉松弛作用，反复使用也无躯体依赖性。可用于各型焦虑症。常见不良反应有头晕、头痛、恶心、烦躁、失眠等。

学习小结

抗精神失常药按用途可分为抗精神病药、抗躁狂药和抗抑郁药、抗焦虑药。抗精神病药常用药物有氯丙嗪、氯氮平、利培酮等。经典抗精神病药如氯丙嗪通过阻断中脑-边缘系统通路和中脑-皮质通路的D_2样受体发挥抗精神病作用，因阻断黑质-纹状体通路的D_2样受体而出现锥体外系症状，这是氯丙嗪长期用药过程中，严重的不良反应。氯丙嗪对Ⅰ型精神分裂症和躁狂症的躁狂状态有显著疗效，此外还有镇静、催眠、镇吐、降温等作用。非经典抗精神病药氯氮平、利培酮等目前在抗精神分裂症中应用较多。碳酸锂为常用抗躁狂药。抗抑郁药的常用药是三环类药物丙米嗪、NA摄取抑制药马普替林和5-HT再摄取抑制药氟西汀等，丁螺环酮为新型抗焦虑药。

高频考点 1. 氯丙嗪的临床应用及不良反应
2. 氯氮平的临床应用
3. 利培酮的临床应用

自 测 题

1. 氯丙嗪对下列病症效果最好的是
   A. 躁狂症 B. 精神分裂症
   C. 抑郁症 D. 焦虑症
   E. 神经官能症
2. 氯丙嗪引起锥体外系反应的机制是
   A. 阻断大脑-边缘系统的DA受体
   B. 阻断黑质-纹状体DA受体
   C. 阻断中脑-皮质DA受体
   D. 阻断结节-漏斗通路DA受体
   E. 阻断脑内M受体
3. 丙米嗪抗抑郁的机制是
   A. 抑制突触前膜NA的释放
   B. 抑制突触前膜NA和5-HT的再摄取
   C. 使脑内单胺类递质减少
   D. 使脑内儿茶酚胺类耗竭
   E. 使脑内5-HT缺乏
4. 氯丙嗪对下列何种原因所致的呕吐无效
   A. 晕动病 B. 妊娠
   C. 药物 D. 胃肠炎
   E. 放射病
5. 下列哪种药物常作为抗精神病一线药物
   A. 氯丙嗪 B. 氯氮平
   C. 氟哌啶醇 D. 利培酮
   E. 舒必利
6. 患者，女，38岁。确诊为躁狂症，宜选用下列何药
   A. 氯丙嗪 B. 氟哌啶醇
   C. 卡马西平 D. 碳酸锂
   E. 丙米嗪

（孙经兴）

第15章 镇痛药

思维导图 >>>

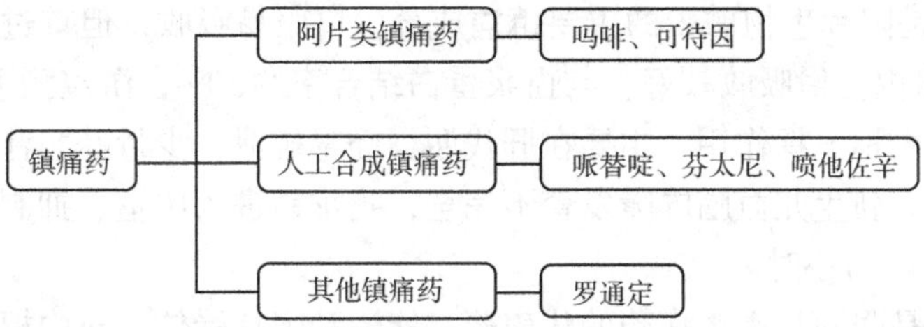

学习目标

1. 掌握吗啡、哌替啶的药理作用、临床应用、不良反应及禁忌证。
2. 熟悉其他镇痛药的作用特点。
3. 了解麻醉药品的管理规定及毒品的危害性。
4. 具有根据适应证合理选择镇痛药、防治不良反应的能力。
5. 能与患者及家属进行沟通，开展用药咨询服务，宣教毒品危害并能正确指导患者合理用药。

案例导入

患者，女，58岁。患风湿性心脏病8年，昨夜突然呼吸困难，胸痛、心悸。体查：端坐呼吸，呼吸浅快，咳大量泡沫样痰，粉红色，心率120次/分，肺部湿啰音，诊断为急性左心衰竭。医嘱：坐位、下肢下垂，高流量鼻导管给氧、吗啡5mg静脉注射（缓慢）等药物治疗。

问题： 1. 该患者为什么应用吗啡？为什么强调要缓慢静脉注射？

2. 吗啡的适应证有哪些？

3. 吗啡有哪些禁忌证？应用吗啡时需注意什么？

镇痛药（analgesic）是一类通过激动中枢神经系统特定部位的阿片受体，而产生镇痛作用，同时又能缓解因疼痛引起的不愉快情绪。因其镇痛作用与激动阿片受体有关，且反复用药易成瘾，故又称阿片类镇痛药或成瘾性镇痛药、麻醉性镇痛药，属麻醉药品管理范畴，需按照《麻醉药品和精神药品管理条例》严格控制使用。

疼痛是机体保护性反应之一，也是临床许多疾病的常见症状。剧痛不仅使患者感到痛苦，而且还可引起生理功能紊乱，甚至休克而危及生命。此外，疼痛还常伴有恐惧、紧张、焦虑等精神和情绪的变化。所以，适当应用镇痛药缓解剧痛、改善不良情绪，并预防休克的发生是必要的。但疼痛的性质与部位常是医生诊断疾病的重要依据，因此，在疼痛原因未明确诊断之前，应慎用镇痛药，以免掩盖病情，影响诊治。此外，反复使用镇痛药易产生成瘾性，故即使有用药指征，亦应尽量减少用药次数和剂量。

目前，临床应用的镇痛药可分为3类：①阿片生物碱类镇痛药；②人工合成镇痛药；③其他类镇痛药。

第1节 阿片类镇痛药

阿片（opium）为罂粟科植物罂粟未成熟蒴果浆汁的干燥物，含有20多种生物碱。按化学结构可分为菲类和异喹啉类，前者以吗啡、可待因为代表，具有镇痛、镇咳作用；后者以罂粟碱为代表，对血管、支气管、胃肠道、胆管等平滑肌有松弛作用。

吗 啡

吗啡（morphine）是阿片生物碱中的主要镇痛成分。口服易吸收，但首过消除明显，生物利用度低（约30%），皮下、肌内注射吸收较好。与血浆蛋白结合率约30%，游离型可迅速分布于全身组织，少量通过血脑屏障进入中枢发挥作用。主要在肝代谢，经肾排泄，少量经胆汁、乳汁排泄，亦可通过胎盘屏障进入胎儿体内。新生儿血脑屏障发育不完全，吗啡易进入中枢，抑制胎儿和新生儿呼吸。一次给药，镇痛作用持续4～6小时。

【药理作用】 吗啡是强阿片类镇痛药的代表药，能激动阿片受体，对中枢神经系统、心血管系统及内脏平滑肌产生广泛的作用。

1. 中枢神经系统

（1）镇痛、镇静、欣快感　吗啡镇痛作用的特点如下所述。①选择性强，用药后缓解或消除痛觉，而对其他感觉（如触觉、听觉、视觉等）、运动、意识等无影响。②镇痛作用强大，对各种疼痛均有效。③对持续性钝痛的效力强于间断性锐痛及内脏绞痛。吗啡不仅能镇痛，还有明显的镇静作用，能消除由疼痛所引起的焦虑、紧张、恐惧等情绪反应，提高患者对疼痛的耐受力；在安静环境时，易诱导患者入睡，但易被唤醒。吗啡还可产生欣快感，表现为满足感和飘然欲仙等，容易促成药物滥用或成瘾。

（2）抑制呼吸　治疗量吗啡可抑制呼吸，使呼吸频率变慢，肺通气量和潮气量降低，作用较持久。对呼吸抑制的程度与使用吗啡的剂量相关，剂量增加，对呼吸中枢的抑制程度加深，剂量过大可致死亡。呼吸抑制是吗啡中毒致死的主要原因。

（3）镇咳　吗啡可直接抑制咳嗽中枢，产生强大镇咳作用。但因其易产生依赖性，临床常用成瘾性较小的可待因取代之。

（4）其他　吗啡可兴奋中脑盖前核及动眼神经核，使瞳孔缩小，中毒时可出现针尖样瞳孔。兴奋延髓催吐化学感受区（CTZ）阿片受体，引起恶心、呕吐。可抑制下丘脑释放促性腺激素释放激素（GnRH）和促肾上腺皮质激素释放激素（CRH），从而降低血浆黄体生成素（LH）、卵泡刺激素（FSH）、促肾上腺皮质激素（ACTH）的浓度。

2. 心血管系统　吗啡对卧位血压、心率和心脏节律无明显影响，但当患者由仰卧位转为直立时，可发生直立性低血压，其与吗啡作用于延髓孤束核阿片受体，促进组胺释放，使血管扩张有关。吗啡抑制呼吸引起的CO_2潴留，继发性地扩张脑血管，导致颅内压升高。此外，吗啡还可产生缺血性预适应效应，对心肌缺血性损伤发挥保护作用，减小梗死面积，减少心肌细胞死亡。

3. 平滑肌

（1）胃肠平滑肌　吗啡兴奋胃肠道平滑肌和括约肌，使肌张力增加，蠕动抑制，胃肠内容物通过延缓，加之消化液分泌减少及中枢抑制致使便意迟钝，可引起便秘。

（2）胆道平滑肌　治疗量吗啡可引起胆道平滑肌和奥迪括约肌收缩，胆囊内压升高，引起上腹部不适，甚至诱发胆绞痛。

（3）其他　吗啡可兴奋输尿管平滑肌，治疗量吗啡还能提高膀胱括约肌张力，引起尿潴留。大剂量对支气管平滑肌也有收缩作用，可诱发或加重哮喘。还可对抗缩宫素兴奋子宫的作用，使产程延长。

4. 免疫系统 吗啡对免疫系统有抑制作用，包括抑制淋巴细胞增殖，减少细胞因子的分泌，减弱自然杀伤细胞的细胞毒作用。还可抑制人类免疫缺陷病毒（human immunodeficiency virus，HIV）蛋白诱导的免疫反应，这可能是吗啡吸食者易感染HIV的主要原因。

【作用机制】 研究发现，在中枢神经系统中存在由内阿片肽（如脑啡肽、内啡肽等）和阿片受体等共同组成的抗痛系统。疼痛刺激使感觉神经末梢释放的谷氨酸、P物质（SP）等兴奋性的递质与相应的受体结合，将痛觉冲动传入中枢。现已证明，在脊髓感觉神经末梢突触前、后膜上存在阿片受体，内阿片肽由特定的神经元释放后，激动阿片受体，抑制腺苷酸环化酶、促进K^+外流、减少Ca^{2+}内流，使突触前膜递质（谷氨酸、SP）释放减少、突触后膜超极化，从而减弱或阻滞痛觉信号的传递，产生镇痛作用。

知识拓展 中枢神经系统的阿片受体亚型

目前已发现中枢神经系统的阿片受体可分为4种亚型：即μ、κ、σ和δ。不同受体亚型激动后效应不同，如μ型受体被激动时可出现镇痛、呼吸抑制、欣快和成瘾等，主要位于脊髓胶质区、脑室及导水管周围灰质和丘脑内侧。κ受体与镇痛、镇静和缩瞳等有关，位于中脑盖前核；δ受体与情绪反应有关，位于边缘系统和蓝斑核；而α受体被激动时可出现烦躁不安、焦虑、幻觉、血管运动中枢兴奋和呼吸兴奋。镇痛药之所以各具特点，与其对不同亚型阿片受体的亲和力及内在活性不同有关。

【临床应用】

1. 急性锐痛 吗啡对各种疼痛都有效，因有成瘾性，主要用于其他镇痛药无效的急性锐痛，如严重创伤、战伤、烧伤、癌症等引起的剧痛。对心绞痛和心肌梗死引起的剧痛，血压正常时可应用吗啡，除能缓解患者疼痛和消除恐惧、焦虑不安等情绪外，其扩张血管作用可减轻心脏负担，降低心肌耗氧量。内脏绞痛（如胆绞痛和肾绞痛）则必须与阿托品或山莨菪碱合用。

2. 心源性哮喘 急性左心衰竭突发肺水肿所致的呼吸困难称为心源性哮喘。治疗时除采用吸氧、应用强心苷、氨茶碱外，静脉注射吗啡效果显著。其机制是：①扩张外周血管，减轻心脏前、后负荷；②镇静作用，有利于消除患者的紧张不安情绪，减少耗氧量；③抑制呼吸，降低呼吸中枢对CO_2的敏感性，缓解急促浅表呼吸。

3. 腹泻 可用于非细菌性、消耗性腹泻，以减轻症状。常用阿片酊或复方樟脑酊。

【不良反应和注意事项】

1. 副作用 治疗量吗啡有时可引起眩晕、嗜睡、恶心、呕吐、便秘、排尿困难、呼吸抑制、胆绞痛等，也可见直立性低血压和颅内压增高。

2. 耐受性和依赖性 连续反复应用可产生耐受性和依赖性。前者表现为吗啡使用剂量逐渐增大和用药时间缩短；后者停药后产生戒断症状，表现为烦躁不安、失眠、出汗、流泪、流涕、打呵欠、呕吐、腹泻、虚脱和意识丧失等。出现依赖性者为获得欣快感，减轻戒断症状带来的痛苦，常不择手段不顾一切寻觅和使用吗啡，由此导致的药物滥用，给社会带来极大的危害，故须严格控制使用。

3. 急性中毒 用量过大可致急性中毒，表现为昏迷、呼吸深度抑制、针尖样瞳孔三大特征，常伴有体温下降、发绀、血压降低甚至休克。中毒致死的主要原因是呼吸肌麻痹。抢救需适量吸氧、人工呼吸、注射纳洛酮等。

【禁忌证】 颅脑外伤致颅内高压、肺源性心脏病、支气管哮喘、不明原因的疼痛、肝功能严重减退者、分娩止痛和哺乳期妇女止痛。

知识拓展 毒品、吸毒及其危害

毒品是指鸦片、海洛因、甲基苯丙胺（冰毒）、吗啡、大麻、可卡因及国家规定管制的其他能够使人形成瘾癖的麻醉药品和精神药品。联合国麻醉药品委员会将毒品分为六大类：①吗啡类药物，包括鸦片、吗啡、可卡因、海洛因和罂粟植物等；②可卡因和可卡叶；③大麻；④安非他明等人工合成兴奋剂；⑤安眠镇静剂，包括巴比妥药物和甲喹酮；⑥精神药物，即苯二氮䓬。吸毒成瘾，是指吸毒人员因反复使用毒品而导致的慢性复发性脑病，表现为不顾不良后果、强迫性寻求及使用毒品的行为，同时伴有不同程度的个人健康及社会危害。

可 待 因

可待因（codeine，甲基吗啡）在阿片中含量较低（约0.5%），口服易吸收，在肝代谢，约15%的可待因脱甲基后转变为吗啡，使其活性增强。具有镇痛、镇咳和依赖性较低的特点。临床主要用于中等程度疼痛和剧烈干咳。与解热镇痛药合用有协同作用，如氨酚待因片。其作用特点和临床应用见第28章作用于呼吸系统药。

第2节 人工合成镇痛药

吗啡镇痛作用虽然很强，但是较强的药物依赖性和呼吸抑制作用，限制了其临床应用，所以人工合成了许多依赖性较轻的吗啡代用品。此类药物化学结构虽与吗啡不同，但能激动或部分激动阿片受体，产生与吗啡相似的作用。

一、阿片受体激动药

哌 替 啶

哌替啶（pethidine，度冷丁）是临床常用的吗啡代用品。口服生物利用度低，故一般注射给药。皮下或肌内注射吸收快，10分钟即显效。可通过血脑屏障或胎盘屏障。主要在肝代谢为哌替啶酸及去甲哌替啶，后者有中枢兴奋作用，中毒时发生惊厥可能与此有关。主要由肾排泄，$t_{1/2}$为3小时。

【药理作用】 哌替啶主要通过激动μ受体而发挥作用。

1. 中枢神经系统 与吗啡相似。其特点：①镇痛、镇静作用持续时间较吗啡短，仅2～4小时，镇痛强度为吗啡的1/10～1/8，镇静、欣快作用较吗啡弱。②有抑制呼吸和引起恶心、呕吐作用。③无明显镇咳、缩瞳作用。④药物依赖性较吗啡轻，发生较慢。

2. 心血管系统 治疗量可致直立性低血压及颅内压增高，原因与吗啡相似。

3. 内脏平滑肌 对胃肠平滑肌、胆道、泌尿道、支气管平滑肌作用均较吗啡弱，持续时间短，故一般不引起便秘，无止泻作用。不影响缩宫素对子宫的兴奋作用，不延长产程。

【临床应用】

1. 镇痛 作用虽比吗啡小，但成瘾性较吗啡轻，产生也较慢，现已取代吗啡用于各种剧痛，如创伤、术后、晚期癌症痛等。缓解内脏剧烈绞痛（胆绞痛、肾绞痛）需与阿托品合用。鉴于新生儿对哌替啶抑制呼吸作用非常敏感，故临产前2～4小时内不宜使用。

2. 心源性哮喘 可替代吗啡。其机制与吗啡相同。

3. 麻醉前给药及人工冬眠 利用其镇静作用可消除患者术前紧张、恐惧情绪，减少麻醉药用量。与异丙嗪、氯丙嗪等组成冬眠合剂，用于人工冬眠。

【不良反应】

1. 副作用 治疗量可引起眩晕、恶心、呕吐、口干、心悸、直立性低血压甚至发生晕厥等。

2. 耐受性及依赖性 虽较吗啡轻，但久用仍可产生，故需控制使用。

3. 急性中毒 过量中毒时可发生昏迷、呼吸明显抑制、瞳孔散大、震颤、肌肉痉挛、反射亢进、谵妄甚至惊厥。纳洛酮能解除其呼吸抑制，但不能消除中枢兴奋症状，可配合使用抗惊厥药。禁忌证同吗啡。

处方分析

患者，女，50岁。突然出现右上腹部痛，疼痛难忍，面色苍白伴有大汗，疼痛向右肩或右上背部放射，诊断为胆绞痛，医生处方如下，请分析是否合理？

盐酸吗啡注射液 10mg×1

用法：10mg，肌内注射

硫酸阿托品注射液 0.5mg×1

用法：0.5mg，肌内注射

芬太尼及其同系物

芬太尼（fentanyl）属强效麻醉性镇痛药，为μ受体激动剂。其镇痛强度为吗啡的100倍，起效快，但持续时间短，肌内注射后约7分钟起效，维持1～2小时。主要用于各种疼痛及外科、妇科等手术疼痛；作为麻醉的辅助用药，可减少全麻药的用量；与氟哌利多配伍制成神经安定镇痛合剂，用于大面积烧伤换药及小手术。现有芬太尼透皮吸收贴剂用于止痛，贴一次疗效可维持5日。

不良反应比吗啡小，可见眩晕、恶心、呕吐等，药物依赖性较弱，仍应警惕。禁用于支气管哮喘、脑部肿瘤、颅脑外伤或脑部肿瘤引起的昏迷患者及2岁以下的小儿。

舒芬太尼（sufentanil）、阿芬太尼（alfentanil）、瑞芬太尼（remifentanil）均为芬太尼的类似物。舒芬太尼为全麻药的辅助镇痛药，阿芬太尼适用于心脏冠状动脉血管旁路术的麻醉，瑞芬太尼用于麻醉诱导和全麻中维持镇痛，但本药不能单独用于全麻诱导。

美 沙 酮

美沙酮（methadone，美散痛）为μ受体激动剂，其镇痛作用与吗啡相似或略强，起效慢，服用后30分钟左右起效，持续时间长。镇静、抑制呼吸、缩瞳、引起便秘等作用较吗啡弱，其优点是口服与注射效果相似，耐受性和依赖性发生较慢，戒断症状较轻。适用于创伤、癌症、手术后所致的剧痛，也用于阿片、吗啡及海洛因成瘾者的戒毒治疗。

因有呼吸抑制作用，故孕妇及分娩期、呼吸中枢功能不全者及幼儿禁用。

曲 马 多

曲马多（tramadol）口服、注射均易吸收，且镇痛功效相同。口服后20～30分钟起效，作用维持4～8小时。本药除具有较弱的μ受体激动作用，可抑制神经元对去甲肾上腺素的再摄取，并增加神经元外5-羟色胺的浓度，影响痛觉传递而产生镇痛作用。镇痛强度为吗啡的1/10～1/8，镇咳强度为可待因1/2，无明显呼吸抑制及致平滑肌痉挛作用，不产生便秘，对心血管功能无明显影响。

临床用于中、重度急慢性疼痛、术后痛、创伤痛、癌性痛、心脏病突发性痛等。药物依赖性小，但长期用药亦可产生药物依赖性，并且有成瘾性报道。

布 桂 嗪

布桂嗪（bucinnazine，强痛定）镇痛强度约为吗啡的1/3。一般皮下注射10分钟后起效，作用持续3～6小时。本药有安定、镇咳作用，但呼吸抑制和胃肠道作用较轻。临床多用于偏头痛、三叉神经痛、炎性痛、外伤疼痛、关节痛、痛经、癌性痛等疼痛。但对内脏绞痛效果较差，偶有恶心或头晕、困倦等不良反应，有一定的药物依赖性。

二、阿片受体部分激动药

本类药物单独使用或小剂量应用时可激动某些阿片受体，当与阿片受体激动药合用或增大剂量时又可阻断阿片受体，故又称阿片受体激动-拮抗药。

喷他佐辛

喷他佐辛（pentazocine，镇痛新）为阿片受体部分激动药，主要激动κ受体，拮抗μ受体。口服、注射均易吸收，口服后1小时发挥作用，作用持续5小时以上。肌内注射15分钟后血药浓度达高峰，主要在肝代谢，经肾排泄。

【药理作用和临床应用】 其镇痛和呼吸抑制作用均比吗啡弱，分别为吗啡的1/3和1/2，呼吸抑制程度不随剂量增加而加重，故相对较安全。镇静、兴奋胃肠平滑肌作用亦较吗啡弱。对心血管系统的作用不同于吗啡，大剂量使心率加快、血压升高，此作用可能与其能提高血浆中儿茶酚胺含量有关。因有弱的μ受体拮抗作用，故药物依赖性小，属非麻醉药品管理范畴。临床用于各种慢性钝痛。

【不良反应】 有眩晕、恶心、呕吐、出汗等，大剂量可引起呼吸抑制、血压升高及心动过速等。

丁丙诺啡

丁丙诺啡（buprenorphine，布诺啡）是阿片受体部分激动药。以激动μ受体和κ受体为主，对δ受体有拮抗作用，镇痛作用是吗啡的30倍。起效慢，维持时间长，达6～8小时。药物依赖性近似吗啡，对呼吸有抑制作用。主要用于各种术后痛、癌性痛及心肌梗死等镇痛，亦可作戒瘾（戒毒）的维持治疗。常见不良反应有头晕、嗜睡、恶心、呕吐等。

第3节　其他镇痛药

本类药物的作用机制与阿片受体无关，镇痛作用较弱，不抑制呼吸，无药物依赖性，故称为非依赖性镇痛药，属非麻醉药品管理范畴。

四氢巴马汀和罗通定

四氢巴马汀（tetrahydropalmatine，延胡索乙素）为从罂粟科植物延胡索中提取的生物碱。具有镇痛、镇静、催眠及安定作用。镇痛作用比哌替啶弱，但强于解热镇痛药。口服10～30分钟后出现镇痛作用，持续2～5小时。镇痛机制未明，但已知与阿片受体及减少前列腺素合成、释放无关。临床适用于胃肠、肝胆系统疾病所致的钝痛，对外伤等所致剧痛效果差。亦用于头痛、分娩止痛及痛经。因有镇静、催眠作用，临床可治疗失眠症，尤其适用于因疼痛所致失眠的患者。久用无耐受性和依赖性。常见不良反应有眩晕、恶心、呕吐。大剂量可抑制呼吸中枢，少数人可见锥体外系症状。

罗通定（rotundine，颅通定）为从防己科植物华千金藤中提取的主要生物碱左旋四氢帕马汀，现已可人工合成。其镇痛、镇静、催眠作用均强于四氢帕马汀，临床应用及不良反应同四氢帕马汀。

知识拓展　镇痛泵

镇痛泵是由麻醉医师依据术后患者止痛抑制需要，选择相应的规格后，预设适当的时间内用药剂量，对患者输注止痛药物，让患者自我管理解除或缓解疼痛，属于使用一次性医疗器械，又叫止痛泵。

【附】 阿片受体拮抗药

纳 洛 酮

纳洛酮（naloxone）为阿片受体阻断药，对各型阿片受体亚型均有竞争性阻断作用。口服易吸收，首过消除明显，故常注射给药。小剂量（0.4～0.8mg）注射能迅速翻转吗啡的效应，1～2分钟即可解除吗啡中毒所致的呼吸抑制。对吗啡产生依赖性者，本药可迅速诱发戒断症状（催瘾）。临床主要用于：①阿片类药物急性中毒，解救呼吸抑制和改善中枢症状，使昏迷患者意识清醒；②阿片类药物成瘾者的鉴别诊断；③用于急性酒精中毒、休克、卒中、脑外伤及脊髓损伤的救治。

纳 曲 酮

纳曲酮（naltrexone）结构和药理作用与纳洛酮相似，但生物利用度较高，作用持续时间长达24小时。临床应用同纳洛酮。

学习小结

常用镇痛药有吗啡、哌替啶、芬太尼、喷他佐辛等，其与阿片受体结合而产生镇痛作用，但各药的作用强度不同。主要用于缓解或消除各种原因所致的剧痛。由于吗啡容易成瘾，而且对呼吸的抑制作用强，故常以哌替啶代替吗啡使用。芬太尼与吗啡比较，虽等效剂量小，但效能并不高于吗啡，且作用时间短，故常与其他药合用。喷他佐辛是阿片受体部分激动剂，主要用于慢性钝痛，且成瘾性小，已列为非麻醉药品。四氢巴马汀属于非麻醉药品，适用于因疼痛所致失眠的患者。

高频考点 1. 吗啡为什么可以治疗心源性哮喘而禁用于支气管哮喘？
2. 治疗胆绞痛、肾绞痛时为什么须将镇痛药与解痉药阿托品合用？

自 测 题

1. 吗啡不宜用于下列哪种疼痛
   A. 心肌梗死　B. 外伤痛
   C. 肿瘤晚期　D. 手术后剧痛
   E. 分娩痛
2. 胆绞痛宜选择
   A. 吗啡+罗通定　B. 哌替啶+罗通定
   C. 阿托品+哌替啶　D. 阿托品+可待因
   E. 以上都不是
3. 吗啡可用于
   A. 支气管哮喘　B. 心源性哮喘
   C. 阿司匹林哮喘　D. 过敏性哮喘
   E. 喘息性支气管哮喘
4. 下列哪些症状不是吗啡中毒的症状
   A. 昏迷　B. 呼吸高度抑制
   C. 瞳孔散大　D. 血压降低
   E. 发绀
5. 吗啡的镇痛作用部位是
   A. 脊髓胶质区、丘脑内侧、脑室及导水管周围灰质
   B. 脑干网状结构
   C. 边缘系统与蓝斑核
   D. 中脑盖前核
   E. 大脑皮质
6. 与吗啡比较，哌替啶的特点是
   A. 镇痛作用强
   B. 等效镇痛剂量抑制呼吸作用弱
   C. 产生依赖性比吗啡慢
   D. 大剂量也不引起平滑肌收缩
   E. 作用持续时间较吗啡长

（王开贞）

第16章 解热镇痛抗炎药

思维导图

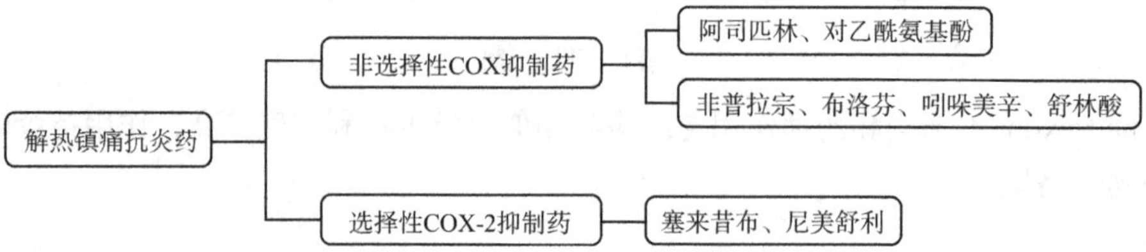

学习目标

1. 掌握阿司匹林、布洛芬的药物作用、临床应用、不良反应及药物相互作用。
2. 熟悉对乙酰氨基酚、吲哚美辛、双氯芬酸的药物作用、临床应用及不良反应。
3. 了解解热镇痛抗炎药复方制剂配伍的合理性。
4. 具备合理选择解热镇痛抗炎药及正确处理不良反应的能力；能分析解热镇痛抗炎药复方制剂配伍用药的合理性。
5. 能利用所学知识进行医患沟通，开展用药咨询服务，并能正确指导患者合理用药。

案例导入

患者，女，58岁。8年前无明显诱因出现低热、乏力、全身不适，起病缓慢，2个月后出现膝关节、髋关节肿胀和疼痛，逐渐影响正常生活和工作。近2个月关节肿胀和疼痛症状加重，晨起关节僵硬，需要家人帮助照料日常生活。经检查，诊断为风湿性关节炎。医嘱给予阿司匹林一次1g，一日3次，饭后服。患者服用5天后，关节肿胀、疼痛症状减轻。但出现上腹部不适、胃痛、恶心、呕吐、食欲减退等。

问题：1. 该患者为什么会出现上腹部不适、胃痛、恶心、呕吐、食欲减退等症状？
2. 此时应如何处理？
3. 应用阿司匹林期间应注意什么？

第1节 概　　述

解热镇痛抗炎药（antipyretic-analgesic and anti-inflammatory drug）是一类具有解热、镇痛，大多数还具有抗炎、抗风湿作用的药物。由于化学结构及抗炎机制与甾体类抗炎药糖皮质激素不同，故又称为非甾体抗炎药（non-steroidal anti-inflammatory drug，NSAID）。解热镇痛抗炎药的化学结构虽属不同类别，但作用机制相同，均是通过减少体内前列腺素（prostaglandin，PG）的合成而发挥作用。

一、作用及其作用机制

1. 解热作用 生理状态下，人体体温保持在相对恒定水平（37℃左右），这是由下丘脑体温调节中枢通过对产热、散热两个过程的精细调节来维持的。发热是由于病原体及其毒素（部分是由于组织损伤、变态反应、恶性肿瘤等）刺激中性粒细胞释放内热原，内热原作用于下丘脑体温调节中枢，使PG合成与释放增加，其中前列腺素E_2（PGE_2）对体温调节中枢作用最强，使体温调定点升高（37℃以上），机体产热增加，散热减少，使体温升高。解热镇痛抗炎药通过抑制下丘脑前列腺素合成酶，使前列腺素合成减少，通过增加散热而使体温降至正常。

本类药物只能降低发热患者的体温，而对正常体温无影响，不能使发热者的体温降至正常以下，这与氯丙嗪对体温的影响有所不同。

发热是机体的一种防御反应，而不同热型又是诊断疾病的重要依据。因此，应先明确诊断后降温。但高热或持续低热原因待查，可引起中枢神经系统功能紊乱，出现头痛、失眠、谵妄，甚至引起惊厥和昏迷，严重者可危及生命，此时适当应用本类药物可以缓解症状。对幼儿、年老体弱患者，应严格掌握剂量，以免用量过大、出汗过多、体温骤降引起虚脱。另外，解热镇痛抗炎药只是对症治疗，必须同时注意对因治疗。

2. 镇痛作用 组织损伤或炎症时，局部能产生和释放某些致痛、致炎的活性物质（如缓激肽、组胺、5-HT、PG等）。缓激肽等刺激末梢痛觉感受器，引起疼痛；PG除本身有致痛作用外，还可使痛觉感受器对缓激肽等的致痛作用敏感性提高。

本类药物通过抑制外周组织及炎症部位PG的合成和释放，对慢性钝痛有较好的镇痛效果。目前认为镇痛作用部位主要在外周。

解热镇痛抗炎药的镇痛强度弱于吗啡类镇痛药，对慢性钝痛如头痛、牙痛、神经痛、肌肉痛、关节痛及月经痛等有良好的镇痛作用，对轻度癌性疼痛也有较好的镇痛作用，是世界卫生组织（WHO）推荐的癌症三阶梯止痛法治疗轻度疼痛的主要药物。但对各种锐痛疗效差，对内脏平滑肌绞痛无效，不抑制呼吸。

3. 抗炎抗风湿的作用 炎症是机体对外界伤害性刺激，产生保护性病理反应的一种复杂的过程。目前认为，PG是参与炎症反应的主要活性物质，能使血管扩张，通透性增加，引起局部组织充血、水肿和疼痛，同时还能增强其他致痛、致炎物质（如缓激肽、5-HT、白三烯等）的作用。解热镇痛抗炎药能抑制炎症反应时，局部PG的合成和释放，发挥抗炎抗风湿作用。

本类药物除苯胺类外，大多数都具有抗炎抗风湿作用，能有效缓解风湿、类风湿性炎症的渗出，减轻炎症引起的红、肿、热、痛等症状。但无病因治疗作用，也不能完全阻止炎症的发展及并发症的发生。

现已知环氧合酶（COX）可分为COX-1和COX-2两型，前者是机体生理状态下固有的，存在于胃、血管及肾等大多数正常组织，具有重要的生理学意义，如由COX-1催化产生的PGE_2、血栓素A_2（TXA_2）和血栓环素（PGI_2）具有保护胃肠、调节血小板聚集和外周血管阻力的功能等；COX-2是经某种诱导而产生的，只存在于受损组织，具有病理学意义，如由COX-2催化产生的PGE_2和PGI_2具有致炎、致痛作用等。对COX-1的抑制构成了NSAID不良反应的毒理学基础，而对COX-2的抑制被认为是此类药物治疗作用的基础，抑制COX-2是治疗炎症的新途径。

二、不良反应

1. 胃肠道反应 是最常见的不良反应，可见上腹部疼痛、恶心、呕吐、气胀及胃肠痉挛等，严重者还伴有消化性溃疡及胃肠道出血。与抑制COX-1有关。

2. 过敏反应 是常见的不良反应，包括皮疹、荨麻疹、瘙痒、光敏、剥脱性皮炎等皮肤损害，有时可发生一些罕见的、严重的，甚至致命的不良反应。以舒林酸、萘普生、甲氯芬酸、吡罗昔康多见。

3. 肾损害 可见低钠血症、高钾血症、水肿、氮质血症、肾乳头坏死、少尿、慢性肾炎、肾病综合征、肾衰竭等。流行病学统计显示，长期大剂量服用对乙酰氨基酚可增加患肾病的概率，特别是在肾功能低下者，可出现肾绞痛，急性肾衰竭或慢性肾衰竭，而小剂量服用未见肾损害。

4. 心血管反应 长期大量应用可能引起心血管系统不良反应，其中包括血压升高、心悸、心律失常等。几乎所有的解热镇痛抗炎药均有潜在的心血管风险，需视情况减少剂量或停药，否则可能发生心血管系统并发症。

5. 其他 尚可见肝损害、粒细胞缺乏症、再生障碍性贫血等血液系统反应及头痛、头晕、耳鸣、耳聋等中枢神经系统反应等。

第2节 常用解热镇痛抗炎药

根据解热镇痛抗炎药对COX选择性的不同，分为非选择性COX抑制药和选择性COX-2抑制药。另外，解热镇痛抗炎药有些复方制剂也在临床常用。

一、非选择性环氧合酶抑制药

非选择性环氧合酶抑制药既可抑制COX-2，产生解热、镇痛、抗炎作用，又能抑制COX-1，引起胃肠道反应等不良反应。按其化学结构不同又分为水杨酸类（阿司匹林）、苯胺类（对乙酰氨基酚）、吡唑酮类（保泰松、非普拉宗）及其他有机酸类（吲哚美辛、布洛芬、舒林酸、吡罗昔康）等。

阿司匹林

【体内过程】 阿司匹林（aspirin，乙酰水杨酸）口服后在胃和小肠上部吸收，1～2小时血药浓度达高峰，在吸收过程中与吸收后能被胃肠黏膜、肝脏和红细胞中的酯酶迅速水解成水杨酸，并以水杨酸盐的形式分布到全身组织和细胞间液，并可进入关节腔、脑脊液及乳汁中，亦可通过胎盘进入胎儿体内。主要经肝代谢，由肾排泄，尿液pH可影响其排泄速度，尿液呈碱性时，解离增多，重吸收减少，排出量增加可达85%；尿液呈酸性时则相反，排出仅5%左右。因此，碱化尿液可用于阿司匹林中毒时的解救。

【药理作用和临床应用】

1. 解热、镇痛、抗炎、抗风湿 常用于感冒发热及头痛、牙痛、神经痛、月经痛、肌肉痛等慢性钝痛。应用较大剂量（3～5g/d）可使急性风湿热的患者，于1～2天内关节肿胀缓解，发热减轻，心率减慢和血沉降低，全身症状好转。因疗效快，可作为急性风湿热的鉴别诊断。对类风湿关节炎也能迅速控制症状，目前仍为治疗风湿和类风湿关节炎的常用药。

2. 抗血栓形成 TXA_2是血小板聚集的诱导剂，而PGI_2则抑制血小板聚集，是TXA_2的生理对抗剂。小剂量阿司匹林选择性抑制血小板膜上的COX-1，阻碍TXA_2生成，抑制血小板聚集和对抗血栓形成。较大剂量抑制血管内膜COX-1，使PGI_2合成减少，促进凝血及血栓形成，但作用短暂。临床常用小剂量阿司匹林（50～100mg/d）防治血栓形成，用于防治缺血性心脏病、脑缺血病、血管成形术及旁路移植术后的血栓形成。

3. 其他作用 大剂量阿司匹林能抑制尿酸自肾小管的重吸收，促进尿酸的排泄，可用于治疗痛风。

知识拓展 百年阿司匹林长盛不衰

阿司匹林是历史悠久的解热镇痛抗炎药，它诞生于1899年3月6日，是由霍夫曼所在的拜耳公司向柏林皇家机构申报了这一发明专利。早在1853年夏尔·弗雷德里克·热拉尔就用水杨酸与醋酐合成了乙酰水杨酸，但没能引起人们的重视；1898年德国化学家霍夫曼又进行了合成，并用该合成品为他父亲治疗风湿性关节炎，疗效极好；1899年由德莱塞介绍到临床，并取名为阿司匹林（aspirin）。到目前为止，阿司匹林已应用近120年，至今它仍属于世界上应用最广泛的解热镇痛抗炎药。

【不良反应和注意事项】 短期小剂量应用时，不良反应较轻，长期大剂量应用可产生较严重的不良反应。

1. 胃肠道反应 最为常见，口服引起上腹部不适、恶心、呕吐等，较大剂量可诱发胃溃疡及不易察觉的无症状胃出血等。其原因可能是：①药物直接刺激胃黏膜及延髓催吐化学感受区；②与抑制PG的合成有关（内源性PG有保护胃黏膜作用）。餐后服药、同服抗酸药或用肠溶片，可减轻或避免胃肠道反应。服用阿司匹林期间不宜饮酒，因可损伤胃黏膜屏障而致出血。

2. 凝血障碍 一般剂量可抑制血小板聚集而延长出血时间。大剂量（5g/d以上）或长期服用，还可抑制凝血酶原的形成，引起凝血障碍，加重出血倾向，可用维生素K防治。术前1周应停用阿司匹林，以防出血。

3. 过敏反应 少数患者可出现荨麻疹、皮疹、血管神经性水肿和过敏性休克。某些哮喘患者服用阿司匹林后可诱发支气管哮喘，称为阿司匹林哮喘，严重者可引起死亡。此哮喘用肾上腺素治疗效果不佳，用糖皮质激素雾化吸入有效。

4. 水杨酸反应 大剂量（＞5g/d）服用时，可出现头晕、头痛、恶心、呕吐、耳鸣、视力和听力减退等中毒反应，称水杨酸反应，严重者可出现谵妄、过度呼吸、酸碱平衡失调、精神错乱、昏迷，甚至危及生命，应立即停药，静脉滴注碳酸氢钠溶液以碱化尿液，促进排泄。

5. 瑞氏综合征（Reye syndrome，又称瑞夷综合征） 病毒感染（如流感、水痘、麻疹等）伴发热的儿童或青少年应用阿司匹林退热时，偶可引起严重肝功能损害、急性脑水肿。虽少见，但严重者可致死。其表现为短暂发热、惊厥、频繁呕吐、颅内压增高、昏迷及严重肝功能异常等。

消化性溃疡、支气管哮喘、严重肝损害、低凝血酶原血症、维生素K缺乏、血小板减少、血友病、病毒感染患儿禁用。

【药物相互作用】 阿司匹林通过竞争与血浆蛋白结合，提高游离血药浓度，引起药物相互作用。如与香豆素类口服抗凝药合用易引起出血；与磺酰脲类降血糖药合用易引起低血糖反应；与糖皮质激素合用易诱发溃疡和胃肠道出血。减少呋塞米、青霉素、甲氨蝶呤从肾小管分泌，增加各自血药浓度。

对乙酰氨基酚

对乙酰氨基酚（acetaminophen，扑热息痛）口服吸收快而完全，30～60分钟血药浓度达高峰。半衰期2～4小时，大部分（95%）在肝中与葡糖醛酸或硫酸结合而失活，5%经羟化转化为对肝脏有毒性的代谢物，均从尿中排出。

【药理作用和临床应用】 该药抑制中枢PG合成的作用强度与阿司匹林相似，但抑制外周PG合成的作用弱，所以其解热作用强而持久，镇痛作用弱，几乎无抗炎、抗风湿作用。主要用于发热、头痛、肌肉痛、关节痛、神经痛等慢性钝痛，尤其适用于对阿司匹林不能耐受或过敏的患者。

【不良反应和注意事项】 该药为非处方药，常用剂量安全可靠，偶见药物热、皮疹等过敏反应；大剂量或长期使用可致肾损害，如肾乳头坏死和慢性间质性肾炎。过量可致急性中毒性肝坏死。

非普拉宗

非普拉宗（feprazone）为保泰松的衍生物，抗炎、镇痛作用强，临床用于治疗风湿性关节炎、类风湿关节炎，疗效优于阿司匹林、保泰松、布洛芬等，对坐骨神经痛、肩周炎等有较好疗效。不良反应较保泰松少，主要表现为食欲减退、恶心、呕吐、头痛、面部水肿等。

吲哚美辛

【药理作用和临床应用】 吲哚美辛（indomethacin，消炎痛）口服易吸收，是最强的COX抑制剂之一，具有强大的抗炎、镇痛和解热作用。其抗炎、镇痛作用明显强于阿司匹林，对炎性疼痛有明显的镇痛作用。因不良反应多见，临床仅用于：①对其他药物不能耐受或疗效差的急性风湿、类风湿关节炎、强直性脊柱炎、骨关节炎、滑囊炎及腱鞘炎等；②癌性发热及其他不易控制的发热；③急性痛风性关节炎。

【不良反应和注意事项】 不良反应发生率高，且严重，故不作为首选药。常见不良反应如下所述。

1. 胃肠道反应 恶心、呕吐、腹痛、腹泻、诱发或加重消化道溃疡、出血，偶见胃肠穿孔，还可引起急性胰腺炎。

2. 中枢神经系统反应 头痛、眩晕，偶见精神失常等。

3. 造血系统反应 可引起粒细胞减少、血小板减少和再生障碍性贫血。

4. 过敏反应 常见皮疹、支气管哮喘，与阿司匹林有交叉过敏反应。

支气管哮喘、精神失常、活动性胃和十二指肠溃疡、癫痫、从事危险及精细工作人员、孕妇及儿童患者禁用。

双氯芬酸

双氯芬酸（diclofenac）口服吸收迅速而完全，约50%经肝首过消除而破坏，血浆蛋白结合达99.7%，血浆半衰期1～2小时，主要经肝代谢，由肾排泄。

【药理作用和临床应用】 双氯芬酸具有良好的镇痛、抗炎、解热作用。主要用于类风湿关节炎、神经炎、红斑狼疮及癌症、术后疼痛。各种原因引起的发热。

【不良反应和注意事项】

1. 胃肠道反应 表现为恶心、呕吐、腹泻、上腹疼痛、消化不良等。罕见胃肠道出血、胰腺炎、肝炎等。

2. 中枢神经系统反应 可见头痛、头晕。罕见记忆障碍、听力障碍、视觉障碍、味觉障碍、耳鸣等。

3. 过敏反应 可见荨麻疹、皮疹、湿疹、皮炎等。

4. 血液系统反应 可见血小板减少、白细胞减少、粒细胞减少、溶血性贫血、再生障碍性贫血。

消化性溃疡、妊娠3个月内，对非甾体抗炎药过敏者禁用。

舒 林 酸

舒林酸（sulindac）药理作用及临床应用类似吲哚美辛，作用强度不及吲哚美辛的一半，但强于阿司匹林，其特点为作用持续时间长，不良反应少。

布 洛 芬

布洛芬（ibuprofen，异丁苯丙酸）口服易吸收，血浆$t_{1/2}$为2小时。本药可缓慢进入滑膜腔，并在此保持较高浓度。主要经肝代谢，代谢物自肾排出。布洛芬具有较强的抗炎、解热及镇痛作用，其效力与阿司匹林相似，但不良反应较少。由于分布的特点，主要用于风湿及类风湿关节炎的治疗，也可用于发热及慢性钝痛的治疗。在新冠肺炎流行期间，该药对发热患者的退热作用甚为理想。胃肠道反应较轻，但长期服用仍应注意胃肠道溃疡和出血。偶见视物模糊及中毒性弱视，出现后应立即停药。

同类药物还有萘普生（naproxen）和酮洛芬（ketoprofen），其药理作用和临床应用与布洛芬相似，但$t_{1/2}$分别为12～15小时和2小时。

知识拓展 抗击新型冠状病毒感染疫情，彰显大国担当

新型冠状病毒感染（Corona Virus Disease 2019，简称COVID-19）是由RNA病毒感染所致，其传染速度快、传染性强、覆盖面广，且具有很强的变异性。在家庭、社区、医院均有典型的聚集性传播的特点。该病在全世界流行期间，累计确诊感染人数超过6亿人，累计死亡人数超过600万人。

临床表现主要有发热、咳嗽、乏力、鼻塞、咽痛、味觉减退或丧失等，严重者出现呼吸困难、低氧血症、呼吸衰竭而死亡。在治疗过程中，中医药发挥独特的优势，临床筛选出三药三方（三药即金花清感颗粒、连花清瘟胶囊（颗粒）、血必净注射液，三方即清肺排毒汤、化湿败毒方、宣肺败毒方），有效抑制或杀灭病毒，缓解病情，改善症状。在化学药物治疗中，除应用抗病毒药物外，解热镇痛药布洛芬、对乙酰氨基酚等，对于退热降温、缓解症状、减轻痛苦等发挥了重要作用。在抗击COVID-19初期，我国首先在世界上研制出新冠疫苗及其系列产品，除满足国人使用，还提供给世界各国，成为全球公共产品，拯救全球无数患者的生命，这是在“一带一路”框架下构建人类命运共同体的重大实践，彰显出了大国的担当和中国智慧。

2022年我国全面有效地遏制了COVID-19的传播流行，取得抗击COVID-19的重大决定性胜利，并将COVID-19由“乙类甲管”调整为“乙类乙管”。

二、选择性COX-2抑制药

由于非选择性COX抑制药不良反应较多见，近年来选择性COX-2抑制药相继问世。常用药物有塞来昔布、尼美舒利等。

塞来昔布

塞来昔布（celecoxib，西乐葆）是全球第一个选择性COX-2抑制药，口服吸收快而完全，具有解热、镇痛和抗炎作用，但不抑制血小板聚集。临床用于急、慢性骨关节炎、风湿性关节炎和类风湿关节炎的治疗。其胃肠道不良反应较非选择性COX抑制药发生率低，但长期使用本品心血管疾病发生的危险性增高。18岁以下的患者和哺乳期妇女不宜使用。禁用于对阿司匹林和磺胺类药过敏的患者。

尼美舒利

尼美舒利（nimesulide，美舒宁）是一新型非甾体抗炎药，具有抗炎、解热、镇痛作用，能选择性抑制COX-2，而且能抑制炎症过程中的所有介质，因而抗炎作用强，副作用较少。主要用于风湿性关节炎、类风湿关节炎、骨关节炎、腰腿痛、牙痛、痛经的治疗。偶见轻微而短暂的胃肠道反应。但有严重肝损害，国家食品药品监督管理局2011年5月20日下发《关于加强尼美舒利口服制剂使用管理的通知》，要求尼美舒利口服制剂禁用于12岁以下儿童。

三、解热镇痛抗炎药的复方制剂

为了增强解热镇痛效果，减少不良反应，制药企业将解热镇痛抗炎药配伍制成复方制剂。配位巴比妥类、咖啡因、对乙酰氨基酚、伪麻黄碱、右美沙芬、咖啡因、抗组胺药、金刚烷胺等组成复方制剂。其中对乙酰氨基酚具有解热镇痛作用；伪麻黄碱可使上呼吸道血管收缩，减轻充血水肿，缓解感冒症状；右美沙芬为中枢镇咳药，可缓解干咳症状；咖啡因能收缩脑血管，有助于缓解头痛；抗组胺药氯苯那敏、苯海拉明有抗过敏、镇静作用；金刚烷胺具有抗病毒作用。由于不同复方制剂所含成分不同，应根据临床症状选用。

复方制剂中所含的阿司匹林、布洛芬、氯苯那敏、苯海拉明、右美沙芬、金刚烷胺等对胎儿可能产生不良影响，所以妊娠期及哺乳期妇女用药时应注意。

近年来根据临床观察，某些复方制剂并不优于单方，而且本类药物大多具有胃肠道不良反应，配伍用药后，可使胃肠道反应加重。且在某些复方制剂中含有非那西丁和氨基比林，久用后前者可产生严重肾损害（致肾乳头坏死，甚至引起肾盂癌）和依赖性，后者能引起粒细胞减少，而且均为已淘汰的药物，不能单独使用。所以，某些解热镇痛抗炎药的复方制剂需慎用（常用的解热镇痛抗炎药复方制剂见表16-1）。

表16-1 常用解热镇痛抗炎药复方制剂（mg/片）

药物	马来酸氯苯那敏	阿司匹林	对乙酰氨基酚	咖啡因	非那西丁	右美沙芬	伪麻黄碱	氨基比林
酚麻美敏（泰诺）	2	—	325	—	—	15	30	—
酚氨咖敏（克感敏）	2	—	126	30	—	—	—	100
去痛片	—	—	126	50	—	—	—	150
感冒灵	3	—	250	30	—	—	—	—
扑尔感冒片（复方扑尔敏片）	2	220	—	32.4	160	—	—	—
复方对乙酰氨基酚片	—	0.2268	0.136	33.4	—	—	—	—

知识拓展　某些传统的药物复方制剂亟待改进

有些药物复方制剂由两种以上作用相同、相似或不同的药物组成，这些复方制剂方便了患者用药，防止出现多药遗忘或重复用药等现象。但从严格意义上来说，有些复方制剂不够科学合理。其一，每种药物的半衰期不同，自然用药时间间隔应有区别，而复方制剂是无法做到的；其二，随着病情的变化，每种药物的用量应予调整，复方制剂每种药物含量是固定的；其三，若出现严重不良反应，不易做出准确判断是哪种药物所致，为防治带来困难。

此外有些复方制剂中还加入了中药成分，这种中西药组成的复方制剂存在药效学和药动学相互作用的不确定性。因化学药物与中药的相互作用存在未知因素，所以临床应谨慎使用，若确实需要时，可分别应用，中西药错开服用时间，以防相互影响疗效。

四、癌性疼痛的三级止痛阶梯疗法

我国推荐开展癌症患者三级止痛阶梯治疗。三级止痛阶梯疗法的重点是：①按时给药（3～6小时），不要在疼痛时才给药；②按量给药（止痛剂量直至患者疼痛消失）；③按阶梯给药，即癌症患者三级止痛阶梯治疗方案。其具体内容是：根据癌症患者疼痛程度分为轻、中及重度疼痛。轻度疼痛可选用解热镇痛抗炎药（如阿司匹林、对乙酰氨基酚等）；中度疼痛选用弱效阿片类药物（如氨酚待因、可待因等）；重度疼痛选用强效阿片类药物（如吗啡、哌替啶等）。如一种药物无效，不能换用同一阶梯镇痛药，而应选镇痛作用更强的药物。必要时可加用辅助药物，如解痉药。对癌症患者给予充分的止痛治疗，提高患者的生活质量。

学习小结

解热镇痛抗炎药具有解热、镇痛、抗炎抗风湿三大主要作用。作用机制均是通过抑制COX，使前列腺素合成减少而发挥作用。常用的解热镇痛抗炎药阿司匹林、对乙酰氨基酚、吲哚美辛、布洛芬等，除对乙酰氨基酚无抗炎抗风湿作用外，均具有解热、镇痛、抗炎抗风湿作用，主要用于发热、慢性钝痛、风湿和类风湿关节炎的治疗。不良反应以胃肠道反应多见，也可出现皮肤反应、肾损害、心血管反应及其他不良反应。

高频考点 1. 比较阿司匹林与吗啡的镇痛作用有何区别
2. 阿司匹林抗血栓形成为什么必须用小剂量？
3. 双氯芬酸的临床应用

自 测 题

1. 最适合儿童退热的药物是
   A. 阿司匹林 B. 对乙酰氨基酚
   C. 吲哚美辛 D. 非普拉宗
   E. 塞来昔布
2. 下列哪种药物几乎无抗炎作用
   A. 吡罗昔康 B. 吲哚美辛
   C. 塞来昔布 D. 阿司匹林
   E. 对乙酰氨基酚
3. 解热镇痛药物的解热作用特点是
   A. 使发热患者的体温降至正常水平
   B. 使发热患者的体温降至正常水平以下
   C. 使正常人体温降至正常水平以下
   D. 配合物理降温才能将体温降至正常水平以下
   E. 只能用于细菌感染引起的发热
4. 阿司匹林不用于
   A. 各种原因引起的发热
   B. 胆道蛔虫引起的疼痛
   C. 头痛、牙痛、肌肉痛
   D. 风湿、类风湿关节炎
   E. 胃肠绞痛
5. 阿司匹林预防血栓性疾病应采用
   A. 小剂量短期使用
   B. 大剂量长期应用
   C. 小剂量长期应用
   D. 大剂量突击使用
   E. 大剂量短疗程使用
6. 患者，女，52岁，胃溃疡多年，今因感冒发热来院就诊，退热药应选用
   A. 阿司匹林 B. 吲哚美辛
   C. 对乙酰氨基酚 D. 非普拉宗
   E. 布洛芬

（王开贞）

第17章 抗痛风药

学习目标

1. 掌握别嘌醇、丙磺舒、秋水仙碱的药理作用、临床应用、不良反应及药物相互作用。
2. 熟悉苯溴马隆的药理作用、临床应用及不良反应。
3. 了解抗痛风药联合用药的依据。
4. 具备合理选择抗痛风药及正确处置不良反应的能力。
5. 能利用所学知识进行医患沟通，开展用药咨询服务，并能正确指导患者合理用药。

案例导入

患者，男，40岁，两年来因全身关节疼痛伴低热反复就诊，查体：体温37.5℃，双足第一跖趾关节肿胀，左侧较明显，局部皮肤有脱屑和瘙痒现象，双侧耳郭触及绿豆大的结节数个，血常规：白细胞$9.5\times10^9/L$。

问题： 1. 尿酸是如何产生与排泄的？
2. 痛风的治疗原则是什么？
3. 抗痛风药物的作用机制是什么？

我国临床检验血液尿酸正常参考值，男性为210～420μmol/L，女性更年期以前为150～360μmol/L，更年期以后接近男性，血液中98%的尿酸以钠盐的形式存在。

高尿酸血症（hyperuricemia）是嘌呤代谢紊乱或尿酸排泄障碍引起的血液中尿酸增高，临床分为原发性和继发性两类。原发性高尿酸血症主要是因为尿酸排泄减少及尿酸生成增多所致，尿酸排泄减少主要表现为肾小球对尿酸滤过减少，肾小管尿酸分泌减少及重吸收增多，致尿酸增高，与多基因遗传缺陷有关。在嘌呤代谢过程中，磷酸核糖焦磷酸合成酶、磷酸核糖焦磷酸酰基转移酶活性增高、次黄嘌呤-鸟嘌呤磷酸核糖转移酶部分缺失或黄嘌呤氧化酶活性增高等，导致尿酸生成增多，前三种酶的缺陷为X连锁遗传所致。原发性高尿酸血症常伴有肥胖、糖尿病、动脉粥样硬化、冠心病和高血压等。继发性高尿酸血症主要是由于肾脏疾病、骨髓增生性疾病或者长期服用某些药物等导致尿酸排泄减少，使血尿酸增高。

高尿酸血症若长期得不到控制，有5%～15%可发展为痛风，表现为急慢性痛风性关节炎、痛风性肾病、尿酸性肾石病、痛风石等。

影响尿酸代谢的药物分为抑制尿酸生成和促进尿酸排泄的药物两类。此外，秋水仙碱等可减轻痛风发作时的炎症反应，缓解疼痛。

知识拓展　高尿酸血症与痛风

近年来，我国高尿酸血症和痛风的发病率及患病率日益增多。其发病率与年龄、遗传、性别等因素有关，女性更年期之前，男女患病率比例为（3～4）：1，女性更年期之后，男女比例接近。人体中尿酸约80%来源于内源性嘌呤代谢，约20%来源于富含嘌呤和核酸蛋白的食物。因此，尽管高嘌呤饮食（特别是肉类和海鲜）、酒类、软饮料等与痛风的发生有关，但在高尿酸血症发生的整体机制中，内源性嘌呤代谢紊乱是主要因素。大量研究发现，在高尿酸血症患者中，最终只有5%～15%发展为痛风，其余大多为无症状的高尿酸血症，因痛风的发病原因较复杂，所以高尿酸血症和痛风是两个不完全等同的概念。

近年来，由于高尿酸血症患者增多，传统的临床“三高症”逐渐转变成了“四高症”，即高血压、高血糖、高血脂、高尿酸。

一、抑制尿酸生成药

别嘌醇

别嘌醇（allopurinol，别嘌呤醇）为次黄嘌呤的异构体，是目前唯一能抑制尿酸合成的药物。口服易吸收，0.5～1.0小时达血药浓度峰值，$t_{1/2}$为2～3小时，经肝代谢，约70%代谢为有活性的氧嘌呤醇，其$t_{1/2}$为12～30小时，口服24小时后血尿酸浓度开始下降，2～4周时下降最明显。主要以代谢物和少量原型药经肾排泄。

【药理作用和临床应用】 别嘌醇可抑制黄嘌呤氧化酶，使次黄嘌呤及黄嘌呤不能转化为尿酸，使尿酸合成减少，小剂量时为酶的竞争性抑制剂，大剂量时则为非竞争性抑制剂。代谢产物氧嘌呤醇也是酶的非竞争性抑制剂，且在组织中停留时间较长，使血中尿酸浓度降低，并可使痛风患者组织中的尿酸结晶重新溶解，减少尿酸在骨、关节及肾脏的沉着，使痛风症状得以缓解。

临床主要用于治疗高尿酸血症及慢性原发性或继发性痛风、痛风性肾病。

【不良反应】

1. 个别患者可出现皮疹、腹痛、腹泻、低热，暂时性氨基转移酶升高。停药或者给予相应的治疗后可恢复。

2. 可引起过敏性肝坏死、肝肉芽肿形成伴胆囊炎、胆管周围炎、剥脱性皮炎等，常见于用药后3～4周。也可致血液系统异常和骨髓抑制。用药期间要注意观察，以便及时处理。

3. 服药期间应多饮水，并使尿液呈中性或碱性，以利于尿酸排泄。肾功能不全者可致药物体内蓄积。肝功能不全者、老年人慎用。

【药物相互作用】 别嘌醇可致硫唑嘌呤、6-巯基嘌呤代谢减慢，同用时应减少后二者的用量。与氯化钙、维生素C、磷酸钾或磷酸钠同用时，可增加肾脏黄嘌呤结石的形成。与环磷酰胺同用时可致骨髓抑制作用增强。与氨苄西林同用时可增加皮疹的发生率。

二、促进尿酸排泄药

丙磺舒

丙磺舒（probenecid）口服吸收迅速且完全，2～4小时达血药浓度峰值，大部分通过肾近曲小管主动分泌排泄，因脂溶性大，易被重吸收，半衰期随用药剂量不同而改变，口服0.5g为3～8小时，口服2g为6～12小时，部分在肝内代谢为羧基化代谢物及羟基化合物，后两者也具有促进尿酸排泄的药理活性。

【药理作用和临床应用】 丙磺舒通过竞争性抑制肾小管对尿酸的重吸收，而增加尿酸的排泄，降低血中尿酸浓度，缓解和防止尿酸盐结晶的形成，减轻对关节的损伤；也可促进易形成的尿酸盐的溶解。主要用于慢性痛风的治疗，因无抗炎和镇痛作用，不适合急性痛风的治疗。

【不良反应】

1. 少数患者可见恶心、呕吐等胃肠道反应，皮疹、发热，偶见白细胞减少、肾病综合征、骨髓抑制及肝坏死等。

2. 用药初期，尿酸盐从关节析出，可使痛风发作加重，为防止尿酸盐在泌尿道沉积形成结石，用药期间多饮水，每天不低于2500ml，并加服碳酸氢钠，以促进尿酸排泄。

3. 对磺胺类药过敏者、肾功能不全、消化道溃疡、痛风发作急性期者及2岁以下儿童等禁用。

【药物相互作用】 不宜与别嘌醇、阿司匹林、吲哚美辛、萘普生、氢氯噻嗪、布美他尼、青霉素、头孢霉素、甲氨蝶呤、口服降糖药等同服，因丙磺舒可抑制以上药物的肾小管排泄，使其作用增强或毒性增加。

苯溴马隆

苯溴马隆（benzbromarone，苯溴香豆素）口服易吸收，服药24小时血中尿酸浓度为服药前的66.5%，在肝内除去溴离子后，从胆汁排出。为强力促尿酸排泄药，抑制肾小管对尿酸的重吸收，从而促进尿酸排泄。适用于反复发作的痛风性关节炎伴高尿酸血症的治疗。

不良反应可见胃肠道反应、肾绞痛及急性关节炎发作。偶见粒细胞减少。服药期间宜多饮水，每日2000ml或碱化尿液。服药期间如有急性痛风性关节炎发作，可加服非甾体抗炎药。

三、缓解痛风炎症药

秋水仙碱

秋水仙碱（colchicine，秋水仙素）口服易吸收，0.5～2.0小时血药浓度达峰值，在肝内代谢，经胆汁及肾排泄。

【药理作用和临床应用】 本品与中性白细胞微管蛋白的亚单位结合，改变细胞膜功能，从而抑制白细胞的趋化、黏附和吞噬作用；抑制磷脂酶A_2，减少单核细胞和中性粒细胞释放前列腺素和白三烯；抑制局部细胞产生白细胞介素-6等，从而缓解关节局部的红、肿、热、痛等炎症反应。

主要用于痛风性关节炎的急性发作，预防复发性痛风性关节炎的急性发作。急性痛风口服后12～24小时起效，90%的患者用药后24～48小时疼痛消失。

【不良反应】 与剂量大小有明显相关性，口服较静脉注射安全性高，应尽量避免长期口服用药或静脉用药。

1. 胃肠道反应 发生率可达80%，表现为腹痛、腹泻、食欲缺乏、呕吐，严重者可致电解质紊乱及脱水等。长期服用可致严重的胃肠道出血、吸收不良综合征。

2. 神经系统反应 可致肌肉、周围神经病变，表现为麻木、刺痛、肌无力、血清肌酸激酶增高等。

3. 其他 可见血小板减少、中性粒细胞减少、再生障碍性贫血等，血尿、少尿、皮疹、发热、脱发，甚至抽搐、意识障碍等，多见于静脉给药者及老年人。发生严重不良反应时，须立即停药，并给予相应的治疗。

骨髓增生低下、肾功能不全者、妊娠期妇女及2岁以下小儿禁用。老年人慎用。

学习小结

抗痛风药主要包括抑制尿酸生成药、促进尿酸排泄药、缓解痛风炎症药。别嘌醇可抑制黄嘌呤氧化酶，使次黄嘌呤及黄嘌呤不能转化为尿酸，使尿酸合成减少。丙磺舒通过竞争性抑制肾小管对尿酸的重吸收，而增加尿酸的排泄。秋水仙碱用于痛风性关节炎的急性发作，预防复发性痛风性关节炎的急性发作。

高频考点 抗痛风药根据作用机制的分类

自 测 题

1. 治疗痛风性关节炎急性发作的常用药物是
   A. 秋水仙碱　　B. 吲哚美辛
   C. 丙磺舒　　D. 皮质类固醇
   E. 别嘌醇
2. 患者，男，58岁，近一年内发作了两次急性痛风性关节炎，目前无症状，肌酐271mmol/L，血尿酸615μmol/L，最恰当的治疗药物是
   A. 别嘌醇
   B. 苯溴马隆
   C. 碳酸氢钠+苯溴马隆
   D. 别嘌醇+苯溴马隆
   E. 丙磺舒
3. 痛风患者常出现的生化异常是
   A. 尿中尿酸增多　　B. 尿中尿酸减少
   C. 高尿酸血症　　D. 高脂血症
   E. 尿素氮升高
4. .关于丙磺舒说法正确的是
   A. 抗痛风药物
   B. 本品能促进尿酸在肾小管的再吸收
   C. 适用于治疗急性痛风和痛风性关节炎
   D. 本品可与阿司匹林合用产生协同作用
   E. 能促进青霉素、对氨基水杨酸的排泄
5. 秋水仙碱的描述，下列哪项是错误的
   A. 90%的患者用药后，24～48小时疼痛消失
   B. 与双氯芬酸合用，关节肿胀疼痛加重
   C. 胃肠道反应发生率可达80%
   D. 可致血小板减少等
   E. 口服后，0.5～2.0小时血药浓度达峰值

（王开贞）

第18章 中枢兴奋药与促大脑功能恢复药

学习目标

1. 熟悉咖啡因、尼可刹米、洛贝林的药理作用、临床应用及不良反应。
2. 了解其他中枢兴奋药和促大脑功能恢复药的药理作用和临床应用。
3. 具备根据适应证合理选择中枢兴奋药、促大脑功能恢复药及正确处置不良反应的能力。
4. 能利用所学知识进行医患沟通，开展用药咨询服务，并能正确指导患者合理用药。

案例导入

患者，男，52岁。因意识障碍1小时入院。患者于入院前1小时，口服大量苯巴比妥片，随即出现意识障碍。查体：体温36℃，脉搏68次/分，呼吸8次/分，血压112/78mmHg。昏睡状，皮肤发绀，诊断为急性苯巴比妥中毒。给予尼可刹米2.5g快速静脉注射，静脉注射尼可刹米过程中患者出现血压升高、出汗及肌肉强直。

问题： 1. 该患者在快速静脉注射尼可刹米时，为什么出现血压升高、出汗及肌肉强直？
2. 此时应如何处理？
3. 应用尼可刹米有哪些注意事项？

第1节 中枢兴奋药

中枢兴奋药（central nervous system stimulants）是一类选择性兴奋中枢神经系统，提高其功能活动的药物。此类药物随剂量的增加，其作用强度和范围也随之增大，用量过大可引起中枢神经系统广泛兴奋，甚至导致惊厥。根据其作用部位和功能不同分为两类：①大脑皮质兴奋药。②呼吸中枢兴奋药。

一、大脑皮质兴奋药

咖 啡 因

咖啡因（caffeine）是从茶叶和咖啡豆中提取的生物碱，现已可人工合成。

【药理作用和临床应用】

1. 中枢神经系统 咖啡因对中枢神经系统的作用强度和范围与剂量有关：①小剂量（50～200mg）可选择性兴奋大脑皮质，呈现精神振奋，疲劳感减轻，睡意消失，提高工作效率。②较大剂量（250～500mg）可直接兴奋延髓呼吸中枢和血管运动中枢，使呼吸加深加快，血压升高，在呼吸中枢受抑制时作用更显著。临床用于解救严重传染病及中枢抑制药过量所致的呼吸抑制和循环衰竭。③中毒量则可引起中枢神经系统广泛兴奋，可导致惊厥。

2. 心血管系统 咖啡因可兴奋心脏，松弛外周血管。但对脑血管有收缩作用，减少脑血管搏动的幅度，缓解头痛症状。常与阿司匹林或对乙酰氨基酚配伍，治疗流感引起的头痛。与麦角胺配伍，治疗偏头痛。

3. 其他　舒张胆道和支气管平滑肌，利尿及促进胃酸、胃蛋白酶分泌。

【不良反应和注意事项】　治疗量不良反应较少。较大剂量可引起激动、不安、失眠、头痛、心悸；过量中毒引起中枢神经系统广泛兴奋，可致惊厥。婴幼儿高热时应避免使用含咖啡因的复方制剂退热。久用产生耐受性及依赖性。消化性溃疡患者禁用。

哌甲酯

哌甲酯（methylphenidate，利他林）为苯丙胺类药物。治疗量可兴奋大脑皮质和皮质下中枢，作用温和，能改善精神活动，振奋精神，解除轻度中枢神经抑制，消除疲劳。较大剂量能兴奋呼吸中枢，过量可致惊厥。用于巴比妥类及其他中枢抑制药中毒，也用于轻度抑郁症、痴呆、小儿遗尿症及儿童多动综合征。

治疗量不良反应少，大剂量可引起血压升高、眩晕、头痛甚至惊厥。久用可导致耐受性和依赖性，小儿长期应用影响其生长发育。癫痫、高血压患者及6岁以下小儿禁用。

二、呼吸中枢兴奋药

尼可刹米

【药理作用和临床应用】　尼可刹米（nikethamide，可拉明）治疗量可直接兴奋延髓呼吸中枢，也可刺激颈动脉体和主动脉体化学感受器，反射性地兴奋呼吸中枢，并能提高呼吸中枢对二氧化碳的敏感性，使呼吸加深加快。作用温和，维持时间短，一次用药仅维持5～10分钟。临床用于各种原因所致的中枢性呼吸抑制，其中对吗啡中毒引起的呼吸抑制效果较好，对吸入麻醉药中毒效果次之，对巴比妥类中毒引起的呼吸抑制效果较差。

【不良反应和注意事项】　治疗量不良反应较少见，安全范围较大。大剂量可引起血压升高、心动过速、出汗、呕吐、肌肉震颤等。中毒时可出现惊厥。

洛贝林

洛贝林（lobeline，山梗菜碱）通过刺激颈动脉体和主动脉体的化学感受器，反射性地兴奋呼吸中枢。作用快、弱、短暂，仅维持数分钟，但安全范围大，不易引起惊厥。临床常用于新生儿窒息、小儿感染性疾病所致的呼吸衰竭、一氧化碳中毒引起的窒息及其他中枢抑制药引起呼吸衰竭的急救。

有恶心、呕吐、头痛等不良反应。大剂量可兴奋迷走神经中枢而致心动过缓、传导阻滞。中毒量可兴奋交感神经节及肾上腺髓质而致心动过速，也可引起惊厥。

二甲弗林

二甲弗林（dimefline，回苏灵）可直接兴奋呼吸中枢，对呼吸中枢作用比尼可刹米强，起效快，维持时间短。能显著改善呼吸，使呼吸加深加快。临床用于治疗各种原因引起的中枢性呼吸抑制，对肺性脑病有较好的促苏醒作用。

可有恶心、呕吐、皮肤烧灼感等不良反应。安全范围小，过量易致惊厥，小儿尤易发生。静脉给药需用葡萄糖稀释后缓慢注射。孕妇禁用。

多沙普仑

多沙普仑（doxapram）作用机制和维持时间与尼可刹米相似，并可增加心排血量。作用强，起效快，安全范围大。临床用于治疗麻醉药或中枢抑制药引起的呼吸抑制。可引起头痛、无力、恶心、呕吐、血压升高、心律失常等不良反应。过量可致惊厥。

第2节 促大脑功能恢复药

胞磷胆碱

胞磷胆碱（choline，胞二磷胆碱）能增加脑损伤部位对氧的摄入和利用，促进卵磷脂的合成而改善细胞代谢，增加脑组织血流量，可促进脑组织功能的恢复和促进苏醒。主要用于急性脑外伤和脑手术后的意识障碍、脑梗死急性期的意识障碍等。

吡拉西坦

吡拉西坦（piracetam，脑复康）为γ-氨基丁酸的衍生物，能直接作用于大脑皮质，具有激活、保护、修复脑细胞的作用。能促进大脑对氨基酸和磷脂的吸收、蛋白质的合成，提高大脑对葡萄糖的利用，促进ATP的合成。因此能提高记忆力，保护缺氧脑组织。临床用于脑动脉硬化、阿尔茨海默病、脑外伤后遗症及一氧化碳中毒所致的思维障碍、智力低下等。有口干、食欲减退、呕吐等不良反应。

处方分析

患者，男，36岁。口服大量地西泮引起急性中毒，有中枢性呼吸抑制，分析如下处方是否合理。

尼可刹米注射液 0.25g×6

用法：0.25g，静脉注射，一小时1次（必要时）

洛贝林注射液 3mg×6

用法：3mg，静脉注射，一小时1次（必要时）

以上两药交替使用。

吡 硫 醇

吡硫醇（pyritinol，脑复新）为脑代谢改善药，促进脑细胞对葡萄糖的摄取和能量代谢，增加脑血流量，改进氨基酸代谢，增强记忆力，改善学习和认知功能。用于脑震荡、脑外伤后遗症、脑炎后遗症等引起的记忆力减退、注意力不集中等，也可用于脑动脉硬化、老年痴呆。偶有皮疹、恶心等不良反应。肝功能不全、糖尿病及妊娠期妇女、哺乳期妇女慎用。

学习小结

中枢兴奋药是一类选择性兴奋中枢神经系统的药物，主要用于治疗药物中毒或危重疾病所致的呼吸抑制或呼吸衰竭。剂量过大可导致中枢神经系统的广泛兴奋，甚至引起惊厥。中枢兴奋药分为大脑皮质兴奋药和呼吸中枢兴奋药，大脑皮质兴奋药有咖啡因、哌甲酯等。呼吸中枢兴奋药主要有尼可刹米、洛贝林、二甲弗林等。促大脑功能恢复药对受损的大脑功能有恢复作用，主要用于脑损伤所致的意识障碍。主要药物有胞磷胆碱、吡拉西坦等。

高频考点 1. 简述咖啡因的药理作用与临床应用

2. 简述尼可刹米的药理作用与临床应用

自 测 题

1. 新生儿窒息选用

A. 咖啡因　B. 尼可刹米　C. 洛贝林　D. 胞磷胆碱　E. 吡拉西坦

2. 通过直接兴奋和反射兴奋呼吸中枢的药物是
   A. 咖啡因　B. 尼可刹米
   C. 洛贝林　D. 二甲弗林
   E. 吡拉西坦
3. 患者，男，19岁。呼吸抑制并有昏迷，皮肤黏膜为樱桃红色，诊断为一氧化碳中毒，为兴奋其呼吸，宜选用下列哪种呼吸中枢兴奋药
   A. 咖啡因　B. 多沙普仑
   C. 洛贝林　D. 二甲弗林
   E. 哌甲酯
4. 患者，女，58岁。因肝癌剧痛用大剂量吗啡镇痛后，出现昏迷、呼吸抑制，瞳孔为针尖大小，诊断为吗啡中毒。为解救其呼吸抑制，最好用下列哪种呼吸中枢兴奋药
   A. 咖啡因　B. 尼可刹米
   C. 洛贝林　D. 二甲弗林
   E. 哌甲酯
5. 患者，女，22岁。近2天因受凉，出现畏寒，寒战，发热，流清鼻涕，头部胀痛，诊断为普通感冒，使用了阿司匹林。为增强阿司匹林的解热镇痛疗效，应与何药联用
   A. 咖啡因　B. 尼可刹米
   C. 洛贝林　D. 二甲弗林
   E. 哌甲酯

（孙岩梅）

第19章

利尿药与脱水药

思维导图

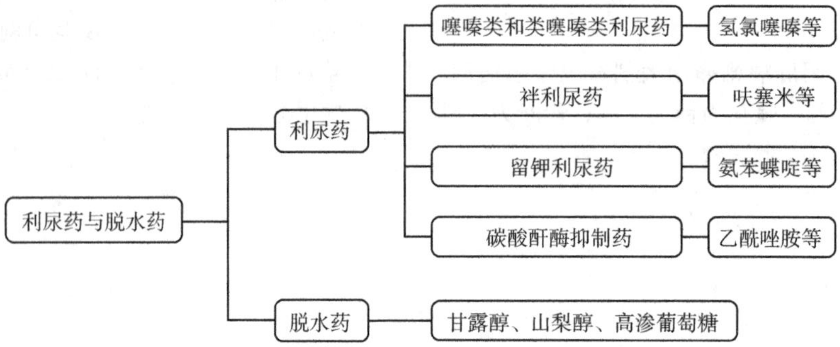

学习目标

1. 掌握呋塞米、氢氯噻嗪、螺内酯、氨苯蝶啶的药理作用、临床应用、不良反应及注意事项。
2. 熟悉甘露醇的药理作用和临床应用；利尿药的分类、常用药物及各类药物的作用部位。
3. 了解其他利尿脱水药的作用特点及临床应用。
4. 具有根据适应证合理选择利尿脱水药、防治不良反应的能力。
5. 能与患者及家属进行沟通，开展用药咨询服务，并能正确指导患者合理应用利尿降压药。

案例导入

患者，男，67岁。有高血压病史，未曾坚持服用抗高血压药。近期下肢水肿，踝部水肿明显，无法平躺等。检查：下肢凹陷性水肿；血压190/150mmHg，脉搏110次/分，呼吸18次/分；胸部听诊湿啰音，心电图（ECG）显示左心室肥大。诊断为心力衰竭伴急性肺水肿。对该患者静脉应用利尿药治疗。

问题：1. 此患者应选用哪种利尿药？

2. 此类药物会出现哪些不良反应？

第1节 利 尿 药

利尿药（diuretic）是一类选择性作用于肾脏，增加电解质和水的排出，使尿量增多的药物。临床用于治疗各种原因引起的水肿，也用于其他非水肿性疾病，如高血压、尿崩症、肾结石、高钙血症等。

知识拓展 水肿

水肿是指血管外的组织间隙中有过多的体液积聚。水肿可分为全身性水肿和局部性水肿。全身性水肿时液体在体内组织间隙呈弥漫性分布。当液量相当多时出现凹陷性水肿。全身性水肿可分为心源性水肿、肝源性水肿、肾源性水肿、营养缺乏性水肿、妊娠性水肿、内分泌性水肿、特发性水肿等。局部性水肿可分为淋巴性水肿、静脉阻塞性水肿、炎症性水肿、变态反应性水肿、血管神经性水肿等。水肿液一般即是组织间液，根据水肿液含蛋白质的量的不同，可将水肿液分为渗出液（相对密度＞1.018）及漏出液（相对密度＜1.015）。

一、利尿药的分类

常用利尿药根据其作用部位、化学结构和作用机制可分为以下四类。

1. 主要作用于肾髓袢升支皮质部的利尿药（噻嗪类和类噻嗪类利尿药） 也称中效能利尿药。临床最常用的为氢氯噻嗪，此外还有环戊噻嗪、苄氟噻嗪等。氯噻酮、美托拉宗在化学结构上与噻嗪类不同，但作用相似，因此也归于此类。

2. 主要作用于肾髓袢升支髓质部的利尿药（袢利尿药） 也称高效能利尿药，如呋塞米、依他尼酸、布美他尼等。

3. 主要作用于远曲小管的利尿药（留钾利尿药） 也称低效能利尿药，如螺内酯、氨苯蝶啶等。

4. 主要作用于近曲小管的利尿药（碳酸酐酶抑制药） 利尿作用弱，目前主要用于治疗青光眼，以降低眼压。代表药为乙酰唑胺。

二、利尿药作用的生理学基础

尿液的生成包括肾小球的滤过、肾小管和集合管的重吸收与分泌。利尿药通过作用于肾单位的不同部位而产生利尿作用（图19-1）。

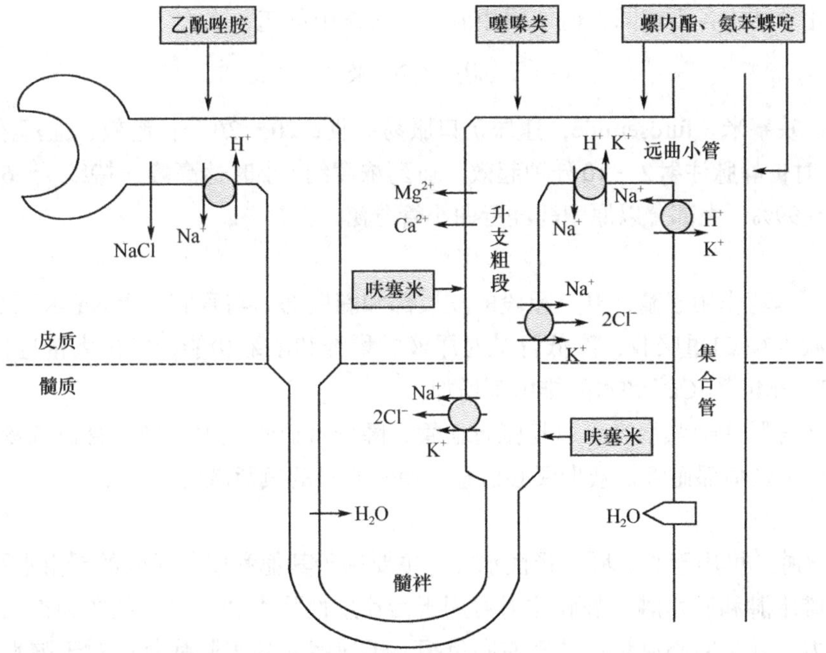

图19-1 肾小管各段重吸收和利尿药作用部位

（一）肾小球的滤过

血液除蛋白质和血细胞外，其他成分均可经肾小球滤过形成原尿，正常成人每日原尿量可达180L，而每日排出的终尿仅为1～2L，说明99%的原尿在肾小管及集合管被重吸收。氨茶碱、多巴胺等虽可增加肾小球滤过率，但利尿作用很弱，因为肾脏存在球-管平衡的调节机制。目前常用的利尿药主要通过影响肾小管与集合管对水、电解质的重吸收而发挥利尿作用。

（二）肾小管和集合管的重吸收与分泌

1. 近曲小管 原尿中60%～65%的Na^+被重吸收，主要是通过近曲小管顶质（管腔）膜Na^+-H^+交换子所触发。肾小管细胞内H^+来自于H_2O与CO_2生成的H_2CO_3（$H_2CO_3 \rightleftharpoons H^+ + HCO_3^-$），这一反应需要细胞内碳酸酐酶的催化。乙酰唑胺抑制碳酸酐酶的活性，减少H^+的产生，减少Na^+-H^+交换，减少Na^+重吸收而利尿，因其利尿作用弱，现很少作为利尿药使用。

2. 髓袢升支粗段髓质和皮质部 原尿中30%～35%的Na^+在此段被重吸收，NaCl的主动重吸收依赖于管腔膜上的Na^+-K^+-$2Cl^-$共转运体。此段几乎不伴有水的重吸收，因而其在尿液的稀释和浓缩机制中具有重要意义。呋塞米等利尿药选择性抑制Na^+-K^+-$2Cl^-$共转运体，减少髓袢升支粗段NaCl重吸收，一方面降低肾的稀释功能，另一方面由于髓质高渗无法维持而降低肾的浓缩功能，产生强大的利尿作用。

3. 远曲小管 原尿中约10%的Na^+在此段被重吸收，此段NaCl重吸收依赖于Na^+-Cl^-共转运体，与升支粗段一样，远曲小管对水的通透性差，NaCl的重吸收进一步稀释了小管液。噻嗪类等利尿药选择性抑制Na^+-Cl^-共转运体，减少NaCl的重吸收，使原尿中NaCl浓度升高，影响尿的稀释功能。

4. 集合管 重吸收原尿中约5%的Na^+，重吸收方式为Na^+-K^+交换与Na^+-H^+交换，Na^+-H^+交换受碳酸酐酶活性的影响，Na^+-K^+交换受醛固酮调节。螺内酯、氨苯蝶啶等利尿药，通过拮抗醛固酮或阻滞钠通道，产生留钾排钠的利尿作用。

三、常用利尿药

（一）袢利尿药

袢利尿药的化学结构各不相同，但作用相似，利尿作用迅速、强大。

呋 塞 米

【体内过程】 呋塞米（furosemide，速尿）口服易吸收，20～30分钟起效，血药浓度约2小时达高峰，持续6～8小时；静脉注射2～10分钟起效，血药浓度约1小时达高峰，持续4～6小时。血浆蛋白结合率高达91%～99%，大部分以原型药经近曲小管分泌。

【药理作用】

1. 利尿作用 本药作用于髓袢升支粗段的皮质部和髓质部，与管腔膜上Na^+-K^+-$2Cl^-$共转运体结合并抑制其功能，减少NaCl重吸收，降低肾脏对尿液的稀释和浓缩功能，排出大量近似于等渗的尿液。尿中Na^+、K^+、Cl^-、Mg^{2+}、Ca^{2+}和水的排出都增加。

2. 扩张血管 静脉注射呋塞米可以扩张肾血管，降低肾血管阻力，增加肾血流量，改善肾皮质的血液供应，还可以扩张肺部血管，减少回心血量，使左心室的负荷减轻。

【临床应用】

1. 治疗严重水肿 可用于心、肝、肾性水肿。主要用于其他利尿药无效的严重水肿患者。

2. 抢救急性肺水肿和脑水肿 静脉注射可用于治疗急性肺水肿，由于利尿和扩张血管作用，降低血容量和外周阻力，减少回心血量，减轻左心负担，迅速缓解肺水肿症状；对于脑水肿患者，由于强大的利尿作用，使血液浓缩，血浆渗透压增高，有助于消除脑水肿，降低颅内压，常与脱水药合用以提高疗效。

3. 防治急、慢性肾衰竭 在急性肾衰竭早期，静脉注射呋塞米有较好的防治作用，这是因为强大的利尿作用可使阻塞的肾小管得到冲洗，防止肾小管萎缩、坏死；同时能扩张肾血管，降低肾血管阻力，增加肾小球滤过率，使尿量增多。大剂量呋塞米也用于治疗其他药无效的慢性肾衰竭，可使尿量增加，水肿减轻。

4. 加速某些毒物排泄 对急性药物中毒患者，呋塞米配合静脉输液，可加速药物随尿排出。常用于经肾排泄的长效巴比妥类、水杨酸类、碘化物等药物中毒的抢救。

5. 其他 口服或静脉注射均可降低血压，但一般不作降压药使用，仅用于伴有肺水肿或肾衰竭的高血压及高血压危象时的辅助治疗；也可用于高钾血症和高钙血症的治疗。

【不良反应和注意事项】

1. 水、电解质紊乱 常因过度利尿引起。表现为低血容量、低血钾、低血钠、低氯性碱中毒。其中低钾血症最多见，应注意及时补充钾盐或与留钾利尿药合用。长期应用还可引起低镁血症，应注意及时纠正。

2. 耳毒性 大剂量快速静脉给药，可引起眩晕、耳鸣、听力减退或暂时性耳聋，肾功能不全者尤易发生。故静脉注射宜缓慢，并避免与其他损害听神经的药物合用。

3. 胃肠道反应 常见恶心、呕吐、腹痛、腹泻，甚至胃肠道出血、溃疡等，宜餐后服用。

4. 其他 抑制尿酸排泄，可导致高尿酸血症而诱发痛风；少数患者可引起粒细胞减少、血小板减少；也可发生过敏反应，表现为皮疹、嗜酸性粒细胞增多、间质性肾炎等；久用尚可引起高血糖、高血脂等。糖尿病、高脂血症、冠心病患者及早孕妇女慎用。

【药物相互作用】 应避免与氨基糖苷类、头孢菌素类、两性霉素B等合用，以免增加耳毒性和肾毒性。与强心苷、糖皮质激素合用时应注意补钾。

布美他尼

布美他尼（bumetanide）与呋塞米均为磺胺类利尿药，具有速效、高效、短效和低毒的特点，利尿强度为呋塞米的40～60倍。用于治疗各种顽固性水肿及急性肺水肿等；对急、慢性肾衰竭尤为适宜；对呋塞米无效的病例仍有效。不良反应与呋塞米相似但较轻。

依他尼酸

依他尼酸（ethacrynic acid）利尿作用、临床应用与呋塞米相似。由于水电解质紊乱、耳肾毒性等不良反应较重，临床少用。但对磺胺类利尿药过敏者，可选用本药。

（二）噻嗪类和类噻嗪类利尿药

噻嗪类利尿药有氢氯噻嗪（hydrochlorothiazide）、氢氟噻嗪（hydroflumethiazide）、环戊噻嗪（cyclopenthiazide）、苄氟噻嗪（bendroflumethiazide）等，其作用相似，利尿效能基本相同，其中以氢氯噻嗪最常用。类噻嗪类利尿药有氯噻酮（chlortalidone），其作用及机制、利尿效能等均与噻嗪类利尿药相似。

【体内过程】 噻嗪类利尿药口服后1小时起效，2小时血药浓度达高峰，作用维持6～12小时。药物分布以肾脏最多，肝脏次之，易通过胎盘屏障。多数药物以原型经肾小管分泌。氯噻酮因其吸收和排泄缓慢，作用较噻嗪类利尿药持久。

【药理作用和临床应用】

1. 利尿作用 噻嗪类利尿药可抑制肾远曲小管近端Na^+-Cl^-共转运体，抑制NaCl的重吸收。因远曲小管Na^+排出增多，促进K^+-Na^+的交换，故K^+的排出也增加。用于各种原因引起的水肿。对轻、中度心源性水肿疗效较好，是治疗充血性心力衰竭的常用药物之一；对肾性水肿的疗效与肾功能受损程度有关，损害轻者，效果较好，反之则差；肝性水肿在应用时要注意防止低血钾诱发的肝性脑病。

2. 降压作用 是治疗高血压的基础药之一，常与其他药物联合应用。

3. 抗利尿作用 明显减少尿崩症患者的尿量，减轻口渴症状，作用机制可能与其利尿作用导致排Na^+，血浆渗透压降低，口渴感减轻有关。用于肾性尿崩症及血管升压素无效的垂体性尿崩症，也可用于高尿钙伴肾结石患者，以抑制高尿钙引起的肾结石的形成。

【不良反应和注意事项】

1. 水、电解质紊乱 如低血钾、低血钠、低氯性碱中毒等，其中低钾血症最为常见，应注意补钾或与留钾利尿药合用。

2. 高尿酸血症 其原因与高效能利尿药相同，有痛风史者可诱发或加剧痛风症状，宜与促尿酸排泄的氨苯蝶啶合用。

3. 对代谢的影响 可导致高血糖、高血脂。大剂量应用噻嗪类利尿药可使糖尿病患者及糖耐量异常的患者血糖升高，可诱发或加重糖尿病，可能因其抑制了胰岛素的分泌和减少组织利用葡萄糖有关；长期应用使血中三酰甘油、胆固醇及低密度脂蛋白升高；久用偶致高血钙。高脂血症患者、糖尿病患者慎用。

（三）留钾利尿药

螺内酯

螺内酯（spironolactone，安体舒通）利尿作用弱、缓慢、持久，口服吸收不完全，服药后1日开始起效，2～3日达高峰，停药后作用仍可维持2～3日。作为醛固酮的竞争性拮抗剂，与醛固酮在远曲小管和集合管部位竞争醛固酮受体，干扰醛固酮的留钠排钾作用，呈现排钠留钾作用，使Na^+、Cl^-和水的排出增加而利尿。

单用效果较差，常与噻嗪类排钾利尿药合用，治疗伴有醛固酮水平增高的顽固性水肿，对肝硬化腹水、肾病综合征水肿患者有效；也用于充血性心力衰竭，不仅可以消除水肿，而且可以改善心力衰竭的症状。

长期应用可导致高血钾，尤其在肾功能不全时易发生，肾功能不全及血钾偏高者禁用；还可引起性激素样反应，表现为女性多毛、月经紊乱，男性乳房发育、性功能障碍等，停药后可消失；少数患者可引起头痛、困倦、精神紊乱等。

氨苯蝶啶

氨苯蝶啶（triamterene）口服吸收迅速，生物利用度约50%。口服后1～2小时起效，4～6小时血药浓度达高峰，作用维持12～16小时。药物主要经肝脏代谢，代谢物仍具有活性。代谢物或原型药主要经肾脏排泄，尿中可出现淡蓝色荧光。

氨苯蝶啶的利尿作用不受体内醛固酮水平的影响，其作用机制为直接阻滞远曲小管、集合管管腔钠通道，减少Na^+重吸收，使管腔内负电位降低，减少K^+向管腔分泌，产生排钠利尿和留钾作用。

本药常与中效能或高效能利尿药合用，治疗各类顽固性水肿或腹水，也可用于氢氯噻嗪或螺内酯无效的患者。因能促进尿酸排泄，尤其适用于痛风患者的利尿。大剂量长期服用可致高钾血症，故肾功能不全或有高钾血症倾向者禁用；肝硬化患者服用本药可引起巨幼细胞贫血，可能与其抑制二氢叶酸还原酶有关；偶见头昏、嗜睡、皮疹及轻度胃肠道反应。

阿米洛利

阿米洛利（amiloride，氨氯吡咪）的化学结构与氨苯蝶啶不同，其作用却与氨苯蝶啶相同。排钠留钾作用强度为氨苯蝶啶的5倍，利尿作用可持续22～24小时，其作用机制、临床应用及不良反应等均与氨苯蝶啶相似。

（四）碳酸酐酶抑制药

乙酰唑胺

乙酰唑胺（acetazolamide）抑制碳酸酐酶，使肾近曲小管H^+产生减少，Na^+-H^+交换减少，产生弱的利尿作用；本药还可抑制睫状体上皮细胞内碳酸酐酶的活性，减少房水的产生，使眼压降低。用于多种类型的青光眼。常见的不良反应有四肢及面部麻木感、嗜睡，长期应用可引起代谢性酸中毒、尿结石；具有磺胺类似结构，对磺胺类过敏者禁用。

第2节 脱 水 药

脱水药（dehydrant agent）又称渗透性利尿药（osmotic diuretic），是一类静脉给药后能迅速提高血浆渗透压，使组织内水分向血浆转移而使组织脱水的药物，同时可提高肾小管腔液渗透压，产生渗透性利尿作用。主要用于治疗脑水肿，以降低颅内压。

本类药物一般具有如下特点：①静脉给药后，不易通过毛细血管进入组织细胞；②易经肾小球滤过，而不易被肾小管重吸收；③在体内不被代谢。

甘 露 醇

甘露醇（mannitol）口服不吸收，临床用20%的高渗溶液静脉注射或静脉滴注。

【药理作用】

1. 脱水作用 静脉给药后，不易从毛细血管渗入组织，迅速提高血浆渗透压，使组织间液及细胞内的水分向血浆转移，产生组织脱水作用，可迅速降低颅内压、眼压。

2. 利尿作用 其作用机制可能是：①静脉给药后，因增加血容量使肾小球滤过率增加，经肾小球滤过后几乎不被肾小管重吸收，使肾小管液中的渗透压增高，减少肾小管和集合管对水的重吸收；②扩张肾血管，增加肾髓质血流量，从而产生渗透性利尿作用。

【临床应用】

1. 治疗脑水肿 甘露醇是临床降低颅内压的安全有效的首选药。用于治疗颅内肿瘤、颅脑损伤、脑组织炎症及缺氧等引起的脑水肿，若合用地塞米松效果更佳。

2. 预防急性肾衰竭 急性肾衰竭早期，应用甘露醇可防止肾小管萎缩和坏死，如急性肾衰竭已经形成，则应停止使用，否则有发生急性左心衰竭、急性肺水肿的危险。

3. 治疗青光眼 可用于青光眼的治疗及术前准备。

4. 其他 用于大面积烧伤引起的水肿及促进体内毒物的排出等。

【不良反应】 静脉注射过快，可致一过性头痛、眩晕、畏寒、视物模糊、心悸等，可能是由于组织脱水过快，血容量迅速增加，血压升高所致。静脉注射时药液外漏，可致局部组织肿痛，甚至坏死。患者注射后3～6小时可出现流涕、舌肿、呼吸困难及意识丧失等。充血性心力衰竭、活动性颅内出血患者禁用。

山 梨 醇

山梨醇（sorbitol）是甘露醇的同分异构体，临床常用25%的高渗溶液，其药理作用、临床应用与甘露醇相似。由于进入体内后，部分被转化为果糖而失去渗透性脱水作用，故作用较弱。但因其溶解度较大，价格便宜，不良反应较轻，临床常作为甘露醇的代用品。

高渗葡萄糖

葡萄糖（glucose）作为脱水药常用其50%高渗溶液。静脉注射后可产生脱水和渗透性利尿作用，用于治疗脑水肿和急性肺水肿。因葡萄糖可从血管内弥散到组织中，且易被代谢，故作用较弱而不持久。单独用于脑水肿治疗时，由于葡萄糖可进入脑组织内，同时带入水分而使颅内压回升，甚至超过用药前水平，造成反跳现象，故一般应与甘露醇交替使用，以巩固疗效。

学习小结

利尿药分为四类：①袢利尿药：如呋塞米等，主要作用于髓袢升支粗段，利尿作用强大；主要用于各型严重水肿和急性肺水肿等治疗；可引起水盐代谢紊乱及耳毒性。②噻嗪类和类噻嗪类利尿药：如氢氯噻嗪等，主要作用于远曲小管近端，利尿作用温和持久；适用于各型轻、中度水肿，对心源性水肿效果较好，还可治疗高血压和尿崩症；长期使用可致低钾血症。③留钾利尿药：如螺内酯和氨苯蝶啶，主要作用于远曲小管末端和集合管，利尿作用弱；久用可致高钾血症；常与排钾利尿药合用治疗顽固性水肿。④碳酸酐酶抑制药：如乙酰唑胺，利尿作用很弱，可抑制睫状体上皮细胞内碳酸酐酶的活性，减少房水的产生，可用于治疗多种类型的青光眼。

常用脱水药有甘露醇和山梨醇，具有使组织脱水和渗透性利尿作用，主要用于急性脑水肿、急性肾功能不全和急性青光眼的治疗。

高频考点 1. 利尿药与脱水药的分类
2. 利尿药的应用选择

自 测 题

1. 呋塞米用药后不会引起
A. 低氯性碱中毒 B. 低钾血症
C. 低钠血症 D. 耳毒性
E. 低血糖

2. 呋塞米用药注意不包括
A. 不得与全血混合滴注，特别注意不要加入酸性液中静脉滴注
B. 增加高钾食物的摄入
C. 肌内注射会引起局部刺激，不宜肌内注射
D. 应缓慢静脉注射，注射速度过快导致心律失常
E. 警惕耳毒性

3. 不宜与氨基糖苷类抗生素合用的利尿药是
A. 噻嗪类 B. 呋塞米
C. 螺内酯 D. 氨苯蝶啶
E. 乙酰唑胺

4. 对抗醛固酮而发挥作用的留钾利尿药是
A. 呋塞米 B. 螺内酯
C. 氨苯蝶啶 D. 氢氯噻嗪
E. 布美他尼

5. 加速毒物排泄常用的药物是
A. 氢氯噻嗪 B. 螺内酯
C. 呋塞米 D. 氨苯蝶啶
E. 乙酰唑胺

6. 高钾血症患者，禁用下列何种利尿药
A. 氢氯噻嗪 B. 氯噻嗪
C. 布美他尼 D. 呋塞米
E. 氨苯蝶啶

（王 伟）

第20章 抗高血压药

思维导图

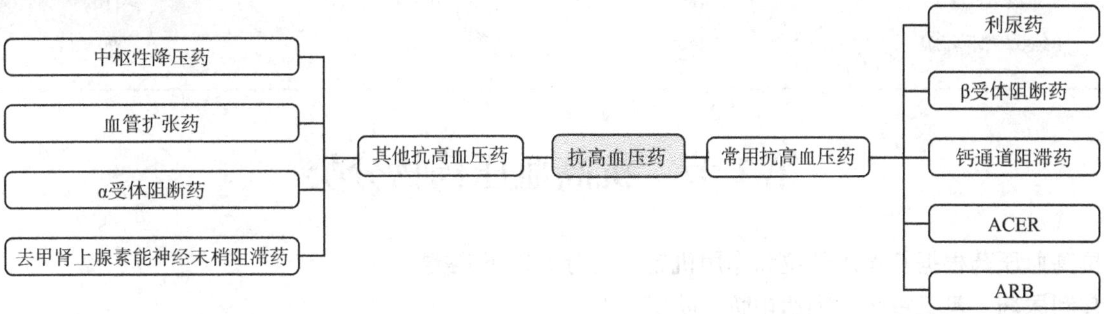

学习目标

1. 掌握利尿药、β受体阻断药、钙通道阻滞药、血管紧张素转化酶抑制药及血管紧张素Ⅱ受体阻断药的作用机制、作用特点、临床应用及不良反应。

2. 熟悉中枢性降压药、α受体阻断药、血管扩张药的降压特点、作用机制和临床应用。

3. 了解去甲肾上腺素能神经末梢阻滞药的应用。

4. 具备根据适应证合理选择抗高血压药及防治不良反应的能力；会分析抗高血压药常用配伍用药的合理性。

5. 能利用所学知识进行医患沟通，开展抗高血压药的用药咨询服务，并能正确指导患者合理用药。

案例导入

患者，男，51岁。患高血压5年，最高血压180/120mmHg，就诊时正在服用复方降压片，每次2片，每天3次；血压控制不佳，在150～160/90～100mmHg范围；心脏超声示左心室肥厚，空腹血糖6.3mmol/L，尿常规蛋白（+），吸烟20年，20支/日。诊断：高血压Ⅲ级。予阿司匹林100mg，缬沙坦80mg，氢氯噻嗪12.5mg，硝苯地平缓释片10mg均一天1次用药。

问题： 该治疗方案是否合理？为什么？

高血压是以动脉血压持续增高为主的临床综合征，是最常见的心血管疾病，可引起严重的心、脑、肾并发症，是脑卒中、冠心病的主要危险因素。在未使用抗高血压药的情况下，非同日3次测量诊室血压，收缩压持续≥140mmHg或舒张压持续≥90mmHg，即可诊断为高血压。

高血压分为原发性高血压（占90%～95%）与继发性高血压两类。原发性高血压的发病机制尚未完全阐明，主要与中枢神经系统、肾上腺素能神经系统、肾素-血管紧张素-醛固酮系统、血管内皮松弛因子-收缩因子系统、血管舒缓肽-激肽-前列腺素系统等的血压调节功能失调有关。原发性高血压的主要治疗目的是：长期稳定控制血压在目标水平、减轻靶器官损害、降低高血压并发症的发生率和病死率、提高患者生活质量。继发性高血压（又称症状性高血压），血压升高是某些疾病（如肾动脉狭窄、肾实质病变、嗜铬细胞瘤等）的临床症状之一。继发性高血压的治疗原则是去除病因，减少并发症。

知识拓展 正常血压及高血压分级

类别	收缩压（mmHg）		舒张压（mmHg）
正常血压	<120	和	<80
正常高值	120～139	和（或）	80～89
高血压	≥140	和（或）	≥90
Ⅰ级（轻度）	140～159	和（或）	90～99
Ⅱ级（中度）	160～179	和（或）	100～109
Ⅲ级（重度）	≥180	和（或）	≥110
单纯收缩期高血压	≥140	和	<90

第1节 抗高血压药物分类

抗高血压药根据其作用部位和作用机制，可分为以下几类。

1. 利尿药 氢氯噻嗪、吲达帕胺、呋塞米等。

2. 交感神经抑制药

（1）中枢性降压药 可乐定、甲基多巴、莫索尼定等。

（2）肾上腺素受体阻断药 ①β受体阻断药，如普萘洛尔、美托洛尔、比索洛尔、阿替洛尔等；②α受体阻断药，如哌唑嗪、特拉唑嗪等；③α、β受体阻断药，如拉贝洛尔。

（3）去甲肾上腺素能神经末梢阻滞药 胍乙啶等。

（4）神经节阻断药 美卡拉明等。

3. 钙通道阻滞药（CCB） 硝苯地平、尼群地平、氨氯地平、非洛地平等。

4. 肾素-血管紧张素系统（RAS）抑制药

（1）血管紧张素转化酶抑制药（ACEI） 卡托普利、依那普利等。

（2）血管紧张素Ⅱ受体阻断药（ARB） 氯沙坦、缬沙坦、厄贝沙坦等。

5. 血管扩张药

（1）血管平滑肌舒张药 肼屈嗪、硝普钠等。

（2）钾通道开放药 吡那地尔等。

知识拓展 全国高血压日

我国现有高血压患者约3亿，高血压患者的知晓率、治疗率、控制率即“三率”都比较低，且每年新增300万以上。为提高广大群众对高血压危害健康严重性的认识，动员全社会积极参与高血压预防和控制工作，普及高血压防治知识，增强全民的自我保健意识，国家卫生主管部门决定自1998年起，将每年的10月8日定为全国高血压日。以期减少高血压的新发，并大幅提高“三率”。

第2节 常用抗高血压药

一、利 尿 药

氢氯噻嗪

【体内过程】 噻嗪类利尿药口服后1小时起效，2小时血药浓度达高峰，维持6～12小时。药物分布以肾脏最多，肝脏次之，易通过胎盘屏障。多数药物以原型经肾小管分泌。氯噻酮因其吸收和排泄缓慢，作用较噻嗪类利尿药持久。

【药理作用】 通过排钠利尿，产生温和而持久的降压作用，多数患者在用药后2～4周显效。降压作用机制：①用药初期因排钠利尿、减少有效血容量而致血压降低。②长期用药则因持续排钠使血管平滑肌细胞内Na^+减少，Na^+-Ca^{2+}交换减少，使细胞内Ca^{2+}含量降低，导致血管平滑肌舒张而降压。

【临床应用】 单用可治疗Ⅰ级高血压，可与β受体阻断药、血管紧张素转化酶抑制药、钙通道阻滞药、血管扩张药等抗高血压药合用治疗Ⅱ、Ⅲ级高血压，如老年高血压、难治性高血压、心力衰竭合并高血压、盐敏感性高血压等。合用时应注意减少用药剂量，以免不良反应增多。

【不良反应和注意事项】

1. 水、电解质紊乱 如低血钾、低血钠、低血氯性碱中毒等，其中低钾血症最为常见，应注意补钾或与留钾利尿药合用。

2. 高尿酸血症 其原因与高效能利尿药相同，有痛风史者可诱发或加剧痛风症状，宜与促尿酸排泄的氨苯蝶啶合用。

3. 对代谢的影响 可导致高血糖、高血脂。大剂量应用噻嗪类利尿药可使糖尿病患者及糖耐量异常的患者血糖升高，可诱发或加重糖尿病，可能因其抑制了胰岛素的分泌和减少组织利用葡萄糖有关；长期应用使血中三酰甘油、胆固醇及低密度脂蛋白升高；久用偶致高血钙。高脂血症患者、糖尿病患者慎用。

【药物相互作用】 与呋塞米、布美他尼、碳酸酐酶抑制剂有交叉过敏反应。

吲达帕胺

吲达帕胺（indapamide）为磺胺类利尿药，为新型强效、长效降压药。

【药理作用】 具有利尿作用和钙通道阻滞作用。利尿作用强于氢氯噻嗪，主要通过阻滞钙通道而减少Ca^{2+}内流，促进内皮细胞源性血管舒张因子（EDRF）的产生而致血压明显下降，还能抗心肌肥厚。作用强而持久，每日仅用药1次，肾功能受损时大部分从胆汁排出，无蓄积作用。

【临床应用】 可用于伴有高脂血症的患者临床用于Ⅰ、Ⅱ级高血压疗效显著，也可与其他降压药合用以增强疗效。

【不良反应和注意事项】 可见口干、恶心、眩晕、头痛、失眠等。长期用药仅有轻度的血钾降低和尿酸增高，对血糖、血脂代谢无明显影响。可致性功能减退。

孕妇慎用，严重肝、肾功能不全和肝性脑病患者禁用。

其他利尿药物如袢利尿药呋塞米、布美他尼等，可用于伴有肾功能不全的高血压患者。

二、β受体阻断药

普萘洛尔

【体内过程】 普萘洛尔（propranolol）首过消除显著，生物利用度约为25%，半衰期约4小时，但降压持续时间1～2天。

【药理作用】 普萘洛尔为非选择性β受体阻断药，通过阻断β_1、β_2受体，产生缓慢、温和、持久的降压作用。作用机制：①减少心排血量：阻断心肌β_1受体，抑制心肌收缩力并减慢心率，使心排血量减少而降压；②减少肾素分泌：阻断肾脏的β_1受体，抑制肾小球旁细胞分泌及释放肾素；③降低外周交感神经活性：阻断去甲肾上腺素能神经突触前膜的β_2受体，抑制其正反馈作用，减少去甲肾上腺素的释放；④中枢降压作用：阻断下丘脑、延髓等部位的β受体，抑制兴奋性神经元，使外周交感神经张力降低而降压。

【临床应用】 用于治疗Ⅰ、Ⅱ级高血压，对心排血量高及肾素活性偏高的高血压患者疗效较好，特别是对高血压合并心绞痛、偏头痛、焦虑症及某些心律失常（如心房颤动、室性早搏）的患者更为适用。适用于交感神经张力较高的青年型高血压，对有心排血量、肾素水平偏高或伴有心绞痛、快速型心律失常、甲亢、脑血管病变的高血压患者更适宜。

【不良反应和注意事项】

1. 一般不良反应 有恶心、呕吐、轻度腹泻等消化道症状。偶见过敏反应如皮疹、血小板减少等。

2. 心脏抑制 因对心脏β_1受体的阻断作用，可引起心脏抑制，特别是窦性心动过缓、房室传导阻滞、心功能不全等患者对药物的敏感性增高，尤易发生，甚至引起严重心功能不全、肺水肿、房室传导完全阻滞或心搏骤停等严重后果。

3. 诱发或加重支气管哮喘 由于阻断支气管平滑肌β_2受体，使支气管平滑肌收缩，呼吸道阻力增加。

4. 外周血管收缩和痉挛 由于对血管平滑肌β_2受体的阻断，可使外周血管收缩和痉挛，导致四肢发冷、皮肤苍白或发绀，出现雷诺症状或间歇性跛行，甚至引起脚趾溃疡和坏死。

5. 反跳现象 长期应用β受体阻断药突然停药，可使疾病原有症状加重，与β受体向上调节有关。因此，长期用药者不宜突然停药，须逐渐减量停药。

6. 其他 本类药物可掩盖低血糖休克所引起的心动过速、出汗等症状，使用本类药物的糖尿病患者，对此应予注意。严重心功能不全、窦性心动过缓、重度房室传导阻滞和支气管哮喘患者等禁用。心肌梗死、肝功能不全者慎用。

美托洛尔

美托洛尔（metroprolol，倍他乐克）为选择性β_1受体阻断药，对β_2受体影响小。

【药理作用】 美托洛尔阻断β_1受体的作用与普萘洛尔相似，对β_1受体的选择性稍弱于阿替洛尔。无内在拟交感活性，无膜稳定作用。对心脏作用（如减慢心率、抑制心收缩力、降低自律性和延缓房室传导时间等）与普萘洛尔、阿替洛尔相似。对血管和支气管平滑肌收缩作用较普萘洛尔弱，对呼吸道的影响较小，但强于阿替洛尔。能降低血浆肾素活性。

【临床应用】 适用于伴快速性心律失常、心绞痛、心肌梗死、肥厚型心肌病、主动脉夹层、交感神经活性增高的高血压患者。对伴有阻塞性呼吸系统疾病的患者较安全。在有经验的医师指导下还可用于心力衰竭的治疗。

【不良反应和注意事项】

1. 心血管系统 心率减慢、传导阻滞、血压降低、心力衰竭加重、外周血管痉挛导致的四肢冰冷或脉搏不能触及、雷诺氏征。

2. 中枢神经系统 出现疲乏、眩晕、抑郁、头痛、多梦、失眠等。

3. 消化系统 可见恶心、胃痛、腹泻，多不严重。

本药禁用于低血压、显著心动过缓，心源性休克、重度或急性心力衰竭、末梢循环灌注不良、Ⅱ度或Ⅲ度房室传导阻滞、病态窦房结综合征、严重周围血管疾病。

阿替洛尔

阿替洛尔（atenolol，氨酰心安）作用与美托洛尔相同，降压作用持续时间较长，每日口服1次即可。

比索洛尔

比索洛尔（bisoprolol）是选择性β_1受体阻断药。对β_1受体的选择性是阿替洛尔的4倍，无内在拟交感活性，作用时间长（24小时以上）。连续服药无耐受现象，对呼吸系统副作用极小。

拉贝洛尔

拉贝洛尔（labetalol）兼有β_1、β_2受体及α_1受体阻断作用，对β_1、β_2受体作用强度相似，对α_1受体

作用较弱。

主要用于Ⅱ、Ⅲ级高血压及高血压急症。老年高血压患者使用安全。高血压危象时可静脉给药。少数患者用药后可出现乏力、眩晕、上腹部不适等症状，大剂量可致直立性低血压。

三、钙通道阻滞药

钙通道阻滞药是一类选择性阻滞钙通道，抑制细胞外Ca^{2+}内流，降低细胞内Ca^{2+}浓度的药物，又称钙拮抗剂。具有心脏抑制（负性肌力、负性频率、负性传导）、松弛血管平滑肌（主要扩张动脉尤其是冠状动脉，对静脉影响小）、松弛其他平滑肌（如支气管）及抗动脉粥样硬化等作用。

常用钙通道阻滞药有3类：苯烷胺类（如维拉帕米）、二氢吡啶类（如硝苯地平、尼群地平、氨氯地平、尼莫地平）和苯并噻氮䓬类（如地尔硫䓬）。钙通道阻滞药能有效降低收缩压和舒张压，降压作用温和，还可逆转高血压所致左心室肥厚，长期服用较少产生耐受性，对脂质、糖、尿酸及电解质代谢无明显影响。本类药物中二氢吡啶类扩血管作用较强，最为常用。

硝苯地平

硝苯地平（nifedipine，硝苯吡啶、心痛定）属第一代二氢吡啶类钙通道阻滞药。

【药理作用】 具有明显的降压作用，降压时可反射性加快心率，增高血浆肾素活性，合用β受体阻断药可对抗。短效制剂口服30分钟起效，作用持续4～6小时，长期应用不良反应增多。现主张使用硝苯地平缓释片，一次用药能维持有效血药浓度达12小时，既可以减轻因迅速降压造成的反射性交感神经张力增加，又可以通过缓慢释药，使血药浓度谷/峰比值提高，减少血压波动性，保护重要靶器官。

【临床应用】 适用于Ⅰ、Ⅱ、Ⅲ级高血压，与利尿药、β受体阻断药、血管紧张素转化酶抑制药等合用可增强疗效，也适用于伴心绞痛、肾脏疾病、糖尿病、哮喘、高脂血症及恶性高血压的患者。

【不良反应和注意事项】 可有头痛、头晕、心悸、踝部水肿等，偶可致低血压。

禁用于肥厚型心肌病、主动脉瓣狭窄患者。

尼群地平

尼群地平（nitrendipine）为第二代钙通道阻滞药。作用与硝苯地平相似，但扩血管作用较硝苯地平强，降压作用温和而持久，口服后30分钟收缩压开始下降，60分钟后舒张压开始下降，降压作用持续6～8小时，每日口服1～2次。对冠状动脉有较强的选择作用，能降低心肌耗氧量，对缺血性心肌细胞具有保护作用。适用于各型高血压。常见的不良反应有头痛、眩晕、水肿、乏力等。

氨氯地平

氨氯地平（amlodipine）属第三代钙通道阻滞药，为长效钙通道阻滞药。口服1～2周起效，6～8周作用达高峰，一次用药降压作用可维持24小时。单用和联合用药治疗高血压和心绞痛，与利尿药、β受体阻断药或血管紧张素转化酶抑制药合用可提高疗效。

四、血管紧张素转化酶抑制药

RAAS是人体重要的体液调节系统，既存在于循环系统中，也存在于心血管组织中，在生理状态下，对维持电解质和体液平衡、调节血压等方面起着重要作用。在ACE的作用下，AngⅠ转变为AngⅡ。AngⅡ具有广泛的心血管作用，组织中的AngⅡ是一种细胞生长因子，可引起心室重构（左心室肥厚）和血管重构（管壁增厚），参与高血压、缺血性心脏病及慢性心功能不全等心血管疾病的病理生理过程，加重病情发展。此外，在人的心脏与血管组织中的糜酶旁路也可将AngⅠ转化为AngⅡ。

ACEI能抑制ACE的活性，减少AngⅡ的生成，使血管扩张、缓解或逆转心血管重构，发挥降压作用（图20-1），尤其是防止和逆转心肌肥大和血管壁增生，对保护靶器官具有重要意义。本类药物有轻度K^+潴留作用，高血钾患者应慎重。

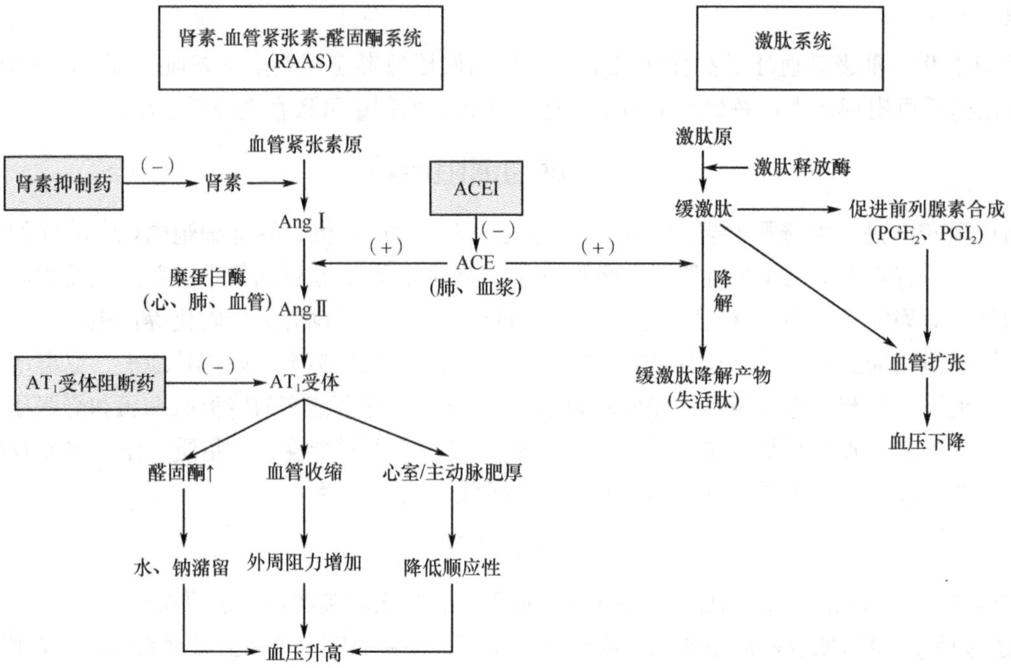

图20-1 血管紧张素转化酶抑制药和血管紧张素受体阻断药的作用机制示意图

卡托普利

卡托普利（captopril，巯甲丙脯酸）是第一个口服有效并批准使用的ACEI。

【体内过程】 口服易吸收，生物利用度约为75%，宜在餐前1小时服用，以免食物影响其吸收。口服后15分钟起效，血药浓度1小时达高峰，维持4～6小时。血浆蛋白结合率为30%，$t_{1/2}$约为2小时，部分在肝代谢，约40%以原型药经肾排出。

【药理作用】 本药具有轻至中等强度的降压作用，降压时不伴有反射性心率加快，不发生直立性低血压；可使肾血管阻力降低，肾血流增加；可增强机体对胰岛素的敏感性；对脂质代谢无影响；不易产生耐受性；还可防止和逆转心肌肥大和血管壁增厚。

作用机制：①抑制ACE，减少AngⅠ转化为AngⅡ，使血管扩张；缓解或逆转心血管重构；减少醛固酮分泌；抑制交感神经递质释放。②抑制激肽酶Ⅱ（即ACE），使缓激肽降解减少，发挥其扩张血管作用。

【临床应用】

1. 高血压 对各级高血压均有效，特别适用于合并左心室肥厚、急性心肌梗死、心力衰竭、糖尿病及胰岛素抵抗、慢性肾脏病、蛋白尿或微量蛋白尿的高血压患者。

2. 充血性心力衰竭

【不良反应和注意事项】

1. 刺激性干咳 患者表现为频繁的干咳是被迫停药的主要原因，发生率为5%～20%，用药半年以上发生率较高，与缓激肽及前列腺素等对呼吸道黏膜的刺激有关。

2. 首剂现象 首剂低血压发生率约2%，与开始用药剂量过大有关，应从小剂量开始用药。

3. 中性粒细胞减少 与剂量有关，肾功能不全患者发生率较高。

4. 青霉胺样反应 与药物中含巯基（—SH）有关，可发生皮疹、瘙痒、味觉异常或缺失。

5. 血管性水肿 与缓激肽及其代谢产物有关，一旦发生应停药。

双侧肾动脉瓣狭窄及孕妇禁用。

依那普利

依那普利（enalapril）为不含巯基的强效ACEI，系前体药物，在肝内迅速水解成活性产物依那普利拉。与食物同服不影响生物利用度，可餐前、餐中或餐后服用。经肾排泄，严重肾功能不全时可出现药物蓄积。降压机制与卡托普利相似，但抑制ACE的作用比卡托普利强10倍。降压作用强而持久，服药6～8小时后出现最大降压作用，每日给药1次。

其他同类药物还有赖诺普利（lisinopril）、贝那普利（benazepril）、福辛普利（fosinopril）、喹那普利（quinapril）、雷米普利（ramipril）、培哚普利（perindopril）、西拉普利（cilazapril）等，共同特点是长效，每天服用1次即可。

五、血管紧张素Ⅱ受体阻断药

血管紧张素Ⅱ受体有两种亚型，即AT_1和AT_2。AT_1受体主要位于血管平滑肌、心肌、肾、肝、肺、脑及肾上腺等；AT_2受体广泛分布于胎儿组织，出生后其表达迅速衰减，其功能尚未完全阐明。

氯　沙　坦

【药理作用和临床应用】 氯沙坦（losartan，洛沙坦）为强效选择性AT_1受体阻断药，可竞争性拮抗AngⅡ与AT_1受体结合，使血管扩张，血压下降，心脏负荷减轻，抑制醛固酮分泌，并可阻止或逆转心血管重构作用，改善心功能。还可增加肾血流量和肾小球滤过率，增加水、钠及尿酸排泄，具有肾脏保护作用。

适用于各型高血压，尤其适用于不能耐受ACEI的患者。

【不良反应和注意事项】 不良反应较少，不易引起咳嗽和血管神经性水肿，这与本药不影响缓激肽降解有关。孕妇、哺乳期妇女及肾动脉狭窄者禁用。避免与补钾药或留钾利尿药合用。

缬　沙　坦

缬沙坦（valsartan）口服吸收迅速，4～6小时后达峰值。作用维持24小时。作用与氯沙坦相似，对AT_1受体的亲和力比对AT_2受体强。降压作用明显，不影响心率，突然停药不会出现血压反跳。长期使用可逆转左心室肥厚和血管壁增厚。不能促进缓激肽生成，故不易引起咳嗽。

厄贝沙坦

厄贝沙坦（irbesartan）是强效、长效的AT_1受体阻断药，其对AT_1受体的选择性比AT_2受体高，比氯沙坦对AT_1受体的亲和力强约10倍。原发性高血压患者一次口服150mg后，3～4小时降压作用达峰值，效果可持续24小时以上。口服易吸收，生物利用度为60%～80%，其吸收不受食物影响。血浆蛋白结合率为90%。消除$t_{1/2}$较长，可达11～15小时。在体内主要经肝脏代谢，部分药物随尿及粪便排出体外。

厄贝沙坦可单用或与其他抗高血压药物合用治疗高血压。厄贝沙坦用于高血压合并糖尿病肾病患者，能减轻肾损害，减少尿蛋白，增加肌酐清除率。

坎地沙坦

坎地沙坦（candesartan）对AT_1受体具有强效、长效、选择性高等特点。$t_{1/2}$为3～11小时。可用于原发性高血压的治疗，长期应用能逆转左心室肥厚，对肾脏有保护作用。不良反应较少，禁忌证同其他AT_1受体阻断药。

第3节　其他抗高血压药

一、中枢性降压药

可　乐　定

可乐定（clonidine，可乐宁）口服吸收良好，生物利用度为75%。

【药理作用】 可乐定降压作用中等偏强，并可抑制胃肠分泌及运动，对中枢神经系统有明显抑制作用。降压机制与激动延髓嘴端腹外侧区I_1咪唑啉受体等有关。

【临床应用】 常联合用药治疗其他降压药无效的Ⅱ、Ⅲ级高血压，特别适用于伴消化性溃疡病的高血压患者。还可用于阿片类镇痛药成瘾者的脱瘾。

【不良反应和注意事项】 口干、嗜睡、眩晕、便秘等，久用可见水钠潴留，还可出现抑郁、血管性水肿、腮腺肿痛等。不宜用于高空作业或驾驶机动车的人员。

甲基多巴

甲基多巴（methyldopa）作用与可乐定相似，不影响肾血流量及肾小球滤过率。适用于Ⅱ级高血压，特别是伴有肾功能不全的高血压患者，也可用于妊娠期高血压。不良反应有嗜睡、口干、便秘，有时可出现肝损害和黄疸，肝功能不全患者禁用。

莫索尼定

莫索尼定（moxonidine）为第二代中枢性降压药，作用与可乐定相似，对I_1咪唑啉受体的选择性较可乐定高，对α_2受体作用较弱。降压作用弱于可乐定，能逆转心肌肥厚。主要用于治疗Ⅰ、Ⅱ级高血压，每日给药1次即可。不良反应少。

二、血管扩张药

（一）血管平滑肌松弛药

本类药物能直接松弛血管平滑肌，降低外周阻力而降压。但可通过压力感受器反射性地加快心率，增加心排血量，促进肾素分泌，引起水钠潴留，从而部分地对抗其降压作用。合用利尿药和β受体阻断药可予以抵消。

硝普钠

硝普钠（sodium nitroprusside，亚硝基铁氰化钠）水溶液性质不稳定，光照下加速分解，静脉滴注时应避光，溶液应新鲜配制。口服不吸收，静脉给药1～2分钟起效，停药后5分钟血压回升。在体内可产生CN^-，并在肝脏转化为SCN^-。

【体内过程】 口服不吸收，静脉滴注给药起效快。本品在体内产生的CN^-可被肝脏转化成SCN^-，经肾排泄。

【药理作用】 为快速、强效、短效血管扩张药，能直接松弛小动脉和小静脉，降低心脏前、后负荷，迅速降低血压。作用机制为：硝普钠在血管平滑肌内可释放出一氧化氮（NO），激活血管平滑肌细胞内的鸟苷酸环化酶，使cGMP水平升高，导致血管平滑肌松弛，从而产生明显的降压作用。

【临床应用】 首选治疗高血压急症，应用时要加强监护并控制给药速度。也可用于高血压合并心力衰竭及嗜铬细胞瘤引起的血压升高。还可用于外科手术的控制性降压。

【不良反应和注意事项】 血压降低过快可出现头痛、恶心、出汗、心悸，严重时可引起冠状动脉或脑血管灌注量减少。代谢产物氰化物（中间代谢物）和硫氰酸盐（最终代谢产物）具有毒性，可导致甲状腺功能低下（因硫氰酸盐可抑制甲状腺对碘的摄取和结合）。用药时须监测血浆氰化物浓度。

肼屈嗪

肼屈嗪（hydralazine，肼苯哒嗪）口服易吸收，给药后1小时作用达高峰，可维持6小时。降压作用快而强，能直接松弛小动脉，通过降低外周阻力而降压。适用于Ⅱ级高血压，很少单独应用，多与利尿药等制成复方制剂使用。

（二）钾通道开放药

钾通道开放药是一类新型的血管扩张药，可促进血管平滑肌细胞钾通道开放，K^+外流增加，导致细胞膜超极化，使细胞膜上电压依赖性钙通道难以激活，Ca^{2+}内流减少，同时又因Na^+-Ca^{2+}交换增加，使Ca^{2+}外流增多，导致细胞内Ca^{2+}量减少，血管平滑肌松弛，血管扩张，血压下降。

吡那地尔

吡那地尔（pinacidil）扩张血管作用明显，降压作用强于哌唑嗪，口服易吸收，给药后1～3小时作用达高峰，可维持6小时，主要在肝代谢，代谢物仍具有降压活性。主要用于Ⅰ、Ⅱ级高血压，与利尿药、β受体阻断药合用可提高疗效并能减轻水肿、心悸等不良反应。

水肿发生率较高，可达25%～50%。还可有头痛、嗜睡、乏力、心悸、直立性低血压、面部潮红、鼻黏膜充血及多毛症等不良反应。

同类药还有米诺地尔（minoxidil，长压定）、尼可地尔（nicorandil）等。

三、α受体阻断药

哌 唑 嗪

哌唑嗪（prazosin）口服吸收良好，主要在肝脏代谢。本药可选择性阻断血管平滑肌的α_1受体，通过降低外周阻力而降压。降压时不加快心率、不影响肾血流量。可松弛尿道括约肌，改善前列腺增生患者的排尿困难。还可降低血浆三酰甘油、总胆固醇、低密度脂蛋白和极低密度脂蛋白水平，增加高密度脂蛋白水平，对缓解冠状动脉病变有利。

四、去甲肾上腺素能神经末梢阻滞药

本类药物主要通过影响儿茶酚胺的摄取、贮存或释放产生降压作用，如利血平（reserpine，利舍平）及胍乙啶（guanethidine）。利血平因作用较弱，不良反应较多，目前很少单独应用，常与利尿药等制成复方制剂用于Ⅰ、Ⅱ级高血压。胍乙啶降压作用强而持久，但可引起直立性低血压，减少心、脑、肾血流量，仅用于舒张压较高的重度高血压。

学习小结

抗高血压药物种类繁多，其中常用降压药物有利尿药、β受体阻断药、钙通道阻滞药、血管紧张素转化酶抑制药和血管紧张素Ⅱ受体阻断药，常用降压药物疗效好，不良反应少，可单用治疗轻度高血压，也可联合应用治疗各期高血压，临床应用广泛。其他降压药主要作为常用降压药物的补充，一般不可单用，只能联合应用治疗某些Ⅱ、Ⅲ级高血压或高血压急症。

长期合理应用降压药，保持血压稳定，减少波动性，对防治患者心、肾、脑、血管等靶器官的损害，降低致残率和病死率，在提高患者的生存质量及延长患者寿命方面具有非常重要的临床意义。小剂量多药联合用药或者选用复方制剂，比单一大剂量用药不良反应少，降压疗效更好。

高频考点 1. 分别说出一线抗高血压的代表药及其作用机制

2. 氢氯噻嗪和卡托普利能否合用治疗高血压？试从药物的作用机制、不良反应方面进行阐述

3. 钙通道阻滞药治疗高血压的优点有哪些？

4. 氯沙坦的降压机制

自 测 题

1. 伴有肾功能不全的高血压患者宜选用
   A. 氢氯噻嗪　　B. 利血平
   C. 胍乙啶　　D. 肼屈嗪
   E. 卡托普利
2. 关于卡托普利的叙述错误的是
   A. 降低外周血管阻力
   B. 可用于治疗充血性心力衰竭
   C. 与利尿药合用可增强其降压作用
   D. 可增加体内醛固酮水平
   E. 适用于治疗Ⅰ、Ⅱ级原发性或肾性高血压
3. 长期使用利尿药的降压机制主要是
   A. 排Na^+利尿，降低血容量
   B. 降低血浆肾素活性
   C. 增加血浆肾素活性
   D. 抑制醛固酮分泌
   E. 减少小动脉壁细胞内Na^+，进而使细胞内Ca^{2+}含量降低
4. 关于氯沙坦的叙述错误的是
   A. 为选择性AT_1受体阻断药
   B. 可使血管扩张，血压下降，心脏负荷减轻
   C. 可促进心血管重构，改善心功能
   D. 可增加肾血流量和肾小球滤过率，具有肾脏保护作用
   E. 适用于高血压合并肾病或糖尿病性肾病患者
5. 首次用药可引起较严重的直立性低血压的降压药是
   A. 可乐定　　B. 硝苯地平
   C. 普萘洛尔　　D. 哌唑嗪
   E. 卡托普利
6. 患者，男，71岁。血压180/112mmHg。心电图：左心室高电压，提示心肌肥厚。实验室检查：胆固醇及三酰甘油均高于正常水平。临床诊断：高血压Ⅲ级伴高血脂，下列哪个药物应慎用
   A. 氯沙坦　　B. 氢氯噻嗪
   C. 哌唑嗪　　D. 硝苯地平
   E. 卡托普利

（吴　彬）

第21章 抗心律失常药

思维导图 >>>

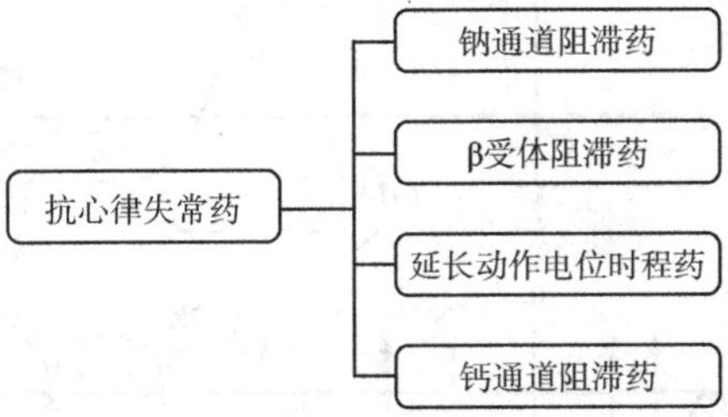

学习目标

1. 掌握抗心律失常药的药物分类及常用抗心律失常药的药理作用、临床应用、不良反应及禁忌证。
2. 熟悉正常心肌电生理学基础及抗心律失常药的基本电生理作用。
3. 了解心律失常的形成机制及快速型心律失常的选药原则。
4. 能够运用所学知识，具备阅读、解释本章药品说明书相关内容的能力。
5. 能运用所学知识与患者及家属进行沟通，开展抗心律失常药的用药咨询服务，帮助和指导患者正确合理用药。

案例导入

患者，男，43岁。10年前无明显诱因时常出现心悸，每次发作持续数分钟至几小时不等，未系统诊治，再次发作2小时入院。查体：血压（BP）95/60mmHg，心率（HR）168次/分，律齐，未闻及病理性杂音。ECG：室上性心动过速。诊断：阵发性室上性心动过速。予5%葡萄糖注射液20ml+普罗帕酮70mg缓慢静脉推注。

问题：该患者用药是否合理？为什么？

第1节　心律失常的电生理学基础

心律失常是由于心脏冲动形成异常和（或）冲动传导异常而导致的心动节律和速率的异常，此时心脏泵血功能发生障碍，机体组织和器官供血受到影响，严重者可危及生命。临床上根据心动频率的变化将其分为两种类型：即缓慢型和快速型心律失常。缓慢型心律失常包括窦性心动过缓、房室传导阻滞等，可应用阿托品及异丙肾上腺素治疗；而快速型心律失常的形成机制则较复杂，常见的有房性期前收缩、房性心动过速、阵发性室上性心动过速、心房扑动、心房颤动及室性期前收缩、室性心动过速和心室纤颤等。本章介绍的抗心律失常药物主要用于治疗快速型心律失常。

一、心肌动作电位

心肌细胞的动作电位可分为5个时相，0相为除极期，复极过程包括1、2、3、4相，1相为快速复极初期；2相为缓慢复极期，也称为平台期；3相为快速复极末期；4相为静息期（图21-1）。

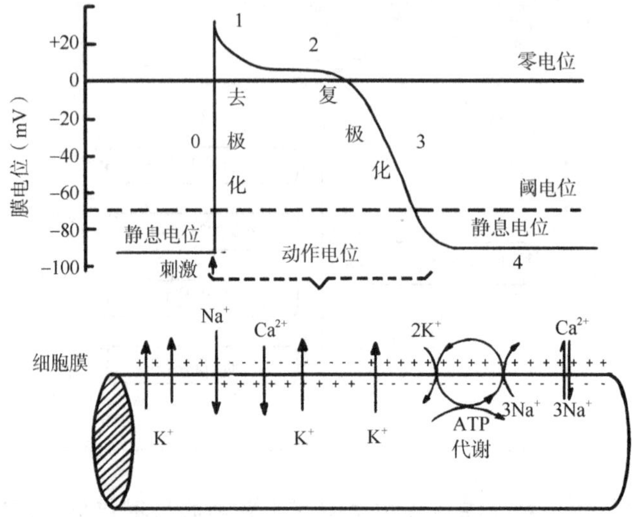

图21-1 心肌细胞动作电位与离子转运示意图

二、心律失常发生的电生理学基础

心律失常可由冲动形成异常和（或）冲动传导异常所引起。

1. 冲动形成异常

（1）自律性增高　自律性主要取决于自律细胞4相自动除极的速度、舒张期最大电位水平及阈电位水平。4相自动除极速度加快，最大舒张电位水平上移或阈电位水平下移，均使从最大舒张期电位到达阈电位的时间缩短，自律性增高。反之，自律性降低。

（2）后除极与触发活动　后除极是指心肌细胞在动作电位后产生的提前除极。发生在2相或3相中的后除极称为早后除极，由Ca^{2+}内流增多所致。发生在4相中的后除极称迟后除极，由细胞内Ca^{2+}超负荷诱发Na^+短暂内流所致。由后除极所触发的异常冲动称为触发活动。强心苷中毒、心肌缺血等可诱发迟后除极。

2. 冲动传导异常　正常情况下，冲动可沿浦肯野纤维的A支和B支传导，并同时到达心室肌，激发除极产生一次心跳，且冲动各自消失在对方的不应期中，不产生逆向传导。在病理情况下，若B支发生单向传导阻滞，冲动只能沿A支传导，激动心室肌后，可通过阻滞区逆B支传导，再折回至原心室肌，若此冲动落在原心室肌的有效不应期外，则形成折返激动。单次折返引起期前收缩，连续多次折返引起快速型心律失常。折返激动形成主要与单向传导阻滞有关。

第2节　抗心律失常药的基本电生理作用及药物分类

一、抗心律失常药的基本电生理作用

1. 降低自律性　对快反应自律细胞主要通过促进4相K^+外流或抑制4相Na^+内流发挥作用；对慢反应自律细胞主要通过抑制4相Ca^{2+}内流而降低自律性。

2. 减少后除极与触发活动　后除极及触发活动与Ca^{2+}内流及Na^+内流增多有关，钠通道或钙通道阻滞药通过抑制Na^+内流或Ca^{2+}内流可减少后除极的发生。

3. 消除折返

（1）改变传导性 通过改善传导、消除单向阻滞或减慢传导、促使单向阻滞发展为双向阻滞可消除折返激动。

（2）改变有效不应期（ERP）及动作电位时程（APD） 绝对延长ERP或相对延长ERP均可消除折返激动。阻滞钠通道和阻滞钾通道的药可延长快反应细胞的ERP，阻滞钙通道和阻滞钾通道的药可延长慢反应细胞的ERP（图21-2）。

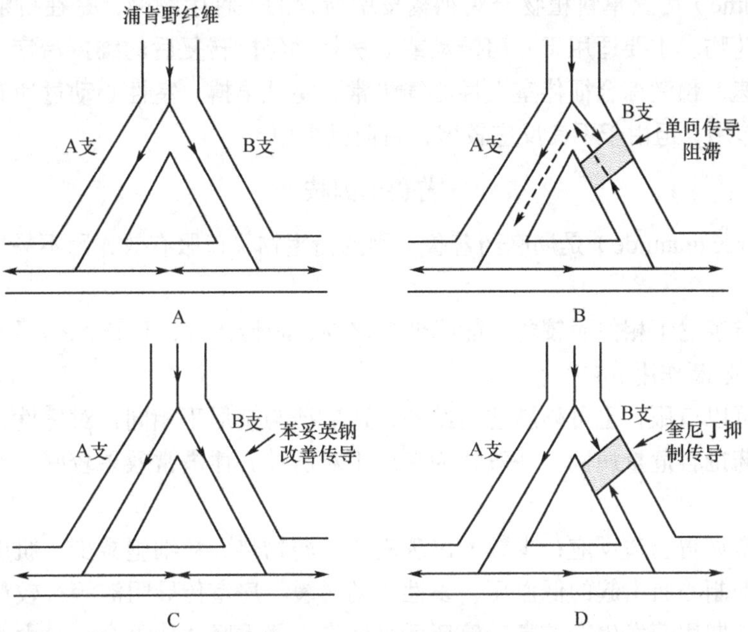

图21-2 浦肯野纤维末梢正常冲动传导、单向传导阻滞、折返激动

A. 正常传导过程；B. B支有一病变区发生单向传导阻滞；C. 消除单向阻滞；D. 变单向阻滞为双向阻滞

二、抗心律失常药的分类

根据药物对心肌电生理特征的影响及作用机制，可将抗心律失常药分为四类。

1. Ⅰ类——钠通道阻滞药 根据药物作用强度和作用特点又分为$Ⅰ_A$、$Ⅰ_B$、$Ⅰ_C$三类。

（1）$Ⅰ_A$类 主要作用为适度抑制钠通道，降低动作电位0相上升速率及延长复极化过程，中度延长传导。代表药为奎尼丁、普鲁卡因胺等。

（2）$Ⅰ_B$类 对钠通道有轻度阻滞作用，主要作用在于促进K^+外流，轻度抑制0相上升速率，缩短复极化过程，对传导影响不大。这类药物有利多卡因、苯妥英钠、美西律等。

（3）$Ⅰ_C$类 可致钠通道明显阻滞，对钠通道结合慢，分离也慢，重度抑制0相除极，明显减慢传导，对复极化过程及APD影响不大。这类药物有氟卡尼、普罗帕酮等。

2. Ⅱ类——β受体阻断药 通过阻断心脏β受体、抑制交感神经兴奋而发挥作用。可减慢4相舒张期除极速率，降低自律性，减慢传导。代表药为普萘洛尔。

3. Ⅲ类——延长动作电位时程药 主要通过抑制钾通道，延长APD和ERP，使ERP/APD值增大而发挥作用，以胺碘酮为代表。

4. Ⅳ类——钙通道阻滞药 通过阻断Ca^{2+}跨膜内流、降低窦房结自律性、减慢房室结传导而发挥作用，代表药为维拉帕米。

第3节 常用抗心律失常药

一、Ⅰ类药——钠通道阻滞药

（一）$Ⅰ_A$类药物

奎 尼 丁

奎尼丁（quinidine）为茜草科植物金鸡纳树皮中所含的一种生物碱，是在抗疟治疗中发现的具有抗心律失常作用的药物。主要适用于心房颤动或心房扑动经电转复后的维持治疗。虽对房性早搏、阵发性室上性心动过速、预激综合征伴室上性心律失常、室性早搏、室性心动过速有效，并有转复心房颤动或心房扑动的作用，但由于不良反应较多，目前已少用。

普鲁卡因胺

普鲁卡因胺（procainamide）是局麻药普鲁卡因的衍生物，口服有效，因不易被血中酯酶破坏，血药浓度较高。

【药理作用】 与奎尼丁相似而较弱，能降低自律性，减慢传导，延长APD及ERP。抗胆碱作用弱于奎尼丁，无α受体阻断作用。

【临床应用】 可以口服，也可静脉注射给药，适应证与奎尼丁相同，对房性、室性心律失常均有效。常静脉注射给药抢救危重病例。一般认为奎尼丁对房性心律失常效果较好，而普鲁卡因胺对室性心律失常效果较好。

【不良反应】 常见胃肠道反应；少数人出现皮疹、药物热、粒细胞减少、肌痛等过敏反应；静脉给药可扩张血管、抑制心肌引起的低血压、窦性心动过缓、房室传导阻滞等；较严重的毒性反应为红斑狼疮样综合征，长期用药发生率较高，停药后可消失。严重肾功能不全、心力衰竭、房室传导阻滞者禁用。

（二）$Ⅰ_B$类药物

利 多 卡 因

利多卡因（lidocaine）既是局部麻醉药，也是较常用的抗心律失常药，主要用于室性心律失常，对室性早搏、室性心动过速、心室纤颤等有效。特别是对急性心肌梗死并发的室性心律失常有显著疗效。也可用于防治心脏手术、全身麻醉、强心苷中毒、电转律后等引起的各种室性心律失常。

（三）$Ⅰ_C$类药物

普 罗 帕 酮

普罗帕酮（propafenone，心律平）口服吸收95%，初期服药首过效应明显，生物利用度为4.8%～23.5%，长期给药，剂量增加到一定程度，肝脏首过效应达到饱和状态，生物利用度明显升高，服药后30分钟左右起效，2～3小时血药浓度达峰值，作用持续6～8小时，有效血药浓度0.2～3.0μg/ml，有效血药浓度个体差异较大，血浆稳态浓度与剂量呈非线性关系，剂量增加3倍血药浓度可增加10倍。药物与血浆蛋白结合率为95%，半衰期为3～6小时。主要经肝脏代谢，代谢产物5-羟基普罗帕酮有药理活性，90%代谢物从肾脏排出，原型药约1%经肾脏排出。

【药理作用和临床应用】 其电生理效应是抑制快Na^+内流，减慢收缩除极速度，使传导速度减慢，轻度延长动作电位间期及有效不应期，主要作用在心房及心肌传导纤维，故对房性心律失常可能有效。对房室旁路的前向及逆向传导速度也有延长作用。可提高心肌细胞阈电位，具有降低传导速度，延长有效不应期及降低兴奋性、消除折返性心律失常的作用。此外本品也有轻度β受体阻滞作用及慢钙通道阻滞作用，轻至中度抑制心肌收缩力作用，后者的作用程度与剂量有关。临床可用于预防和治疗室性和室上性异位搏动、室性或室上性心动过速、预激综合征、电复律后室颤发作等。具有起效快、作用持久的特点。

【不良反应和注意事项】 不良反应较轻，可有胃肠道症状、口干、头痛、头晕、口腔金属味等，心血管系统可出现低血压、房室传导阻滞。偶见粒细胞缺乏、红斑狼疮样综合征。应避免与奎尼丁、普萘洛尔、胺碘酮、维拉帕米等合用，以免加重不良反应。心电图QRS波加宽超过20%或Q-T间期明显延长者应减量或停药。心力衰竭、休克、Ⅱ或Ⅲ度房室传导阻滞及窦房结功能障碍者禁用。

氟卡尼

氟卡尼（flecainide，氟卡胺）口服吸收迅速，$t_{1/2}$ 13～16小时，血浆蛋白结合率为40%，主要在肝代谢，经肾排出。具有高效、强效、广谱的特点，能明显阻滞Na^+通道，降低动作电位0相上升速率和幅度，抑制传导，降低心房和心室肌的自律性，同时可使心房、心室的APD明显延长并有一定的负性肌力作用，对心率的影响不明显。此外尚有局麻作用。

可用于室上性和室性心律失常。但致心律失常发生率也较高。不良反应有头痛、头昏、恶心、乏力、视物模糊等。

二、Ⅱ类药——β受体阻断药

本类药物主要通过阻滞β受体而发挥作用，同时还具有和$Ⅰ_A$、$Ⅰ_B$类药物相似的作用，能降低窦房结和异位起搏点的自律性，减慢传导，部分β受体阻断药还能绝对或相对延长ERP，消除因自律性增高和折返激动所致室上性和室性心律失常。常用药物有普萘洛尔、阿替洛尔、美托洛尔、艾司洛尔、吲哚洛尔、阿普洛尔等。

普萘洛尔

普萘洛尔（propranolol，心得安）可降低窦房结、房室结、浦肯野纤维的自律性，减少儿茶酚胺所致的迟后除极，减慢传导，明显延长房室结的ERP，在运动及情绪激动时作用明显。

主要用于室上性心律失常，对交感神经兴奋性过高、甲状腺功能亢进、嗜铬细胞瘤等引起的窦性心动过速可作为首选。对心房颤动、心房扑动、阵发性室上性心动过速，可单用或与强心苷合用以控制心室率。还可减少心肌梗死患者心律失常发生，缩小其梗死范围并降低病死率。

阿替洛尔（atenolol，氨酰心安）为选择性$β_1$受体阻断药，对血管及支气管的$β_2$受体影响较小，抗心律失常作用与普萘洛尔相似。

美托洛尔（metoprolol，美多心安）对$β_1$受体有选择性作用，较大剂量对血管及支气管平滑肌的$β_2$受体也有作用。

三、Ⅲ类药——延长动作电位时程药

这类药物能选择性地延长APD，可使心房肌、房室结、浦肯野纤维及心室肌的ERP延长，有利于消除折返，发挥抗心律失常作用。

胺碘酮

胺碘酮（amiodarone，乙胺碘呋酮）原为抗心绞痛药，20世纪70年代以来用于治疗心律失常，是一种广谱抗心律失常药。

【药理作用】 胺碘酮属于延长APD药，对心脏多种离子通道均有抑制作用，能阻滞K^+通道、Na^+

通道、Ca^{2+}通道，还有轻度α、β受体阻断作用。

可降低窦房结和浦肯野纤维的自律性，减慢房室结和浦肯野纤维的传导速度，延长心房肌、心室肌及浦肯野纤维的APD和ERP。能扩张冠状动脉，增加冠状动脉流量，降低外周阻力，降低血压，且有轻度负性肌力作用，可减少心肌耗氧。

【临床应用】 口服适用于多种室上性和室性心律失常，对房性早搏、室性早搏、阵发性室上性心动过速、心房颤动、心房扑动、室性心动过速及室颤均有效，可防止反复发作。静脉注射适用于阵发性室上性心动过速及经利多卡因治疗无效的室性心动过速。

【不良反应和注意事项】

1. 有Q-T间期延长伴扭转性室性心动过速。一旦出现应停药。
2. 甲状腺功能异常，因药物中含碘，可引起甲状腺功能亢进或低下。应监测血清T_3、T_4。
3. 胃肠道反应有便秘，少数人有恶心、呕吐、食欲下降。
4. 角膜褐色微粒沉着与疗程及剂量有关，不影响视力，停药后可逐渐消失。
5. 肺部不良反应多发生在长期大剂量用药时，主要出现间质性肺炎或肺纤维化。长期用药必须监测肺功能。

房室传导阻滞、室内传导阻滞、窦性心动过缓、碘过敏、甲状腺功能异常、病态窦房结综合征等患者禁用。

索他洛尔

索他洛尔（sotalol）能阻滞K^+通道，延长心房肌、心室肌及浦肯野纤维的APD和ERP。尚有β受体阻断作用，可降低自律性、减慢房室结传导。临床用于各种严重室性心律失常，也可治疗阵发性室上性心动过速及心房颤动。

四、Ⅳ类药——钙通道阻滞药

钙通道阻滞药在心血管疾病治疗中应用广泛，主要通过阻滞Ca^{2+}进入细胞并防止细胞质Ca^{2+}超负荷而发挥作用，这里重点介绍其抗心律失常作用。

维拉帕米

【药理作用】 维拉帕米（verapamil，异搏定、戊脉安）通过阻滞心肌细胞膜Ca^{2+}通道，抑制细胞外Ca^{2+}内流，以及抑制钾通道等作用，可降低窦房结和房室结的自律性，减慢传导，延长ERP，有利于消除经房室结折返所引起的室上性心动过速，也利于防止心房扑动、心房颤动所引起的心室率过快。

【临床应用】 维拉帕米常用于治疗阵发性室上性心动过速，静脉注射后数分钟可终止发作，恢复窦性节律。对心房颤动与心房扑动可减慢心室率。对室性心律失常疗效差。

【不良反应和注意事项】 口服可引起头晕、头痛、面红、便秘、踝部水肿等。静脉注射可引起血压降低、心动过缓、加重心功能不全。病态窦房结综合征，低血压，心功能不全，Ⅱ度、Ⅲ度房室传导阻滞及心源性休克患者禁用。

地尔硫䓬

地尔硫䓬（diltiazem）药理作用、临床应用与维拉帕米相似，可抑制窦房结及房室结功能，使房室结传导减慢、ERP延长。可用于阵发性室上性心动过速。

学习小结

心律失常与心肌电生理紊乱密切相关，起因有冲动形成异常和冲动传导异常。折返现象是快速型心律失常最常见的发生机制。单次折返形成一次期前收缩，连续多次折返则引起阵发性心动过速，甚至扑动或纤颤。

抗心律失常药主要通过降低自律性（凡能在快反应细胞第4相抑制Na^+内流、促进K^+外流，或在慢反应细胞抑制Ca^{2+}内流的药物，均能减慢舒张期自发性去极化速度，自律性降低）、减少后除极与触发活动、消除折返、延长或相对延长有效不应期等治疗心律失常。常用的抗心律失常药分为四类：钠通道阻滞药、β受体阻断药、延长动作电位时程药和钙通道阻滞药。临床根据不同类型心律失常选用合适的药物治疗。

抗心律失常药应用不当也可导致心律失常发生；奎尼丁可以引起奎尼丁晕厥和金鸡纳反应；普鲁卡因胺可以引起系统性红斑狼疮反应；胺碘酮可以引起肺纤维化、角膜沉积物和甲状腺功能紊乱。

高频考点 1. 临床上抗心律失常药物可分哪几类？请写出各类代表药物名称

2. 简述普萘洛尔抗心律失常的主要作用机制

自测题

1. 下列哪项描述是正确的
   A. 阵发性室性心动过速常选用维拉帕米
   B. 利多卡因能绝对延长浦肯野纤维ERP
   C. 奎尼丁可阻抑3相K^+外流，相对延长ERP
   D. 抗心律失常药延长ERP有利于消除折返激动现象
   E. 奎尼丁可使折返激动时的双向阻滞变为单向阻滞而消除折返
2. 奎尼丁引起的最严重的不良反应是
   A. 胃肠道反应　B. 金鸡纳反应
   C. 房室传导阻滞　D. 低血压
   E. 奎尼丁晕厥
3. 仅用于室性心律失常有效的药物是
   A. 利多卡因　B. 奎尼丁
   C. 普萘洛尔　D. 维拉帕米
   E. 胺碘酮
4. 长期大量应用胺碘酮最为严重的不良反应是
   A. 肝损害
   B. 角膜褐色微粒沉着
   C. 甲状腺功能亢进或低下
   D. 窦性心动过缓、房室传导阻滞
   E. 形成肺纤维化
5. 有关普萘洛尔的抗心律失常作用机制的叙述，错误的是
   A. 阻断心肌β_1受体
   B. 降低窦房结、浦肯野纤维的自律性
   C. 抑制房室结，延长房室结ERP
   D. 产生负性频率作用
   E. 高浓度时能明显提高浦肯野纤维传导性
6. 患者，男，67岁。服用地高辛期间出现胸闷、心悸、恶心、呕吐等症状，心电图显示为频发室性期前收缩，医生诊断为：强心苷中毒引起室性期前收缩（频发），此时应选用
   A. 利多卡因　B. 美西律
   C. 苯妥英钠　D. 维拉帕米
   E. 普鲁卡因胺

（吴　彬）

第22章 治疗心力衰竭的药物

思维导图

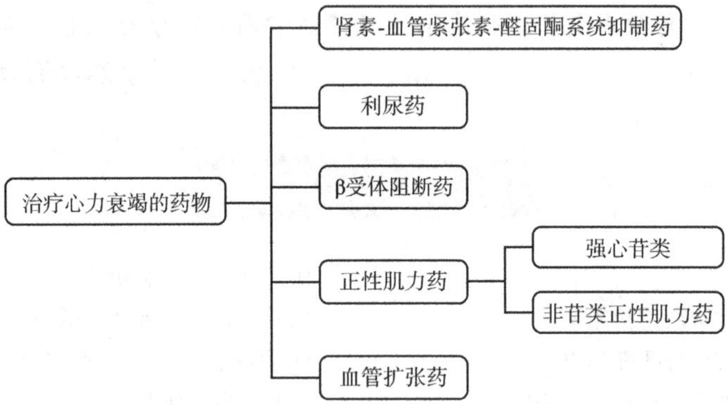

学习目标

1. 掌握血管紧张素转化酶抑制药、利尿药、β受体阻断药、强心苷的药理作用、临床应用、不良反应及注意事项。

2. 熟悉血管扩张药、非苷类正性肌力药的作用特点及临床应用。

3. 了解强心苷类药物给药方法。

4. 具有根据适应证合理选择药物、防治不良反应的能力。

5. 能与患者及家属进行沟通，正确开展用药咨询服务，指导患者合理用药。

案例导入

患者，男，31岁。患风湿性心脏病二尖瓣狭窄合并关闭不全，出现心悸、气短、下肢水肿，近5日出现房颤。予口服地高辛0.25mg、氢氯噻嗪25mg，1个月后患者感到恶心、呕吐。心电图示：窦性心律，心率68次/分，室性期前收缩二联律。

问题： 1. 出现以上症状的主要原因是什么？

2. 本病例中哪些因素可诱发地高辛中毒？

心力衰竭（heart failure，HF）是由各种心脏疾病导致心功能不全的一种临床综合征。主要表现为疲劳、乏力、呼吸困难、体液潴留等。绝大多数情况下是指心肌收缩力下降使心排血量不能满足机体代谢的需要，导致器官、组织血液灌流不足，同时出现体循环和（或）肺循环淤血的表现。少数情况下心肌收缩力尚可维持正常心排血量，但由于异常增高的左心室充盈压，导致肺静脉回流受阻，肺循环淤血，称舒张性心力衰竭。心力衰竭时通常伴有体循环或肺循环的被动性充血，故又称充血性心力衰竭（congestive heart failure，CHF）。

治疗心功能不全的药物是一类可减轻心脏前、后负荷或者增强心肌收缩力，增加心排血量的药物。根据其药物的作用和作用机制的不同，目前临床用于治疗CHF的药物分为以下几类。

1. 肾素-血管紧张素-醛固酮系统（RAAS）抑制药

（1）血管紧张素转化酶（ACE）抑制药　卡托普利等。

（2）血管紧张素Ⅱ受体（AT_1）阻断药　氯沙坦等。

（3）醛固酮拮抗药　螺内酯等。

2. 利尿药　氢氯噻嗪、呋塞米等。

3. β受体阻断药　美托洛尔、卡维地洛等。

4. 正性肌力药

（1）强心苷类　地高辛、去乙酰毛花苷等。

（2）非苷类正性肌力药　如多巴酚丁胺、米力农等。

5. 血管扩张药　硝酸酯类（硝酸甘油等）、直接扩血管药（硝普钠等）、α_1受体阻断药（哌唑嗪等）、钙通道阻滞药（氨氯地平和非洛地平等）。

一、肾素-血管紧张素-醛固酮系统抑制药

血管紧张素转化酶抑制药（ACEI）和血管紧张素Ⅱ受体（AT_1）阻断药是治疗心力衰竭最重要的药物之一。ACEI能防止和逆转心室的重构，提高心脏及血管的顺应性，不仅能缓解心力衰竭的症状，提高生活质量，而且能够降低心力衰竭患者的病死率，改善预后。故这类药物为治疗心力衰竭的一线药物，广泛用于临床。

（一）血管紧张素转化酶抑制药

临床常用的ACEI有卡托普利（captopril）、依那普利（enalapril）、贝那普利（benazepril）、雷米普利（ramipril）等。

【药理作用】

1. 改善血流动力学　通过抑制血管紧张素（Ang）Ⅰ转化酶活性，减少血液及组织中的AngⅡ，使全身阻力血管和容量血管舒张，心脏前后负荷降低，增加心排血量，从而缓解或消除CHF患者的症状。也可增加肾血流量，改善肾功能。

2. 抑制心肌及血管的重构　AngⅡ及醛固酮是促进心肌细胞增生，增加心排血量、增加胶原含量、使心肌间质纤维化，导致心肌及血管重构的主要因素。心肌重构肥厚，表现为心肌细胞肥大、心肌纤维化、心脏泵血功能减退。小剂量的ACEI就能有效阻止或逆转CHF心室肥厚的发生，抑制纤维组织和肌层内冠状动脉壁的增厚，提高心肌和血管的顺应性，改善左心室功能，降低CHF病死率。

3. 降低外周血管阻力，降低心脏后负荷　ACEI可抑制血管紧张素转化酶，使血液中的AngⅡ生成减少，抑制缓激肽的降解，舒张小动脉，降低外周阻力，减轻心脏后负荷。

4. 其他　抑制醛固酮分泌，减少钠水潴留，减少回心血量，减轻心脏前负荷。

【临床应用】 ACEI已作为治疗CHF的一线药物。广泛应用于临床，轻度患者可单独应用；中、重度患者可与利尿药、β受体阻断药及强心苷类药物合用。特别是对舒张性心力衰竭患者。疗效明显优于传统药物地高辛。

（二）血管紧张素Ⅱ受体阻断药

AngⅡ受体阻断药可直接阻断AngⅡ与其受体的结合，拮抗AngⅡ的缩血管作用和促进心血管生长作用，短期内表现为血管舒张、外周阻力下降，长期应用可预防和逆转心血管的重构。治疗CHF疗效与ACEI相似，可改善心功能，降低CHF患者的病死率。因不影响缓激肽代谢，不良反应较少，无咳嗽、血管神经性水肿等不良反应。常用药物有氯沙坦（losartan，洛沙坦）、缬沙坦（valsartan）、厄贝沙坦（irbesartan）等。

知识拓展　难治性心力衰竭

难治性心力衰竭又称顽固性心力衰竭，是临床上颇为棘手的一个问题。其概念也随着科学技术的迅速发展而变更。既往是指经严格卧床休息、限盐饮食、强心药及利尿药等常规治疗无效的心力衰竭。目前是指经强心、利尿及扩张血管治疗仍未见好转者。临床上遇到的所谓难治性心力衰竭，大多数并未达到不可逆转的程度，其所以难治，多数是因为心力衰竭的病因和（或）诱因未去除之故。如能针对原因采取相应的处理措施，常能迅速奏效。

（三）醛固酮拮抗药

CHF时血中醛固酮的浓度可明显增高达20倍以上，大量的醛固酮除了保钠排钾外，尚有明显的促生长作用，特别是促进成纤维细胞的增殖，刺激蛋白质与胶原蛋白的合成，引起心房、心室、大血管的重构，加速心力衰竭恶化。还可阻止心肌摄取去甲肾上腺素，使去甲肾上腺素游离浓度增加而诱发冠状动脉痉挛和心律失常，增加心力衰竭时室性心律失常和猝死的可能性。

临床应用证明，在常规治疗的基础上，加用螺内酯（spironolactone）可明显降低CHF病死率，防止左心室肥厚时心肌间质纤维化，改善血流动力学和临床症状。CHF时单用螺内酯仅发挥较弱的作用，但与ACEI合用则可同时降低Ang Ⅱ及醛固酮水平，改善心脏功能，既能减少室性心律失常的发生，又能进一步降低病死率，效果更好。

二、利　尿　药

利尿药目前仍作为治疗心力衰竭的一线药物，广泛用于心力衰竭的治疗。

CHF时体内钠水潴留，使心脏前负荷加重，是加重心功能不全的重要因素。利尿药治疗CHF的机制为：①通过排钠利尿、减少血容量和回心血量，减轻心脏前负荷，改善心脏功能，增加心排血量。②通过排钠作用，降低血管壁中的Na^+，减少Na^+-Ca^{2+}交换，使细胞内Ca^{2+}浓度降低，对缩血管物质的敏感性下降，使血管平滑肌舒张，心脏后负荷降低，有利于改善心脏泵血功能，减轻CHF的症状。

轻度CHF可单用噻嗪类；中度CHF可加用留钾利尿药；严重CHF或急性肺水肿，宜静脉注射呋塞米。

三、β受体阻断药

β受体阻断药虽可抑制心肌收缩力，但20世纪70年代发现，长期应用本类药物可以改善CHF的症状，提高射血分数，提高患者的生活质量，降低病死率。目前已被推荐作为治疗慢性心力衰竭的常规用药。与ACEI合用，还能进一步增加疗效。常用药物有卡维地洛（carvedilol）、比索洛尔（bisoprolol）和美托洛尔（metoprolol）等。

【药理作用】 β受体阻断药的抗CHF作用机制是：①阻断β_1受体，降低交感神经张力，拮抗儿茶酚胺对心脏的毒性作用，使心脏负荷减轻，心率减慢，心肌耗氧量降低；②抑制肾素-血管紧张素-醛固酮系统，使心室重构逆转，心脏前、后负荷降低，心功能得到改善；③长期应用可以上调心脏的β_1受体，提高β_1受体对内源性儿茶酚胺的敏感性，改善心肌收缩功能；④防止细胞内钙超负荷，减少氧自由基等对心肌细胞的损害。

【临床应用】 对扩张型心肌病及缺血性CHF，长期应用可阻止临床症状恶化，改善心功能、降低猝死及心律失常的发生率。初期应用β受体阻断药可使血压下降、心率减慢、充盈压上升、心排血量降低、心功能恶化，故应注意选择适应证，从小剂量开始并与强心苷合用，以消除负性肌力作用。

【注意事项】 应用本类药物应注意：①掌握适应证，以扩张型心肌病CHF疗效最佳。②平均奏效时间为3个月，故需较长时间用药。③治疗应从小剂量开始，逐渐增至治疗量。④应与其他抗CHF的药物合用，如利尿药、ACEI、地高辛等。⑤应加强随访和监测，根据病情及时调整用药剂量。⑥严重心功能不全、严重左心室功能减退、明显房室传导阻滞、低血压及支气管哮喘者慎用或禁用。

四、正性肌力药

（一）强心苷类

强心苷是一类选择性作用于心脏，具有正性肌力作用的苷类化合物。可供使用的制剂有地高辛（digoxin）、洋地黄毒苷（digitoxin）、毛花苷丙（cedilanide，西地兰）、毒毛花苷K（strophanth K，毒毛旋花子苷K）等，临床常用的为地高辛。

【药理作用】

1. 加强心肌收缩力（正性肌力作用） 强心苷能选择性地作用于心脏，显著加强衰竭心脏的收缩力，增加心排血量，缓解心力衰竭症状。其作用有以下特点：①使心肌收缩敏捷而有力，使收缩期缩短，舒张期相对延长。②增加衰竭心脏的心排血量（对正常人的心脏排血量并不增加），改善体循环和肺循环。③减少衰竭心脏的心肌耗氧量（对正常人无此作用），提高心脏工作效率。

2. 减慢窦性频率（负性频率作用） 治疗量强心苷对正常心率影响较小，但对心功能不全伴心率加快者，则明显减慢心率。用强心苷后，心肌收缩力加强，心排血量增多，作用于窦弓压力感受器，反射性地提高迷走神经活性，降低交感神经张力，抑制窦房结，使心率减慢。

3. 对心肌电生理特性的影响 治疗量的强心苷通过兴奋迷走神经，促使K^+外流，抑制Ca^{2+}内流，降低窦房结自律性，缩短心房和心室动作电位时程和有效不应期，减慢房室结传导速度，加快心房传导速度；中毒量的强心苷严重抑制Na^+-K^+-ATP酶，使心肌细胞内Ca^{2+}大量增加、K^+显著减少，导致心肌细胞自律性升高、传导减慢、有效不应期缩短等，产生各种心律失常，以室性期前收缩、室性心动过速多见。

4. 其他作用 ①利尿作用：强心苷通过改善心功能、增加肾血流量和肾小球滤过功能产生利尿作用，还可通过直接抑制肾小管Na^+-K^+-ATP酶，减少肾小管对Na^+的重吸收，产生利尿作用。②对神经和内分泌功能的影响：强心苷可增强迷走神经张力，抑制交感神经和肾素-血管紧张素系统的活性。但中毒量强心苷可作用于中枢延髓极后区，明显增高外周交感神经张力，可引起快速型心律失常。③对血管的作用：强心苷能够直接收缩外周血管，使外周阻力升高。心功能不全患者用药后，因交感神经活性降低，其作用超过了直接收缩血管的效应，因此，血管阻力下降，心排血量增加，动脉压不变或略升。

【临床应用】

1. 心力衰竭 强心苷主要用于以收缩功能障碍为主引起的低排血量性心力衰竭，对伴有房颤及心室率快的心力衰竭疗效最好。对心瓣膜病、冠心病、高血压心脏病、先天性心脏病等导致的心力衰竭疗效较好。对肺源性心脏病、活动性心肌炎、缩窄性心包炎、主动脉瓣狭窄、严重二尖瓣狭窄等疾病所导致的心力衰竭疗效不佳。继发于严重贫血、糖尿病、甲状腺功能亢进或低下、维生素B_1缺乏症的心力衰竭，应积极治疗原发病，消除诱发因素。

2. 某些心律失常 强心苷常用于治疗心房颤动、心房扑动及阵发性室上性心动过速。

【不良反应及防治】 强心苷治疗的安全范围较小，一般治疗量已接近中毒量的60%，又因患者对强心苷的需要量和耐受量个体差异较大，故易发生中毒，使用时应予充分注意。

1. 不良反应的临床表现

（1）心脏毒性反应 为强心苷最严重的不良反应，可出现各种类型的心律失常。①最常见及最早出现的心律失常为室性早搏，约占心脏毒性发生率的1/3，也可出现二联律、三联律等，严重时可致室性心动过速，应立即抢救，否则可发展为心室纤颤；②房室传导阻滞；③窦性心动过缓：用药过程中一旦出现窦性心动过缓、心率降至60次/分以下，应立即停药。

（2）胃肠道反应 常见厌食、恶心、呕吐、腹泻等，剧烈呕吐是最常见的早期中毒症状，是停药的指征，临床应注意与地高辛用量不足、心力衰竭未控制的症状区别。

（3）神经系统症状 有头痛、眩晕、失眠、疲倦、谵妄、惊厥、视色障碍（黄绿视症、视物模糊）等。

2. 强心苷中毒的防治

（1）预防 ①注意诱发强心苷中毒的各种因素，如用药剂量较大、肝肾功能不全、低血钾、低血镁、高血钙及药物相互作用等。②严格掌握适应证，了解心力衰竭的性质、起因和药物使用情况，掌握强心苷类药物的作用特点和给药方法，积极纠正易患因素。③及时发现强心苷中毒的先兆症状，如室性早搏、心动过缓、胃肠道反应、视觉障碍等，必要时减量或停药。

（2）治疗 首先停用强心苷，然后根据中毒症状的类型和严重程度采取相应措施。中毒轻者可口服钾盐，重者可静脉缓慢滴注钾盐；对快速性心律失常可用钾盐治疗；对重度快速性心律失常宜选用苯妥英钠。此外，也可选用利多卡因治疗强心苷引起的严重室性心动过速和心室纤颤。对强心苷中毒所引起的缓慢型心律失常如窦性心动过缓、房室传导阻滞，不宜补钾，可用M受体阻断药阿托品治疗。对危及生命的重度中毒者，使用地高辛抗体Fab片段作静脉注射有明显疗效。

【药物相互作用】 排钾利尿药可致低血钾，增加心脏对强心苷的敏感性，易致中毒反应。奎尼丁能使地高辛血药浓度增加一倍，胺碘酮、普罗帕酮、维拉帕米也可提高地高辛血药浓度，合用时应减少地高辛用量。苯妥英钠因能增加地高辛的代谢而降低地高辛的血药浓度。拟肾上腺素药可提高心肌自律性，使心肌对强心苷的敏感性增高，应予注意。

（二）非苷类正性肌力药

非苷类正性肌力药包括β受体阻断药及磷酸二酯酶抑制药。因该类药物可能增加心力衰竭患者的病死率，故不宜作常规治疗用药。

多巴酚丁胺

多巴酚丁胺（dobutamine）能够选择性地激动心脏β_1受体，增强心肌收缩力，增加心排血量，对心率影响较小。对β_2和α受体只有微弱的激动作用，可轻度扩张血管，降低外周阻力，减轻心脏负荷，有助于纠正心力衰竭。静脉给药起效快，但作用短暂，适用于顽固性心力衰竭、心肌梗死后心力衰竭及急性左心衰竭。

剂量过大，可致心率加快并诱发室性心律失常，长期应用可致心肌坏死，加重心力衰竭。偶有恶心、呕吐、头痛、胸痛、气短等反应。梗阻性肥厚型心肌病患者禁用。

氨力农和米力农

氨力农（amrinone）和米力农（milrinone）能选择性抑制磷酸二酯酶Ⅲ，阻止环磷酸腺苷（cAMP）降解，使心肌细胞内cAMP含量增加。cAMP可促使Ca^{2+}从肌浆网及钙池中游离出来，提高细胞内Ca^{2+}浓度，从而使心肌收缩力加强。临床短期用于其他药物治疗无效的急、慢性难治性心力衰竭。

可出现心律失常、低血压、过敏反应、胃肠道刺激症状、注射部位烧灼痛等不良反应。静脉注射时不宜用含葡萄糖或右旋糖酐的溶液配伍使用。

五、血管扩张药

血管扩张药可舒张小静脉（容量血管），减少静脉回心血量，降低心脏前负荷，有利于缓解CHF时肺淤血、肺水肿等症状；扩张小动脉（阻力血管），降低外周阻力，减轻心脏后负荷，使心排血量增加，有利于缓解组织缺血、缺氧等症状。

硝酸甘油和硝酸异山梨酯

硝酸甘油（nitroglycerin）及同类药硝酸异山梨酯（isosorbide dinitrate）主要扩张小静脉，减少回心血量，降低心脏前负荷，可明显减轻肺淤血和呼吸困难等症状。还能选择性地扩张心外膜血管，增加冠状动脉流量，有利于改善心功能。适于伴有冠心病及肺淤血症状明显的患者。

硝普钠

硝普钠（sodium nitroprusside）对小动脉、小静脉均有明显的舒张作用，能降低心脏的前、后负荷，静脉给药能迅速改善心功能，故可迅速控制危急的CHF。适用于需迅速降低血压和肺楔压的急性肺水肿、高血压急症等危重病例。

奈西立肽

奈西立肽（nesiritide）是利用基因工程技术生产的内源性脑利钠肽的人工合成品，具有扩张血管、利尿等作用，能快速降低心脏前负荷及后负荷，改善失代偿心力衰竭患者的气促和疲倦等症状。还具有抑制去甲肾上腺素、肾素的释放，对抗醛固酮等作用。主要用于治疗急性失代偿型CHF伴呼吸短促的患者。

氨氯地平和非洛地平

氨氯地平（amlodipine）和非洛地平（felodipine）是新一代二氢吡啶类钙通道阻滞剂，其作用出现较慢、维持时间较长，舒张血管作用强，而负性肌力作用弱，且反射性激活神经内分泌系统作用较弱，降低左心室肥厚的作用与ACEI相当。可用于CHF的治疗。此外，氨氯地平尚具有抗动脉粥样硬化、抗肿瘤坏死因子-α（TNF-α）及白介素等作用，后者也参与其抗CHF的作用。长期应用可治疗左心室功能障碍伴有心绞痛、高血压的患者，也可降低非缺血者的病死率。钙通道阻滞药的最佳适应证是继发于冠心病、高血压及舒张功能障碍的CHF，尤其是其他药物无效的病例。但对于CHF伴有房室传导阻滞、低血压、左心室功能低下伴后负荷低及有严重收缩功能障碍的患者，不宜使用钙通道阻滞药。

学习小结

目前临床用于治疗CHF的药物主要有ACEI、利尿药、β受体阻断药、正性肌力药和血管扩张药。ACEI是当前治疗心力衰竭最重要的药物之一。ACEI能防止和逆转心室的重构，提高心脏及血管的顺应性，不仅能缓解心力衰竭的症状，提高生活质量，而且能够降低心力衰竭患者的病死率，改善预后。故这类药物作为心力衰竭治疗的一线药物广泛用于临床。

利尿药在心力衰竭的治疗中起着重要的作用，目前仍作为一线药物广泛用于各种心力衰竭的治疗。

强心苷类药物不再是治疗心力衰竭的必用首选药物，最佳适应证是心力衰竭合并快速性心房颤动。

β受体阻断药虽可抑制心肌收缩力，但20世纪70年代发现，长期应用本类药物可以改善CHF的症状，提高射血分数，提高患者的生活质量，降低病死率。目前已被推荐作为治疗慢性心力衰竭的常规用药。

血管扩张药可舒张小静脉（容量血管），减少静脉回心血量，降低心脏前负荷，有利于缓解CHF时肺淤血、肺水肿等症状；扩张小动脉（阻力血管），降低外周阻力，减轻心脏后负荷，使心排血量增加，有利于缓解组织缺血、缺氧等症状。

高频考点 1. 强心苷类与肾上腺素增强心肌收缩力作用及机制的区别

2. β受体阻断药具有负性肌力作用，为何能用于治疗心力衰竭

自 测 题

1. 心力衰竭患者在应用强心苷类药物时，出现下列哪种症状提示中毒
   A. 室性期前收缩　　B. 心率70次/分
   C. 电解质紊乱　　D. 低血钾
   E. 眩晕
2. 氢氯噻嗪在治疗CHF时应注意补充下列哪种物质
   A. 钠　　B. 氯
   C. 镁　　D. 钙
   E. 钾
3. 下列属于醛固酮拮抗药的是
   A. 螺内酯　　B. 美托洛尔
   C. 多巴酚丁胺　　D. 依那普利
   E. 哌唑嗪
4. 强心苷治疗心房颤动的机制主要是
   A. 缩短心房的有效不应期
   B. 延长心房的有效不应期
   C. 减慢房室传导
   D. 抑制窦房结
   E. 降低浦肯野纤维的自律性
5. 下列哪个药物可预防或逆转心血管重构，且无咳嗽等不良反应
   A. 依那普利　　B. 雷米普利
   C. 卡托普利　　D. 氯沙坦
   E. 多巴酚丁胺
6. 血管舒张药治疗慢性心功能不全的药理学依据主要是
   A. 降低心排血量
   B. 减轻心脏的前后负荷
   C. 降低血压
   D. 扩张冠状动脉、增加心肌供氧量
   E. 减少心肌耗氧量

（吴　彬）

第23章
抗心绞痛药

思维导图 >>>

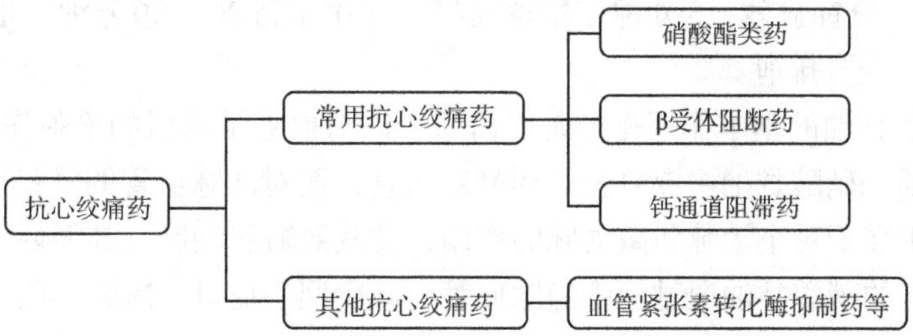

学习目标

1. 掌握硝酸甘油、普萘洛尔、硝苯地平抗心绞痛的作用机制、作用特点、临床应用及不良反应；硝酸酯类与β受体阻断药联合用药的目的、意义、特点及注意事项。

2. 熟悉其他抗心绞痛药的作用特点及临床应用。

3. 了解常用药物的给药方法。

4. 具有根据适应证合理选择抗心绞痛作用药物、处置不良反应的能力；会分析抗心绞痛药常用配伍用药的合理性。

5. 能与患者及家属进行沟通，开展用药咨询服务，并能正确指导患者合理用药。

案例导入

患者，男，42岁。心前区疼痛1周，加重1天。1周前，患者劳动后感觉心前区疼痛，每次持续3～5分钟，并向左臂内侧放射，休息可缓解，含服硝酸甘油后迅速缓解。今日疼痛加重，服药无效，遂入院就诊。既往有高血压病史5年。医生诊断为：稳定型心绞痛；原发性高血压。

问题：1. 该患者应选用哪些药物治疗？为什么？

2. 应如何指导患者合理用药？

心绞痛（angina pectoris）是因冠状动脉供血不足引起的心肌急剧的、暂时的缺血缺氧综合征，其典型临床表现为阵发性胸骨后压榨样疼痛并向左上肢放射。心绞痛持续发作得不到及时缓解，则可能发展为急性心肌梗死。

心绞痛症状发生的病理生理学基础是心肌组织耗氧与供氧之间的不平衡，致心肌暂时缺血缺氧。心肌的供氧主要与动、静脉的氧分压差和冠状动脉的血流量有关，通常情况下，前者变化不大，因心肌细胞摄取血液氧含量可达65%～75%，已接近极限。而后者又与冠状动脉的阻力、灌注压、侧支循环及心室舒张时间有关。其中以冠状动脉阻力的影响最为重要，阻力越小，冠状动脉的供血、供氧量越多。心肌的耗氧与心室壁张力、心率和心肌收缩力有关，心室壁张力越大、心率越快、心肌收缩力越强，心肌耗氧量越大。由此可见，通过降低心肌耗氧量、扩张冠状动脉及其侧支、改善冠状动脉循环是目前抗心绞痛药的主要作用途径。

第1节　常用抗心绞痛药

一、硝酸酯类药

硝酸甘油

硝酸甘油（nitroglycerin）临床用于心绞痛的治疗已有百余年的历史，由于其具有起效快、疗效肯定、使用方便和经济等特点，至今仍是防治心绞痛最常用的药物。口服给药首过消除达90%以上，故多采用舌下含化，1～3分钟显效，5分钟作用达高峰，作用维持20～30分钟。也可经皮肤给药或静脉滴注。主要经肝代谢，经肾排泄。

【药理作用】 硝酸甘油的基本作用是松弛平滑肌，以对血管平滑肌的松弛作用最明显。

1. 降低心肌耗氧量　硝酸甘油主要舒张外周静脉血管，而对动脉血管的舒张作用较弱。在动脉血管中对较粗大血管的作用强于对小动脉和微动脉的作用，尤其对冠状动脉、肺循环及处于收缩状态的内脏血管作用明显。小剂量的硝酸甘油通过舒张静脉血管，减少回心血量，减轻心脏前负荷，使左心室容积缩小，右心室压力下降，室壁张力下降，心肌耗氧量降低。稍大剂量的硝酸甘油也可舒张较大的动脉血管，使外周阻力降低，心脏后负荷减轻，左心室内压和心室壁张力降低，从而降低心肌耗氧量。

2. 扩张冠状动脉，增加缺血区血流量，改善左心室的顺应性　冠状动脉按功能可分为输送血管、阻力血管和侧支血管三类，冠状动脉粥样硬化病变主要发生在输送血管。由于供血区的缺血、缺氧，局部代谢产物堆积，该区域的阻力血管处于高度扩张状态。应用硝酸甘油后，使输送血管和侧支血管舒张，迫使血液从非缺血区流向缺血区，以改善缺血区的血液供应。同时，用药后使心室舒张末期容积缩小、压力降低，促使血液容易从心外膜流向发生缺血的心内膜区域，从而进一步增加缺血区的血流量。此外，硝酸甘油还可改善左心室的顺应性（图23-1）。

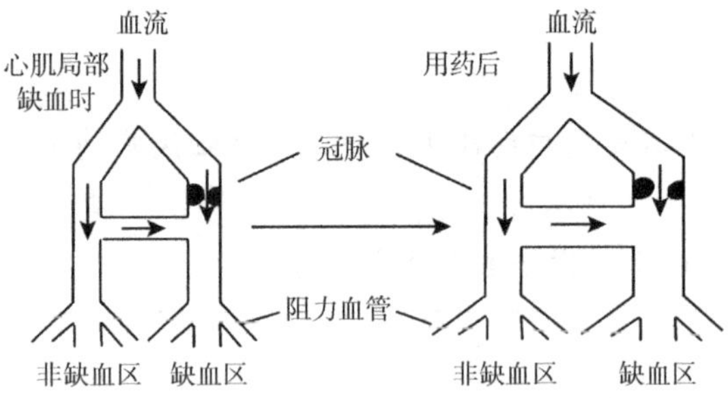

图23-1　硝酸甘油对冠状动脉的作用部位示意图

3. 保护缺血的心肌细胞　硝酸甘油通过释放一氧化氮（NO），进一步促进前列环素（PGI_2）和降钙素基因相关肽（CGRP）等物质的生成与释放，对缺血的心肌细胞产生有效保护作用。

【临床应用】

1. 心绞痛　对各类心绞痛，舌下含化硝酸甘油可预防发作并迅速控制症状，疗效确切可靠，常作为各型急性心绞痛患者的必备药。

2. 急性心肌梗死　常采用静脉给药，及早应用可通过抑制血小板聚集和黏附，缩小梗死范围，减轻心肌缺血损伤。

3. 急、慢性心功能不全　应用硝酸甘油后可降低心脏前后负荷，辅助治疗急、慢性心功能不全。

【不良反应和注意事项】

1. 副作用　血管扩张引起面部、颈部皮肤潮红、局部发热、血管搏动性头痛、眼压升高、反射性心率加快，严重者出现直立性低血压、晕厥等。

2. 高铁血红蛋白血症　剂量过大或持续用药时可发生，表现为呕吐、发绀等。

3. 耐受性　连续用药2～3周后可出现耐受性，须适当增加剂量才能维持原有疗效，但停药或换用其他药物1～2周后，耐受性可消失。现多主张采用小剂量、间歇给药，以减少耐受性发生。

有颅脑损伤、颅内出血、严重肝肾功能障碍、心肌梗死伴有心动过速者慎用。严重低血压、青光眼、梗阻性心肌病及对本类药物过敏者禁用。

硝酸异山梨酯和单硝酸异山梨酯

硝酸异山梨酯（isosorbide dinitrate，消心痛）和单硝酸异山梨酯（isosorbide mononitrate）药理作用及临床应用相似。其与硝酸甘油的作用和作用机制相似，特点是作用较弱、显效较慢而维持时间较长。舌下含化的生物利用度较硝酸甘油低（缓释片略高），一次给药，硝酸异山梨酯2～5分钟起效，15分钟达最大效应，维持30～60分钟；单硝酸异山梨酯口服$t_{1/2}$约为5小时，作用持续时间8小时。两药均可用于心绞痛的预防和心肌梗死后心力衰竭的长期治疗。不良反应同硝酸甘油但较轻。

二、β 受体阻断药

β受体阻断药可使心绞痛患者心绞痛发作次数减少，改善缺血性心电图，增加患者运动耐量，减少心肌耗氧量，改善缺血区代谢和缩小心肌梗死范围。现已作为一线防治心绞痛的药物，其中普萘洛尔（propranolol）、美托洛尔（metoprolol）和阿替洛尔（atenolol）在临床最为常用。

【药理作用】

1. 降低心肌耗氧量 β受体阻断药阻断心脏的β_1受体，使心肌收缩力减弱、心率减慢及血压降低，因而明显减少心肌耗氧量。但因抑制心肌收缩力使心室容积扩大、室壁张力增加、心室射血时间延长，导致心肌耗氧量增加，但总效应仍是心肌耗氧量降低。

2. 增加缺血区供血 β受体阻断药阻断冠状动脉血管的β_2受体后，由于缺血区与非缺血区血管之间存在的张力差，血液从非缺血区流向缺血区；加之用药后心率减慢，心室舒张期相对延长，垂直于心室壁内外的血管受压减轻，有利于血液流向相对容易缺血的心室壁内侧，从而改善缺血区的血液供应。

3. 其他作用 β受体阻断药可改善心肌缺血区对葡萄糖的摄取与利用，进而改善糖代谢，减少机体耗氧量；还可抑制脂肪分解酶活性，减少游离脂肪酸的生成；并能促进氧从血红蛋白上解离，增加包括心肌在内的全身组织的供氧。

【临床应用】 适用于对硝酸酯类药不敏感或疗效差的稳定型心绞痛患者，用药后可明显减少发作次数，对伴有高血压及快速性心律失常者更佳；对近期有心肌梗死症状的患者，用本药后可降低发病率、缩小梗死范围、减少病死率。由于本药有收缩冠状动脉血管作用，故不能单独用于变异型心绞痛。

β受体阻断药与硝酸酯类合用于心绞痛的治疗，既可增强疗效，又能减轻各自单用时的副作用。两类药都能降低心肌耗氧量，合用后能取得协同作用；β受体阻断药能对抗硝酸酯类引起的反射性心率加快、心肌收缩力增强；硝酸酯类则可缩小β受体阻断药所致的心室容积增大，进而缩短心室射血时间，降低心肌耗氧量。但两类药都可降低血压，合用时应适当减少剂量，避免因血压过低导致冠状动脉灌注压降低，反而不利于缓解心绞痛。

β受体阻断药与硝酸酯类合用时，宜选用作用时间相近的药物，通常以普萘洛尔与硝酸异山梨酯合用。

【不良反应和注意事项】 常见不良反应有恶心、呕吐、轻度腹泻等消化道症状，偶见过敏性皮疹和血小板减少等。严重的不良反应常与应用不当有关，可导致严重后果，主要包括以下几类。

1. 心血管反应 由于对心脏β受体的阻断作用，出现心率减慢、输出减少等。

2. 诱发或加重支气管哮喘 由于对支气管平滑肌β受体的阻断作用，非选择性β受体阻断药可使呼吸道阻力增加，诱发或加剧哮喘。

3. 反跳现象 长期应用β受体阻断药时如突然停药，可使原来病情加重，如血压上升、严重心律失常或心绞痛发作次数增加，甚至产生急性心肌梗死或猝死，此种现象称为停药反应。

4. 其他 偶见眼-皮肤黏膜综合征，个别患者有幻觉、失眠和抑郁症状。

知识拓展 心脏支架与抗心绞痛药物不能相互取代

通常情况下，当冠状动脉某一主要分支狭窄程度超过70%，且伴随心绞痛等明显的临床症状，或经过药物治疗后改善不明显，可考虑置入心脏支架进行冠脉血运重建，增加心肌供血，缓解心肌缺血缺氧状态。对大多数冠脉狭窄缺血尚未达到放置心脏支架程度的患者，则主要靠应用扩张冠脉血管的药物，以增加心肌供血，减少心肌缺血缺氧状态。有的患者可能多处冠脉分支出现狭窄，但严重程度不同，轻者以药物治疗为主，而严重的狭窄，需考虑放置支架。所以，抗心绞痛药物和心脏支架，可能需要同时使用，二者不能相互取代。

放置心脏支架后，并非一劳永逸，而是持续管理过程的开始。由于受冠脉内膜损伤修复等因素的影响，放置心脏支架后，也可发生支架内冠脉再狭窄的情况，需要跟踪监测。生物医学工程专家王安聪等国内外学者，在国际上首次实现了计算机辅助的生物可降解支架自动量化分析，并构建了心脑血管病变自动评估系统，为心脑血管疾病患者的个体化治疗及新型医药产品研发等，提供了多学科融合新思路。

当放置心脏支架后，仍不能完全实现冠脉血运重建的复杂病变，或多支血管病变时，可考虑实施心脏搭桥手术。

三、钙通道阻滞药

钙通道阻滞药是临床用于预防和治疗心绞痛的常用药，特别是对变异型心绞痛疗效最佳。常用药物有硝苯地平（nifedipine，心痛定）、维拉帕米（verapamil，异搏定）、地尔硫䓬（diltiazem，硫氮䓬酮）、哌克昔林（perhexiline，双环己哌啶）和普尼拉明（prenylamine，心可定）等。

【药理作用】

1. 降低心肌耗氧量 本类药通过阻滞细胞膜上钙通道，抑制Ca^{2+}内流，从而使心肌收缩力减弱、心率减慢，血管平滑肌松弛、血压下降、外周阻力减小，心脏前后负荷降低，心肌耗氧量降低。

2. 扩张冠状动脉 本类药可扩张冠状动脉中的输送血管和小阻力血管，增加侧支循环，改善缺血区的血液供应，有利于缓解心绞痛。

3. 保护缺血心肌细胞 心肌缺血时，心肌细胞外大量的Ca^{2+}内流，致线粒体内Ca^{2+}超负荷，使线粒体结构被破坏，失去氧化磷酸化能力，导致细胞坏死。钙通道阻滞药通过抑制Ca^{2+}内流，保护缺血的心肌细胞。

4. 抑制血小板聚集 本类药还可降低血小板内的Ca^{2+}浓度，抑制血小板聚集，从而防止血栓形成，以缓解心绞痛症状。

【临床应用】 变异型心绞痛是本类药的最佳适应证，也可用于稳定型心绞痛，对伴有支气管哮喘及外周血管痉挛性疾病者效果好。慎用于急性心肌梗死。

硝苯地平对血管尤其是冠状动脉和外周小动脉的扩张作用明显，故对变异型心绞痛疗效好，伴高血压者尤佳，与β受体阻断药合用可增强疗效；维拉帕米常用于稳定型心绞痛，因扩张冠状动脉的作用较弱，故不宜单独用于变异型心绞痛；与β受体阻断药合用虽可取得协同作用，但因二者均可抑制心肌收缩力和传导系统，故应慎用于伴有心力衰竭及传导阻滞的患者；地尔硫䓬对各型心绞痛均可用，疗效介于硝酸甘油和维拉帕米之间，也有抑制心肌收缩力和传导的作用，因此慎用于心绞痛伴心力衰竭及传导阻滞者。三种常用抗心绞痛药作用比较见表23-1。

表23-1 三种常用抗心绞痛药作用比较

药物	外周阻力	心室容量	室壁张力	心率	收缩性	侧支循环	血压	心内膜下血供
硝酸甘油	↓	↓	↓	↑	↑	↑	↓	↑

续表

药物	外周阻力	心室容量	室壁张力	心率	收缩性	侧支循环	血压	心内膜下血供
普萘洛尔	↑	↑	↑	↓	↓	↑	↓	↑
硝苯地平	↓	±	↓	±	±	↑	↓	↑

【不良反应和注意事项】 钙通道阻滞药相对比较安全，但由于这类药物的作用广泛，选择性相对较低。不良反应与其阻滞钙通道、扩张血管及抑制心肌等作用有关。常见颜面潮红、头痛、眩晕、恶心、便秘等。维拉帕米及地尔硫䓬严重不良反应有低血压及心功能抑制等。

第2节 其他抗心绞痛药

血管紧张素转化酶抑制药

血管紧张素转化酶抑制药（angiotensin converting enzyme inhibitors，ACEI）包括卡托普利（captopril）、赖诺普利（lisinopril）和雷米普利（ramipril）等。该类药物不仅用于高血压和心力衰竭的治疗，也可通过扩张动、静脉减低心脏前后负荷，从而减低心脏耗氧量，舒张冠状血管，增加心肌供氧，以及对抗自由基减轻其对心肌细胞的损伤和组织血管紧张素Ⅱ所致的心脏和血管重构。

卡维地洛

卡维地洛（carvedilol）是去甲肾上腺素能受体阻断药，因其阻断β_1、β_2和α受体，又具有一定的抗氧化作用，故可用于心绞痛、心功能不全和高血压的治疗。

尼可地尔

尼可地尔（nicorandil）是K^+通道激活剂，既有激活血管平滑肌细胞膜钾通道，促进K^+外流，使细胞膜超极化，抑制Ca^{2+}内流；还有释放NO，增加血管平滑肌内cGMP生成的作用，以上作用的结果是使血管平滑肌松弛，冠状动脉扩张，冠状动脉供血增加和减轻Ca^{2+}超载对缺血心肌细胞的损害。主要用于变异型心绞痛和慢性稳定型心绞痛，且不易产生耐受性。同类药还有吡那地尔（pinacidil）和克罗卡林（cromakalim）。

知识拓展 复方丹参滴丸

复方丹参滴丸，它是一种纯中药制剂，它是采用现代高科技工艺提取制成的复方制剂，主要成分有丹参和三七，加有少量的冰片。方中丹参含丹参酮Ⅰ$_A$、丹参素，具有对心肌缺血缺氧的保护作用，人参皂苷、三七皂苷，具有抗心绞痛、抗心律失常、对心肌缺血及再灌注损伤的保护作用；冰片含龙脑，具有消炎、镇痛作用。该药品具有活血化瘀、理气止痛的功效，一般是用于气滞血瘀所致的胸闷胸痛。

学习小结

心绞痛是冠心病的常见症状，任何引起心肌组织对氧的需求量增加和（或）冠状动脉狭窄、痉挛致组织供血、供氧减少的因素都可成为诱发心绞痛的诱因。抗心绞痛药物主要通过减少心肌耗氧量和（或）增加心肌缺血区的供血、供氧而发挥作用。常用的抗心绞痛药主要有硝酸酯类药、β受体阻断药和钙通道阻滞药。

硝酸酯类能扩张容量血管和阻力血管，减轻心脏前后负荷，使心室壁张力降低，故可明显减少心肌耗氧量。此外，通过扩张冠状动脉和促进侧支循环的建立，增加缺血区供血。临床上主要用于中止或预防各种类型心绞痛发作。

β受体阻断药通过阻滞心脏β_1受体，使心率减慢，心肌收缩力减弱，心肌耗氧量明显减少。舒张期延长，冠状动脉灌注时间延长，有利于血液从心外膜流向心内膜缺血区；也有利于血液通过侧支流向低阻力的缺血区，增加缺血区的供血供氧。主要用于稳定型和不稳定型的心绞痛，尤其适用于伴有高血压或心律失常的心绞痛患者。

钙通道阻滞药通过阻滞Ca^{2+}内流，可减慢心率，减弱心肌收缩力；并可扩张外周血管，降低心脏负荷，从而减少心肌耗氧量。同时因能扩张冠状动脉，解除血管痉挛，促进侧支循环，改善缺血区供血。

高频考点 1. 常用抗心绞痛药物分哪几类

2. 试述硝酸酯类与普萘洛尔联合应用的临床意义及注意事项

自 测 题

1. 对于变异型心绞痛的患者，使用何种药物最常用
   A. 维拉帕米 B. 地尔硫䓬
   C. 硝苯地平 D. 卡托普利
   E. 米诺地尔
2. 在抗心绞痛时，使用的地尔硫䓬属于下列何类药物
   A. 肾上腺素受体阻滞药
   B. 钠通道阻滞药
   C. 钾通道阻滞药
   D. 钙通道阻滞药
   E. 以上都不是
3. 无扩张冠状动脉作用的抗心绞痛药物是
   A. 维拉帕米 B. 硝苯地平
   C. 普萘洛尔 D. 硝酸甘油
   E. 硝酸异山梨酯
4. 伴有高血压的变异型心绞痛者宜选用
   A. 普萘洛尔 B. 硝酸甘油
   C. 美托洛尔 D. 硝苯地平
   E. 戊四硝酯
5. 心绞痛伴有哮喘的患者不宜选用下列哪种药物
   A. 硝酸异山梨酯 B. 普萘洛尔
   C. 硝苯地平 D. 硝酸甘油
   E. 维拉帕米
6. 硝酸甘油、普萘洛尔、维拉帕米治疗心绞痛的共同作用是
   A. 抑制心肌收缩力 B. 扩张冠状动脉
   C. 降低心肌耗氧量 D. 减慢心率
   E. 缩小心室容积

（吴 彬）

第24章 抗动脉粥样硬化药

思维导图 >>>

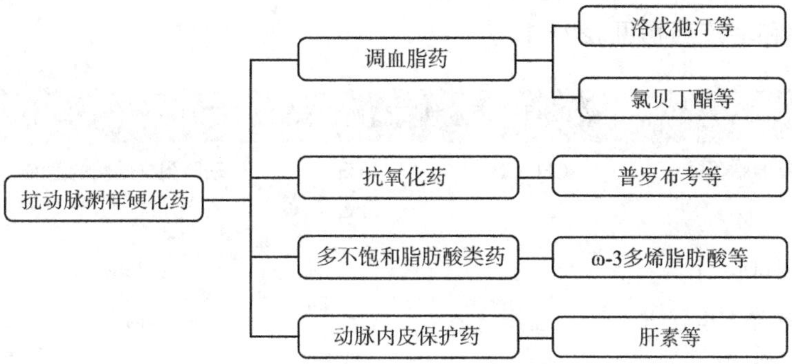

学习目标

1. 掌握他汀类药物的调血脂作用特点、临床应用及主要不良反应。
2. 熟悉其他药物的药理作用、临床应用及不良反应。
3. 了解调血脂药的分类及作用机制。
4. 能根据高脂血症的不同类型，选择相应的调血脂药物。
5. 能与患者及家属进行沟通，开展用药咨询服务，并能正确指导患者合理用药。

案例导入

患者，男，59岁。10天前进行健康体检时被诊断为高血脂蛋白血症（Ⅳ型），医嘱给予洛伐他汀治疗，每日1次，每次20mg，晚餐时服用。现已服药4周，患者去医院复查血脂，结果显示血脂仍高，医生嘱其调整饮食，增加了洛伐他汀的剂量至每次40mg，每日1次。

问题： 1. 为什么要增加剂量？

2. 如何调整饮食？

动脉粥样硬化（atherosclerosis）是一种慢性炎症过程，发生在大动脉及中动脉，特别是冠状动脉、脑动脉和主动脉，是心、脑血管疾病的主要病理学基础。心、脑血管疾病的发生发展与动脉粥样硬化有关，防治动脉粥样硬化是防治心脑血管疾病的重要措施。根据作用机制不同，抗动脉粥样硬化药（antiatherosclerotic drug）主要分为调血脂药、抗氧化药、多不饱和脂肪酸类药、动脉内皮保护药等。

第1节 调血脂药

血脂是血浆中所含脂类的总称。与临床密切相关的血脂主要是胆固醇（cholesterol，CH）和三酰甘油（triglyceride，TG），其他还包括磷脂（phospholipid，PL）及游离脂肪酸（free fatty acid，FFA）等。其中CH又分为胆固醇酯（cholesterol ester，CE）和游离胆固醇（free cholesterol，FC）两类，两者之和称为总胆固醇（total cholesterol，TC）。

高脂血症指血浆总胆固醇或三酰甘油超过正常水平。它是导致动脉粥样硬化的重要致病因素，尤其是高胆固醇血症和高三酰甘油血症。调血脂药通过调整血浆脂质含量或脂蛋白的紊乱治疗高脂血症。

血浆中胆固醇和三酰甘油均不溶于水，必须在血浆中与不同的载脂蛋白（apoprotein，Apo）结合后以脂蛋白的形式转运。根据脂蛋白密度范围和电泳特性的不同，血浆脂蛋白可分为5类：①乳糜微粒（CM）；②极低密度脂蛋白（VLDL）；③低密度脂蛋白（LDL）；④中密度脂蛋白（IDL）；⑤高密度脂蛋白（HDL）。当血浆中VLDL、LDL、IDL的水平高出正常，胆固醇则易沉积在动脉血管壁，从而导致动脉粥样硬化。近年研究发现，HDL具有清除动脉壁的胆固醇和抗氧化作用。因此，HDL水平低于正常，也是导致动脉粥样硬化的重要因素。

原发性高脂血症和治疗药物见表24-1。

表24-1 原发性高脂血症和治疗药物

类型	升高的脂蛋白	CH	TG	动脉粥样硬化的危险	治疗药物
Ⅰ	CM	+	+++	-	无
Ⅱa	LDL	++	-	高度	他汀类±树脂
Ⅱb	LDL+VLDL	++	++	高度	他汀类，贝特类，烟酸
Ⅲ	βVLDL	++	++	中度	贝特类
Ⅳ	VLDL	+	++	中度	贝特类（±鱼油）
Ⅴ	CM+VLDL	+	++	-	无（±鱼油）

知识拓展　高密度脂蛋白胆固醇为什么叫“好”胆固醇

高密度脂蛋白胆固醇（HDL-C）主要是由肝脏合成。它是由载脂蛋白、磷脂、胆固醇和少量脂肪酸组成，主要的临床价值是能够将动脉粥样硬化斑块的泡沫细胞转移至肝脏排出体外，可减少患冠状动脉心脏病的危险，可通俗地理解为“好”胆固醇，抗动脉粥样硬化的胆固醇。

一、降低TC和LDL的药物

他 汀 类

他汀类（statins）是治疗高胆固醇血症的新型药物。常用的有洛伐他汀（lovastatin）、辛伐他汀（simvastatin）、普伐他汀（pravastatin）、氟伐他汀（fluvastatin）和阿托伐他汀（atorvastatin）等。

【体内过程】 他汀类药物口服吸收较好，生物利用度高。部分品种需在肝脏活化后才能发挥作用，多数药物的原型药及活性代谢产物与血浆蛋白的结合率较高。药物主要在肝代谢，大部分经消化道排泄，少量由肾排出。

【药理作用】

1. 调血脂作用 他汀类药物主要通过抑制肝细胞合成胆固醇的限速酶——羟甲基戊二酰辅酶A（HMG-CoA）还原酶的活性，使CH合成受阻，血浆中CH浓度降低。也可通过负反馈调节使肝细胞表面LDL受体数量增加、活性增强，从而能与更多LDL结合，并将其转运至外周组织，以此降低血浆中LDL浓度。本类药物主要降低血中胆固醇含量，对三酰甘油的影响较小。用药后，可使TC、LDL降低18%～55%，TG降低7%～30%，可轻度升高HDL 5%～15%。其中，以洛伐他汀降低胆固醇和LDL作用最强，普伐他汀最弱。

2. 其他作用 本类药物还可抑制动脉平滑肌细胞增殖，延缓内膜增厚，改善血管内皮对扩血管物质的反应性；抑制血小板聚集，提高纤溶酶活性；减少动脉壁巨噬细胞及泡沫细胞的形成，稳定和缩小动脉粥样硬化斑块等，均有助于发挥抗动脉粥样硬化作用。

【临床应用】

1. 原发性高胆固醇血症 适用于高胆固醇为主的高脂血症，用药后可使TC、LDL及TG降低，HDL升高，是治疗Ⅱ、Ⅲ型高脂蛋白血症的首选药。与烟酸类药合用，可降低心血管病的病死率。

2. 继发性高胆固醇血症 可用于继发肾病综合征及2型糖尿病的高脂蛋白血症患者。用药后可使患者血浆中LDL、VLDL等有不同程度的降低。

3. 预防冠心病 本类药物通过降低血脂、增加HDL含量，能有效延缓冠状动脉粥样硬化的速度，提高其消退率。

【不良反应和注意事项】 常见胃肠道刺激症状如腹痛、腹泻、便秘、胃肠胀气等；部分患者出现头痛、皮肤潮红、视物模糊及味觉障碍。偶可出现无症状性血清氨基转移酶及肌酸激酶升高。可引起横纹肌溶解症，出现全身肌肉疼痛、乏力、发热、肌红蛋白尿等，严重者甚至可导致急性肾衰竭。

孕妇、活动性肝病（或血清氨基转移酶持续升高者）及对本类药物过敏者禁用。

知识拓展 横纹肌溶解症

他汀类药物最严重的不良反应是横纹肌溶解症，甚至导致肾衰竭，危及患者生命。横纹肌溶解症最常见的症状是局部或全身性的肌肉酸痛，有急性肌肉疼痛、肿胀、痉挛、水肿、乏力、跛行或急性肾衰竭等临床表现，且有使用引起肌溶解的药物史及其诱发因素，应怀疑为横纹肌溶解症。因服用他汀类药物而并发的横纹肌溶解症，发生时间一般在用药后36小时～24个月，大部分发生于3个月以后。

胆汁酸结合树脂类药

胆汁酸结合树脂（bile acid binding resin）又称胆酸螯合剂，为阴离子交换树脂，不溶于水，也不易被消化酶分解。主要包括考来烯胺（colestyramine，消胆胺）和考来替泊（colestipol，降胆宁）。

【药理作用和临床应用】 考来烯胺和考来替泊进入肠道，与胆固醇降解后形成的胆汁酸螯合，阻滞其肝肠循环和反复利用，使CH大量消耗，从而使血浆中TC、LDL含量降低，但可使HDL升高。本类药对TG的影响小或轻度升高。适用于Ⅱa型高脂蛋白血症，对Ⅱb型高脂蛋白血症应与降TG和VLDL的药物合用。与他汀类药合用，可延缓动脉粥样硬化的发生和发展进程，减少冠心病的发生。还可用于因胆汁酸过多沉积于皮肤所致的瘙痒。

【不良反应和注意事项】 常见不良反应为食欲减退、消化不良、恶心、腹胀、便秘等。因妨碍噻嗪类、青霉素、普萘洛尔、香豆素类、强心苷类等药物的吸收，故应避免同时服用。长期应用还可引起脂溶性维生素及钙的缺乏，故应适当补充维生素A、维生素D、维生素K及钙。

二、降低TG及VLDL的药物

贝 特 类

贝特类（fibrates）又称苯氧酸类。临床最早应用的是氯贝丁酯（clofibrate，安妥明），后因不良反应较多，现已被同类药中的新型品种如吉非贝齐（gemfibrozil）、苯扎贝特（bezafibrate）、非诺贝特（fenofibrate）等替代。

【体内过程】 本类药物口服吸收完全，2～8小时血药浓度达高峰，在血中与血浆蛋白结合，主要在肝内代谢，部分药物有肝肠循环，主要经肾排泄。

【药理作用】

1. 调血脂作用 用药后，可使血浆中TG、VLDL、TC、LDL降低，使HDL升高。其作用机制：①抑制乙酰辅酶A羧化酶，减少游离脂肪酸进入肝脏，使肝脏合成TG及VLDL减少；②增强脂蛋白脂肪酶（LPL）的活性，加速CM、VLDL的分解代谢；③增加HDL的合成，延缓其清除，加速CH的逆向转运；④促进LDL、VLDL的分解和清除。

2. 其他作用 本类药还有抑制血小板聚集、抗凝血、增加纤溶酶活性及抗利尿作用。

【临床应用】 适用于治疗以TG或VLDL升高为主的高脂蛋白血症。也用于伴有2型糖尿病的高脂蛋白血症。

【不良反应和注意事项】 常见胃肠道反应，如恶心、食欲缺乏、腹痛、腹泻；偶有肌痛、血清氨基转移酶及尿素氮增高。与他汀类合用时，可能增加肌病的发生率。宜从小剂量开始逐步加量，常采取早晨服贝特类，晚上服他汀类，避免血药浓度的显著升高。

肝胆疾病、肾功能不全患者、孕妇、小儿禁用。

阿昔莫司

阿昔莫司（acipimox，氧甲吡嗪）为烟酸的衍生物，作用与烟酸类似。能抑制TG、LDL及VLDL的合成，减少HDL的分解，使HDL在血中水平增高，作用较强且持久。临床应用及不良反应同烟酸。

第2节 其他抗动脉粥样硬化药

一、抗氧化药

普罗布考

【药理作用】 氧自由基可损伤血管内皮，氧化型LDL（ox-LDL）是导致动脉粥样硬化的重要因素之一。普罗布考（probucol，丙丁酚）作为抗氧化剂，能掺入到脂蛋白颗粒中，阻止其被氧化，从而减少ox-LDL的形成。用药后可使黄色瘤减轻或消退，动脉粥样硬化病变延缓。此外，还有抑制HMG-CoA还原酶的作用，使CH合成受阻，血中CH含量降低。

【临床应用】 主要用于高胆固醇血症，用药后可使血中TC下降20%～25%，低密度脂蛋白胆固醇（LDL-C）降低5%～15%。也可用于继发于肾病综合征或2型糖尿病伴高脂蛋白血症患者。

【不良反应和注意事项】 不良反应少而轻，常见胃肠道反应，偶可引起嗜酸性粒细胞增多、血尿酸浓度增高等。少数患者用药期间心电图可出现Q-T间期延长。室性心律失常、心肌损伤患者、孕妇及小儿禁用。

二、多不饱和脂肪酸类药

多不饱和脂肪酸（polyunsaturated fatty acid，PUFA）又称多烯脂肪酸，常用的有ω-3型多烯脂肪酸和ω-6型多烯脂肪酸两类。ω-3型多烯脂肪酸包括二十碳五烯酸（eicosapentaenoic acid，EPA）和二十二碳六烯酸（docosahexaenoic acid，DHA）。ω-6型多烯脂肪酸中常用的有亚油酸（linoleic acid，LA）、γ-亚麻酸（gamma-linolenic acid，LNA）及月见草油（oenothera biennis）。

ω-3型多烯脂肪酸有调血脂作用，能明显降低血中TG及VLDL-TG的水平，升高HDL-C；DHA还能降低TC及LDL-C的水平。作用机制与抑制肝脏合成TG、提高LPL活性、促进VLDL代谢有关。此外，本类药还有扩张血管、降低血压、抑制血小板聚集等作用。常用于高三酰甘油血症的辅助治疗，长期应用，对预防心血管疾病的发生及猝死有益。与他汀类合用，可治疗混合型高脂蛋白血症。

ω-6型多烯脂肪酸的有效成分十八碳三烯酸，有较弱的降TG和抗血小板聚集作用，对防治冠心病及心肌梗死起辅助作用。

三、动脉内皮保护药

动脉内皮保护药（agent used to protect arterial endothelium）主要为糖胺聚糖（黏多糖）和多糖类。

肝素（heparin）是酸性糖胺聚糖的代表药物，来自牛或猪的小肠黏膜和肺。肝素除具有强大的抗凝血作用外，还有调血脂、抗血小板聚集、保护血管内皮等作用，故能有效防止血栓形成。但因其抗凝血作用较强，易发生出血，加之不能口服，故不能作为防治动脉粥样硬化的常规用药。

目前开发出一系列作用类似肝素，但抗凝血作用明显减弱、抗血栓形成作用相对增强、生物利用度显著提高、用药更加方便的低分子量肝素和类肝素。低分子量肝素制剂有伊诺肝素钠、达肝素钠、那曲肝素钙等。类肝素制剂有硫酸软骨素A、硫酸乙酰肝素及硫酸皮肤素。上述药物能结合在血管内皮表面，保护血管内皮免于受损。同时还有抑制血管平滑肌细胞的增殖和迁移，抗血小板聚集、阻滞动脉粥样硬化斑块形成等作用，用于缺血性心脑血管疾病的防治。

学习小结

动脉粥样硬化是心、脑血管疾病的主要病理学基础，防治动脉粥样硬化是防治心、脑血管疾病的重要措施。用于防治动脉硬化的药物有调血脂药、抗氧化药、多不饱和脂肪酸类药、动脉内皮保护药。

调血脂药是临床常用药，种类不同，作用不同，临床应用各有区别：①他汀类是治疗Ⅱ、Ⅲ型高脂蛋白血症的首选药；②胆汁酸结合树脂类药主要适用于$Ⅱ_a$型高脂蛋白血症，对$Ⅱ_b$型高脂蛋白血症应与降TG和VLDL的药物合用；③贝特类适用于治疗以TG或VLDL升高为主的高脂蛋白血症，常与他汀类合用于$Ⅱ_b$、Ⅲ、Ⅳ、Ⅴ型高脂蛋白血症，也用于伴有2型糖尿病的高脂蛋白血症；④烟酸及烟酸衍生物常用于Ⅱ、Ⅲ、Ⅳ、Ⅴ型高脂血症患者。

抗氧化药普罗布考主要用于高胆固醇血症；多烯脂肪酸类与他汀类合用，可治疗混合型高脂蛋白血症；糖胺聚糖和多糖类如肝素和类肝素也可用于缺血性心脑血管疾病的防治。

高频考点 1. 高脂血症的分类
2. 各型高脂血症的药物选用

自 测 题

1. 能明显降低血浆胆固醇的药物是
   A. 烟酸　B. 考来烯胺
   C. 多烯康胶囊　D. 洛伐他汀
   E. 吉非贝齐
2. 考来烯胺临床主要用于下列何种类型高脂血症
   A. Ⅰ型　B. Ⅱa型
   C. Ⅲ型　D. Ⅳ型
   E. Ⅴ型
3. 考来烯胺降低血脂的作用机制是
   A. 抑制小肠吸收胆固醇
   B. 促进胆固醇的分解
   C. 促进胆固醇的合成
   D. 抑制HMG-CoA还原酶
   E. 激活HMG-CoA还原酶
4. 有关他汀类药物作用的叙述，错误的是
   A. 可以降低TC　B. 可以降低LDL-C
   C. 可以降低HDL-C　D. 减少肝内胆固醇
   E. 使VLDL合成减少
5. 明显降低血浆胆固醇的药物是
   A. 烟酸　B. 苯氧酸类
   C. 多烯脂肪酸类　D. 抗氧化药
   E. HMG-CoA还原酶抑制剂
6. HMG-CoA还原酶抑制剂最严重的不良反应是
   A. 肌肉触痛　B. 肝脏损害
   C. 溶血性贫血　D. 过敏反应
   E. 横纹肌溶解症

（吴　彬）

第25章 作用于血液与造血系统的药物

思维导图

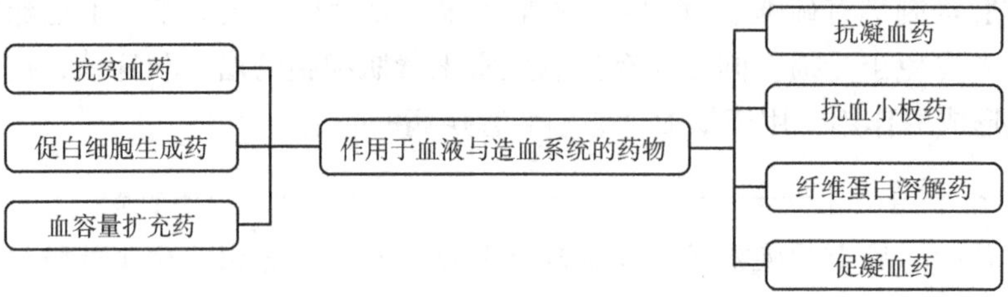

学习目标

1. 掌握肝素、维生素K的作用特点、临床应用和不良反应。
2. 熟悉维生素B_{12}、铁制剂、叶酸、链激酶、尿激酶、垂体后叶素的药理作用、临床应用和不良反应。
3. 了解抗血小板药、促白细胞生成药、血容量扩充药的药理作用和临床应用。
4. 具有根据适应证合理选择抗血栓药物及止血药物、防治不良反应的能力。
5. 能与患者及家属进行沟通，开展用药咨询服务，并能正确指导患者合理用药。

案例导入

王某，女，45岁。因乏力、心悸2个月就诊。既往有子宫肌瘤病史2年。近半年，月经量增多明显。经实验室检查，诊断为缺铁性贫血。给予硫酸亚铁片、维生素C片口服治疗。

问题： 1. 以上用药是否合理？

2. 如何对该患者进行用药指导？

在生理情况下，人体的血液中存在着凝血与抗凝血、纤溶与抗纤溶两种对立统一的调节机制，使血管内的血液保持正常的流动状态。一旦平衡失调，就可能出现血栓栓塞性疾病或出血（图25-1）。

第1节 抗凝血药

抗凝血药是通过干扰凝血过程的某些环节、阻止血液凝固过程的药物，用于防治血栓栓塞性疾病。

一、体内、外抗凝血药

肝素

肝素（heparin）是糖胺聚糖硫酸酯，药用的肝素是从猪肠黏膜或牛肺中提取制得，因其带有大量负电荷，呈强酸性，为大分子化合物，口服不吸收，一般采用静脉给药，主要经肝代谢，肺栓塞及肝功能不全者半衰期延长。

【药理作用】

1. 抗凝血 肝素在体内、外均有迅速而强大的抗凝作用。这一作用主要是通过激活抗凝血酶Ⅲ

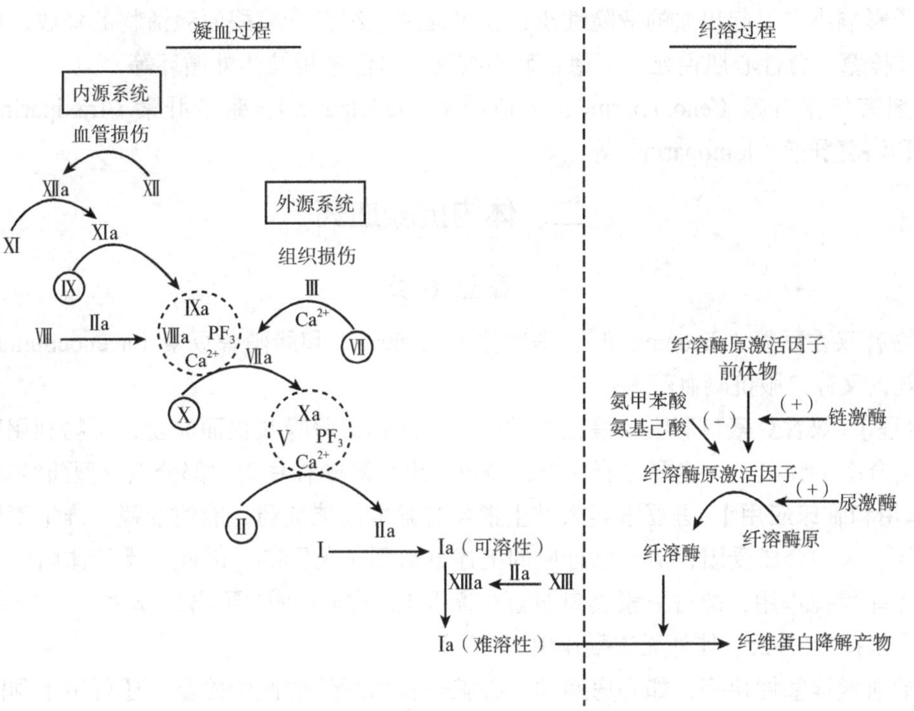

图25-1　凝血过程和纤溶过程及药物作用示意图

PF_3. 血小板因子3

（AT-Ⅲ）来完成的，AT-Ⅲ是一种生理性抗凝物质，能与血浆凝血酶（Ⅱa）及凝血因子Ⅸa、Ⅹa、Ⅺa、Ⅻa等含丝氨酸残基蛋白酶结合形成复合物，使上述凝血因子失活，肝素与AT-Ⅲ结合后，使AT-Ⅲ构型改变，加强其抗凝作用。此外肝素还可抑制血小板黏附和聚集。

2. 降血脂　通过促进血管内皮细胞释放脂蛋白酯酶，水解血中乳糜微粒和低密度脂蛋白而发挥降血脂作用。

【临床应用】

1. 血栓栓塞性疾病　用于防治血栓的形成和栓塞，如深静脉血栓、肺栓塞、脑梗死及急性心肌梗死等。

2. 弥散性血管内凝血（DIC）　早期应用可防止微血栓形成，改善重要器官的供血，并避免凝血酶原、纤维蛋白原及其他凝血因子的耗竭，阻断DIC过程。

3. 体外抗凝血　可用于体外循环、心导管检查和血液透析等。

【不良反应】

1. 自发性出血　系肝素过量所致，表现为黏膜出血、关节腔积血和伤口出血等。轻度出血，停药即可，对出血严重者，应缓慢静脉注射肝素特异性解毒剂鱼精蛋白，1mg鱼精蛋白可中和100单位肝素，每次剂量不应超过50mg。

2. 短暂性血小板减少症　多数发生在用药后的7～10天，虽少见，但可致死。

3. 其他　偶见皮疹、哮喘、结膜炎和发热等过敏反应；长期应用（3～6个月）可引起骨质疏松和自发性骨折；孕妇应用可导致早产及死胎。

【禁忌证】　对肝素过敏、有出血倾向、血友病、血小板功能不全、紫癜、严重高血压、肝肾功能不全、溃疡病、颅内出血、先兆流产、产后、外伤及术后等禁用。

低分子量肝素

低分子量肝素（low molecular weight heparin，LMWH）分子量比肝素小，一般为4000～6000Da，与肝素比较，其生物利用度高，$t_{1/2}$较长。其特点是可选择性拮抗凝血因子Ⅹa的活性，而对凝血酶和其他凝血因子影响小，引起出血的危险性小；还可促进组织型纤溶酶原激活物的释放。用于深部静脉血栓形成和肺栓塞、急性心肌梗死、不稳定型心绞痛、血液透析及体外循环等。

常用制剂有依诺肝素（enoxaparin）、替地肝素（tedelparin）、弗希肝素（fraxiparin）、洛吉肝素（logiparin）和洛莫肝素（lomoparin）等。

二、体内抗凝血药

香豆素类

此类药物有双香豆素（dicoumarol）、华法林（warfarin）和醋硝香豆素（acenocoumarol，新抗凝）等，口服有效，又称口服抗凝血药。

【体内过程】 双香豆素口服吸收慢且不规则，华法林口服吸收快而完全，生物利用度接近100%，与血浆蛋白结合率99%以上，主要在肝代谢，经肾排出。醋硝香豆素大部分以原型药经肾排出。

【药理作用和临床应用】 香豆素类为维生素K的竞争性拮抗药，能使依赖于维生素K的凝血因子如Ⅱ、Ⅶ、Ⅸ、Ⅹ的合成受阻，对于已合成的上述凝血因子无影响，因此，需待体内已合成的凝血因子耗竭后，才能发挥作用，故香豆素类口服至少需要12～24小时方可出现作用，1～3天作用达高峰，停药后作用可维持3～4天。体外无抗凝作用。

用于防治血栓栓塞性疾病，如心房颤动、心脏瓣膜病所致的血栓栓塞。还可用于预防术后静脉血栓形成，如关节固定术、人工置换心脏瓣膜等手术。但作用缓慢，剂量不易控制，故防治静脉血栓或肺栓塞一般先与肝素合用，经1～3天香豆素类发挥作用后再停用肝素。

【不良反应和注意事项】 过量易致自发性出血，常见鼻出血、牙龈出血、皮肤瘀斑及内脏出血，严重者可引起颅内出血。用药期间必须监测凝血酶原时间，应控制在25～30秒，并据此调整剂量。用量过大引起出血时，应立即停药并缓慢静脉注射维生素K或输新鲜血液。禁忌证同肝素。

【药物相互作用】 使本类药物抗凝作用增强，并增加自发性出血发生率的因素有：①广谱抗生素引起体内维生素K缺乏；②水合氯醛、甲苯磺丁脲、奎尼丁、羟基保泰松等血浆蛋白结合率高的药物；③阿司匹林等抗血小板药物；④丙米嗪、甲硝唑、西咪替丁等肝药酶抑制剂。使本类药物抗凝作用减弱的有肝药酶诱导剂如苯巴比妥、苯妥英钠、利福平等。

三、体外抗凝血药

枸橼酸钠

枸橼酸钠（sodium citrate）由于枸橼酸根离子与血浆中的Ca^{2+}形成难解离的可溶性络合物，降低血浆中游离Ca^{2+}浓度，使血液不易凝固。因枸橼酸根离子在体内被及时氧化，失去络合Ca^{2+}的作用，故无体内抗凝作用。仅用于体外血液保存、输血、血液化验、血浆置换等。输血超过1000ml或输血速度过快，可引起低血钙，导致手足抽搐、心功能不全、血压降低等，新生儿及幼儿容易发生，必要时可应用葡萄糖酸钙等钙剂对抗。

知识拓展　血栓栓塞性疾病

血栓栓塞性疾病主要包括动脉粥样硬化血栓形成、静脉血栓或栓塞及外周动脉栓塞。动脉粥样硬化血栓形成是在动脉壁粥样硬化基础上斑块破裂、胶原暴露激活血小板形成血栓。深静脉血栓形成主要并发症和后果是肺栓塞，两者统称为静脉血栓栓塞。外周动脉栓塞最常见于房颤、急性心肌梗死、主动脉瘤患者等，可导致急性动脉缺血，如脑卒中、肠梗死、下肢缺血坏死等。临床常见的血栓栓塞性疾病有心肌梗死、脑梗死、脑栓塞、肺栓塞、深静脉血栓及周围血管栓塞等。合理应用抗凝血药、抗血小板药、溶栓药防治血栓形成，具有非常重要的临床意义。

第2节　抗血小板药

抗血小板药（antiplatelet drug）是指能抑制血小板黏附、聚集和释放等功能，阻止血栓形成的药物，用于防治心脑血管或外周血管血栓栓塞性疾病。

阿司匹林

阿司匹林（aspirin）为解热镇痛抗炎药，小剂量阿司匹林（每日剂量75～100mg）可抑制血小板中的前列腺素合成酶，使TXA_2合成减少，抑制血小板的聚集，防止血栓形成。临床用于慢性稳定型心绞痛、心肌梗死的一级和二级预防，脑梗死、脑卒中或短暂性脑缺血的二级预防。用于治疗心绞痛、心肌梗死、急性脑卒中等，也可使一过性脑缺血发作后患者脑卒中的发生率和病死率降低，对一过性脑缺血患者可减少其发病率。

双嘧达莫

双嘧达莫（dipyridamole，潘生丁）可抑制血小板磷酸二酯酶，使cAMP降解减少；激活血小板腺苷酸环化酶，使cAMP生成增多；促进血管内皮细胞PGI_2的生成及活性；轻度抑制血小板前列腺素合成酶，使TXA_2生成减少。治疗血栓栓塞性疾病和缺血性疾病，单独应用作用较弱，与阿司匹林合用疗效较好，与华法林合用可防止心脏瓣膜置换术后血栓的形成。不良反应有腹部不适、恶心等胃肠道反应，以及由于血管扩张引起血压下降、头痛、眩晕、潮红、晕厥等。

依前列醇

依前列醇（epoprostenol，PGI_2）为人工合成的前列环素，可激活血小板腺苷酸环化酶使cAMP浓度增高，并抑制多种诱导剂诱导的血小板聚集与释放，具有扩张血管、抗血栓形成作用。因其在生理pH内环境中不稳定，$t_{1/2}$仅3～5分钟，且抑制血小板聚集的剂量能引起明显的低血压，故临床应用受到限制。主要用于体外循环，以防止血小板减少、血栓性血小板减少性紫癜、微血栓形成导致的出血倾向。

同类药物伊洛前列素（iloprost）在生理pH内环境中稳定，其作用比依前列醇强，临床用于防治急性心肌梗死和外周血管闭塞性疾病等。

噻氯匹定

噻氯匹定（ticlopidine）能选择性及特异性干扰ADP介导的血小板活化，抑制血小板聚集和黏附。作用机制是：①抑制ADP诱导的α-颗粒分泌，抑制血管壁损伤的黏附反应；②抑制ADP诱导的血小板膜GPⅡb/Ⅲa受体复合物与纤维蛋白原结合位点的暴露；③拮抗ATP对腺苷酸环化酶的抑制作用。故该药是血小板活化、黏附和α-颗粒分泌的抑制剂。

用于预防脑卒中、心肌梗死及外周动脉血栓栓塞性疾病的复发疗效优于阿司匹林。常见不良反应有恶心、腹泻、中性粒细胞减少、骨髓抑制等。同类药物氯吡格雷（clopidogrel）的作用与噻氯匹定相似。

水蛭素

水蛭素（hirudin）是强效、特异的凝血酶抑制剂，可抑制凝血酶的活性，抑制凝血酶的蛋白水解功能，抑制纤维蛋白的生成，也抑制凝血酶诱导的血小板的聚集和分泌，抑制血栓形成。用于预防术后血栓形成及不稳定型心绞痛，也用于急性心肌梗死后溶栓的辅助治疗及DIC、血液透析、体外循环等。基因重组水蛭素（lepirudin）作用与水蛭素相同。

血小板膜糖蛋白Ⅱb/Ⅲa受体阻断药

血小板膜糖蛋白Ⅱb/Ⅲa受体（GPⅡb/Ⅲa receptor）阻断药是一类新的抗血小板聚集药。

GP Ⅱ b/ Ⅲ a受体是引起血小板聚集的黏附蛋白的特异性识别、结合位点，阻断GP Ⅱ b/ Ⅲ a受体即可有效抑制各种诱导剂激发的血小板聚集。阿昔单抗（abciximab）是较早的GP Ⅱ b/ Ⅲ a受体单克隆抗体，抑制血小板聚集作用明显，对血栓形成、血管再闭塞有明显的治疗作用。相继开发的该类药物有拉米非班（lamifiban）、替罗非班（tirofiban）等，用于急性心肌梗死、溶栓治疗、不稳定型心绞痛疗效良好。

第3节 纤维蛋白溶解药

纤维蛋白溶解药（fibrinolytics）是一类使纤维蛋白溶酶原（纤溶酶原）转变为纤维蛋白溶酶（纤溶酶），纤溶酶通过降解纤维蛋白，使血栓溶解的药物，也称溶栓药（thrombolytics）。

链 激 酶

链激酶（streptokinase，SK）是从β-溶血性链球菌培养液中提得的一种蛋白质。目前可应用基因工程技术制备重组链激酶（recombinant streptokinase，rSK）。

【药理作用和临床应用】 链激酶可与内源性纤溶酶原结合成复合物，促进纤溶酶原转变为纤溶酶，纤溶酶迅速水解血栓中纤维蛋白，使血栓溶解。冠状动脉注射可使阻塞冠状动脉再通，恢复血流灌注，用于急性心肌梗死早期治疗；静脉注射可治疗动静脉内新鲜血栓和栓塞，如深静脉栓塞、肺栓塞、眼底血管栓塞等。需早期用药，以血栓形成不超过6小时疗效最佳。但对形成时间较久并已机化的血栓难以发挥作用。

【不良反应和注意事项】 可引起自发性出血，多为一处或多处的皮肤、黏膜出血，偶发颅内出血，可静脉注射抗纤维蛋白溶解药氨甲苯酸等解救；还可引起皮疹、畏寒、发热等过敏反应，甚至过敏性休克；静脉注射速度过快可致低血压。

对出血性疾病或有出血倾向者、新近创伤、消化道溃疡、伤口愈合中、严重高血压、产妇分娩前后禁用。

尿 激 酶

尿激酶（urokinase，UK）是从人尿中分离而得的一种蛋白水解酶，无抗原性。能直接激活纤溶酶原，使其成为纤溶酶而溶解纤维蛋白，对新鲜血栓效果好。临床应用和不良反应及禁忌证与链激酶相似，主要用于链激酶无效或过敏患者。

组织型纤溶酶原激活剂

组织型纤溶酶原激活剂（tissue plasminogen activator，t-PA）的作用机制是激活血栓中已与纤维蛋白结合的纤溶酶原，使其转变为纤溶酶而溶解血栓。对循环血液中纤溶系统几乎无影响，较少产生应用链激酶时常见的出血并发症，且对人无抗原性。临床用于治疗急性心肌梗死、脑栓塞和肺栓塞。同类药物还有阿替普酶（alteplase）、西替普酶（silteplase）、瑞替普酶（reteplase）等。

第4节 促凝血药

促凝血药是指能加速血液凝固或降低毛细血管通透性，促使出血停止的药物，又称止血药。用于治疗出血性疾病。

一、促凝血物质生成药

维生素K

维生素K（vitamin K）为甲萘醌类物质。维生素K_1来自绿叶植物或谷物，维生素K_2来自肠道细菌合成，两者均为脂溶性。人工合成的有维生素K_3和维生素K_4，两者均为水溶性。

【药理作用】 维生素K为肝脏合成凝血酶原（凝血因子Ⅱ）的必需物质，还参与凝血因子Ⅶ、Ⅸ、Ⅹ的生物合成，使这些凝血因子氨基末端谷氨酸羧基化，羧化的凝血因子可与Ca^{2+}结合，再与带有大量负电荷的血小板磷脂结合，使血液凝固。当维生素K缺乏时，上述凝血因子功能降低，凝血机制障碍，易发生出血。

【临床应用】

1. 治疗维生素K缺乏引起的出血　包括：①维生素K吸收障碍：如梗阻性黄疸、胆瘘及慢性腹泻等所致的出血；②维生素K合成障碍：如早产儿、新生儿及长期应用广谱抗生素等导致的出血。

2. 治疗凝血酶原过低导致的出血　如长期应用香豆素类、水杨酸类等药物。

3. 其他　维生素K_1、维生素K_3肌内注射有解痉、止痛作用，可用于缓解胆绞痛。大剂量维生素K_1用于抗凝血类灭鼠药中毒的解救。

【不良反应】 维生素K_3、维生素K_4刺激性强，口服易引起恶心、呕吐等胃肠道反应；较大剂量可致新生儿和早产儿溶血性贫血、高胆红素血症及黄疸；葡萄糖-6-磷酸脱氢酶（G-6-PD）缺乏者可诱发急性溶血性贫血；静脉注射维生素K_1速度过快，可引起面部潮红、呼吸困难、胸痛、虚脱等，一般以肌内注射为宜。

二、抗纤维蛋白溶解药

氨甲苯酸

氨甲苯酸（aminomethylbenzoic acid，PAMBA，对羧基苄胺）能竞争性抑制纤维蛋白溶酶原激活因子，使纤维蛋白溶酶原不能激活成为纤维蛋白溶酶，从而抑制纤维蛋白溶解。用于治疗纤维蛋白溶解亢进所致的出血，如肝、脾、肺、前列腺、甲状腺、肾上腺等外伤或手术时的异常出血；也可用于治疗链激酶和尿激酶过量引起的出血。无明显不良反应，过量可致血栓形成，并可诱发心肌梗死。对有血栓形成倾向或有血栓栓塞病史者禁用或慎用。

氨甲环酸

氨甲环酸（tranexamic acid，AMCHA，凝血酸）药理作用及临床应用同氨甲苯酸，但作用较强。

凝血酶

凝血酶（thrombin）是从猪、牛血中提取精制而成的无菌制剂。使血液中的纤维蛋白原转变为纤维蛋白，发挥止血作用，并促进上皮细胞有丝分裂，加速创伤愈合。适用于治疗结扎止血困难的小血管、毛细血管及实质性脏器的出血，也用于口腔、泌尿道、消化道等部位的出血。

三、促血小板生成药

酚磺乙胺

酚磺乙胺（etamsylate）能促使血小板增生，增强血小板黏附性和聚集性；促进血小板释放凝血活性物质，加速血管收缩；降低毛细血管通透性，减少血浆渗出。作用迅速，维持时间长，毒性低。适用于防止手术前后出血过多、各种内脏出血和皮肤出血，也用于血小板减少性紫癜及过敏性紫癜。偶见恶心、头痛等，静脉注射可见过敏反应。

四、作用于血管的促凝血药

垂体后叶素

垂体后叶素（pituitrin）由血管升压素和缩宫素组成。血管升压素直接作用于血管平滑肌，使小动脉、小静脉及毛细血管收缩，血流速度减慢，在血管破损处形成血凝块，起到止血作用。用于肺咯血及门静脉高压引起的上消化道出血。静脉注射过快，可出现面色苍白、血压升高、胸闷、心悸、过敏反应等。禁用于高血压、冠心病、心功能不全及肺源性心脏病患者。

第5节 抗贫血药

贫血指循环血液中的血红蛋白量、红细胞数或血细胞比容低于正常。根据病因和发病机制的不同分为缺铁性贫血、巨幼细胞贫血和再生障碍性贫血。对贫血的治疗采取对因和补充疗法，缺铁性贫血可补充铁剂，巨幼细胞贫血可补充叶酸和维生素B_{12}。

铁 制 剂

常用的有硫酸亚铁（ferrous sulfate）、富马酸亚铁（ferrous fumarate）、枸橼酸铁铵（ferric ammonium citrate）、葡聚糖铁（iron dextran）、多糖铁复合物（iron polysaccharide complex）等。

【体内过程】 铁的吸收部位主要是在十二指肠和空肠上段，无机铁以Fe^{2+}形式吸收，Fe^{3+}很难吸收，凡能将Fe^{3+}还原变成Fe^{2+}的物质如胃酸、维生素C、食物中果糖、半胱氨酸等均可促进铁的吸收。胃酸缺乏、服用抗酸药、食物中高磷、高钙、鞣酸等均可使铁沉淀，影响铁吸收，四环素类药物可与铁络合，也不利于铁的吸收。Fe^{2+}吸收入血后即被氧化成Fe^{3+}，并与血浆中的转铁蛋白结合成血浆铁，转运到肝、脾、骨髓等组织，以铁蛋白形式贮存。铁通过肠黏膜细胞脱落及胆汁、尿液、汗液等排出体外。正常人每日失铁量约1mg，可从食物中补充。

【药理作用和临床应用】 铁是骨髓内幼红细胞发育过程合成血红素必不可少的物质。主要用于以下原因引起的缺铁性贫血。

1. 慢性失血 如月经过多、钩虫病、消化性溃疡、痔、子宫肌瘤等。

2. 铁需求增加或供给不足 如营养不良、妊娠期和哺乳期妇女、儿童发育期等。

3. 铁的吸收障碍 如萎缩性胃炎或慢性腹泻患者。

硫酸亚铁和富马酸亚铁吸收良好，胃肠刺激常见，铁利用率高；枸橼酸铁铵为三价铁，吸收差，但刺激性小、作用缓和、易溶于水，多制成糖浆剂应用；葡聚糖铁或蔗糖铁供注射应用，毒性较大，仅限于少数严重缺铁性贫血而又不能口服铁剂的患者。

【不良反应】 口服可出现胃肠刺激症状，引起恶心、呕吐、腹泻、上腹部不适等，宜餐后服用；因为Fe^{2+}与肠腔中硫化氢结合生成了硫化铁，减弱了硫化氢对肠蠕动的刺激，可引起便秘；小儿误服1g以上铁剂可致急性中毒，急救措施为以磷酸盐溶液或碳酸盐溶液洗胃，并用特殊解毒剂去铁胺（deferoxamine）注入胃内以结合残存的铁。

叶 酸

叶酸（folic acid）广泛存在于动、植物性食物中，绿色蔬菜中含量最多。动物细胞自身不能合成叶酸，人体所需叶酸只能从植物中摄取。叶酸不耐热，食物烹调后可损失50%以上。

【药理作用】 叶酸是机体细胞生长和分裂所必需的物质，食物中的叶酸或叶酸制剂进入体内被还原为具有活性的四氢叶酸，四氢叶酸是一碳单位的传递体，参与DNA的合成。

【临床应用】

1. 营养性巨幼细胞贫血 如营养不良，婴儿期、妊娠期对叶酸需要量增加所致巨幼细胞贫血，与维生素B_{12}合用效果更好。

2. 药物性巨幼细胞贫血 如甲氨蝶呤、乙胺嘧啶、甲氧苄啶等所致巨幼细胞贫血。由于此类药物为二氢叶酸还原酶抑制剂，在体内不能使叶酸转变为四氢叶酸，故应用叶酸无效，需用亚叶酸钙（calcium folinate）治疗。

3. 其他 用于恶性贫血的辅助治疗；孕期补充叶酸可预防神经管缺陷。

维生素B_{12}

维生素B_{12}（vitamin B_{12}）为含钴的复合物，广泛存在于动物内脏、牛奶、蛋黄中。食物中的维生素B_{12}必须与胃黏膜壁细胞分泌的糖蛋白即内因子结合成复合物，才能免受胃液的消化而进入回肠吸收。胃黏膜萎缩所致内因子缺乏可影响维生素B_{12}吸收，引起恶性贫血，用维生素B_{12}治疗此类贫血时，必须采用注射给药。

【药理作用和临床应用】 维生素B_{12}参与机体多种代谢过程，为细胞发育成熟和维持神经组织髓鞘完整所必需的物质。用于治疗恶性贫血和巨幼细胞贫血，治疗恶性贫血时必须与叶酸合用，因为叶酸不能改善神经系统症状；另外用于神经系统疾病（如神经炎、神经萎缩等）、肝脏疾病、再生障碍性贫血的辅助治疗。

【不良反应】 一般无毒性，但少数患者可致过敏反应，甚至引起过敏性休克。

促红细胞生成素

促红细胞生成素（erythropoietin，EPO，又称红细胞生成素）是人体的一种糖蛋白，来源于肾近曲小管管周细胞。药用品是基因技术生产的重组人红细胞生成素（rhEPO），促红细胞生成素可与红系干细胞表面的受体结合，刺激红系干细胞生成，促使红系干细胞增殖、分化和成熟，使红细胞数增多，血红蛋白含量增加，并能增强红细胞膜抗氧化功能。用于慢性肾衰竭所致的贫血及再生障碍性贫血，还可用于肿瘤化疗、艾滋病所致的贫血。本药可引起血压升高、血凝增强等不良反应，偶可诱发脑血管意外或癫痫发作。

第6节 促白细胞生成药

非格司亭

非格司亭（filgrastim）也称重组人粒细胞集落刺激因子（G-CSF），天然品是由血管内皮细胞、单核细胞和成纤维细胞合成的糖蛋白。药用品是由DNA重组技术生产的。非格司亭可刺激粒细胞系造血，促进中性粒细胞的成熟，并促进成熟的粒细胞从骨髓释放入血，增强中性粒细胞的趋化及吞噬功能。用于各种原因引起的白细胞或粒细胞减少症，如肿瘤化疗、再生障碍性贫血、自体骨髓移植及骨髓再生不良等。大剂量长期应用，可产生骨痛、肌痛、血清氨基转移酶升高等。

沙格司亭

沙格司亭（sargramostim）也称重组人粒细胞巨噬细胞集落刺激因子（GM-CSF），天然的GM-CSF主要是T淋巴细胞在抗原或有丝分裂原的刺激下产生的，单核细胞、内皮细胞、成纤维细胞也可合成，主要作用是刺激粒细胞、巨噬细胞等白细胞的增殖、分化，还能增强中性粒细胞、单核细胞、巨噬细胞和巨核细胞的集落形成；对成熟中性粒细胞可增加其吞噬功能和细胞毒性作用。临床应用同G-CSF。

不良反应较少，偶可引起皮疹、发热、腹泻、呼吸困难及皮下注射部位红斑等，一般停药后消失。首次静脉滴注可出现面部潮红、低血压、呼吸急促、呕吐等症状，应给予吸氧及输液处理。

其他促白细胞生成药见表25-1。

表25-1 其他促白细胞生成药

药名	药理作用和临床应用	不良反应和注意事项
维生素B_4（vitamin B_4）	是核酸和某些辅酶的成分，参与RNA和DNA合成，促进白细胞生成，尤其白细胞低下时作用更明显。主要用于放疗、化疗及氯霉素、苯中毒所致的粒细胞减少症	治疗量未见明显不良反应
鲨肝醇（batyl alcohol）	对放疗及化疗引起的骨髓抑制有拮抗作用，对苯中毒所致白细胞减少有一定疗效。主要用于放疗、化疗及苯中毒所致白细胞减少症	用药期间应定期检查白细胞数
肌苷（inosine）	进入细胞后转变为肌苷酸及磷酸腺苷，参与体内蛋白质合成，促进肌细胞能量代谢，提高多种酶尤其是辅酶A的活性，促进缺氧状态下的细胞代谢。主要用于白细胞减少症及血小板减少症	有胃部不适。静脉注射可引起颜面潮红
利血生（leucogen）	增强造血功能。用于防治各种原因引起的白细胞、血小板减少和再生障碍性贫血	不良反应较少，对本品过敏者禁用。急、慢性髓细胞性白血病患者慎用

第7节　血容量扩充药

大量失血或失血浆（如烧伤）可使血容量降低，严重者可导致休克。迅速有效地扩充血容量是治疗低血容量性休克的基本疗法。血容量扩充药是能使血容量增加，维持血液胶体渗透压的药物。目前最常用的是右旋糖酐。

右旋糖酐

右旋糖酐（dextran）为葡萄糖的聚合物，依聚合的葡萄糖分子数目的不同分为不同分子量产品。临床常用的有中分子右旋糖酐（右旋糖酐70，平均分子量为70 000Da）、低分子右旋糖酐（右旋糖酐40，平均分子量为40 000Da）和小分子右旋糖酐（右旋糖酐10，平均分子量为10 000Da）。

【药理作用】

1. 扩充血容量　右旋糖酐分子量较大，能提高血浆胶体渗透压，从而补充血容量，维持血压。作用强度与维持时间依其分子量大小而逐渐降低。

2. 抗凝血作用　低分子和小分子右旋糖酐可抑制血小板聚集，并可降低凝血因子Ⅱ的活性，防止血栓形成。

3. 改善微循环　低分子和小分子右旋糖酐可抑制红细胞的聚集，又因增加血容量使血液稀释，降低血液黏滞性，改善微循环，防止休克后期DIC。

4. 渗透性利尿　右旋糖酐从肾脏排泄时，使肾小管管腔内渗透压升高，水重吸收减少而利尿。

【临床应用】

1. 防治低血容量性休克　中分子右旋糖酐扩充血容量作用强，用于防治急性失血、创伤、烧伤等低血容量性休克的扩容。

2. 防止休克后期的DIC　低分子、小分子右旋糖酐改善微循环作用较好，用于中毒性、外伤性、失血性休克，防止休克后期的DIC。

3. 防治血栓栓塞性疾病　用于防治脑血栓形成、心绞痛、心肌梗死、血栓闭塞性脉管炎及视网膜动静脉血栓等。

【不良反应】　偶见过敏反应，表现为发热、寒战、呼吸困难，严重者可致过敏性休克；剂量过大或连续应用少数患者可出现凝血障碍。血小板减少症、出血性疾病患者禁用，心功能不全、肺水肿、肾功能不全者慎用。

学习小结

作用于血液系统的药物主要有抗凝血药物肝素、香豆素类，应用过程中应注意监测凝血指标，避免过量导致出血；止血药物氨甲苯酸、酚磺乙胺等应用过程应警惕易栓症患者有诱发血栓性疾病的风险，要做到合理用药。抗贫血药、升白细胞药物要结合患者适应证，定期复查血常规调整用药。

高频考点 1. 叶酸的适应证
2. 肝素的临床应用及不良反应
3. 促白细胞生成药有哪些
4. 硫酸亚铁的临床应用

自测题

1. 肝素用于体内抗凝最常用的给药途径为
   A. 舌下含服　B. 口服
   C. 肌内注射　D. 皮下注射
   E. 静脉注射
2. 肝素的抗凝作用机制是
   A. 络合钙离子
   B. 抑制血小板聚集
   C. 增加抗凝血酶Ⅲ的活性
   D. 激活纤溶酶
   E. 影响凝血因子Ⅱ、Ⅶ、Ⅸ和Ⅹ的活化
3. 肝素最常见的不良反应是
   A. 过敏反应　B. 消化性溃疡
   C. 血压升高　D. 自发性骨折
   E. 自发性出血
4. 肝素应用过量可注射下列哪种药物解救
   A. 维生素K　B. 维生素B_{12}
   C. 鱼精蛋白　D. 葡萄糖酸钙
   E. 氨甲苯酸
5. 维生素K参与何种凝血因子的合成
   A. 凝血酶原
   B. 凝血因子Ⅱ、Ⅶ、Ⅸ和Ⅹ
   C. 凝血因子Ⅱ、Ⅸ、Ⅹ、Ⅺ和Ⅻ
   D. 抗凝血酶Ⅲ
   E. TXA_2
6. 患者，男，52岁。突发性右下肢肿痛1天，查体：右下肢较左侧增粗、水肿。诊断下肢静脉血栓形成，应选用下列哪种药物治疗
   A. 链激酶　B. 阿司匹林
   C. 肝素　D. 华法林
   E. 氨甲苯酸

（吴　彬）

第26章 拟组胺药与抗组胺药

学习目标

1. 掌握苯海拉明、氯苯那敏、氯雷他定的药理作用和临床应用。
2. 熟悉其他H_1受体阻断药的药理作用、临床应用及不良反应。
3. 了解组胺及组胺受体兴奋效应。
4. 具有根据适应证合理选择抗组胺药物、防止不良反应的能力。
5. 能正确开展用药咨询服务，并能正确指导患者合理用药。

案例导入

患者，女，46岁。与朋友聚餐，食用了多种海鲜，约半小时后，口唇和眼睑水肿，全身大片风团疹，奇痒无比，呼吸也感觉困难，紧急送到医院治疗。医生诊断为荨麻疹。

问题： 1. 该患者可选用哪些药物治疗？

2. 用药时应注意什么？

第1节 拟组胺药

组　胺

组胺（histamine）是由组氨酸在组氨酸脱羧酶催化下脱羧而成，是具有多种生理活性的重要的自身活性物质，广泛分布在体内各组织中。其中，以与外界接触的支气管黏膜、皮肤和胃肠黏膜中含量最高。正常情况下，组胺主要以无活性形式（结合型）贮存，当机体发生变态反应或受理化等因素刺激时，组胺以活性形式（游离型）释放，作用于组胺受体产生效应，主要表现为Ⅰ型变态反应。组胺本身无治疗意义，但可用于诊断真性胃酸缺乏症和麻风病。

组胺受体分为H_1、H_2、H_3三种亚型，均为G蛋白偶联受体。各亚型受体的分布及激动后的效应见表26-1。

表26-1　组胺受体的分布及激动后的效应

受体类型	分布	受体激动后效应
H_1	支气管、胃肠、子宫等平滑肌	收缩
	皮肤血管、毛细血管	扩张、通透性增加
	心房肌	收缩增强
	房室结	传导减慢
	中枢	觉醒反应

续表

受体类型	分布	受体激动后效应
H_2	胃壁细胞	分泌增加
	血管	扩张
	心室肌	收缩增强
	窦房结	心率加快
H_3	中枢与外周神经末梢	负反馈性调节、组胺合成与释放

倍他司汀

倍他司汀（betahistine）可激动组胺H_1受体，引起血管扩张，但不增加毛细血管的通透性。主要用于治疗内耳眩晕症，可纠正内耳血管的痉挛，减轻迷路积水，消除耳鸣、眩晕等症状；也可用于治疗急性缺血性脑血管疾病，如脑栓塞、一过性脑供血不足等；对各种原因的头痛有缓解作用。可引起胃部不适、恶心、皮肤瘙痒等不良反应。

第2节　抗组胺药

抗组胺药即组胺受体阻断药（histamine receptor antagonists），是一类能竞争性阻断组胺与其受体结合，产生抗组胺作用的药物。临床常用H_1、H_2受体阻断药。

一、H_1受体阻断药

目前已有50多种H_1受体阻断药供临床应用，常用第一代药物如苯海拉明（diphenhydramine）、异丙嗪（promethazine，非那根）、氯苯那敏（chlorpheniramine，扑尔敏）、赛庚啶（cyproheptadine，二苯环庚啶）等，因对中枢抑制作用较强、受体特异性差，故呈现明显的镇静作用和抗胆碱作用，表现出（困）倦、耐（药）、（作用时间）短、（口鼻眼）干的缺点。第二代药物如阿司咪唑（astemizole，息斯敏）、西替利嗪（cetirizine，仙特敏）、阿伐斯汀（acrivastine，新敏乐）、氯雷他定（loratadine）、左卡巴斯汀（levocabastine）等，具有以下特点：①作用持续时间较长。②无明显嗜睡作用。③对喷嚏、清涕和鼻痒效果较好，而对鼻塞效果较差（表26-2）。

表26-2　常用H_1受体阻断药作用及临床应用比较表

药物		镇静催眠	防晕止吐	临床应用
第一代药物	苯海拉明	+++	++	皮肤黏膜过敏、晕动病
	茶苯海拉明	+++	+++	晕动病
	异丙嗪	+++	++	皮肤黏膜过敏、晕动病
	曲吡那敏	++	-	皮肤黏膜过敏
	氯苯那敏	+	-	皮肤黏膜过敏
	赛庚啶	+	-	皮肤黏膜过敏
第二代药物	西替利嗪	+	-	皮肤黏膜过敏
	阿司咪唑	-	-	皮肤黏膜过敏
	氯雷他定	-	-	皮肤黏膜过敏
	阿伐斯汀	-	-	皮肤黏膜过敏
	咪唑斯汀	-	-	皮肤黏膜过敏、鼻塞
	左卡巴斯汀	-	-	急、慢性过敏性鼻炎

【药理作用】

1. 抗H_1受体作用 本类药物能竞争性地阻断H_1受体，完全对抗组胺的收缩支气管及胃肠道平滑肌作用；对组胺所致的毛细血管通透性增强引起的水肿，抑制作用较强，但仅能部分对抗其血管扩张和血压下降的作用；对组胺所致的胃酸分泌增多无效。

2. 中枢抑制作用 本类药物多数可透过血-脑脊液屏障，产生不同程度的中枢抑制作用，表现为镇静、催眠。此作用可能是由于阻断了中枢的H_1受体，从而拮抗了脑内源性组胺介导的觉醒反应所致。但各药的中枢抑制程度不同，其中，异丙嗪和苯海拉明作用最强。

3. 防晕止吐作用 部分H_1受体阻断药具有中枢性抗胆碱作用，产生镇吐、抗晕动效应。

4. 其他作用 较大剂量的苯海拉明、异丙嗪等可产生局部麻醉作用和奎尼丁样作用。

【临床应用】

1. 皮肤黏膜变态反应性疾病 对荨麻疹、过敏性鼻炎等疗效较好，现多用第二代H_1受体阻断药；对昆虫咬伤引起的皮肤瘙痒和水肿有良效；对血清病、药疹和接触性皮炎也有一定疗效；对支气管哮喘疗效差，对过敏性休克无效。

2. 呕吐及晕动病 苯海拉明、异丙嗪对晕动病、放射病呕吐等有止吐作用。预防晕动病一般应在乘车船前15～30分钟用药。本类药物有致畸作用，不能用于妊娠呕吐。

3. 其他 苯海拉明和异丙嗪可治疗过敏性疾病引起的失眠，也可与平喘药氨茶碱合用，以对抗氨茶碱的中枢兴奋、失眠的副作用。异丙嗪常作为冬眠合剂的组分用于人工冬眠。

知识拓展　抗组胺药物的外用新剂型

近年来，局部使用的抗组胺类药物越来越多见，如左卡巴斯汀鼻喷剂、奥洛他定滴眼液、赛庚啶皮肤霜剂等。局部用药，既能避免口服第一、二代抗组胺类药物时产生的不良反应，又能取得与口服药物同样的疗效。而且起效时间快，无明显的中枢抑制和心脏毒性，长期应用不会产生耐药性，因此使用越来越广泛。

【不良反应和注意事项】

1. 中枢神经系统反应 有嗜睡、乏力、反应迟钝等，故机器操作者、驾驶员、高空作业者及精密仪器操作人员应避免使用，以防发生意外。

2. 消化道反应 可引起厌食、恶心、呕吐、腹泻或便秘等，餐后服用可减轻。

3. 其他 少数患者尤其是儿童可出现烦躁、失眠、头痛；多数药物具有抗胆碱作用，青光眼、尿潴留、幽门梗阻患者禁用。阿司咪唑与特非那定可引起致命性心律失常——尖端扭转型心律失常，应予以注意。

二、H_2受体阻断药

H_2受体阻断药能选择性阻断胃黏膜壁细胞上的H_2受体，竞争性对抗组胺引起的胃酸分泌增加，防止或减轻胃黏膜损伤（详见第27章作用于消化系统的药物）。

学习小结

临床应用拟组胺药倍他司汀治疗内耳眩晕症、急性缺血性脑血管疾病，对各种原因引起的头痛有缓解作用。

H_1受体阻断药已有第一、第二代药物供临床使用。它们的抗组胺作用基本一致，但中枢作用及其他作用有所差别。第一代药物除了抗组胺作用外，还有比较明显的防晕止吐作用，临床上主要用于治疗皮肤黏膜变态反应性疾病及晕动病和呕吐。常见不良反应为嗜睡、头晕、乏力等。青光眼患者禁用。

第二代药物没有明显的中枢抑制作用和抗胆碱作用，多用于皮肤黏膜过敏性疾病，且临床更常用。

高频考点　1. 因昆虫咬伤引起的皮肤瘙痒，并因此入睡困难的患者选用哪类药治疗？为什么

2. 荨麻疹常选用哪种药物

3. 晕车、晕船选择哪种药物

自测题

1. H_1受体阻断药最佳适应证是
   A. 支气管哮喘　B. 过敏性休克
   C. 晕动病　D. 失眠
   E. 荨麻疹、过敏性鼻炎等皮肤黏膜变态反应
2. H_1受体阻断药最常见的不良反应是
   A. 烦躁、失眠　B. 嗜睡
   C. 消化道反应　D. 致畸
   E. 变态反应
3. H_1受体阻断药对下列何症无效
   A. 过敏性鼻炎　B. 过敏性休克
   C. 接触性皮炎　D. 枯草热
   E. 荨麻疹
4. 下列哪种药物镇吐作用最强
   A. 氯苯那敏　B. 苯海拉明
   C. 特非那定　D. 赛庚啶
   E. 阿司咪唑
5. 对异丙嗪的叙述，正确的是
   A. 具有镇吐作用　B. 抗精神病作用
   C. 可阻断H_2受体　D. 减少胃酸分泌
   E. 对支气管哮喘效果好
6. 患者，男，43岁。汽车司机，吃河虾后，全身皮肤散在出现大小不等的红色风团，剧痒难忍，诊断为“荨麻疹”。你认为应该选用下列何药治疗
   A. 异丙嗪　B. 特非那定
   C. 氯苯那敏　D. 氯雷他定
   E. 赛庚啶

（孙岩梅）

第27章 作用于消化系统的药物

第1节 抗消化性溃疡药

思维导图

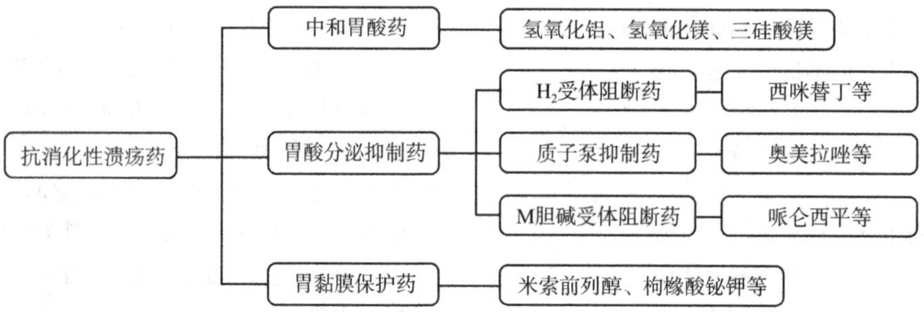

学习目标

1. 掌握抗消化性溃疡药的分类、药理作用及临床应用。
2. 熟悉泻药、止泻药的药理作用与临床应用。
3. 了解助消化药、止吐药、利胆药、治疗肝性脑病药的药理作用与临床应用。
4. 具有根据适应证合理选择作用于消化系统的药物及防治不良反应的能力。
5. 能与患者及家属进行沟通，开展用药咨询，指导患者合理用药。

案例导入

患者，男，48岁。上腹部疼痛2年，多在冬春发生，每因饮酒或情绪紧张时加重或复发。3天前因受凉感冒，出现发热、头痛，服用阿司匹林治疗后，出现上腹部疼痛，伴有反酸，嗳气，口苦口干，大便干。胃镜检查：十二指肠溃疡，幽门螺杆菌阳性。

问题：1. 该患者服用阿司匹林为何出现上腹部疼痛？

2. 该患者可用哪些药物治疗？

消化性溃疡是指胃、十二指肠溃疡，是由于损伤因子（胃酸、胃蛋白酶、幽门螺杆菌等）增强，保护因子（胃黏液、碳酸氢盐、黏膜上皮屏障等）减弱所引起。目前，常用抗消化性溃疡药的基本作用是降低损伤因子的作用和（或）增强保护因子的作用，减轻溃疡病症状，促进溃疡愈合。抗消化性溃疡药主要有：①中和胃酸药。②胃酸分泌抑制药，包括H_2受体阻断药、H^+-K^+-ATP酶抑制药（质子泵抑制药）、M胆碱受体阻断药。③胃黏膜保护药。④抗幽门螺杆菌药。

一、中和胃酸药

中和胃酸药是一类弱碱性药物，服用后在胃内中和胃酸，降低胃液酸度，降低胃蛋白酶活性，从而减轻或解除胃酸和胃蛋白酶对胃、十二指肠黏膜的腐蚀和刺激作用，缓解溃疡的疼痛和促进愈合。

此外，某些中和胃酸药在胃液中形成胶状保护膜，覆盖溃疡面和胃黏膜。

中和胃酸药单用效果差，故常将不同中和胃酸药及其他药配伍制成复方制剂，以增强中和胃酸作用，减少不良反应。

氢氧化铝

氢氧化铝（aluminum hydroxide）中和胃酸作用较强，起效慢而持久。在胃内生成氧化铝起到收敛、局部止血和致便秘作用。长期服用可影响肠道对磷酸盐的吸收。

氢氧化镁

氢氧化镁（magnesium hydroxide）中和胃酸作用强，作用较快而持久，Mg^{2+}可引起腹泻。适用于伴有便秘的胃酸过多、胃及十二指肠溃疡患者。肾功能不全者可引起血镁浓度增高。

三硅酸镁

三硅酸镁（magnesium trisilicate）中和胃酸作用弱，起效缓慢，作用持久。在胃内生成的胶状二氧化硅对溃疡面有保护作用。

知识拓展　^{14}C和^{13}C尿素呼气试验

幽门螺杆菌是胃内具有高活性尿素酶的细菌，所以可以通过^{13}C和^{14}C尿素呼气试验测定尿素酶的活性，间接检测幽门螺杆菌。检测前，受检者口服同位素^{13}C或^{14}C标记的尿素胶囊，胃内幽门螺杆菌产生的尿素酶催化尿素迅速水解成NH_4^+和$H^{13}CO_3^-$或$H^{14}CO_3^-$，后者吸收入血液经肺以$^{13}CO_2$或$^{14}CO_2$形式呼出，收集呼气标本并测量$^{13}CO_2$或$^{14}CO_2$，根据绝对值或超基准值大小，判断有无幽门螺杆菌感染。

二、胃酸分泌抑制药

胃酸是由胃腺壁细胞分泌，壁细胞膜上有H_2受体、M_1胆碱受体和胃泌素受体，分别被组胺、乙酰胆碱、胃泌素激动后，通过第二信使的介导，最终激活该细胞膜上的H^+-K^+-ATP酶（H^+泵、质子泵），通过H^+-K^+交换将H^+从壁细胞转运到胃腔内，形成胃酸。因此，阻断壁细胞膜上H_2受体、M_1胆碱受体、胃泌素受体，或抑制H^+-K^+-ATP酶都能减少胃酸分泌。胃酸分泌抑制药有以下几类。

（一）H_2受体阻断药

常用药物有西咪替丁（cimetidine）、雷尼替丁（ranitidine）、法莫替丁（famotidine）、尼扎替丁（nizatidine）等。口服吸收迅速，一般1～3小时后血药浓度达到峰值。血浆蛋白结合率较低。仅小部分药物被肝脏代谢，代谢产物或原型药从肾小球滤过和肾小管分泌排出（表27-1）。

表27-1　常用H_2受体阻断药比较

比较项	西咪替丁	雷尼替丁	法莫替丁	尼扎替丁
生物利用度（%）	80	50	40	＞90
作用相对强度	1	5～10	32	5～10
血浆半衰期（小时）	1.5～2.3	1.6～2.4	2.5～4	1.1～1.6
作用持续时间（小时）	6	8	12	8

【药理作用和临床应用】 H_2受体阻断药竞争性阻断壁细胞上的H_2受体，拮抗组胺或组胺受体激动药所致的胃酸分泌。本类药物对基础胃酸分泌和夜间胃酸分泌有良好的抑制作用。对进食、胃泌素、迷走神经兴奋及低血糖等诱导的胃酸分泌也有抑制作用。

主要用于消化性溃疡、胃酸分泌增多症。亦可用于胃食管反流的治疗和预防应激性溃疡。

【不良反应和注意事项】本类药物不良反应发生率较低，偶有便秘、腹泻、腹胀、头晕、皮疹、嗜睡等。长期应用西咪替丁，因拮抗雄激素，偶见性功能障碍、阳痿、男性乳房发育、女性溢乳等。

【药物相互作用】西咪替丁是肝药酶的抑制剂，可抑制肝药酶对雌激素、普萘洛尔、苯二氮䓬类、华法林、茶碱、苯妥英钠、奎尼丁等药物的代谢，使上述药物的血药浓度升高。

(二) H^+-K^+-ATP酶抑制药（质子泵抑制药）

H^+-K^+-ATP酶又称质子泵或H^+泵，位于胃壁细胞的黏膜侧，其功能是将H^+（质子）泵入胃腔，生成盐酸。作为交换，将K^+转入胃壁细胞。H^+-K^+-ATP酶抑制药能与H^+-K^+-ATP酶结合，使酶失活，使H^+的转运受到抑制。其抑制胃酸分泌作用强而持久，同时使胃蛋白酶的分泌减少。此外，H^+-K^+-ATP酶抑制药有抑制幽门螺杆菌的作用。本类药物疗效显著，是治疗消化性溃疡的重要药物。

奥美拉唑

奥美拉唑（omeprazole，洛赛克）为第一代H^+-K^+-ATP酶抑制药。口服易吸收，单次给药生物利用度为35%，反复用药生物利用度为60%，血药浓度达峰时间为1～3小时。胃内食物充盈可减少吸收，故应空腹服用。血浆蛋白结合率大于95%，$t_{1/2}$为0.5～1.0小时。主要在肝脏代谢，代谢物经肾排泄。

【药理作用和临床应用】抑制胃壁细胞H^+-K^+-ATP酶，使H^+不能从胃壁细胞向胃腔转运，减少胃酸分泌，作用强而持久。能预防阿司匹林、乙醇和应激发生胃黏膜损伤。还能抑制幽门螺杆菌，与抗菌药联合应用有协同作用。

用于治疗消化性溃疡、卓-艾综合征、反流性食管炎、上消化道出血、幽门螺杆菌感染。

【不良反应和注意事项】不良反应少。可有头昏、失眠、恶心、腹胀、腹泻、上腹痛等。偶见皮疹、外周神经炎等。长期应用，可发生胃部类癌。严重肝功能不全者慎用。长期应用，应定期检查胃黏膜有无肿瘤样增生。

兰索拉唑

兰索拉唑（lansoprazole，达克普隆）为第二代H^+-K^+-ATP酶抑制药，药理作用与奥美拉唑相似，但比奥美拉唑强，口服易吸收，生物利用度为85%。

泮托拉唑

泮托拉唑（pantoprazole，喷妥洛克）为第三代H^+-K^+-ATP酶抑制药。药理作用同奥美拉唑，口服吸收迅速，作用持续时间长，在pH3.5～7.0条件下较稳定。不良反应少而轻。

(三) M胆碱受体阻断药

哌仑西平

【药理作用和临床应用】哌仑西平（pirenzepine，哌吡氮平）能选择性阻断胃壁细胞M_1受体，抑制胃酸分泌；也能抑制组胺和胃泌素等物质释放，减少胃酸分泌。此外，还有解痉作用。因抑制胃酸分泌作用较弱，不良反应较多，目前较少用于治疗消化性溃疡。

【不良反应和注意事项】可出现口干、便秘、视物模糊等。青光眼和前列腺增生者禁用。

三、胃黏膜保护药

胃黏膜屏障包括细胞屏障和黏液-碳酸氢盐屏障。细胞屏障由胃黏膜细胞顶部的细胞膜和细胞间的紧密连接组成，有抵抗胃酸和胃蛋白酶的作用。黏液-碳酸氢盐屏障是双层黏稠的胶冻状黏液，覆盖在黏膜细胞表面，对黏膜细胞起保护作用。当胃黏膜屏障功能受损时，可导致溃疡发生。胃黏膜保护药就是通过增强胃黏膜的细胞屏障、黏液-碳酸氢盐屏障发挥抗溃疡病作用。

米索前列醇

米索前列醇（misoprostol）是前列腺素衍生物，与胃壁细胞和胃黏膜浅表细胞基底侧的前列腺素受体结合，抑制胃酸的分泌。对基础胃酸分泌及组胺、食物、胃泌素等所致的胃酸分泌均有抑制作用；减少胃蛋白酶分泌；促进黏液和碳酸氢盐分泌，增强黏膜细胞对损伤因子的抵抗力；增加胃黏膜血流量，促进溃疡愈合。用于消化性溃疡、应激性溃疡及急性胃黏膜损伤出血。对阿司匹林等非甾体抗炎药引起的消化性溃疡有特效。对妊娠各期子宫有明显的兴奋作用，作用强度随妊娠的进展而增强，对临产时的子宫作用最强，对子宫颈有软化及扩张作用。用于终止妊娠、产后出血。

主要不良反应为腹泻、腹痛、恶心、头痛、眩晕等。孕妇及前列腺素过敏者禁用。

恩前列醇

恩前列醇（enprostil）的作用类似米索前列醇，但作用持续时间较长，抑制胃酸分泌作用可持续12小时。临床应用及不良反应同米索前列醇。

硫　糖　铝

硫糖铝（sucralfate，胃溃宁）能黏附于胃、十二指肠黏膜表面，在溃疡面形成保护屏障；抑制幽门螺杆菌繁殖；可吸附表皮生长因子浓集于溃疡处，促进溃疡愈合；此外，促进胃、十二指肠黏膜合成前列腺素E_2，从而增强胃、十二指肠黏膜的细胞屏障和黏液-碳酸氢盐屏障。用于消化性溃疡、反流性食管炎、慢性胃炎及幽门螺杆菌感染。

有轻微便秘、口干、恶心等不良反应。本药在酸性环境中起保护胃、十二指肠黏膜作用，故不宜与碱性药同用。

枸橼酸铋钾

枸橼酸铋钾（bismuth potassium citrate）在溃疡表面形成保护膜；能促进前列腺素合成；与胃蛋白酶发生螯合而使其失活；促进胃黏膜分泌黏液和碳酸氢盐；抑制幽门螺杆菌。用于胃及十二指肠溃疡、慢性胃炎和幽门螺杆菌感染。用药期间可使舌染黑，大便呈黑色，口中有氨味。偶见恶心、腹泻、便秘等。牛奶、中和胃酸药可干扰本药疗效，不宜同时服用。严重肾功能不全者、孕妇禁用。

四、抗幽门螺杆菌药

知识拓展　幽门螺杆菌的发现与消化性溃疡的治疗

2005年诺贝尔生理学或医学奖颁给了Barry J.Marshall及J.Robin Warren，以表彰他们发现幽门螺杆菌（*Helicobacter pylori*，Hp）及该细菌在胃炎及消化性溃疡中的致病作用。两位科学家将分离培养出的幽门螺杆菌，吞服到自己的胃中，以诱发溃疡病进行人体试验。随后使用抗菌药物抑制幽门螺杆菌，显著提高了消化性溃疡的治愈率，减少了复发率，救治了无数消化性溃疡病患者。

抑制幽门螺杆菌的药物主要有三类：①抗菌药物：阿莫西林、克拉霉素、甲硝唑等。②铋剂：枸橼酸铋钾等。③ H^+-K^+-ATP酶抑制药：奥美拉唑等。

现多推荐铋剂四联方案作为幽门螺杆菌感染根除治疗的首选，常采用2种抗菌药物（阿莫西林、克拉霉素）+质子泵抑制剂+铋剂联用，疗程为14天。

第2节 助消化药

助消化药多为消化液中的成分或促进消化液分泌的药物，能促进食物消化或制止肠道内容物过度发酵。主要用于消化液分泌不足引起的消化不良。

乳 酶 生

乳酶生（lactasin，表飞鸣）系干燥活的乳酸杆菌制剂，在肠内分解糖类生成乳酸，提高肠内酸度，抑制肠内腐败菌的繁殖，减少蛋白质发酵和气体产生。主要用于小儿消化不良、腹胀及小儿消化不良性腹泻。不宜与抗菌药或吸附剂同时服用，以免降低疗效。

胃蛋白酶

胃蛋白酶（pepsin）来自动物胃黏膜，能水解蛋白质和多肽。在酸性环境下活性增强，常与稀盐酸同服。用于胃蛋白酶分泌不足所致消化不良。不能与碱性药物配伍。

胰 酶

胰酶（pancreatin）来自牛、猪、羊等动物的胰腺，含胰蛋白酶、胰淀粉酶和胰脂肪酶，在中性或弱碱性条件下活性较强。可消化蛋白质、淀粉和脂肪。用于食欲不振、胰液分泌不足引起的消化不良。服时不可咀嚼，不宜与酸性药物同服。

第3节 胃肠运动功能调节药

胃肠运动受神经、体液调节，其中乙酰胆碱、多巴胺、5-羟色胺等神经递质起重要作用。胃肠运动功能异常表现为胃肠运动功能低下或亢进，可引起胃肠道症状。应分别使用增强胃肠动力药、胃肠解痉药治疗。

一、增强胃肠动力药

增强胃肠动力药是一类能增加胃肠推进性蠕动的药物，能改善胃肠道蠕动的协调性，促进胃排空。主要用于治疗胃肠运动功能低下引起的消化道症状。常用药物有多潘立酮、西沙必利和甲氧氯普胺等。

多潘立酮

多潘立酮（domperidone，哌双咪酮）口服易吸收，血药浓度15～30分钟达高峰，首过消除明显，生物利用度仅为14%。也可肌内注射、静脉注射或直肠给药。除中枢神经系统外，在体内分布广泛，胃肠道药物浓度最高。主要经肝代谢，由胆汁排泄，$t_{1/2}$为7～8小时。

【药理作用和临床应用】 属于多巴胺受体阻断药，因不易通过血-脑脊液屏障，主要作用于外周，可直接阻断胃肠道多巴胺D_2受体，具有胃肠促动和止呕作用。该药对结肠影响小。

主要用于胃排空延缓、反流性食管炎、慢性胃炎和轻度胃瘫；也可用于偏头痛、颅脑外伤、肿瘤放疗和化疗等引起的恶心、呕吐。

【不良反应和注意事项】 偶有轻度头痛、眩晕、腹痛、腹泻、口干等。可促进催乳素释放，引起乳房胀痛、泌乳。婴幼儿及哺乳期妇女慎用，机械性肠梗阻、胃肠出血者，孕妇禁用。

甲氧氯普胺

甲氧氯普胺（metoclopramide，胃复安）阻断延髓催吐化学感受区（CTZ）的D_2受体而产生强大的中枢性镇吐作用。此外，阻断胃肠多巴胺受体，引起从食管至近端小肠平滑肌运动，促进胃排空和肠内容物向回盲部的推进；减少催乳素抑制因子释放，使催乳素的分泌增加。用于呕吐、反流性食管炎、胆汁反流性胃炎、产后少乳和轻度胃瘫。

偶见嗜睡、便秘、腹泻、皮疹、男性乳房发育、溢乳等不良反应。大剂量或长期应用可致锥体外系反应。注射给药可引起直立性低血压。哺乳期妇女用药期间不宜哺乳，孕妇禁用。

西沙必利

西沙必利（cisapride）为全胃肠促动药，属5-HT_4受体激动药。对胃肠作用类似甲氧氯普胺，能促进肠肌间神经丛释放乙酰胆碱。能增加结肠运动，促进食管至结肠的运动，无阻断多巴胺受体作用。用于反流性食管炎、胃轻瘫、慢性功能性便秘等。

能引起腹痛、腹泻、头痛、头晕、嗜睡等不良反应。剂量过大可引起心电图Q-T间期延长、晕厥和严重的心律失常。心律失常、胃肠出血或穿孔、机械性肠梗阻患者及孕妇禁用。哺乳期妇女、儿童及肝肾功能不全者慎用。

二、胃肠解痉药

胃肠解痉药主要为M胆碱受体阻断药，能解除胃肠道平滑肌痉挛或蠕动亢进，缓解痉挛性疼痛。包括颠茄生物碱类及合成解痉药，前者有阿托品、山莨菪碱等，选择性低，副作用较多；后者有溴丙胺太林（propantheline bromide）、丁溴东莨菪碱（scopolamine butylbromide）等，阻断胃肠M胆碱受体的选择性较高，主要用于解除胃肠痉挛性腹痛（见抗胆碱药）。

第4节 止 吐 药

呕吐是一种复杂的保护性反射活动，可由多种因素引起。呕吐反射的中枢包括呕吐中枢和CTZ。呕吐中枢可接收来自大脑皮质、小脑、催吐化学感受区、前庭器官、孤束核、内脏等传入的呕吐信息而引起呕吐。

止吐药是指抑制呕吐反射的不同环节，用于防治呕吐的药物。止吐药包括：①H_1受体阻断药。②M胆碱受体阻断药。③多巴胺受体阻断药。④5-HT_3受体阻断药。

1. H_1受体阻断药 常用药物有苯海拉明、异丙嗪、美克洛嗪等。用于防治晕动病、内耳眩晕病及放射病等引起的呕吐（见抗组胺药）。

2. M胆碱受体阻断药 主要有东莨菪碱、苯海索等（见抗胆碱药）。

3. 多巴胺受体阻断药 氯丙嗪通过阻断CTZ的D_2受体，产生镇吐作用。镇吐作用强，不良反应多，对晕动病呕吐无效。多潘立酮、甲氧氯普胺用于肿瘤化疗、放疗及其他原因引起的呕吐。

4. 5-HT_3受体阻断药

昂丹司琼

【药理作用和临床应用】 昂丹司琼（ondansetron，枢复宁）能选择性阻断中枢及迷走神经传入纤维5-HT_3受体，产生迅速而强大的止吐作用。对一些有强大致吐作用的化疗药（如多柔比星、顺铂、环磷酰胺等）引起的呕吐有迅速强大的抑制作用。但对晕动病和阿扑吗啡引起的呕吐无效。

用于肿瘤化疗和放疗等引起的恶心、呕吐，也可用于防治术后的呕心、呕吐。

【不良反应和注意事项】 头痛、头晕、疲劳、腹泻或便秘等。部分患者可有暂时性氨基转移酶升高。胃肠道梗阻患者、孕妇及哺乳期妇女禁用。

格拉司琼

格拉司琼（granisetron）为强效高选择性5-HT_3受体阻断药，作用类似于昂丹司琼。对顺铂引起的严重呕吐，本药较昂丹司琼更有效。用于预防和治疗化疗、放疗及手术后引起的恶心、呕吐。偶见嗜睡、便秘、腹泻、氨基转移酶升高。由于本药可减慢消化道运动，故消化道运动障碍患者使用时应严密观察。婴幼儿、孕妇及哺乳期妇女禁用。

第5节 泻药与止泻药

一、泻 药

泻药是指刺激肠蠕动或增加肠内水分、软化粪便、润滑肠道促进排便的药物。临床主要用于治疗功能性便秘、清洁肠道或加速肠内毒物排出。泻药按作用方式分为容积性泻药、刺激性泻药和润滑性泻药。

(一)容积性泻药(渗透性泻药)

容积性泻药口服后很少吸收，在肠道内形成高渗透压，增加肠内容积，刺激肠黏膜而促进肠道蠕动，产生导泻作用。

硫 酸 镁

硫酸镁(magnesium sulfate)给药途径不同，呈现不同的作用，用于不同的疾病。

【药理作用和临床应用】

1. 导泻 大量口服后，在肠内解离为难以吸收的镁离子和硫酸根，在肠腔内形成高渗透压，阻止水分吸收，并使肠壁内水分向肠腔转移，因而使肠腔容积增大，刺激肠壁引起肠道蠕动加快而产生腹泻。导泻作用强大、迅速。服用硫酸镁导泻时，宜空腹服用并大量饮水。用于急性便秘、口服毒物中毒。

2. 利胆 口服33%的硫酸镁溶液或用导管直接灌入十二指肠，可刺激肠黏膜，反射性引起胆总管括约肌松弛，胆囊收缩，促进胆囊排空，产生利胆作用。用于阻塞性黄疸、慢性胆囊炎和胆石症。

3. 抗惊厥、降血压 见第11章镇静催眠药和抗惊厥药。

4. 消炎消肿 外用50%的硫酸镁溶液热敷患处，有消炎消肿作用。用于局部肿胀。

【不良反应和注意事项】 口服刺激肠壁易致盆腔充血，腹泻严重可引起水、电解质平衡紊乱。静脉注射过量或过快，可致血压急剧下降、呼吸抑制等中毒症状，甚至死亡，一旦出现，立即停药并进行人工呼吸、静脉缓慢注射钙盐等解救措施。月经期、妊娠期妇女及老年患者慎用。肠道出血、急腹症、中枢抑制药中毒、肾功能不全者禁用。

硫 酸 钠

硫酸钠(sodium sulfate)导泻机制同硫酸镁，但作用较弱，无中枢抑制作用，用于口服中枢抑制药中毒的导泻。本药是钡化合物中毒的特效解毒药，用5%硫酸钠溶液洗胃，可与钡离子结合成无毒的硫酸钡，在消化道难以吸收；静脉注射可与血液的钡离子结合成无毒的硫酸钡，经肾排出。肾功能不全者用硫酸钠导泻比硫酸镁安全。心功能不全者禁用。

乳 果 糖

乳果糖(lactulose)口服不吸收，在结肠被细菌分解成乳酸，刺激结肠渗出，引起肠内容物增多，致肠蠕动而排便，乳酸还可减少肠内氨的吸收，降低血氨浓度。

纤维素类

纤维素类(celluloses)(如植物纤维素、甲基纤维素等)在肠内不被吸收，使肠内容物容积增大，促进肠蠕动，有良好通便作用，可防治功能性便秘。

（二）刺激性泻药（接触性泻药）

刺激性泻药刺激结肠，引起蠕动产生导泻作用。

酚　酞

酚酞（phenolphthalein，果导）口服后与碱性肠液形成可溶性钠盐，刺激结肠黏膜，增加肠蠕动，并能阻止肠内水分吸收而产生导泻作用。作用温和，服用后6～8小时排出软便。用于习惯性或慢性便秘。本药可使碱性尿和粪便呈红色，应告诉患者，以免引起惊慌。偶见过敏反应、皮疹及出血倾向等不良反应。长期应用可致水、电解质丢失和结肠功能紊乱、心律失常。

比沙可啶

比沙可啶（bisacodyl，双醋苯啶）结构及作用与酚酞相似，口服或直肠给药在肠道转化为具有活性的代谢产物发挥作用。口服后6小时内起效，直肠给药后15～60分钟起效，排软便。主要用于便秘，也可用于腹部X线检查、内镜检查及术前清洁肠道。该药刺激结肠作用较强，少数患者可引起腹胀、肠炎。孕妇慎用。

蒽 醌 类

蒽醌类（anthraquinone）为中药大黄、番泻叶等中药所含的蒽醌苷类物质，口服后在肠道分解为蒽醌，刺激结肠，引起推进性蠕动，服药后4～8小时排便。用于急、慢性便秘。

（三）润滑性泻药

在肠道中通过润滑并软化粪便促进排便。

液状石蜡

液状石蜡（liquid paraffin）是一种矿物油，口服后不被吸收，能阻止肠道水分吸收，使粪便稀释变软，同时润滑肠壁使粪便易于排出。适用于老年人、体弱者、小儿及动脉瘤、高血压、痔等患者的便秘。长期应用可妨碍脂溶性维生素和钙、磷的吸收。

甘　油

甘油（glycerol）能润滑并刺激肠壁，软化大便。常用其栓剂或50%甘油溶液直肠给药，起效快。主要用于老年人和小儿便秘。

二、止 泻 药

止泻药可通过抑制肠道蠕动或保护肠道免受刺激而达到止泻作用，防止机体脱水，用于剧烈腹泻或长期慢性腹泻。止泻药根据其作用机制可分为抑制肠蠕动止泻药、收敛止泻药和吸附止泻药三类。

（一）抑制肠蠕动止泻药

地芬诺酯

【药理作用和临床应用】 地芬诺酯（diphenoxylate，苯乙哌啶）属人工合成的哌替啶衍生物，止泻作用与吗啡相似，通过激动肠道的μ阿片受体，提高肠道平滑肌张力，抑制肠蠕动，延缓肠内容物推进，增加水分吸收而止泻。用于急、慢性功能性腹泻。

【不良反应和注意事项】 不良反应轻而少，可有嗜睡、恶心、呕吐、腹胀和腹部不适。久用可产生依赖性，过量易致呼吸抑制甚至昏迷。

洛哌丁胺

洛哌丁胺（loperamide，苯丁哌胺）作用似地芬诺酯，但对胃肠道的选择性更高，很少进入中枢神经系统；还能阻止乙酰胆碱和前列腺素释放，抑制肠蠕动和分泌。止泻作用快、强、持久。主要用于急、慢性腹泻，尤其适用于其他止泻药效果不显著的慢性功能性腹泻。不良反应少，大剂量对中枢神经系统有抑制作用。

（二）收敛止泻药

鞣酸蛋白

鞣酸蛋白（tannalbin）在肠中能释放出鞣酸，使肠黏膜表面的蛋白质凝固、沉淀，从而减轻有害因子对肠道的刺激，减少炎性渗出物，发挥收敛止泻作用。用于急性胃肠炎、非细菌性腹泻。

次碳酸铋

次碳酸铋（bismuth subcarbonate）有保护胃肠黏膜及收敛、止泻作用，用于腹泻及慢性胃肠炎。

（三）吸附止泻药

药 用 炭

药用炭（medicinal charcoal，活性炭）为不溶性的微细干燥粉末，颗粒小，表面积大，能吸附肠道中气体、毒物及细菌毒素等，起止泻和阻止毒物吸收作用。主要用于腹泻、肠胀气、食物中毒等。与抗生素、乳酶生、维生素、激素、胰酶等药物同服，可减弱这些药的作用。

第6节　肝胆疾病用药

一、利胆药与胆石溶解药

胆汁中的胆固醇、胆酸、磷脂等按一定比例组成水溶性胶质微粒，当胆固醇过高或各成分比例失衡时，则从胆汁析出而形成结石，导致胆汁排出受阻。利胆药与胆石溶解药，能促进胆汁分泌，胆囊排空，或能溶解胆石，使胆石缩小。该类药物主要用于胆囊炎、胆石症。

去氢胆酸

去氢胆酸（dehydrocholic acid）能促进胆汁分泌，使胆汁变稀，数量增加，流动性提高，发挥冲洗胆道作用。用于胆囊炎、胆管炎、胆石症及某些肝脏疾病。可有口苦、皮肤瘙痒，长期应用或用量过大可致电解质紊乱。胆管完全梗阻及严重肝肾功能不全者禁用。

熊去氧胆酸

熊去氧胆酸（ursodeoxycholic acid）能减少胆汁中胆固醇含量；促进胆固醇从结石表面溶解；抑制肠道吸收胆固醇。用于治疗胆固醇胆结石，也可用于胆囊炎、胆管炎。

不良反应主要是腹泻，偶有便秘、瘙痒、头痛、头晕等。孕妇慎用。胆道完全阻塞和严重肝功能不全者禁用。

鹅去氧胆酸

鹅去氧胆酸（chenodeoxycholic acid）可减少胆固醇的分泌，还能抑制HMG-CoA还原酶，减少胆固醇合成，从而降低胆汁中胆固醇含量及促进胆固醇结石溶解。用于治疗胆固醇胆结石。不良反应较熊去氧胆酸严重，易引起腹泻，长期应用可升高血清氨基转移酶。梗阻性肝胆疾病患者、孕妇禁用。哺乳期妇女慎用。

茴 三 硫

茴三硫（anethol trithione）能促进胆酸、胆色素和胆固醇等固体成分的分泌；能改善肝脏解毒功能；能促进尿素的生成和排泄，有利尿作用。用于胆石症、胆囊炎、急慢性肝炎、肝硬化等。不良反应有腹胀、腹泻、发热及过敏等，大量应用可引起甲状腺功能亢进。胆道阻塞患者禁用。

桂 美 酸

桂美酸（cinametic acid）有显著而持久的利胆作用，能促进胆汁排泄，并能松弛胆总管括约肌；能促进血中胆固醇分解成胆酸排出，从而降低胆固醇水平。用于胆石症、慢性胆囊炎。

二、治疗肝性脑病药

肝性脑病又称肝昏迷，是由于肝脏严重病变致肝功能严重障碍，引起脑功能紊乱甚至昏迷。肝性脑病的发病机制尚未完全明了，目前认为与血氨升高、脑内化学递质异常有关。治疗肝性脑病药主要是降低血氨、恢复脑内递质的正常功能。

乳 果 糖

乳果糖（lactulose）口服几乎不被吸收，进入结肠被细菌分解成乳酸、乙酸和少量甲酸等弱酸，降低结肠pH，使肠道内易吸收的氨（NH_3）转变成难吸收的氨（NH_4^+）；还能减少肠道氨的产生，促进血氨经肠黏膜扩散进入肠腔，降低血氨。用于肝性脑病的辅助治疗。不良反应少且轻微，可见腹胀、腹痛。大剂量时偶见恶心、呕吐。长期大量使用可致腹泻。胃肠道梗阻、尿毒症及糖尿病酸中毒者禁用。

谷氨酸钠

谷氨酸钠（sodium glutamate）进入血液后，可与血氨结合生成无毒的谷氨酰胺，从尿排出，降低血氨。本药呈碱性，可碱化血液，常用于肝性脑病。大剂量可致碱中毒及低钾血症。用药期间注意电解质平衡。肾功能不全者慎用，少尿、无尿者禁用。

学习小结

抗消化性溃疡药包括中和胃酸药、胃酸分泌抑制药（包括H_2受体阻断药、H^+-K^+-ATP酶抑制药、M胆碱受体阻断药）、胃黏膜保护药和抗幽门螺杆菌药（包括铋剂、H^+-K^+-ATP酶抑制药和某些抗菌药物）。助消化药多为消化液中的成分或促进消化液分泌的药物。增强胃肠动力药能增加胃肠推进性蠕动，改善胃肠道蠕动的协调性，促进胃排空。常用药物有多潘立酮、西沙必利和甲氧氯普胺等。止吐药有H_1受体阻断药（苯海拉明等）、M胆碱受体阻断药（东莨菪碱等）、多巴胺受体阻断药（氯丙嗪、多潘立酮等）、5-HT_3受体阻断药（昂丹司琼等）。泻药包括容积性泻药、刺激性泻药、润滑性泻药。止泻药包括抑制肠蠕动止泻药、收敛止泻药和吸附止泻药。

高频考点 1. 西咪替丁的作用机制
2. 消化系统药物的应用选择
3. 奥美拉唑的作用机制

自 测 题

1. 属于胃壁细胞H^+-K^+-ATP酶抑制药的是
   A. 丙谷胺　　B. 奥美拉唑
   C. 雷尼替丁　　D. 哌仑西平
   E. 西咪替丁
2. 消化性溃疡使用抗菌药的主要目的是
   A. 抑制胃酸分泌　　B. 减轻溃疡病的症状
   C. 清除肠道寄生虫　　D. 抗幽门螺杆菌
   E. 保护胃黏膜
3. 患者，男，39岁。上腹部节律性疼痛3年，近3天疼痛加剧并伴反酸，夜间为甚，胃镜检查发现十二指肠黏膜

上有一直径约1.5cm的溃疡。诊断为十二指肠溃疡。为强烈抑制胃酸分泌，应选何药

A. 氢氧化镁　　B. 泮托拉唑

C. 西咪替丁　　D. 硫糖铝

E. 丙谷胺

4. 患者，男，40岁。出现上腹痛、嗳气、反酸，纤维胃镜诊断为胃溃疡。该患者选用治疗的药物是

A. 抗酸药　　B. 西咪替丁

C. 奥美拉唑　　D. 硫糖铝

E. 以上均是

5. 患者，男，35岁。上腹部节律性疼痛3年，伴有嗳气、反酸，胃镜检查：胃溃疡。应选用何种药物治疗

A. 阿司匹林　　B. 哌仑西平

C. 哌替啶　　D. 咖啡因

E. 布洛芬

（王　伟）

第28章 作用于呼吸系统的药物

呼吸系统疾病的常见症状有咳嗽、咳痰、喘息等，上述症状可单独出现或同时存在，相互影响。呼吸系统疾病除对因治疗外，合理使用平喘药、镇咳药和祛痰药可以缓解症状，减轻患者痛苦，并能有效防治慢性阻塞性肺疾病等继发性呼吸系统疾病的发生。

学习目标

1. 掌握平喘药的药理作用、临床应用和主要不良反应。
2. 熟悉镇咳药的药理作用和临床应用。
3. 了解祛痰药的药理作用和临床应用。
4. 具有根据适应证合理选择平喘药及防治不良反应的能力。
5. 能与患者及家属进行沟通，能开展用药咨询服务，指导患者合理用药。

第1节 平 喘 药

思维导图

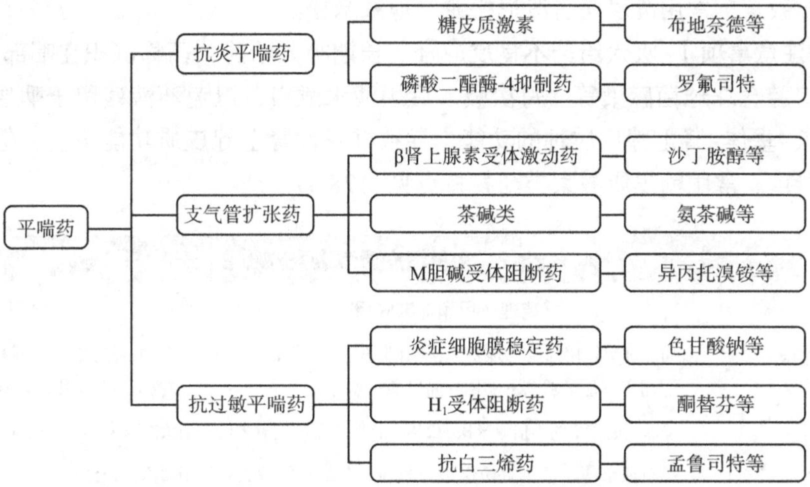

案例导入

患者，女，50岁。支气管哮喘发作，服用氨茶碱后引起心动过速。

氨茶碱片　0.1g×20

用法：0.1g，口服，一日3次

普萘洛尔片　10mg×20

用法：10mg，口服，一日3次

问题：1. 氨茶碱的平喘作用机制是什么？

2. 氨茶碱与普萘洛尔联合作用是否合理？

喘息是呼吸系统疾病的常见症状，见于支气管哮喘和喘息性支气管炎，主要病理改变为支气管痉挛、支气管黏膜炎症引起气道狭窄或阻塞。其发病机制复杂，涉及炎症、变态反应、神经调节失衡、遗传等诸多因素。

平喘药是指作用于哮喘发病的不同环节，能缓解或预防哮喘发生的药物。平喘药分为抗炎平喘药、支气管扩张药和抗过敏平喘药。

一、抗炎平喘药

抗炎平喘药通过抑制气道炎症反应，长期应用中止哮喘发作，已作为平喘的一线药物。

（一）糖皮质激素

【药理作用】 糖皮质激素是目前最有效的抗炎药物。其平喘作用机制包括：①抑制细胞因子和炎症介质生成：能抑制白细胞介素（IL）、肿瘤坏死因子-α（TNF-α）及γ干扰素（IFN-γ）等的生成；能干扰花生四烯酸代谢，减少白三烯及前列腺素的合成；抑制黏附分子的表达来减少炎症细胞与血管内皮细胞的相互作用，降低血管通透性；抑制免疫功能与过敏反应，减少5-羟色胺、缓激肽等过敏物质产生。②抑制炎症细胞和免疫细胞功能：能抑制巨噬细胞、嗜酸性粒细胞、中性粒细胞功能，抑制肺嗜酸性粒细胞、肥大细胞浸润和释放炎症介质，并加速肺部炎症细胞的凋亡。③增强机体对儿茶酚胺的敏感性：能增强支气管及血管平滑肌对儿茶酚胺的敏感性，舒张支气管，收缩血管，减少黏膜肿胀。④抑制气道高反应性：能降低抗原、冷空气及运动后的支气管收缩反应。

【临床应用】 根据哮喘患者的病情，糖皮质激素类药物的给药方式有以下两种：①呼吸道吸入：采用雾化吸入方式，适用于支气管扩张药不能控制的慢性哮喘，长期应用可减少或中止哮喘发作，减轻病情，但不能缓解急性症状。对于哮喘持续状态，因不能吸入足够的药量，难以及时缓解症状，不宜应用。常用倍氯米松、布地奈德、氟替卡松等。②全身给药：适用于严重哮喘或哮喘持续状态，可口服或注射糖皮质激素，常用泼尼松、泼尼松龙、地塞米松。

【不良反应和注意事项】 吸入给药不良反应轻。长期吸入给药，药物沉积在咽部并吞咽到胃肠道，引起声音嘶哑、口腔念珠球菌感染等。每次吸入后用清水漱口，以免药液残留于咽喉部。长期大量吸入也可抑制下丘脑-垂体-肾上腺皮质轴的功能，导致继发性肾上腺皮质功能不全，但较轻。全身给药的不良反应多而严重。常用糖皮质激素类药物特点见表28-1。

表28-1 常用糖皮质激素类药物

药物	药理作用和临床应用	主要不良反应
倍氯米松（beclomethasone）	局部抗炎作用强度为地塞米松的600倍。气雾吸入给药用于其他平喘药不能控制的慢性哮喘患者	少数患者发生声音嘶哑和口腔咽喉部念珠菌感染，每次用药后漱口可减少发病率
布地奈德（budesonide）	局部抗炎作用约为倍氯米松的2倍。临床应用同倍氯米松	比倍氯米松少，几无全身肾上腺皮质激素作用
氟替卡松（fluticasone）	比布地奈德、倍氯米松作用快而强，对肺功能改善作用优于两个药物	比倍氯米松少
曲安奈德（triamcinolone acetonide）	比氢化可的松强20～40倍，气雾吸入用于支气管哮喘，作用强而持久	比倍氯米松少，可出现暂时性声嘶或失音

（二）磷酸二酯酶-4抑制药

罗氟司特

罗氟司特（roflumilast）口服生物利用度为80%，达峰时间为1小时，$t_{1/2}$为17小时，血浆蛋白结合率99%，主要经肝代谢，大部分从肾排泄。

【药理作用和临床应用】 磷酸二酯酶-4（PDE-4）是细胞内特异性的cAMP水解酶。罗氟司特通过抑制PDE-4活性，增加细胞内cAMP含量以发挥作用：①抑制中性粒细胞、巨噬细胞和嗜酸性粒细胞等炎症细胞聚集和活化，减少IL-1、TNF-α等炎症因子释放。②扩张支气管平滑肌，缓解气道高反应性。③减少气道上皮细胞基底的胶原沉着、气道平滑肌增厚、杯状细胞增生，缓解气道重塑。用于慢性喘息性支气管炎、支气管哮喘、慢性阻塞性肺部疾病。

【不良反应和注意事项】 用药1周时，可出现腹泻、恶心、头痛、失眠和食欲减退，大多随持续治疗而消失。少数患者出现焦虑、抑郁。18岁以下患者、肝功能不全者禁用。

知识拓展 雷暴哮喘与药物治疗

雷暴哮喘是指在雷雨天气中或紧随其后，花粉、霉菌等过敏原被雷击碎成更小的颗粒，被人体吸入，出现的支气管哮喘急性发作或加重。多发生在花粉季节，可表现为局部地区哮喘的大规模暴发，症状轻至重度不等，严重者可危及生命。症状较轻者，可以通过吸氧治疗，以增加肺泡的含氧量，缓解胸闷等不适症状；症状较严重者，如出现呼吸困难等情况，需要在医生的指导下应用药物治疗，常用的药物有氯雷他定片、吸入用丙酸倍氯米松混悬液等。

二、支气管扩张药

支气管扩张药包括β肾上腺素受体激动药、茶碱类和M胆碱受体阻断药。

(一)β肾上腺素受体激动药

β肾上腺素受体激动药包括非选择性β受体激动药和选择性β_2受体激动药。本类药物激动支气管平滑肌β_2受体，松弛支气管平滑肌，抑制肥大细胞和中性粒细胞释放炎症介质与过敏介质，缓解支气管痉挛和气道狭窄。

非选择性β受体激动药如异丙肾上腺素、肾上腺素等，平喘作用强大，但该类药物可激动心脏β_1受体，引起严重的心血管反应。目前，治疗哮喘已少用（见第8章拟肾上腺素药）。

选择性β_2受体激动药对β_2受体有强大的兴奋作用，对β_1受体作用弱，常用量很小即可产生心血管反应，故临床上常用选择性β_2受体激动药。常用药物有沙丁胺醇、特布他林、克仑特罗等。

沙丁胺醇

【药理作用和临床应用】 沙丁胺醇（salbutamol，舒喘灵）选择性激动支气管平滑肌β_2受体，扩张支气管作用较强，兴奋心脏β_1受体作用仅为异丙肾上腺素1/10。本药口服30分钟起效，维持4～6小时。常用吸入给药，吸入5～15分钟起效，维持3～6小时。

主要用于支气管哮喘、哮喘型支气管炎。哮喘急性发作时应静脉给药。

【不良反应和注意事项】 治疗量时心血管不良反应轻而少，用量过大或长期应用，可引起心悸、恶心、头痛、头晕及肌肉震颤、血糖升高等。长期应用产生耐受性。高血压、冠心病、糖尿病、心功能不全、甲状腺功能亢进者慎用。

其他常用β_2受体激动药特点见表28-2。

表28-2 其他常用β_2受体激动药

药物	药理作用和临床应用	不良反应
特布他林（短效类）	作用较沙丁胺醇弱，但较持久。用于支气管哮喘、哮喘型支气管炎和慢性阻塞性肺部疾病时的支气管哮喘	震颤、强直性痉挛、心悸等
克仑特罗（长效类）	兼有增强纤毛运动、溶解黏液的作用。临床应用同特布他林	少数口干、心悸、手颤等
福莫特罗（长效类）	兼有抗炎作用，用于慢性哮喘与慢性阻塞性肺部疾病的维持治疗，因其为长效制剂，特别适用于哮喘夜间发作患者和预防运动性哮喘的发作	肌肉震颤、头痛、心悸、心动过速等

续表

药物	药理作用和临床应用	不良反应
沙美特罗（长效类）	兼有抗炎和降低血管通透性作用。用于喘息性支气管炎和可逆性气道阻塞，特别适用于夜间哮喘和运动性哮喘	偶见恶心、呕吐、震颤、心悸、头痛及口腔刺激症状

知识拓展　瘦肉精的危害

瘦肉精的化学名为盐酸克仑特罗，是一种人工合成的β肾上腺素受体激动药，具有扩张支气管的作用，常用于防治哮喘、肺气肿等肺部疾病。当其应用剂量达到治疗量的5～10倍时，可使肌肉合成增加，脂肪沉积减少，因此俗称为瘦肉精。在畜牧业生产中，一些非法生产者将其作为一种生长促进剂添加到动物饲料中，造成肉品中瘦肉精残留。食用含瘦肉精的肉品对人体危害极大，可使人出现大量肌肉震颤、心慌、战栗、头疼、恶心、呕吐等症状，严重的可致死亡。

（二）茶碱类

茶碱类是甲基黄嘌呤类衍生物，是常用的支气管扩张药。主要有氨茶碱、胆茶碱等。

氨 茶 碱

氨茶碱（aminophylline）是茶碱和乙二胺的复合物。

【药理作用】

1. 松弛支气管平滑肌　其作用机制主要是：①抑制磷酸二酯酶（PDE），使细胞内cAMP增多，舒张支气管。②阻断腺苷受体，对腺苷或腺苷受体激动药引起的哮喘有明显作用。③增加内源性儿茶酚胺的释放，舒张支气管。④抑制肥大细胞、嗜酸性粒细胞、巨噬细胞等，减少炎症介质释放，降低气道炎症反应。⑤增加膈肌收缩力，促进气道黏膜纤毛的运动。

2. 强心作用　直接作用于心肌，增强心肌收缩力。

3. 利尿作用　增加肾血流量，提高肾小球滤过率和减少肾小管对钠、水的重吸收，产生利尿作用。

4. 其他　松弛胆道平滑肌，解除胆道痉挛。

【临床应用】

1. 支气管哮喘　因起效慢，一般情况下不宜采用。慢性支气管哮喘或轻症哮喘一般用口服制剂。β_2受体激动药不能控制的哮喘可静脉滴注或稀释后静脉注射。

2. 中枢型睡眠呼吸暂停综合征　氨茶碱有中枢兴奋作用，可用于脑部疾病或原发性呼吸中枢病变引起的通气不足，增强通气，改善症状。

3. 其他　心源性哮喘、胆绞痛。

【不良反应和注意事项】

1. 局部刺激　因本药呈强碱性，故局部刺激作用强。口服可引起恶心、呕吐。宜饭后服或服用肠溶片。

2. 中枢兴奋　可发生烦躁不安、失眠等，剂量过大时可发生谵妄、惊厥等。可用镇静药对抗。

3. 心血管反应　静脉注射过快或浓度过高可强烈兴奋心脏，引起心悸、心律失常、血压剧降，甚至死亡。故必须稀释后缓慢注射，并注意观察患者反应。

老年人、孕妇、哺乳期妇女及心、肝、肾功能不全者慎用。急性心肌梗死、低血压、休克患者禁用。

其他常用茶碱类药物特点见表28-3。

表28-3　其他常用茶碱类药物

药物	药理作用和临床应用	不良反应
多索茶碱（doxofylline）	起效快，药效持续时间长；松弛支气管平滑肌作用强，并具有镇咳作用。用于支气管哮喘、喘息性慢性支气管炎及其他支气管痉挛引起的呼吸困难	与氨茶碱相比，较少引起中枢、胃肠道、心血管等肺外系统的不良反应。急性心肌梗死患者禁用
胆茶碱（choline theophyllinate）	对心脏和中枢神经系统的作用不明显。药理作用及临床应用同氨茶碱	胃肠道反应较氨茶碱少

（三）M胆碱受体阻断药

呼吸道M胆碱受体有M_1、M_2、M_3受体亚型，阻断M_1、M_3受体可产生支气管扩张作用。阿托品、东莨菪碱、山莨菪碱等非选择性M受体阻断药，对支气管平滑肌选择性低，对全身其他组织的M受体也有阻断作用，可产生广泛而严重的不良反应，故临床不用于哮喘治疗。目前用于治疗哮喘的为阿托品衍生物，能选择性阻断呼吸道M受体，具有较强的松弛支气管平滑肌作用。主要药物有异丙托溴铵、噻托溴铵、氧托溴铵等，主要作用特点见表28-4。

表28-4　常用M胆碱受体阻断药物

药物	药理作用和临床应用	不良反应
异丙托溴铵（ipratropium bromide，异丙阿托品）	起效慢。用于老年患者，尤其是迷走神经活性增高的哮喘患者。对其他类型的哮喘疗效不及β_2受体阻断药，但对β_2受体激动药耐受的患者有效	大剂量可见口干、喉部不适等。青光眼患者禁用
噻托溴铵（tiotropium bromide）	长效。用于防治慢性阻塞性肺部疾病及支气管哮喘，对急性哮喘发作无效	常见口干、声音嘶哑；老年患者慎用
氧托溴铵（oxitropium bromide，氧阿托品）	口服不易吸收，须气雾吸入给药，作用持续时间长。用于支气管哮喘、慢性喘息性支气管炎和慢性阻塞性肺部疾病	可有暂时性口干、黏膜干燥，偶见眼发干

三、抗过敏平喘药

抗过敏平喘药的主要作用是抗过敏作用和轻度抗炎作用。本类药物起效慢，不宜用于哮喘急性发作期的治疗，主要用于预防哮喘的发作。本类药物包括炎症细胞膜稳定药（色甘酸钠、奈多罗米）、H_1受体阻断药（酮替芬）和抗白三烯药。

（一）炎症细胞膜稳定药

色甘酸钠

色甘酸钠（sodium cromoglicate，咽泰）口服吸收仅1%，临床上采取微细粉末喷雾吸入给药，吸入后10～20分钟血浆药物浓度达峰值，血浆$t_{1/2}$为45～100分钟。经胆汁和尿排出。

【临床应用】 预防支气管哮喘发作，需在抗原和刺激物接触前7～10天给药，对外源性哮喘疗效显著；亦可用于过敏性鼻炎、春季结膜炎、过敏性湿疹；灌肠可改善溃疡性结肠炎和直肠炎症状。

【不良反应和注意事项】 不良反应少见。粉雾吸入时，少数患者有咽喉干痒、呛咳、口干、胸部紧迫感，甚至诱发哮喘。必要时，同时吸入少量β_2受体激动药可预防。孕妇慎用。

奈多罗米

奈多罗米（nedocromil）药理作用与色甘酸钠相似，但比色甘酸钠强。除有肥大细胞膜稳定作用外，还有明显抗炎作用。可作为长期预防性平喘药，吸入给药可用于哮喘早期的维持治疗。偶见头痛、恶心。

（二）H_1受体阻断药

酮 替 芬

酮替芬（ketotifen）除有类似色甘酸钠的作用外，还具有强大的H_1受体阻断作用；并能增强β_2受体激动药的平喘作用。本药可单独应用或与茶碱类、β_2受体激动药合用防治轻、中度哮喘。不良反应有嗜睡、头晕、口干等。

（三）抗白三烯药

白三烯（leukotriene，LT）是花生四烯酸经5-脂氧合酶代谢的产物，其中LTC-4、LTD-4、LTE-4统称为半胱氨酰白三烯，是哮喘发病中的重要炎症介质，能与支气管平滑肌等部位的白三烯受体结合，引起支气管黏液分泌，降低支气管纤毛功能，增加气道微血管通透性，引起气道炎症，其作用强度比组胺大1000倍，而且作用持续时间较长。抗白三烯药能对抗半胱氨酰白三烯的上述作用。

扎鲁司特钠

扎鲁司特钠（zafirlukast sodium）能与支气管平滑肌等部位的白三烯受体结合，具有竞争性拮抗白三烯的作用。用于成人和6岁以上儿童支气管哮喘的长期治疗和预防，尤适合阿司匹林哮喘患者。可有轻微头痛、咽炎及胃肠道反应。孕妇、哺乳期妇女及肝功能不全者慎用。

孟鲁司特

孟鲁司特（montelukast）药理作用与扎鲁司特钠相似。用于成人和2岁以上小儿支气管哮喘的长期治疗和预防。有轻度头痛、嗜睡等，罕见癫痫发作、氨基转移酶升高等。

第2节 镇 咳 药

思维导图 >>>

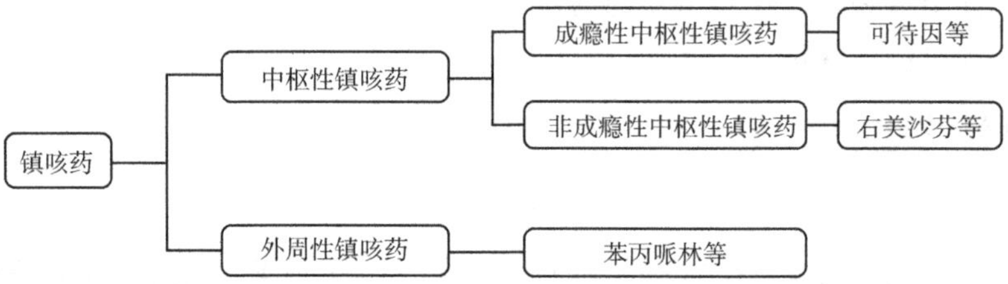

咳嗽是呼吸系统疾病的主要症状，也是一种保护性反射，咳嗽能促进呼吸道痰液和异物的排出，保持呼吸道的清洁和通畅。轻度咳嗽一般不需用镇咳药，严重而频繁的咳嗽，为减轻患者的痛苦，防止原发病的发展及并发症发生，应在对因治疗的同时适当应用镇咳药。痰多所致的咳嗽，宜用祛痰药，慎用镇咳药，否则痰液不能排出，将阻塞呼吸道而导致继发感染，引起窒息。

镇咳药根据其作用部位不同分为中枢性镇咳药、外周性镇咳药。有些镇咳药兼有中枢镇咳和外周镇咳作用。

一、中枢性镇咳药

中枢性镇咳药直接抑制咳嗽中枢，分为成瘾性中枢性镇咳药、非成瘾性中枢性镇咳药。前者有吗啡生物碱及其衍生物，镇咳作用强，后者有右美沙芬等。

（一）成瘾性中枢性镇咳药

可 待 因

可待因（codeine，甲基吗啡）药理作用与吗啡相似但较弱。具有镇痛和中枢性镇咳作用，其中，镇痛作用相当于吗啡的1/10～1/7，中枢性镇咳作用为吗啡的1/4。作用持续4～6小时。治疗剂量不抑制呼吸，不良反应比吗啡轻。主要用于各种原因引起的剧烈干咳，尤其适用于胸膜炎干咳伴有胸痛者。

偶有恶心、呕吐、便秘及眩晕等；久用可产生耐受性及依赖性，应控制使用。过量可引起兴奋、烦躁不安、惊厥、呼吸抑制等。因能轻度收缩支气管，故呼吸不畅及支气管哮喘性咳嗽慎用。黏痰多者禁用。

（二）非成瘾性中枢性镇咳药

右美沙芬

右美沙芬（dextromethorphan）镇咳作用与可待因相似或略强，起效快，无镇痛作用及成瘾性，治疗量不抑制呼吸。主要用于干咳。偶见头晕、嗜睡、口干、便秘、恶心和食欲不振等。痰多者慎用，妊娠3个月内妇女禁用。

喷托维林

喷托维林（pentoxyverine，咳必清）镇咳强度约为可待因的1/3，兼有中枢性和外周性镇咳作用，并有轻度阿托品样作用和局部麻醉作用，能松弛痉挛的支气管平滑肌和抑制呼吸道感受器。主要用于各种原因引起的干咳。偶见轻度头痛、头晕、口干、恶心、便秘等。青光眼、前列腺增生和心功能不全者慎用。

二、外周性镇咳药

外周性镇咳药通过抑制咳嗽反射弧中的感受器、传入神经、传出神经或效应器发挥镇咳作用。

苯丙哌林

苯丙哌林（benproperine）具有中枢和外周镇咳作用，有松弛支气管平滑肌作用。其镇咳作用比可待因强2～4倍，不抑制呼吸。用于各种原因引起的干咳。偶有口干、头晕、乏力、食欲不振和皮疹等。孕妇慎用。需整片吞服，切勿嚼碎，以免引起口腔麻木。

苯佐那酯

苯佐那酯（benzonatate，退嗽）有较强的局部麻醉作用，抑制肺牵张感受器及感觉神经末梢而产生镇咳作用。主要用于干咳，也用于支气管镜、喉镜检查及支气管造影预防咳嗽。有轻度嗜睡、头晕、鼻塞、口干等不良反应。需整片吞服，切勿嚼碎，以免引起口腔麻木。

那 可 丁

那可丁（noscapine）抑制肺牵张反射引起的咳嗽，兼有兴奋呼吸中枢作用，镇咳作用持续4小时，无成瘾性，用于阵发性咳嗽。偶有轻度嗜睡、头痛、恶心等不良反应。不宜用于痰多患者。

第3节　祛 痰 药

思维导图 >>>

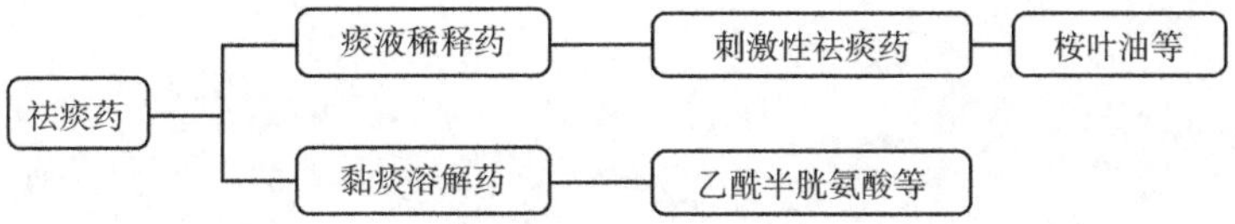

祛痰药是指能使痰液变稀或黏滞性降低，使痰易于排出的药物。痰液咳出，可减少对呼吸道黏膜的刺激和对小气道的阻塞，有利于缓解咳嗽和减轻喘息症状。祛痰药包括痰液稀释药和黏痰溶解药。前者服用后增加痰液中水分，稀释痰液，包括恶心性祛痰药和刺激性祛痰药；后者使痰液黏稠度降低或调节黏液成分，使痰易于排出。

一、痰液稀释药

刺激性祛痰药

桉叶油（eucalyptus oil）、安息香酊（benzoin tincture）随蒸汽吸入后可刺激呼吸道黏膜，增加呼吸道腺体分泌，使痰液变稀；还能改善气道黏膜血液循环，促进炎症消退，并有轻度抗菌消炎作用。用于慢性气管炎、支气管扩张等引起的痰液黏稠难以咳出者。药物浓度过高则刺激眼、鼻、喉，引起疼痛、流泪、流涕、咳嗽等症状。

二、黏痰溶解药

痰液的黏性来自气道黏膜细胞分泌的黏蛋白和呼吸道感染后炎症细胞残留的DNA。因此，破坏黏蛋白中的二硫键，降解脓痰中的DNA均可降低痰的黏性，使痰易于咳出。

乙酰半胱氨酸

乙酰半胱氨酸（acetylcysteine，痰易净）是含巯基的黏痰溶解药，可裂解黏痰中黏蛋白多肽链的二硫键，也能使脓性痰液中的DNA降解，降低痰的黏度。用于大量黏痰难以咳出者。可引起恶心、呕吐。刺激呼吸道，可导致支气管痉挛，与异丙肾上腺素合用可避免。直接滴入呼吸道可产生大量痰液，需用吸痰器排痰。避免与金属、橡皮、氧化剂、氧气接触。支气管哮喘患者禁用。

脱氧核糖核酸酶

脱氧核糖核酸酶（deoxyribonuclease，DNAase）是从哺乳动物中提出的核酸内切酶，可迅速水解脓痰中的DNA，并使原来与DNA结合的蛋白质失去保护，进而产生继发性蛋白质溶解，降低黏度，使痰液易于咳出。用于有大量脓痰的呼吸道感染患者。用药后有咽部疼痛，须立即漱口。长期应用可见皮疹、发热等。急性化脓性疏松结缔组织炎及有支气管胸腔瘘的活动性结核病者禁用。

溴 己 新

溴己新（bromhexine，溴己铵）能使气道黏膜减少分泌酸性黏蛋白、增加分泌小分子黏蛋白，降低痰液黏度；还能促进支气管纤毛运动，促进排痰。适用于急慢性支气管炎、支气管哮喘、支气管扩张等痰液黏稠不易咳出者。

偶见恶心、胃部不适、氨基转移酶升高等。消化性溃疡、肝功能不全者慎用。

氨 溴 索

氨溴索（ambroxol，又名溴环己胺醇）。本品为溴己新在体内的活性代谢产物，能促进肺表面活性物质分泌，促进气道液体分泌，使痰中的糖胺聚糖（黏多糖）蛋白纤维断裂，促进黏痰的溶解，增强支气管黏膜纤毛运动，降低痰液黏度，促进痰液排出。主要用于急慢性支气管炎、支气管哮喘、术后咳痰困难等。也可促进尿酸排泄，辅助治疗痛风。其祛痰效果显著优于溴己新，且毒性小，耐受性好，临床比溴己新更常用。少数患者可出现轻微的胃肠道反应，表现为胃部不适、胃痛、腹泻等。偶见过敏反应。妊娠早期慎用。

学习小结

平喘、镇咳、祛痰是呼吸系统疾病的对症治疗措施，分别使用平喘药、镇咳药、祛痰药。平喘药通过抑制气管炎症、扩张支气管及抗过敏达到平喘作用，包括抗炎平喘药、支气管扩张药和抗过敏平喘药。镇咳药按其作用部位分为中枢性镇咳药和外周性镇咳药，适用于痰少剧咳患者。祛痰药有痰液稀释药和黏痰溶解药，均能使痰易于咳出，用于痰多难咳出者。

高频考点 1. 呼吸系统药物的分类
2. 平喘药与镇咳药的选择
3. 镇咳药的分类
4. 氨溴索的祛痰机制

自 测 题

1. 对支气管哮喘和心源性哮喘都适用的平喘药物是
   A. 异丙肾上腺素　B. 氨茶碱
   C. 吗啡　D. 肾上腺素
   E. 异丙托溴铵
2. 适用于心源性哮喘而禁用于支气管哮喘的药物是
   A. 异丙肾上腺素　B. 氨茶碱
   C. 吗啡　D. 肾上腺素
   E. 麻黄碱
3. 患者，女，39岁。有哮喘病史，1天前因发热服用阿司匹林250mg，用药后30分钟哮喘严重发作，大汗，发绀，强迫坐位。以下哪种说法正确
   A. 由于发热引发了哮喘
   B. 由于阿司匹林诱发了哮喘
   C. 是阿司匹林中毒的表现
   D. 可用肾上腺素治疗
   E. 由于阿司匹林用量过少
4. 患者，女，42岁。有轻度甲状腺功能亢进病史2年，并患有支气管哮喘，合用下列药物半年，出现皮肤变薄、多毛、糖尿。应是哪一种药物的不良反应
   A. 卡比马唑　B. 地塞米松
   C. 沙丁胺醇　D. 甲硫氧嘧啶
   E. 氨茶碱
5. 患者，男，14岁。气喘发作2小时，检查发现呼吸急促，三凹征，缺氧，心率130次／分。除给予吸氧外，还应立即给予
   A. 沙丁胺醇+肾上腺素
   B. 肾上腺素+青霉素
   C. 倍氯米松+沙丁胺醇
   D. 氨茶碱+肾上腺素
   E. 异丙肾上腺素+色甘酸钠
6. 患者，男，有支气管哮喘史，因雾霾天气发生急性喘息，双肺有哮鸣音，该患者应给予
   A. 可待因口服　B. 沙丁胺醇吸入
   C. 色甘酸钠口服　D. 糖皮质激素口服
   E. 酮替芬口服

（董艳艳）

第29章 子宫平滑肌收缩药与舒张药

学习目标

1. 掌握缩宫素的药理作用、临床应用和不良反应。
2. 熟悉麦角新碱的药理作用和临床应用。
3. 了解其他子宫平滑肌收缩药和舒张药的药理作用和临床应用。
4. 具有合理选择子宫平滑肌收缩药及防治不良反应的能力。
5. 能与患者及家属进行沟通，开展用药咨询服务，并能指导患者合理用药。

案例导入

孕妇，25岁。停经39周发生阵发性腹痛，至某医院待产，医生用12U缩宫素加入10%葡萄糖注射液500ml中静脉滴注，1小时后娩出一男婴，出现阴道大出血不止，面色苍白，四肢发冷，确诊为子宫破裂，急行子宫切除术。

问题：1. 该产妇为何发生子宫破裂？

2. 缩宫素的临床应用及注意事项是什么？

第1节 子宫平滑肌收缩药

子宫平滑肌收缩药是一类选择性兴奋子宫平滑肌，使子宫产生节律性收缩或强直性收缩的药物。其作用因药物种类、用药剂量和子宫的生理状态而异。引起子宫产生近似分娩的节律性收缩，适用于催产和引产；引起子宫强直性收缩，适用于产后子宫复原或产后止血，禁用于催产和引产。子宫平滑肌收缩药包括垂体后叶激素类、麦角生物碱类和前列腺素类。

一、垂体后叶激素类

缩宫素

缩宫素（oxytocin，催产素）是垂体后叶激素的主要成分之一。

【体内过程】 口服易被消化酶破坏，故口服无效。肌内注射吸收良好，3～5分钟内起效，作用维持时间20～30分钟。静脉注射起效快，作用维持时间更短，需静脉滴注维持疗效。大部分经肝代谢，少部分以原型药经肾排泄。

【药理作用】

1. 兴奋子宫平滑肌 缩宫素与子宫平滑肌细胞膜上缩宫素受体结合，兴奋子宫平滑肌，使子宫收缩力加强、频率加快。其作用特点是：①作用与剂量有关：小剂量缩宫素（2～5U）产生与正常分娩的子宫相似的收缩，即子宫底部产生节律性收缩，子宫颈松弛，促进胎儿娩出；大剂量缩宫素（5～10U）则引起子宫强直性收缩，不利于胎儿娩出。②作用受到体内性激素的影响：雌激素可提高子宫平滑肌对缩宫素的敏感性，孕激素则降低其敏感性。在妊娠早期，孕激素水平高，缩宫素对子宫平滑肌的作用较弱，可保证胎儿安全发育；妊娠后期雌激素水平高，子宫平滑肌对缩宫素的敏感性增高，在临产时子宫平滑肌对缩宫素的敏感性更高，有利于胎儿娩出。

2. 促进排乳　缩宫素能使乳腺腺泡周围的肌上皮细胞收缩，促进排乳。

3. 其他　大剂量缩宫素可短暂松弛血管平滑肌，导致血压下降。

【临床应用】

1. 催产、引产　静脉滴注小剂量缩宫素可用于催产和引产。仅适用于子宫收缩无力且无禁忌证的孕妇。

2. 产后子宫复原、子宫止血　大剂量缩宫素，可引起子宫平滑肌产生强直性收缩，促进产后子宫复原，也能通过压迫子宫肌层内血管而达到止血目的。但由于缩宫素作用持续时间短，需要加用作用持久的麦角新碱维持疗效。

3. 催乳　在哺乳前，用缩宫素滴鼻或小剂量缩宫素肌内注射，促进乳汁排出。

【不良反应和注意事项】　偶有过敏反应、恶心、呕吐、血压下降等。过量时可引起子宫强直性收缩，导致胎儿宫内窒息或子宫破裂。大量长期使用，出现抗利尿作用，如输液过多可引起水钠潴留和低钠血症。用于引产、催产时要注意：①严格掌握禁忌证。凡胎位不正、头盆不称、产道异常、前置胎盘、三次以上妊娠的经产妇或有剖宫产史者禁用。②严格掌握剂量，密切监测产妇呼吸、心率、血压，并注意胎位、宫缩、胎心等。

垂体后叶素

垂体后叶素（pituitrin）是从牛、猪垂体后叶提取的粗制品，内含缩宫素和血管升压素（vasopressin）。血管升压素有抗利尿和收缩血管作用，尤其对毛细血管和内脏小动脉收缩作用明显。产科已少用，主要用于治疗尿崩症和肺出血。不良反应有恶心、呕吐、面色苍白、心悸、腹痛及过敏反应等。高血压、冠心病、肺源性心脏病、妊娠高血压综合征等禁用。

二、麦角生物碱类

麦角（ergot）是寄生在黑麦上的麦角菌的干燥菌核，含有多种生物碱，均为麦角酸的衍生物。按化学结构分为两类：①胺生物碱类：有麦角新碱（ergometrine）和甲麦角新碱（methylergometrine），易溶于水，对子宫的兴奋作用强而快。②肽生物碱类：有麦角胺（ergotamine）和麦角毒（ergotoxine），难溶于水，对血管作用明显，起效慢，作用维持时间较久。

【药理作用】

1. 兴奋子宫平滑肌　麦角新碱和甲麦角新碱能选择性地兴奋子宫平滑肌，加强子宫平滑肌收缩。与缩宫素比较，作用强而持久，稍大剂量易致子宫体和子宫颈均强直性收缩。

2. 收缩血管　肽生物碱类，尤其是麦角胺，能直接收缩动、静脉。大剂量还会损伤血管内皮细胞，导致血栓形成和肢端坏死。

【临床应用】

1. 子宫出血　麦角新碱能引起子宫强直性收缩，压迫子宫肌层血管。用于产后子宫出血或其他原因引起的子宫出血。

2. 产后子宫复原　麦角新碱因具有促进子宫收缩的作用，从而使子宫复原速度加快。

3. 偏头痛　麦角胺能收缩脑血管，降低脑动脉搏动幅度，从而减轻偏头痛。与咖啡因合用有协同作用。

4. 人工冬眠　氢化麦角碱有中枢抑制作用，与异丙嗪、哌替啶组成冬眠合剂，用于人工冬眠。

【不良反应和注意事项】　注射麦角新碱可引起恶心、呕吐、血压升高等，偶有过敏反应，严重者出现呼吸困难、血压下降。麦角胺或麦角毒大剂量或反复应用可损伤内皮细胞，造成肢端坏死。妊娠高血压综合征和高血压患者慎用，动脉硬化及冠心病患者禁用。麦角生物碱禁用于催产和引产。

三、前列腺素类

前列腺素（prostaglandin，PG）是一类不饱和脂肪酸，广泛存在于体内许多组织中，对心血管、消化、呼吸及生殖系统等具有生理及药理作用。临床上应用的前列腺素是人工合成品，种类很多。作为子宫平滑肌收缩药应用的有地诺前列酮、地诺前列素、卡前列素、米索前列醇等。

地诺前列酮

【药理作用和临床应用】 地诺前列酮（dinoprostone，PGE_2，前列腺素E_2）对妊娠各期子宫均有明显的兴奋作用，作用强度随妊娠的进展而增强，对临产时的子宫作用最强，对子宫颈有软化及扩张作用。主要用于终止早期或中期妊娠，也可用于足月或过期妊娠引产、产后出血。

【不良反应和注意事项】 静脉滴注时常出现胃肠道反应，少数患者有头晕、头痛、发热、胸闷、心率加快、血压下降或升高等。用于引产时的禁忌证和注意事项同缩宫素。

地诺前列素

地诺前列素（dinoprost，$PGF_{2\alpha}$，前列腺素$F_{2\alpha}$）对妊娠各期子宫均有明显的兴奋作用，也可软化和扩张子宫颈。主要用于终止妊娠，也可用于过期妊娠、足月妊娠引产。可有腹泻、恶心、呕吐、发热等不良反应。用于引产时的禁忌证和注意事项同缩宫素。

第 2 节　子宫平滑肌舒张药

子宫平滑肌舒张药又称抗分娩药，可使子宫平滑肌收缩力降低，主要用于防治痛经和早产。常用药物有β_2受体激动药、硫酸镁、钙通道阻滞药、前列腺素合成酶抑制药、缩宫素受体阻断药等。

利 托 君

利托君（ritodrine）可选择性兴奋子宫平滑肌细胞膜上的β_2受体，降低子宫平滑肌的收缩强度和频率，使子宫平滑肌舒张，对妊娠子宫和非妊娠子宫均有抑制作用。临床上主要用于防治早产。

不良反应有心率加快、血压升高、血糖升高等，偶致肺水肿。糖尿病患者和使用排钾利尿药的患者慎用。心脏病、肺动脉高压、甲状腺功能亢进及支气管哮喘患者禁用。

β_2受体激动药除利托君外，还有沙丁胺醇、克仑特罗、特布他林等。

硫 酸 镁

硫酸镁（magnesium sulfate）作用广泛，除有抗惊厥、导泻和降血压作用外，对子宫平滑肌有舒张作用，使子宫收缩强度减弱、收缩频率降低。用于防治早产、妊娠高血压综合征及子痫。

硝苯地平

硝苯地平（nifedipine）为钙通道阻滞药，通过抑制子宫平滑肌细胞的Ca^{2+}内流，松弛子宫平滑肌，使子宫收缩力减弱。用于防治早产。

吲哚美辛

吲哚美辛（indomethacin，消炎痛）为前列腺素合成酶抑制剂，可用于防治早产。但能引起胎儿动脉导管过早关闭，导致肺动脉高压损害肾脏，减少羊水等，故本药仅在β_2受体激动药、硫酸镁等药物无效或使用受限时应用，且在妊娠34周前使用。

阿托西班

阿托西班（atosiban）为缩宫素受体阻断药，能选择性松弛子宫平滑肌。用于18岁以上，孕龄24～33周，胎心率正常的孕妇，防止其早产。常见不良反应有恶心、头痛、头晕、呕吐、心动过速、低血压等，少见的有发热、失眠、皮疹等。

学习小结

子宫平滑肌收缩药能选择性兴奋子宫平滑肌，使子宫平滑肌产生节律性收缩或强直性收缩，包括缩宫素、麦角生物碱类、前列腺素类。小剂量缩宫素主要用于催产、引产，要严格掌握剂量及滴注速度，注意禁忌证；大剂量缩宫素用于产后出血。麦角生物碱类用于子宫出血和产后子宫复原。前列腺素类能兴奋妊娠各期子宫，主要用于终止早期或中期妊娠，也可用于足月或过期妊娠引产、产后出血。子宫平滑肌舒张药主要用于防治痛经和早产，药物有利托君、硫酸镁、阿托西班等。

高频考点　1. 缩宫素用于催产、引产的作用机制和注意事项
2. 缩宫素和麦角新碱对子宫的作用有何不同

自　测　题

1. 缩宫素对子宫的作用特点是
   A. 妊娠早期子宫对缩宫素的敏感性高于妊娠末期子宫
   B. 对子宫体和子宫颈的作用无选择性
   C. 小剂量引起子宫节律性收缩
   D. 大剂量引起子宫节律性收缩
   E. 作用强大、持久
2. 下列哪项不是缩宫素的作用
   A. 利尿
   B. 松弛血管平滑肌
   C. 使乳腺泡周围的肌上皮细胞收缩
   D. 小剂量引起子宫节律性收缩
   E. 大剂量引起子宫强直性收缩
3. 麦角新碱禁用于催产、引产的原因是
   A. 作用强大而持久，易致子宫强直性收缩
   B. 作用弱而短，效果差
   C. 吸收慢而不完全，难以达到有效浓度
   D. 妊娠子宫对其不敏感
   E. 对子宫颈的兴奋作用明显小于子宫底
4. 患者，女，26岁。足月妊娠，前一晚8时开始分娩，开始时子宫收缩力良好，宫口开至3cm时，宫缩减弱，持续时间缩短，间歇时间长，宫缩达高峰时按压子宫壁，感觉不够硬且可被压下陷，宫颈不再继续扩张，诊断为滞产（子宫收缩乏力所致）。宜选用下列何药催产
   A. 小剂量缩宫素　　B. 大剂量缩宫素
   C. 麦角新碱　　D. 麦角胺
   E. 垂体后叶素
5. 患者，女，24岁。足月妊娠，因宫缩乏力导致滞产。宜选用下列何药催产
   A. 缩宫素　　B. 麦角新碱
   C. 垂体后叶素　　D. 硫酸镁
   E. 利托君
6. 患者，女，24岁。娩出一男婴后，因子子宫收缩乏力致产后大出血。应选用下列何药止血
   A. 硫酸镁　　B. 麦角新碱
   C. 肾上腺素　　D. 小剂量缩宫素
   E. 利托君

（王学屏）

第30章 肾上腺皮质激素类药

思维导图 >>>

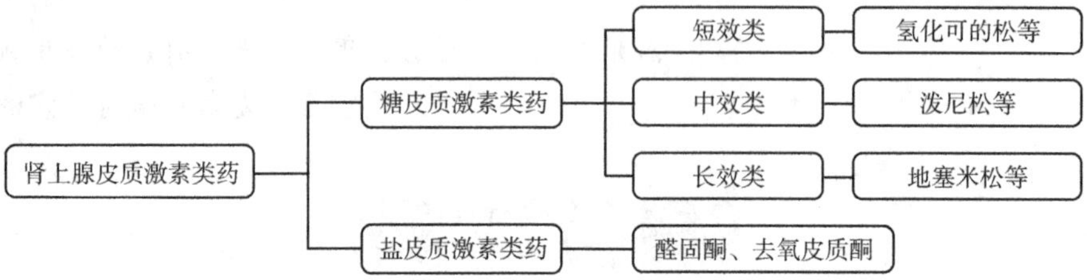

学习目标

1. 掌握糖皮质激素类药物的药理作用、临床应用、不良反应及禁忌证。
2. 熟悉糖皮质激素类药物的疗程与用法。
3. 了解肾上腺皮质激素类药物的种类和来源。
4. 具备根据适应证合理选择肾上腺皮质激素类药及正确处置不良反应的能力。
5. 能利用所学知识与患者及家属进行沟通，开展用药咨询服务，并能正确指导患者合理用药。

案例导入

患者，男，41岁，因皮肤红斑、脱发8个月，下肢水肿3个月入院就诊。8个月前患者无明显诱因出现颜面部红斑，日晒后加重，伴脱发严重，未予重视。3个月前开始反复出现双膝关节疼痛，同时伴下肢水肿，尿泡沫增多。经检查确诊为系统性红斑狼疮，住院治疗。医生予口服足量泼尼松50mg/d治疗。

问题：1. 该患者为什么使用泼尼松治疗？

2. 该患者用药期间有哪些注意事项？

肾上腺皮质激素（adrenocortical hormone）是肾上腺皮质所分泌的各种激素的总称，属甾体类化合物。肾上腺皮质由外向内依次分为：①球状带，分泌盐皮质激素类（mineralocorticoid），包括醛固酮和去氧皮质酮等，主要影响水盐代谢，临床应用少。②束状带，分泌糖皮质激素（glucocorticoid），如氢化可的松、可的松等，主要影响糖、脂肪和蛋白质代谢，作用广泛，临床常用。③网状带，分泌性激素（sex hormone，SH），包括雄激素和少量雌激素。肾上腺皮质激素的合成和分泌受腺垂体分泌的促肾上腺皮质激素（adrenocorticotropic hormones，ACTH）调节。临床常用的肾上腺皮质激素类药是指糖皮质激素类药物。

第1节 糖皮质激素类药

内源性糖皮质激素主要有可的松和氢化可的松。为了提高临床疗效，降低不良反应，对其化学结构改造得到一系列衍生物。目前临床应用的多为人工合成的糖皮质激素类衍生物，常用药物根据作用时间长短分为：①短效类，如可的松和氢化可的松；②中效类，如泼尼松（prednisone）、泼尼松龙（prednisolone）和曲安西龙（triamcinolone）；③长效类，如地塞米松（dexamethasone）和倍他米松（betamethasone）；④外用类，如氟氢可的松（fludrocortisone）和氟轻松（fluocinolone acetonide，表30-1）。

表30-1 糖皮质激素类药物的分类及特点

药物分类		持续时间（小时）	药理活性			等效剂量（mg）
			抗炎作用（比值）	糖代谢（比值）	水盐代谢（比值）	
短效类	氢化可的松	8～12	1.0	1.0	1.0	20
	可的松	8～12	0.8	0.8	0.8	25
中效类	泼尼松	12～36	4	3.5	0.3	5
	泼尼松龙	12～36	5	4.0	0.3	5
	甲泼尼龙	12～36	5	5.0	0	4
	曲安西龙	12～36	5	5.0	0	4
长效类	倍他米松	36～54	25～40	30～35	0	0.6
	地塞米松	36～54	30	30	0	0.75

【体内过程】 糖皮质激素类药物脂溶性高，口服、注射给药均吸收迅速、完全，也可经皮肤、眼结膜等局部吸收，主要在肝内代谢，代谢产物和少量原型药由尿排出。严重肝肾疾病时，血浆蛋白浓度降低，可使游离型药物增多，作用增强。可的松和泼尼松必须在肝分别转化为氢化可的松和泼尼松龙方具有生物活性，严重肝功能不全者应使用氢化可的松、泼尼松龙。

【药理作用】

1. 抗炎作用 糖皮质激素具有强大的非特异性抗炎作用，对各种原因（物理、化学、生物、免疫等）引起的炎症都有明显的抑制作用。在炎症早期，本类药物降低毛细血管的通透性，减轻渗出和水肿；抑制白细胞浸润及吞噬反应，减少各种炎症因子的释放，改善红、肿、热、痛等症状。在炎症后期能抑制成纤维细胞的增生，延缓肉芽组织的形成，防止粘连和瘢痕形成，减轻后遗症。

但必须注意，炎症反应是机体的一种防御性反应，炎症后期的反应更是组织修复的重要过程。因此，本类药物若使用不当，可致感染扩散、创面愈合延迟。

2. 抗免疫作用 小剂量糖皮质激素主要抑制细胞免疫；大剂量则能抑制由B细胞转化成浆细胞的过程，使抗体生成减少，干扰体液免疫。

糖皮质激素对免疫过程的许多环节均有抑制作用：①抑制巨噬细胞对抗原的吞噬和处理。②使敏感动物的淋巴细胞破坏和解体，导致血中淋巴细胞迅速减少。③干扰淋巴组织在抗原作用下的分裂和增殖，阻断致敏T淋巴细胞所诱发的单核细胞和巨噬细胞的募集等。

但必须注意，免疫反应是机体的一种防御性反应，糖皮质激素的抗免疫作用，会降低机体的防御能力。

3. 抗内毒素作用 糖皮质激素能提高机体对细菌内毒素的耐受力，减轻细胞损伤，缓解毒血症状，但对外毒素无防御作用。

4. 抗休克作用 大剂量糖皮质激素已广泛应用于各种休克，其抗休克作用除与抗炎、抗免疫、抗内毒素作用有关外，还与下列因素有关：①稳定溶酶体膜，减少心肌抑制因子（MDF）的形成，从而缓解由心肌抑制因子所致的心肌收缩力减弱和内脏血管收缩；②降低血管对某些缩血管物质的敏感性，改善微循环；③直接兴奋心脏，增强心肌收缩力，使心排血量增多。

5. 其他作用

（1）血液和造血系统 糖皮质激素能刺激骨髓造血功能，使血液中红细胞、血红蛋白、血小板和纤维蛋白原增加；使中性粒细胞数目增多，但降低其游走、吞噬功能；使血液中淋巴细胞、嗜酸性粒细胞和嗜碱性粒细胞数量减少。

（2）退热作用　糖皮质激素能抑制下丘脑体温调节中枢对内热原的反应性、稳定溶酶体膜、减少内热原的释放，产生迅速而良好的退热作用。但在发热诊断未明前，不可滥用，以免掩盖症状而影响诊断。

（3）增强应激能力　在应激状态下，机体对肾上腺皮质激素的需要量大增，而分泌量往往不能满足需要，应及时适当使用糖皮质激素。

6. 对代谢的影响

（1）糖代谢　糖皮质激素类药物能促进糖异生，减少外周组织对葡萄糖的摄取和利用，从而使血糖升高。同时可使肝糖原、肌糖原合成增加。

（2）脂质代谢　短期应用对脂质代谢无明显影响；大剂量长期应用可增高血浆胆固醇，激活四肢皮下的酯酶，促使皮下脂肪分解而重新分布在面部和躯干，引起向心性肥胖。

（3）蛋白质代谢　使胸腺、淋巴结、肌肉、皮肤、骨等组织的蛋白质分解代谢加强，血清中氨基酸和尿中氮的排泄量增加，造成负氮平衡；大剂量糖皮质激素还能抑制蛋白质合成。

（4）水和电解质代谢　有较弱的盐皮质激素样作用，长期大量应用时作用较明显，显示保钠排钾作用。其能增加肾小球滤过率和拮抗抗利尿激素的作用，减少肾小管对水的重吸收。长期用药可造成骨质脱钙。

知识拓展　糖皮质激素类药物治疗新型冠状病毒感染

2023年1月5日国家卫健委发布的《新型冠状病毒感染诊疗方案（试行第十版）》推荐对重型和危重型COVID-19患者给予小剂量、短期糖皮质激素治疗。无进展为重型和危重型高危因素的轻症患者一般不需要使用糖皮质激素。对于有进展为重型和危重型高危因素的患者，评估无糖皮质激素应用禁忌证后，可在疾病加快进展的早期应用低剂量糖皮质激素。

对于COVID-19患者，糖皮质激素可以减轻肺部的炎症风暴及肺泡渗出，改善缺氧及呼吸困难，有效降低COVID-19重症患者的发生率和病死率。

【临床应用】

1. 严重感染　用于中毒症状严重的感染或伴有休克者，如中毒性菌痢、中毒性肺炎、流行性脑脊髓膜炎、重症伤寒、急性粟粒性肺结核、猩红热及败血症等脓毒血症等，宜及早采用大剂量突击疗法，利用其抗炎、抗免疫、抗毒素、抗休克等作用迅速缓解症状，帮助患者度过危险期。但因其无抗菌作用，并且其抗炎、抗免疫作用降低机体防御能力，有可能使感染扩散或加重，所以必须在合用足量有效的抗菌药物控制感染的前提下才能应用。

目前缺乏有效的抗病毒药物，对病毒性感染一般不宜应用，只有在特殊情况下方可使用。

2. 防止某些炎症后遗症　对于发生在某些重要部位的炎症，如脑膜炎、胸膜炎、心包炎、风湿性心瓣膜炎、损伤性关节炎、睾丸炎、严重烧伤等，可能在炎症损伤或恢复时产生粘连和瘢痕，引起严重的功能障碍。早期应用糖皮质激素可防止或减轻炎症损害，避免粘连、瘢痕等后遗症的产生。眼科疾病如角膜炎、虹膜炎、视网膜炎和视神经炎等非特异性眼炎，应用后也可迅速消炎止痛，防止角膜混浊和粘连的发生。但有角膜溃疡者禁用。

3. 自身免疫性疾病、过敏性疾病和器官移植排斥反应

（1）自身免疫性疾病　常用于多发性皮肌炎、重症全身性红斑狼疮，对于严重风湿热、风湿性心肌炎、结节性动脉周围炎、风湿性及类风湿关节炎、自身免疫性贫血和肾病综合征等，应用糖皮质激素后可缓解症状。一般采用综合疗法，不宜单用，以减少不良反应。

（2）过敏性疾病　对顽固性支气管哮喘、血清病、接触性皮炎、血管神经性水肿、荨麻疹等过敏性疾病，在病情特别严重或其他药物无效时，加用糖皮质激素做辅助治疗。吸入型糖皮质激素类药物已作为防治支气管哮喘的一线用药，效果较好且安全可靠，副作用小。

（3）器官移植排斥反应　糖皮质激素可抑制异体器官移植后的排斥反应，常与环孢素等免疫抑制药合用。

4. 抗休克　大剂量糖皮质激素可用于各种原因引起的休克，尤其是感染性休克，在足量有效抗菌药物的治疗下，可及早、短时间突击使用，可迅速控制休克的症状。对过敏性休克，应首选肾上腺素，糖皮质激素为次选药，严重者可两药合用。对心源性休克要结合病因治疗；对低血容量性休克，在采取输血、输液等措施效果不佳时，可合用超大剂量的糖皮质激素。

5. 血液病　用于治疗急性淋巴细胞性白血病、再生障碍性贫血、粒细胞减少症、血小板减少症、过敏性紫癜等，但停药后易复发，常用于特发性血小板减少性紫癜的治疗。

6. 局部应用　对于一般性皮肤病，如湿疹、接触性皮炎、肛门瘙痒、银屑病（牛皮癣）等，宜用氢化可的松、氢化泼尼松或氟轻松等软膏、霜剂或洗剂局部用药。用1%普鲁卡因注射液与糖皮质激素合用，注入韧带压痛点或关节腔内可以消炎止痛。对于腰椎间盘突出可用糖皮质激素加利多卡因行硬脊膜外隙封闭注射，可减轻疼痛、消肿、缓解肌痉挛及减轻神经根周围的炎症。

7. 替代疗法　用于急、慢性肾上腺皮质功能减退症，腺垂体功能减退症及肾上腺次全切除术后。

知识拓展　糖皮质激素与病毒感染

在感染性疾病治疗中，糖皮质激素的应用是一把双刃剑。糖皮质激素在病毒感染中主要有减轻中毒症状和非特异性抗炎作用，但有促使病毒扩散和导致继发细菌性感染或真菌感染的可能，故对一般性病毒感染原则上不用。

严重感染如中毒性菌痢、暴发型流行性脑膜炎等时可缓解某些症状及控制并发症，使患者度过危险期。增加机体对有害物质的耐受性，减少中毒反应，有利于争取时间，故临床对严重病毒感染性疾病可适量使用糖皮质激素。

【不良反应和注意事项】

1. 长期大剂量应用引起的不良反应

（1）医源性肾上腺皮质功能亢进　又称类肾上腺皮质功能亢进综合征或库欣综合征，因大剂量外源性糖皮质激素引起物质代谢和水盐代谢紊乱所致，表现为满月脸、水牛背、向心性肥胖、皮肤变薄、肌肉萎缩、低血钾、水肿、骨质疏松、多毛、痤疮、高血压、高血脂、血糖及尿糖升高等，停药后一般可自行消退，必要时采取对症治疗。可采用低糖、低盐、高蛋白饮食及加用氯化钾等措施进行缓解，必要时加用抗糖尿病药物、抗高血压药物治疗。

（2）诱发或加重感染　长期应用可诱发感染或使体内潜在病灶扩散，特别是当原有疾病已使机体抵抗力降低时，如白血病、再生障碍性贫血、肾病综合征等疾病的患者更易发生。还可使原来静止的结核病灶扩散、恶化。

（3）心血管系统并发症　长期应用糖皮质激素，由于水钠潴留和血脂升高可引起高血压和动脉粥样硬化，还可引起脑卒中、高血压心脏病等。

（4）消化系统并发症　可使胃酸、胃蛋白酶分泌增加，同时抑制胃黏液分泌，降低胃肠黏膜的抵抗力，故可诱发或加重消化性溃疡，甚至造成消化道出血或穿孔。

（5）中枢神经系统反应　糖皮质激素的中枢兴奋作用，可引起失眠、欣快等症状，甚至诱发或加重精神失常和癫痫。大剂量偶可引起儿童惊厥。

（6）其他　肌肉萎缩、骨质疏松、伤口愈合迟缓等：与糖皮质激素促进蛋白质分解、抑制蛋白质合成及成骨细胞活性、增加钙磷排泄等有关。骨质疏松多见于儿童、绝经期妇女和老年人；严重者可发生股骨头坏死或自发性骨折。

2. 停药反应

（1）医源性肾上腺皮质功能不全　长期用药患者减量过快或突然停药时，可引起肾上腺皮质功能不全。这是长期大剂量使用糖皮质激素，反馈性抑制垂体肾上腺皮质轴所致。多数患者平时可无表现，当遇到感染、创伤、手术等严重应激情况时，可发生肾上腺危象，表现为恶心、呕吐、乏力、低血压和休克等，需及时抢救。故停药时应逐渐减量，不可骤然停药，停用激素后连续应用ACTH 7天左右；停药过程中如遇应激情况时，如感染或手术等，应立即予以足量的糖皮质激素，待症状控制后再逐渐减量停药。

（2）反跳现象　长期大剂量使用糖皮质激素的患者，若突然停药或减量太快，导致原有疾病复发或加重的现象，称为反跳现象。其产生原因可能与患者对激素产生了依赖性或病情尚未完全控制有关，需加大剂量再行治疗，待症状缓解后再逐渐减量至停药。

【禁忌证】 肾上腺皮质功能亢进症，严重精神病和癫痫，活动性消化性溃疡，骨折，新近胃肠吻合术，创伤修复期，角膜溃疡，严重高血压，糖尿病，孕妇，抗菌药物不能控制的感染如麻疹、水痘、真菌感染等。当禁忌证和适应证同时存在时，若适应证病情危急，可慎重应用，但危急情况过后应尽早停药或减量。

【用法与疗程】

1. 小剂量替代疗法　适用于肾上腺皮质功能不全综合征、脑垂体前叶功能减退及肾上腺次全切除术后。常选用可的松或氢化可的松。

2. 大剂量冲击疗法　适用于危、急、重症患者的抢救，如严重感染和各种休克。常选用氢化可的松静脉滴注。

3. 一般剂量长期疗法　多用于结缔组织病、肾病综合征、中心性视网膜炎、顽固性支气管哮喘、各种淋巴瘤、淋巴细胞性白血病等。常用泼尼松口服。

4. 隔日疗法　临床根据内源性糖皮质激素分泌的昼夜节律性，将两日总药量隔日清晨一次顿服，称为隔日疗法。对某些慢性病常采取这种疗法，常选用泼尼松、泼尼松龙等中效制剂。

5. 局部用药　用于治疗皮肤病及眼前部炎症如结膜炎、虹膜炎等，宜选用氢化可的松、氟轻松或泼尼松龙等。

知识拓展　IgA肾病与布地奈德迟释胶囊

2023年全球首个针对IgA肾病病因的口服靶向治疗药物Nefecon（布地奈德迟释胶囊）正式发布了临床试验结果。

Nefecon是靶向肠道的黏膜免疫调节剂，能减少50%肾功能下降。Nefecon通过特殊的制作工艺，将布地奈德靶向释放于回肠末端的黏膜B细胞（包括派尔集合淋巴结），胶囊溶解后，三层包衣微丸持续稳定释放布地奈德，高浓度覆盖整个靶区域，从而减少诱发IgA肾病的半乳糖缺陷的IgA1抗体（Gd-IgA1）产生，进而干预发病机制上游阶段，达到治疗IgA肾病的作用。

第2节　盐皮质激素类药

盐皮质激素主要包括醛固酮（aldosterone）和去氧皮质酮（desoxycortone）。它们对维持机体正常的水、电解质代谢起着重要作用。其分泌主要受肾素-血管紧张素系统及血K^+、血Na^+水平的调节。

去氧皮质酮作用类似于醛固酮，促进肾远曲小管和集合管对钠、水的重吸收和钾的排出，产生明显的保钠排钾作用。但去氧皮质酮在机体内的分泌量甚小，其作用只有醛固酮的1%～3%。盐皮质激素对糖代谢几无作用。

去氧皮质酮常与糖皮质激素合用，用于原发性肾上腺皮质功能减退症的替代治疗，纠正患者失钠、失水和钾潴留等，维持正常水和电解质平衡。

学习小结

肾上腺皮质激素类药物包括糖皮质激素类药和盐皮质激素类药。临床常用的是糖皮质激素类药。临床应用时，可发挥抗炎、抗免疫、抗毒素、抗休克、影响血液和造血系统、影响物质代谢、提高中枢神经系统兴奋性、促进胃酸及胃蛋白酶分泌等作用。临床广泛用于治疗严重感染、休克、自身免疫性疾病和过敏性疾病、血液病、皮肤病等。由于本类药物作用广泛，不良反应较多，若长期大剂量应用，可导致类肾上腺皮质功能亢进综合征、诱发加重多种疾病、骨质疏松、伤口不易愈合、小儿生长发育迟缓等；长期用药突然停药可致医源性肾上腺皮质功能不全症和反跳现象。

高频考点 1. 糖皮质激素类药物药理作用及临床用药
2. 长期使用糖皮质激素类药物的不良反应

自 测 题

1. 糖皮质激素无以下哪种作用
   A. 抗菌 B. 抗炎
   C. 抗毒素 D. 抗免疫
   E. 抗休克
2. 糖皮质激素的隔日疗法的给药时间最好在隔日
   A. 中午12时 B. 上午8时
   C. 下午8时 D. 下午5时
   E. 夜间11时
3. 下列哪种情况使用抗菌药需合用糖皮质激素
   A. 混合感染
   B. 易产生抗药性菌株感染
   C. 病因未明的感染
   D. 抗菌药不能控制的严重感染
   E. 严重感染伴毒血症或休克
4. 长期应用大剂量糖皮质激素不引起
   A. 高血糖 B. 高血压
   C. 高血钾 D. 骨质疏松
   E. 高血钠
5. 小剂量糖皮质激素替代疗法用于
   A. 严重感染
   B. 休克
   C. 肾上腺皮质功能减退
   D. 风湿热
   E. 退热
6. 糖皮质激素能治疗严重感染是因为
   A. 利用其抗炎、抗毒素、抗免疫和抗休克作用迅速缓解症状
   B. 能提高机体免疫力
   C. 有抗菌作用
   D. 有抗病毒作用
   E. 能中和细菌外毒素

（赵 健）

第31章

甲状腺激素类药与抗甲状腺药

思维导图

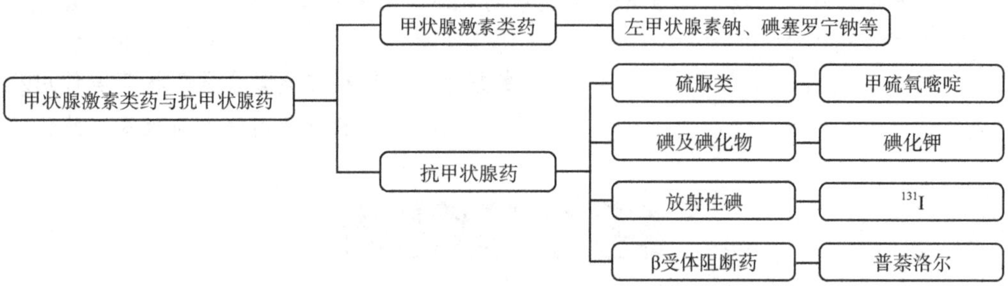

学习目标

1. 掌握丙硫氧嘧啶及甲巯咪唑的作用特点、作用机制、临床应用及不良反应。
2. 熟悉甲状腺激素类药物的药理作用与临床应用。
3. 了解放射性碘、β 受体阻断药的药理作用、临床应用与应用注意事项。
4. 具备合理选择甲状腺激素类药、抗甲状腺药及防治不良反应发生的能力；能合理应用抗甲状腺药进行甲状腺手术的术前准备。
5. 能利用所学知识进行医患沟通，开展用药咨询服务，并能正确指导患者合理用药。

案例导入

患者，男，43 岁，因心悸、多汗、怕热、乏力、体重下降，加重伴发热、意识不清 3 天来院就诊，诊断：甲状腺危象。

问题： 1. 该患者控制甲状腺危象应该使用什么药物？

2. 该患者使用的药物的作用机制是什么？

甲状腺是人体最大的内分泌腺体，能够合成、储存和分泌甲状腺激素（thyroid hormone）。甲状腺激素是维持机体正常生长发育、促进新陈代谢所必需的活性物质，其分泌受下丘脑-垂体-甲状腺轴的调节。体内甲状腺激素水平减少或增多会导致甲状腺功能减退（甲减）或甲状腺功能亢进（甲亢），进而引起各种症状，这时需要分别用甲状腺激素类药和抗甲状腺药治疗。

第 1 节　甲状腺激素类药

药用甲状腺激素是由家畜（猪、牛、羊等）的甲状腺体脱脂、干燥、研碎而得，含 T_3 和 T_4，以 T_4 为主，临床常用药物有左甲状腺素钠、甲状腺片、碘塞罗宁钠等。

【甲状腺激素的合成、贮存、分泌和调节】

1. 合成　合成过程包括以下步骤：甲状腺腺泡摄取血中的碘离子（I^-），在过氧化酶的作用下，I^- 氧化成活性碘（I^0）。I^0 与甲状腺球蛋白（TG）上的酪氨酸残基结合，生成一碘酪氨酸（MIT）和二碘酪氨酸（DIT）。在过氧化酶的作用下，MIT和DIT缩合成T_3，二分子DIT缩合成T_4。

2. 贮存与分泌 合成的T_3、T_4贮存在甲状腺腺泡腔内，在甲状腺球蛋白水解酶的作用下，TG水解并释放T_3、T_4进入血液而发挥作用。

3. 调节 甲状腺激素的合成和分泌受下丘脑-垂体-甲状腺轴的调节。下丘脑分泌的促甲状腺激素释放激素（TRH），可促进腺垂体释放促甲状腺激素（TSH），TSH促进甲状腺细胞增生及T_3、T_4的合成与释放。血液中游离的T_3、T_4对TSH和TRH有负反馈调节作用。

【药理作用】

1. 促进生长发育 甲状腺激素可促进蛋白质合成、骨骼生长及神经系统的发育，尤其是促进长骨生长和脑的发育。甲状腺功能低下时，小儿可致呆小病（克汀病），成人可引起黏液性水肿。

2. 促进代谢 甲状腺激素可促进体内物质氧化，增加氧耗，提高基础代谢率，使产热和散热增多。甲状腺功能亢进时会有饥饿、怕热、多汗、消瘦等症状，甲状腺功能低下时则表现为厌食、畏寒等。

3. 增强交感神经系统的活性及机体的敏感性 甲亢时由于机体对儿茶酚胺的敏感性增强，患者表现出神经过敏、情绪激动、失眠、心率加快、血压增高等症状。

【临床应用】

1. 呆小病 功能减退始于胎儿或新生儿，若及早诊治，发育仍可正常；若治疗过晚，躯体虽可发育正常，但智力仍然低下。治疗应从小剂量开始，须终身治疗。

2. 黏液性水肿 一般服用甲状腺片，从小剂量开始，逐渐增大至足量。对垂体功能低下的患者宜先用糖皮质激素再给予甲状腺激素，以防发生急性肾上腺皮质功能不全。对昏迷患者应立即静脉注射大剂量左甲状腺素，待苏醒后改口服。

3. 单纯性甲状腺肿 因缺碘所致者应补碘。无明显病因者可给予适量甲状腺激素，既可补充内源性激素的不足，又能抑制TSH的分泌，使腺体缩小，以缓解甲状腺组织代偿性增生肥大。疗程3～6个月，但停药后易复发。

4. T_3抑制试验 服用T_3后，摄碘率比用药前下降50%以上者，为单纯性甲状腺肿；摄碘率下降小于50%者为甲亢。

【不良反应】 过量可引起甲状腺功能亢进，如心悸、多汗、怕热、多食、体重下降、急躁、失眠、手震颤等；重者出现恶心、呕吐、发热、心律失常等。老年人及有心血管疾病患者易诱发心绞痛和心肌梗死。一旦发生，应立即停药，并用β受体阻断药对抗；停药1周后再从小剂量开始应用。

第2节 抗甲状腺药

抗甲状腺药是指能暂时或长期控制甲状腺功能亢进症状的药物。目前常用的有硫脲类、碘和碘化物、放射性碘及β受体阻断药。

一、硫 脲 类

硫脲类是主要的抗甲状腺药，可分为两类：①硫氧嘧啶类：包括甲硫氧嘧啶（methylthiouracil，MTU）、丙硫氧嘧啶（propylthiouracil，PTU）。②咪唑类：包括甲巯咪唑（thiamazole，他巴唑）、卡比马唑（carbimazole，甲亢平）。

【体内过程】 硫脲类口服吸收迅速，分布广泛，能通过胎盘和进入乳汁，在甲状腺浓集较多。主要在肝代谢。甲巯咪唑起效快，作用时间长，卡比马唑需在体内转化为甲巯咪唑后发挥作用，故起效慢，作用时间持久。

【药理作用】

1. 抑制甲状腺激素的合成 硫脲类通过抑制过氧化物酶的活性，从而抑制碘的活化及碘化酪氨酸的缩合过程，抑制甲状腺激素的合成。因其不影响机体碘的摄取，也不影响已合成的激素释放和发挥作用，故起效缓慢，一般服药2～3周后甲亢症状减轻，服药1～3个月后基础代谢率恢复正常。

2. 抑制外周组织中T_4转化为T_3 丙硫氧嘧啶可以抑制外周组织的T_4转化为T_3，从而快速控制血清中生物活性较强的T_3水平，故适用于甲状腺危象的治疗。

3. 免疫抑制作用 轻度抑制甲状腺免疫球蛋白生成，促使血甲状腺激素受体抗体消失，故对自身免疫机制异常而引发的甲亢有一定的病因治疗作用。

【临床应用】

1. 甲亢的内科治疗 适用于轻症、不宜手术、术后复发或不宜用^{131}I治疗的甲亢患者。开始治疗时用大剂量，1～3个月后症状明显减轻，当血清甲状腺激素降至正常时，药量即可递减，待基础代谢率接近正常时用维持量，疗程1～2年，疗程过短易复发。

2. 甲亢术前准备 为减少患者在麻醉和手术后的合并症，防止甲状腺危象发生，术前应先服用硫脲类药物，使甲状腺功能恢复或接近正常。因用药后可使TSH分泌增多，甲状腺腺体增生充血，增加手术难度，故需在术前2周，加服大剂量碘剂，使腺体缩小、变硬，减少出血，有利于手术的顺利进行。

3. 甲状腺危象的辅助治疗 甲状腺危象患者可因高热、心力衰竭、肺水肿、电解质紊乱而死亡。除了消除诱因、对症治疗外，主要是用大剂量碘剂以阻止甲状腺激素释放入血，其次是用大剂量硫脲类作为辅助治疗，以阻止新的甲状腺激素的合成，用量约为一般治疗量的2倍，不超过1周。

【不良反应】

1. 过敏反应 最常见，多为瘙痒、药疹等，少数伴有发热，发生此类反应应密切观察，多数情况下无须停药症状也可消失。

2. 粒细胞减少症 这是硫脲类最严重的不良反应，多于用药后2～3个月内发生，患者可出现发热、咽痛、感染等症状，故在用药期间应严密观察患者并定期检查血常规。

3. 胃肠道反应 厌食、恶心、呕吐、腹痛、腹泻等。

4. 甲状腺肿及甲状腺功能减退 长期应用可使体内甲状腺激素水平降低，导致TSH分泌增加，使腺体增生，充血肿大，严重者可出现压迫症状。

知识拓展 碘与甲状腺结节

碘是一种人类乃至各种生物所必需的微量元素，是合成甲状腺激素的原料，碘缺乏或碘过量都会引起甲状腺疾病。随着饮食的丰富，因缺碘而引起的甲状腺结节已经非常少见。

对于单纯的甲状腺结节的患者，通常不需要特别增加或减少碘的摄入；甲状腺结节伴随着碘缺乏导致的甲状腺功能减退患者，饮食中需要增加碘的摄入；甲状腺结节伴随着碘摄入过多导致的甲状腺功能亢进患者，饮食中就需要限制碘的摄入。

二、碘及碘化物

临床常用的有碘化钾（potassium iodide）、复方碘溶液（compound iodine solution）。从胃肠道吸收后以无机碘离子形式存在于血液中，除被甲状腺摄取外，也可见于胆汁、唾液、汗液、泪液及乳汁中。

【药理作用和临床应用】 不同剂量的碘和碘化物对甲状腺功能产生不同的作用。

1. 小剂量碘促进甲状腺激素的合成 小剂量碘是合成甲状腺激素的必需原料，可防治单纯性甲状腺肿。

2. 大剂量碘产生抗甲状腺作用 大剂量碘可抑制甲状腺球蛋白水解酶而抑制T_3、T_4释放入血，作用迅速；此外，大剂量碘能抑制TSH的分泌，使腺体缩小、变硬，血管减少，有利于手术的顺利进行。与硫脲类合用于甲亢手术治疗的术前准备及甲状腺危象的治疗。

大剂量碘的抗甲状腺作用快而强，用药1～2天起效，10～15天达最大效应。此时若继续用药，则失去抑制激素合成的效应，甲亢症状可复发。因此碘化物不能单独用于甲亢内科治疗。

【不良反应】

1. 过敏反应　用药后立即或几小时后发生，表现为发热、皮疹、皮炎、血管神经性水肿、喉头水肿甚至窒息等。一旦出现应停药，并加服食盐和水以加快排碘及抗过敏治疗。

2. 慢性碘中毒　表现为口内铜腥味、口腔咽喉烧灼感、唾液分泌增多及眼刺激症状等。这是部分碘从腺体排泄时引起的局部刺激，停药后即可消失。

3. 诱发甲状腺功能紊乱　长期服用可诱发甲亢、甲状腺肿大或甲状腺功能低下。碘可通过胎盘屏障，并可进入乳汁引起新生儿甲状腺肿，故孕妇及哺乳期妇女应慎用。

三、放射性碘

临床应用的放射性碘是^{131}I，其$t_{1/2}$为8天，用药后两个月其放射性可消除99%以上。

【药理作用】甲状腺有高度的摄碘能力，^{131}I口服后即被甲状腺摄取、浓集。在甲状腺组织内释放出β和γ两种射线，其中β射线约占99%，射程为0.5～2.0mm，辐射损伤只限于甲状腺腺体内，可破坏甲状腺腺泡组织，起到类似手术切除的作用，而很少波及周围组织；γ射线约占1%，射程较长，可于体外测到，用于甲状腺功能的测定。

【临床应用】

1. 治疗甲亢　适用于不宜手术或手术后复发及对硫脲类过敏或无效的甲亢患者，一般用药后1个月见效，3～4个月后甲状腺功能恢复正常，用于治疗甲状腺癌。

2. 甲状腺功能检查　用药后，通过测定体外γ射线的含量，了解甲状腺摄碘功能，辅助诊断甲状腺功能紊乱性疾病。

【不良反应】剂量过大易导致甲状腺功能减退。有潜在性的致癌作用。

知识拓展　核污染水与甲状腺疾病

2023年8月24日，日本政府不顾全世界人民的反对，执意将冷却核反应堆堆芯的核污染水排入大海，并且会持续排海约30年。从此，大量放射性核素从北太平洋向全世界蔓延。

核污染水中含有高达64种放射性元素，其中碘-129的半衰期约为1570万年，碘-129被人体吸收后，会选择性地浓集在甲状腺，可能会对甲状腺组织造成永久的持续性损伤。此外，儿童时期接触放射性核素会显著增加患甲状腺癌的风险。且暴露年龄越小，成年后患癌的风险越高。

四、β受体阻断药

β受体阻断药如普萘洛尔等是甲亢及甲状腺危象的辅助治疗药。因其阻断心脏$β_1$受体，减慢心率；阻断中枢β受体，减轻焦虑；抑制外周组织T_4脱碘转变为T_3。故可用于治疗甲亢，尤其对甲亢所致的心率加快、血压升高等交感神经活性增强症状疗效显著。

学习小结

甲状腺激素主要用于甲状腺功能减退和单纯性甲状腺肿的治疗。抗甲状腺药包括硫脲类、碘及碘化物、放射性碘和β受体阻断药。

硫脲类抗甲状腺药能抑制甲状腺激素合成，控制T_3水平，减轻甲亢症状；用于甲亢的内科治疗、甲状腺手术的准备和甲亢危象。大剂量碘抑制甲状腺激素的释放、抑制TSH释放；用于甲亢危象和甲状腺手术的准备。

^{131}I 破坏甲状腺细胞，用于治疗甲亢。β受体阻断药通过阻断β受体减轻甲亢引起的症状。

高频考点 1. 常用抗甲状腺药物的分类、主要作用机制
2. 大剂量碘和小剂量碘的药理作用和临床应用有何不同

自 测 题

1. 治疗呆小病可选用
A. 甲状腺激素 B. 生长激素
C. 丙硫氧嘧啶 D. 胰岛素
E. 大剂量碘
2. 下列药物不属于抗甲状腺药的是
A. 西咪替丁 B. 甲巯咪唑
C. 甲硫氧嘧啶 D. 丙硫氧嘧啶
E. 卡比马唑
3. 小剂量碘主要用于
A. 呆小病 B. 黏液性水肿
C. 糖尿病 D. 甲状腺功能检查
E. 单纯性甲状腺肿
4. 以粒细胞减少症为常见不良反应的药物是
A. 甲状腺激素 B. 碘剂
C. 硫脲类 D. 糖皮质激素
E. 胰岛素
5. 甲亢术前给予复方碘溶液的目的是
A. 直接破坏甲状腺组织
B. 使甲状腺缩小变硬，减少出血
C. 降低血压
D. 控制心率
E. 抑制呼吸道腺体分泌
6. 甲亢术前准备宜
A. 单用大剂量碘 B. 单用硫脲类药物
C. 单用小剂量碘 D. 单用普萘洛尔
E. 硫脲类与大剂量碘合用

（赵 健）

第32章 降血糖药

思维导图 >>>

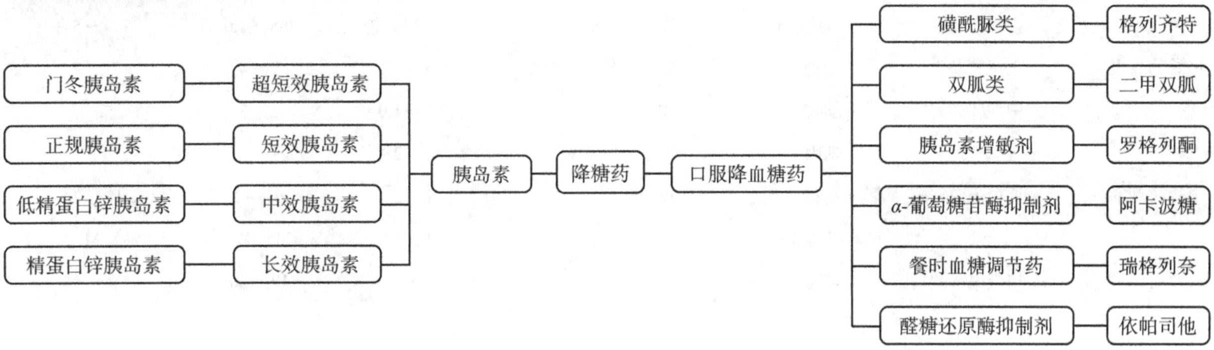

学习目标

1. 掌握胰岛素的药理作用、临床应用、不良反应及防治。

2. 熟悉磺酰脲类、双胍类和胰岛素增敏剂的药理作用、临床应用与不良反应。

3. 了解其他降血糖药的作用。

4. 具有根据糖尿病患者的具体情况，合理选择胰岛素和口服降血糖药控制患者的血糖水平，减少不良反应发生的能力。

5. 能利用所学知识进行医患沟通，开展用药咨询服务，并能正确指导患者合理用药。

案例导入

患者，男，56岁，2年前诊断为2型糖尿病，“三多一少”症状不明显，血糖高，长期采用饮食控制、休息、口服降糖药，长期血糖控制效果不佳后入院治疗。入院后医嘱：给予胰岛素18单位。

问题： 1. 该患者使用的胰岛素作用机制是什么？

2. 该患者使用胰岛素时注意事项有哪些？

糖尿病是由于机体分泌的胰岛素绝对或相对不足，引起以糖代谢紊乱、血糖升高为主要症状群的代谢性疾病。糖尿病主要有两种类型：①1型糖尿病：胰岛B细胞破坏，导致胰岛素绝对缺乏所引起的糖尿病；②2型糖尿病：胰岛B细胞功能低下、胰岛素相对缺乏，同时伴有胰岛素抵抗（IR）的糖尿病，占患者总数的90%以上。另外，还有特殊类型糖尿病和妊娠糖尿病。目前糖尿病的治疗主要采用综合治疗，包括饮食控制、运动疗法和药物治疗等。常用药物有胰岛素和口服降血糖药两大类。

第1节 胰 岛 素

胰岛素是由胰岛B细胞合成和分泌的多肽类激素。目前药用胰岛素除由猪、牛、羊等的胰腺提取获得外，还有基因工程重组的人胰岛素。胰岛素代谢快，作用持续时间短，在正规胰岛素中加入碱性蛋白（如珠蛋白、精蛋白）或锌制成结晶制剂，可延缓吸收而延长作用时间。胰岛素制剂根据起效快慢和作用维持时间可分为短（速）效、中效和长效三类（表32-1）。

胰岛素易被消化酶破坏，口服无效，必须注射给药，多采用皮下注射，如需静脉给药应给予正规胰岛素。

表32-1 常用胰岛素制剂作用特点比较

药名		来源	给药途径	开始（小时）	高峰（小时）	药效持续（小时）
超短效胰岛素	门冬胰岛素	基因工程	皮下	10～20分钟	1～3	3～5
	赖脯胰岛素	基因工程	皮下	15～20分钟	0.5～1.0	4～5
短效胰岛素	正规胰岛素	动物	皮下、肌内、静脉	0.5～1.0	2～4	5～7
	中性胰岛素	动物	皮下	0.5～1.0	1～3	5～7
		基因工程	皮下	1～2	1～3	8
中效胰岛素	低精蛋白锌胰岛素	动物	皮下	1～2	6～12	12～24
		基因工程	皮下	1～2	4～12	24
长效胰岛素	精蛋白锌胰岛素	动物	皮下	3～4	12～20	24～36

【体内过程】 胰岛素口服易被消化酶破坏，必须注射给药。皮下注射吸收快，但作用可维持数小时。主要在肝、肾灭活，10%以原型药自尿液排出。

【药理作用】

1. 降低血糖 胰岛素使血糖的去路增加、来源减少而降低血糖。其降血糖的机制主要有：①促进血中的葡萄糖进入组织细胞，并加速其糖酵解和有氧氧化利用；②促进糖原合成和贮存；③减少糖原异生；④抑制糖原分解。

2. 影响脂肪代谢 促进脂肪合成，抑制脂肪分解，使血中的游离脂肪酸和酮体的生成减少。

3. 影响蛋白质代谢 增加氨基酸转运，促进核酸、蛋白质的合成，抑制蛋白质的分解。

4. 促进钾离子转运 在促进葡萄糖进入细胞内时，可激活Na^+-K^+-ATP酶，促进K^+内流，增加细胞内K^+的浓度，血钾浓度降低。

【临床应用】

1. 糖尿病 对各型糖尿病都有效。主要用于：①1型糖尿病：胰岛素是治疗糖尿病的最重要药物，而且须终身用药；②经饮食控制和口服降血糖药不能控制的2型糖尿病；③糖尿病合并有严重感染、高热、创伤、烧伤、手术及妊娠等情况者；④糖尿病发生各种急性或严重并发症者，如酮症酸中毒、非酮症高渗性糖尿病昏迷及乳酸性酸中毒伴高血糖等。

2. 纠正细胞内缺钾 临床将葡萄糖、胰岛素、氯化钾联合组成极化液（GIK），可促进K^+内流，纠正细胞内缺钾。用于防治心肌梗死等心脏病变引起的心律失常。

知识拓展 胰岛素泵

胰岛素泵又称胰岛素持续皮下注射泵（CSII），由微电脑芯片、超微马达和储药器组成。胰岛素泵能模拟人体健康胰腺分泌胰岛素的生理模式，俗称人工胰腺。通过两种方式向人体输注胰岛素，即基础输注和餐前输注。基础输注是根据血糖水平设定24小时持续小剂量释放胰岛素，使空腹血糖平稳；餐前输注是在进餐前，根据饮食调整餐前剂量，控制餐后血糖。

2017年首款国产贴敷式胰岛素泵正式投入临床使用。

【不良反应】

1. 低血糖 是胰岛素最常见的不良反应，多为胰岛素用量过大或用药后未按时进餐所致。患者出现饥饿感、出汗、心悸、苍白、头痛、震颤等症状，严重者可引起昏迷、惊厥及休克，抢救不及时可引起脑损伤及死亡。一般轻者可口服糖水，重者立即静脉注射50%葡萄糖20～40ml进行救治，需特别注意。乙醇能加强并延长胰岛素的降糖作用，β受体阻断药会掩盖低血糖的症状，避免合用。

2. 过敏反应 与制剂不纯有关，局部过敏仅为注射部位及周围出现斑丘疹、瘙痒。全身过敏可致荨麻疹、过敏性紫癜，极少数严重者可出现过敏性休克。可换用其他种属动物的胰岛素，使用高纯度胰岛素制剂或人胰岛素较少发生过敏反应。必要时使用抗组胺药和糖皮质激素类药。

3. 胰岛素抵抗 机体对胰岛素的敏感性降低称为胰岛素抵抗，又称胰岛素耐受性。可分为两型：①急性型：常由于合并创伤、感染、手术、情绪激动等应激状态引起，此时血中抗胰岛素物质增多；或因酮症酸中毒时血中大量游离脂肪酸和酮体存在妨碍了葡萄糖的转运和利用。需短时间内增加胰岛素剂量，并纠正酸碱平衡和电解质紊乱，消除诱因后可恢复常规治疗量。②慢性型：产生慢性抵抗的原因较为复杂，可能与体内产生抗胰岛素的抗体或靶细胞膜上的胰岛素受体数目减少有关，处理方法是换用其他动物胰岛素、高纯度制剂或人胰岛素，并适当调整用量或加用口服降血糖药。

4. 其他反应 皮下注射局部可出现红肿、硬结和皮下脂肪萎缩等，注射部位应有计划地顺序变换。此外，尚可出现体重增加、屈光不正等不良反应。

第2节　口服降血糖药

本类药物具有口服有效、使用方便的特点。常用口服降血糖药包括磺酰脲类、双胍类、胰岛素增敏剂、*α*-葡萄糖苷酶抑制剂、餐时血糖调节药及醛糖还原酶抑制剂等。此类药物作用慢而弱，主要用于轻、中度2型糖尿病的治疗，尚不能完全替代胰岛素。

一、磺酰脲类

磺酰脲类属磺胺类化合物，是最早被广泛应用且应用时间最长的口服降血糖药物，用于控制2型糖尿病。第一代磺酰脲类药物主要有甲苯磺丁脲（tolbutamide，D860）、氯磺丙脲（chlorpropamide）。第二代磺酰脲类药物包括格列本脲（glibenclamide，优降糖）、格列吡嗪（glipizide）、格列齐特（gliclazide）等。

【药理作用】

1. 降血糖作用 该类药可降低正常人血糖，对胰岛功能尚存的患者有效，对胰岛功能完全丧失的患者无效。其降糖机制是：①刺激胰岛B细胞释放胰岛素。②增加胰岛素与靶组织及受体的结合能力。③促进葡萄糖的利用及糖原和脂肪的合成。

2. 抗利尿作用 氯磺丙脲可通过促进抗利尿激素（ADH）的分泌并增强其作用而产生抗利尿作用。

3. 影响凝血功能 格列齐特能使血小板黏附力减弱，减少血小板数目，促进纤溶酶原的合成，改善微循环，有助于防治糖尿病患者微血管并发症。

【临床应用】

1. 糖尿病 用于胰岛功能尚存的2型糖尿病且单用饮食控制无效者。

2. 尿崩症 氯磺丙脲可减少尿崩症患者的尿量，与氢氯噻嗪合用可提高疗效。

【不良反应】

1. 低血糖反应 本类药较严重不良反应为持续性低血糖，多见于老年人及肝、肾功能不全者。新型磺酰脲类降糖药较少引起低血糖。

2. 胃肠道反应 表现为厌食、恶心、呕吐、腹痛和腹泻等，减量后可减轻。

3. 过敏反应 引起皮疹、药物热、荨麻疹，罕见严重过敏。

4. 其他 偶见肝损害、过敏反应，也可引起粒细胞减少、血小板减少等，长期应用需定期检查血常规、肝功能。

二、双 胍 类

常用双胍类药物有二甲双胍（metformin，甲福明）和苯乙双胍（phenformin，苯乙福明）。

【药理作用和临床应用】 能明显降低糖尿病患者血糖，对正常人血糖几无影响，不会引起低血糖。作用机制可能是：①促进组织细胞对葡萄糖的摄取和利用。②减少肝糖原异生。③抑制肠道对葡萄糖的吸收。④抑制胰高血糖素释放。

主要用于2型糖尿病，尤其是肥胖及单用饮食控制无效者。也可与胰岛素合用，用于1型糖尿病，可增强胰岛素疗效，减少胰岛素的用量。

【不良反应】

1. 胃肠道反应 常见，表现为食欲不振、恶心、呕吐、腹泻、口苦、金属味等，饭后服可减轻，减量或停药后即消失。

2. 乳酸血症 促进糖酵解，产生乳酸，尤其在肝、肾功能不全、心力衰竭等缺氧情况下，易诱发乳酸性酸中毒（苯乙双胍的发生率比二甲双胍高10倍，故前者已基本不用），可危及生命。肝、肾功能不全者禁用。

三、胰岛素增敏剂

胰岛素抵抗和B细胞功能缺陷是导致2型糖尿病的主要病理生理机制，改善其胰岛素抵抗状态具有重要的治疗意义。胰岛素增敏剂能增强靶组织对胰岛素的敏感性，减轻胰岛素抵抗，对2型糖尿病及其心血管并发症均有明显疗效。主要为噻唑烷二酮类化合物（TZD）。代表药有罗格列酮（rosiglitazone）、吡格列酮（pioglitazone）、环格列酮（ciglitazone）、噻格列酮等。

【药理作用和临床应用】 本类药物能提高机体对胰岛素的敏感性，降低血糖；保护胰岛B细胞功能；改善脂肪代谢紊乱，纠正胰岛素依赖患者的脂质代谢异常，有效降低血脂；抑制血小板聚集、炎症反应和内皮细胞的增生，发挥抗动脉粥样硬化作用。

主要用于其他口服降血糖药疗效不佳的2型糖尿病患者，尤其是伴有胰岛素抵抗的糖尿病患者。

【不良反应】 本类药物具有良好的安全性和耐受性，低血糖反应发生率低。常见的不良反应为体重增加和水肿，与胰岛素合用时更为明显。其他不良反应可见嗜睡、肌肉和骨骼疼痛、头痛、消化道反应等。

四、*α*-葡萄糖苷酶抑制剂

目前用于临床的有阿卡波糖（acarbose）、伏格列波糖（voglibose）、米格列醇（miglitol）等。

【药理作用和临床应用】 *α*-葡萄糖苷酶抑制剂通过竞争性抑制小肠葡萄糖苷酶的活性，抑制淀粉和蔗糖等碳水化合物的水解，减慢葡萄糖的生成速度，从而延缓葡萄糖的吸收，降低餐后血糖，单独使用不引起低血糖反应。

临床主要用于治疗糖尿病餐后高血糖。既可单用也可与其他降血糖药（胰岛素和磺酰脲类）合用治疗2型糖尿病。

【不良反应】 本药可延缓糖类的吸收，故腹胀、排气多、腹泻等反应较常见。消化道溃疡患者慎用，妊娠期和哺乳期妇女及有明显消化、吸收障碍的患者禁用。

五、餐时血糖调节药

目前用于临床的药物主要有瑞格列奈（repaglinide）和那格列奈（nateglinide）。本类药物通过刺激胰岛B细胞释放胰岛素使血糖快速降低，起效快，维持时间短，其最大的优点是可以灵活地与食物同时服用，模拟胰岛素的生理性分泌，有效地控制餐后血糖。主要适用于2型糖尿病患者，亦适用于糖尿病肾病患者。不良反应轻而短暂，常见的是低血糖反应和头痛、腹泻等。

六、醛糖还原酶抑制剂

醛糖还原酶是聚醇代谢通路中的关键限速酶，其可促进葡萄糖转化为山梨醇，神经细胞内山梨醇增多可导致糖尿病性外周神经并发症的发生。醛糖还原酶抑制剂可有效改善机体聚醇代谢通路异常，从而达到预防和延缓糖尿病并发症的目的，代表药有依帕司他。

学习小结

胰岛素可降低血糖、促进脂肪合成、促进蛋白质合成、促进 K^+ 向细胞内转运。用于控制1型糖尿病和2型糖尿病患者的血糖；纠正细胞内低钾。常见不良反应有低血糖反应、过敏反应等。

口服降血糖药常用药物有磺酰脲类、双胍类、胰岛素增敏剂、α-葡萄糖苷酶抑制剂、餐时血糖调节药等。磺酰脲类能刺激胰岛B细胞释放胰岛素，对胰岛功能完全丧失的患者无效，用于胰岛功能尚存者；双胍类能促进糖的利用、减少糖的吸收，用于肥胖的糖尿病患者；胰岛素增敏剂能提高机体对胰岛素的敏感性，用于胰岛素抵抗者；α-葡萄糖苷酶抑制剂能延缓葡萄糖的吸收，用于空腹血糖正常而餐后血糖明显升高者；餐时血糖调节药，可刺激胰岛B细胞释放胰岛素，模仿胰岛素的生理性分泌，有效控制餐后血糖，用于2型糖尿病患者。

高频考点 1. 临床应用的胰岛素制剂的主要来源
2. 胰岛素药理作用及临床应用
3. 口服降血糖药分类及主要作用

自 测 题

1. 胰岛素的常用给药途径是
   A. 口服　B. 皮下注射
   C. 静脉注射　D. 皮下注射或静脉注射
   E. 喷雾给药
2. 合并重度感染的糖尿病患者应选用
   A. 氯磺丙脲　B. 格列本脲
   C. 格列吡嗪　D. 正规胰岛素
   E. 精蛋白锌胰岛素
3. 关于极化液的叙述不正确的是
   A. 是由葡萄糖、胰岛素、氯化钾组成
   B. 可用于纠正细胞内缺钾
   C. 英文缩写为GIK
   D. 可防治心肌梗死时的心律失常
   E. 是由糖皮质激素、氯化钾、胰岛素组成
4. 能促进胰岛B细胞释放胰岛素的是
   A. 格列本脲　B. 二甲双胍
   C. 苯乙双胍　D. 罗格列酮
   E. 阿卡波糖
5. 胰岛素最常见的不良反应是
   A. 过敏反应　B. 低血糖反应
   C. 脂肪萎缩　D. 注射部位感染
   E. 胰岛素抵抗
6. 阿卡波糖属于
   A. 双胍类　B. 磺酰脲类
   C. 胰岛素的长效制剂　D. 胰岛素增敏药
   E. α-葡萄糖苷酶抑制药

（赵　健）

第33章 性激素类药与抗生育药

学习目标

1. 熟悉雌激素、孕激素、雄激素类药物的药理作用、临床应用、不良反应。
2. 了解其他性激素类药物的作用特点、临床应用及不良反应。
3. 具有根据适应证合理选择药物，减少不良反应发生的能力。
4. 能利用所学知识进行医患沟通，开展用药咨询服务，并能正确指导患者合理用药。

案例导入

患者，女，56岁，因绝经5年，长期服用雌激素预防骨质疏松症，近日出现阴道反复出血而就诊。

问题： 1. 该患者出现上述症状的原因是什么？
2. 该患者需使用什么药物治疗？

性激素（sex hormone）是由性腺分泌的类固醇激素，包括雌激素、孕激素和雄激素。其合成和分泌受下丘脑腺垂体性腺轴调节。性激素类药包括天然性激素和人工合成性激素化合物，临床用药多为人工合成品及其衍生物。抗生育药是能阻碍受孕或终止早期妊娠的药物，包括避孕药和抗早孕药。

第1节 雌激素类药与抗雌激素类药

一、雌激素类药

卵巢分泌的天然雌激素（estrogens）主要是指雌二醇（estradiol，E_2），而雌酮（estrone，E_1）和雌三醇（estriol，E_3）是雌二醇在肝脏的代谢产物。以雌二醇为母体，人工合成了许多高效衍生物，其具有口服有效、强效或长效的特点。常用药物有炔雌醇（ethinylestradiol）、己烯雌酚（diethylstilbestrol）等。

【药理作用】

1. 对生殖系统的作用 雌激素能促进女性生殖器官的发育成熟；促进和维持女性第二性征；参与排卵性月经周期与妊娠过程；调控腺垂体的分泌功能等。

2. 对乳腺的作用 小剂量雌激素可刺激乳腺导管及腺泡的生长发育，大剂量则干扰催乳素对乳腺的刺激作用，减少乳汁分泌。

3. 对代谢的影响 雌激素可促进骨骼的钙盐沉积，促进长骨骨骺闭合，预防骨质疏松；大剂量能降低低密度脂蛋白和胆固醇，增加高密度脂蛋白，预防动脉粥样硬化；雌激素能激活肾素-血管紧张素系统，使醛固酮分泌增加，促进肾小管对水、钠的重吸收，故有轻度的水钠潴留作用。

4. 促进凝血过程 雌激素可增强凝血因子Ⅱ、Ⅶ、Ⅸ、Ⅹ的活性，促进血液凝固。

5. 其他 雌激素可刺激生长激素的释放，还有对抗雄激素的作用。

【临床应用】

1. 替代疗法 对于卵巢功能不全和闭经、双侧卵巢切除术后、绝经期综合征、女阴干枯症和老年性阴道炎等可用雌激素做补充治疗。与孕激素类药合用，可产生人工月经周期。

2. 功能性子宫出血　雌激素可促进子宫内膜增生，使创面修复而止血。用于因雌激素水平较低，子宫内膜创面修复不良引起的不规则出血，常与孕激素合用。

3. 绝经期综合征　应用雌激素补充治疗可改善绝经后自主神经系统功能失调的症状。

4. 乳房胀痛及退乳　部分妇女停止哺乳后，因乳汁持续分泌引起乳房胀痛，大剂量雌激素能干扰催乳素对乳腺的刺激作用，使乳汁分泌减少。

5. 某些恶性肿瘤　用于已绝经5年以上的晚期乳腺癌患者，可缓解症状。但绝经前的患者禁用，因雌激素能促进肿瘤的生长。雌激素可抑制腺垂体分泌促性腺激素，使睾丸萎缩及雄激素分泌减少，且雌激素能拮抗雄激素的作用，故能治疗前列腺癌。

6. 其他　还可用于痤疮、老年性阴道炎、骨质疏松症、与孕激素合用用于女性避孕等。

【不良反应】 常见食欲不振、恶心等胃肠道反应，适当减小剂量或注射给药可减轻症状。长期大剂量应用可使子宫内膜过度增生而出血，故有子宫出血倾向或子宫内膜炎者慎用。可致水钠潴留，引起高血压、水肿，加重心力衰竭等。绝经期妇女应用雌激素有可能增加子宫内膜癌的发生率。

二、抗雌激素类药

本类药物通过竞争性拮抗雌激素受体，抑制雌激素的作用。常用药物包括氯米芬（clomiphene）、他莫昔芬（tamoxifen）、雷洛昔芬（raloxifene）等。

氯　米　芬

氯米芬，又名克罗米芬，具有较强的抗雌激素作用和较弱的雌激素活性。氯米芬可促进促性腺激素分泌，使卵巢的卵泡发育，诱发排卵。用于治疗不孕症、功能性子宫出血、避孕药引起的闭经及月经紊乱等。长期大剂量应用可致卵巢肿大，卵巢囊肿患者禁用。

他莫昔芬

他莫昔芬，又名三苯氧胺，具有较强的抗雌激素作用，能与乳腺癌细胞的雌激素受体特异性结合，抑制肿瘤细胞生长，主要用于晚期乳腺癌的治疗。

第2节　孕激素类药与抗孕激素类药

一、孕激素类药

天然孕激素（progestogens）是黄体酮（progesterone，孕酮），临床常用的是其人工合成品及衍生物，可分为两类：①17*α*-羟孕酮类，如甲羟孕酮（medroxyprogesterone，安宫黄体酮）等；②19-去甲睾酮类，如炔诺酮（norethisterone）等。黄体酮口服无效，需注射给药或舌下给药；人工合成的孕激素类药可口服，油溶液剂肌内注射由于吸收缓慢能发挥长效作用。

【药理作用】

1. 对生殖系统作用　在月经周期后期能促进子宫内膜由增生期转为分泌期，有利于受精卵着床和胚胎发育；妊娠期降低子宫平滑肌对缩宫素的敏感性，抑制子宫收缩；促进乳腺腺泡发育，为哺乳做准备；大剂量孕激素能抑制垂体黄体生成素分泌从而抑制排卵，且可使子宫颈口闭合，黏液变稠，精子不易穿透，均有利于避孕。

2. 利尿作用　孕激素竞争性对抗醛固酮，产生排钠保钾作用而利尿。

3. 升高体温　孕激素通过下丘脑体温调节中枢影响散热过程，使月经周期的黄体相基础体温轻度升高。

【临床应用】

1. 功能性子宫出血　孕激素能使子宫内膜协调一致地转为分泌期，有助于子宫内膜全部脱落而止血。

2. 痛经和子宫内膜异位症 孕激素与雌激素合用可抑制子宫平滑肌痉挛性收缩，缓解痛经。长周期、大剂量孕激素可使异位的子宫内膜萎缩退化，治疗子宫内膜异位症。

3. 先兆流产和习惯性流产 大剂量孕激素对黄体功能不足所致的先兆流产有一定的安胎作用，但对习惯性流产，疗效不确切。

4. 其他 单用或与雌激素配伍用于避孕；还可用于子宫内膜癌、前列腺增生和前列腺癌的治疗；也用于绝经期妇女的激素替代疗法。

【不良反应】 不良反应较少，偶见恶心、呕吐、头晕、乳房胀痛等。长期应用可使月经量减少。大剂量黄体酮可引起胎儿生殖器畸形。

二、抗孕激素类药

米非司酮

米非司酮（mifepristone）可与黄体酮竞争孕激素受体从而对抗黄体酮的作用而终止妊娠。主要用于中止早期妊娠，与前列腺素类药合用可提高完全流产率，并降低前列腺素不良反应发生率。

不良反应有恶心、呕吐、头晕、腹痛等，少数患者药物流产时可导致严重出血，应在医生指导下使用。35岁以上孕妇不宜使用。

知识拓展　宫颈癌疫苗

在女性恶性肿瘤中，宫颈癌的发病率仅次于乳腺癌，大多数宫颈癌是由人乳头瘤病毒（HPV）感染所致。宫颈癌疫苗包括三种，分别是：HPV 二价疫苗、HPV 四价疫苗、HPV 九价疫苗。价代表的是可预防的病毒类型，价数越多，可预防的 HPV 种类就越多。

二价疫苗用于预防高危型 HPV16 型和 HPV18 型的感染。四价疫苗是在二价疫苗的基础上，增加了预防低危型 HPV6 型和 HPV11 型的感染，九价的疫苗是在四价的基础上又增加了能够预防五种高危型的 HPV 感染，覆盖面最广。

注射时间，可以采取以下两种方法。

1. 标准时间表　首次注射（第一剂）、第二剂在 6 个月后注射，如果需要第三剂，间隔时间与第二剂也是 6 个月，最后一剂通常在第二剂之后的 12 个月内注射。

2. 灵活时间表　首次注射（第一剂）、第二剂在 1 ～ 2 个月后注射，第三剂在 6 个月内的任何时间注射完毕。

第 3 节　其他性激素类药

一、雄激素类药

天然雄激素（androgens）是睾酮（testosterone，睾丸酮）。临床多用人工合成的睾酮衍生物如甲睾酮（methyltestosterone）、丙酸睾酮（testosterone propionate）等。

【药理作用】

1. 对生殖系统作用 雄激素能促进男性生殖器官发育和第二性征的出现，维持男性生殖器官的功能。

2. 同化作用 雄激素能明显促进蛋白质的合成（同化作用），抑制蛋白质的分解（异化作用），使肌肉发达、体重增加。

3. 刺激骨髓造血 较大剂量的雄激素可使肾脏分泌的促红细胞生成素合成增加，也可直接刺激骨髓造血，特别是促进红细胞的生成。

4. 免疫增强作用 促进免疫球蛋白合成，增强机体免疫和巨噬细胞功能，具有一定抗感染能力，尚有糖皮质激素样抗炎作用。

【临床应用】

1. 替代疗法 主要用于无睾症或类无睾症、男性性功能低下的替代治疗。

2. 功能性子宫出血 与雌激素合用于绝经前功能性子宫出血。

3. 晚期乳腺癌 利用其抗雌激素与抑制腺垂体功能的作用，治疗乳腺癌与乳腺癌转移患者，使病情得到缓解。

4. 再生障碍性贫血 常用于再生障碍性贫血，持续用药3～4个月，可改善骨髓造血功能。

5. 增强体质 各种消耗性疾病、骨质疏松、肌肉萎缩、生长延缓、长期卧床、损伤、放疗等，可用小剂量雄激素治疗，使患者食欲增加，加快体质恢复。

【不良反应】 女性患者长期或大剂量用药可出现男性化现象，如痤疮、多毛、声音变粗、闭经、乳腺退化等；男性可发生性欲亢进；多数雄激素可引起胆汁淤积性黄疸，一旦发生应立即停药。可致水钠潴留，故肾炎、肾病综合征、高血压及心力衰竭患者慎用。孕妇及前列腺癌患者禁用。

二、抗雄激素类药

环丙孕酮

环丙孕酮（cyproterone，色普龙）具有较强的孕激素作用，还可阻断雄激素受体。可用于抑制男性严重性功能亢进；其他药物无效或患者无法耐受的前列腺癌；与雌激素合用治疗女性严重痤疮和特发性多毛症；与炔雌醇组成复方避孕片用于避孕。由于本药抑制性功能和性发育，禁用于未成年人。

知识拓展 体育运动兴奋剂

兴奋剂是国际体育界对所有违禁药物的总称，包含种类很多，常用兴奋剂有雄激素及其衍生物、促红细胞生成素（EPO）等。

所有的合成雄激素类固醇都有与睾酮相似的化学结构。最常用的有美雄酮、司坦唑醇、苯丙酸诺龙等。由于它能够促进蛋白质的合成、减少分解代谢，因而能够加速肌肉增长，提高肌肉力量，从而提高运动成绩。

三、促性腺激素类药

人绒毛膜促性腺激素

人绒毛膜促性腺激素（简称绒促性素，human chorionic gonadotrophin，HCG）是胎盘滋养层细胞分泌的一种促性腺激素。对女性能促进卵泡成熟及排卵，并使破裂卵泡转变为黄体，促使其分泌孕激素。对男性能促进精曲小管功能，特别是促进睾丸间质细胞的活动，使其产生雄激素，促进性器官和副性征发育、成熟，促使睾丸下降并促进精子生成。

临床主要用于不孕症、功能性子宫出血、流产、隐睾症和男性性腺功能减退症等。

第4节 抗生育药

生殖过程是一个复杂的生理过程，包括精子和卵细胞的形成、成熟、排放、受精、着床及胚胎发育等多个环节，阻断其中任何一个环节均可达到避孕或终止妊娠的目的。抗生育药就是利用这个机制而发挥作用的一类药物，包括避孕药和抗早孕药。

一、避 孕 药

避孕药是指阻碍受孕或防止妊娠的一类药物。目前临床常用的避孕药有主要抑制排卵的避孕药、主要干扰孕卵着床的避孕药、主要阻碍受精的避孕药（外用避孕药）等。目前临床应用的避孕药以女用口服避孕药为主，男性用药较少。

（一）主要抑制排卵的避孕药

本类药物是临床最常用的女性口服避孕药，由孕激素和雌激素类药物配伍组成，如复方炔诺酮片、复方氯地孕酮片、复方己酸孕酮注射液等。本类药物应用不受月经周期的限制，排卵前、排卵期及排卵后服用，均可影响受精卵着床。

常见不良反应有食欲不振、恶心和呕吐等类早孕反应，连续使用可减轻或消失；少数可发生子宫不规则性出血；1%～2%的妇女发生闭经，闭经2～3个月者应停药。少数哺乳妇女乳汁减少，用药过程中如出现乳房肿块应停药。

（二）主要干扰孕卵着床的避孕药

本类药物也称探亲避孕药，能快速抑制子宫内膜的发育和分泌功能，干扰孕卵着床而产生抗生育作用。其优点是服药时间不受月经周期的限制，起效迅速。我国多采用大剂量孕激素制剂，常用的药物有炔诺酮片、炔诺孕酮片、甲地孕酮片、复方双炔失碳酯片等。

不良反应有恶心、呕吐、乏力等。停药后有时可发生阴道出血，一般不需处理。

（三）主要阻碍受精的避孕药

本类药物有壬苯醇醚（nonoxinol）、孟苯醇醚（menfegol）、烷苯醇醚（alfenoxynol）等，是一类具有较强杀精作用的药物，可制成药膜、栓剂或含药海绵，由阴道给药，可杀死精子或使精子灭活达到避孕目的。可出现阴道局部刺激反应，多次用药后刺激感可消失。

二、抗早孕药

抗早孕药是指在妊娠12周内能产生完全流产而终止妊娠药物。如早期应用，其效果相当于一次正常月经，故又称催经止孕药。临床常用孕激素受体阻断剂米非司酮与前列腺素衍生物米索前列醇（misoprostol）序贯配伍应用。药物可破坏蜕膜、促进子宫平滑肌收缩、软化且扩张宫颈而诱发流产。其具有完全流产率高、对母体无明显不良反应、流产后月经周期能迅速恢复、对再次妊娠无影响等特点。

学习小结

性激素类药物分为雌激素类药和抗雌激素类药、孕激素类药和抗孕激素类药、雄激素类药和抗雄激素类药、促性腺激素类药。

雌激素类药主要用于卵巢功能不全和绝经期综合征的治疗；孕激素类药主要用于黄体功能不足和绝经期综合征的治疗；雄激素类药对男性可促进生殖器官发育，对女性则具有抗雌激素的作用。此外还能刺激造血，促进蛋白质合成；抗孕激素类药主要用于抗早孕；抗雄激素类药主要用于前列腺增生的治疗。

抗生育药可抑制排卵、抑制着床、杀死精子，主要用于避孕和抗早孕。

高频考点 1. 雌激素和孕激素的临床应用
2. 雄激素的临床应用

自 测 题

1. 雌激素的作用不包括
   A. 促进女性第二性征的形成
   B. 参与形成月经周期
   C. 大剂量抑制排卵
   D. 大剂量可促进乳汁分泌
   E. 有轻度水钠潴留作用
2. 下列属于同化激素的药物是
   A. 己烯雌酚　　B. 炔诺酮
   C. 左炔诺孕酮　　D. 美雄酮
   E. 棉酚
3. 抑制排卵的避孕药主要组成成分是
   A. 孕激素类药和雌激素类药
   B. 孕激素类药和雄激素类药
   C. 雌激素类药和雄激素类药
   D. 孕激素类药和抗雌激素类药
   E. 雄激素类药和抗孕激素类药
4. 孕激素的药理作用是
   A. 促进排卵
   B. 促进子宫内膜由增殖期向分泌期转化
   C. 促进子宫平滑肌收缩
   D. 促进子宫颈开放
   E. 促进黄体形成
5. 患者，女，45岁，诊断为再生障碍性贫血，经雄激素治疗6个月后，首先升高的是
   A. 红细胞数　　B. 白细胞数
   C. 网织红细胞数　　D. 血清铁蛋白
   E. 血小板数
6. 患者，女，49岁。停经3个月，潮热、烦躁、易怒，诊断为绝经综合征。要缓解患者的症状，应选用的药物是
   A. 雌激素类药　　B. 抗雌激素类药
   C. 雄激素类药　　D. 抗雄激素类药
   E. 抗孕激素类药

（赵　健）

第34章 抗菌药物概论

学习目标

1. 掌握抗菌药物的基本概念、作用机制。
2. 熟悉细菌产生耐药性的机制。
3. 了解药物、机体和病原体三者之间的关系。
4. 会分析、解释抗菌药的作用机制、耐药性及其机制。

案例导入

患儿，男，6岁。因受凉后出现发热，咳嗽3天就诊，患者高热、寒战，咳嗽，咳铁锈色痰，体温39.5℃。体检：视诊急性病容，触诊语音震颤增强，叩诊呈浊音，听诊异常的支气管呼吸音。

问题： 1. 该患者的初步诊断结果是什么？

2. 该患者是否需要抗生素治疗？

抗菌药是指抑制或杀灭细菌，用于防治细菌感染性疾病的药物，包括抗生素和人工合成抗菌药。

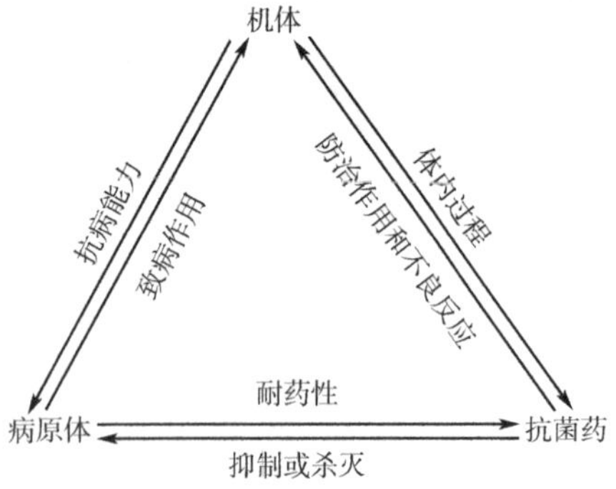

图34-1 机体、病原体、药物相互作用的关系

学习抗菌药要了解药物、机体和病原体三者之间的相互作用及其作用规律（图34-1），即机体对病原体有抗病能力，而病原体对机体具有致病力；药物对病原体有抑制或杀灭作用，而病原体对药物可产生耐药性；药物可引起机体的不良反应，而机体对药物的吸收、分布、代谢和排泄又可影响药物的作用。因此，在细菌感染性疾病治疗过程中，既要充分发挥药物的抗菌作用，又要充分调动机体的抗病能力以迅速战胜病原体。使用抗菌药物时，还应尽量减少药物对机体的不良反应和延缓耐药性的产生。

第1节 抗菌药常用术语

1. 抗生素（antibiotics） 由某些微生物（包括细菌、真菌、放线菌等）产生的，能抑制或杀灭其他微生物的物质。有天然抗生素和人工半合成抗生素之分，前者是从微生物培养液中直接提取获得的，后者是对天然抗生素进行结构改造而获得的。

2. 抗菌谱（antimicrobial spectrum） 指抗菌药的抗菌范围，是临床选药的基础。仅对一种细菌或某属细菌有效的药物称为窄谱抗菌药，如异烟肼仅对结核分枝杆菌有效。对多种病原微生物有抑制或杀灭作用的药物称广谱抗菌药，如四环素不仅对革兰氏阳性（G^+）菌和革兰氏阴性（G^-）菌有作用，而且对衣原体、支原体及立克次体等也有抑制作用。

3. 抑菌药（bacteriostatic drug） 是指仅能抑制细菌生长繁殖而无杀灭作用的药物，如磺胺类、四环素类等。

4. 杀菌药（bactericidal drug） 是指具有杀灭细菌作用的药物，如青霉素类、氨基糖苷类等。

5. 抗菌活性（antibacterial activity） 是指药物抑制或杀灭细菌的能力。常用最低抑菌浓度（minimum inhibitory concentration，MIC）和最低杀菌浓度（minimum bactericidal concentration，MBC）两个指标来衡量，前者指能够抑制培养基内细菌生长、繁殖的最低药物浓度，后者指能够杀灭培养基内细菌的最低药物浓度。

6. 化疗指数（chemotherapeutic index，CI） 一般用半数致死量（LD_{50}）与半数有效量（ED_{50}），或以5%致死量（LD_5）与95%有效量（ED_{95}）的比值来表示。CI是评价化学治疗药物有效性与安全性的重要参数，通常其值越大，药物毒性越小。但CI高者并不是绝对安全的，如几乎无毒性的青霉素仍有引起过敏性休克的可能。

7. 抗菌后效应（post antibiotic effect，PAE） 指细菌与抗菌药物短暂接触后，在抗菌药浓度低于MIC或被消除的情况下，细菌生长仍受到抑制的效应。目前，PAE已成为评价抗菌药活性、设计临床给药方案的重要参数。

8. 首次接触效应（first expose effect） 指抗菌药物在初次接触细菌时有强大的抗菌效应，再度接触或连续与细菌接触，并不明显地增强或再次出现这种明显的效应，需要间隔相当时间以后，才会再起作用。氨基糖苷类有明显的首次接触效应。

知识拓展 浓度依赖型与时间依赖型抗菌药

浓度依赖型抗菌药的特点是：①药物浓度越高，抗菌活性越强。当血药峰浓度大于致病菌MIC的8～10倍时，抑菌活性最强。②有较显著的PAE。主要有喹诺酮类、甲硝唑、两性霉素B等。根据这一原理，此类药物1日量可1次使用，不必分次给药（重症者例外）。

时间依赖型抗菌药的特点是：①当血药浓度超过MIC后，其抗菌活性不随浓度的增高而增强，而是与抗菌药物的血药浓度超过MIC的时间密切相关。② PAE较短或没有。主要包括青霉素类、头孢菌素类、大环内酯类等。这类药物需要每日多次给药，或持续滴注，才能保持良好的抗菌活性。

第2节 抗菌药作用机制

抗菌药物可特异性干扰病原菌的生化代谢过程，影响其结构和功能，使其失去正常繁殖的能力，达到抑制或杀灭病原菌的作用（图34-2）。根据药物作用环节不同，可将其作用机制分为下列几类。

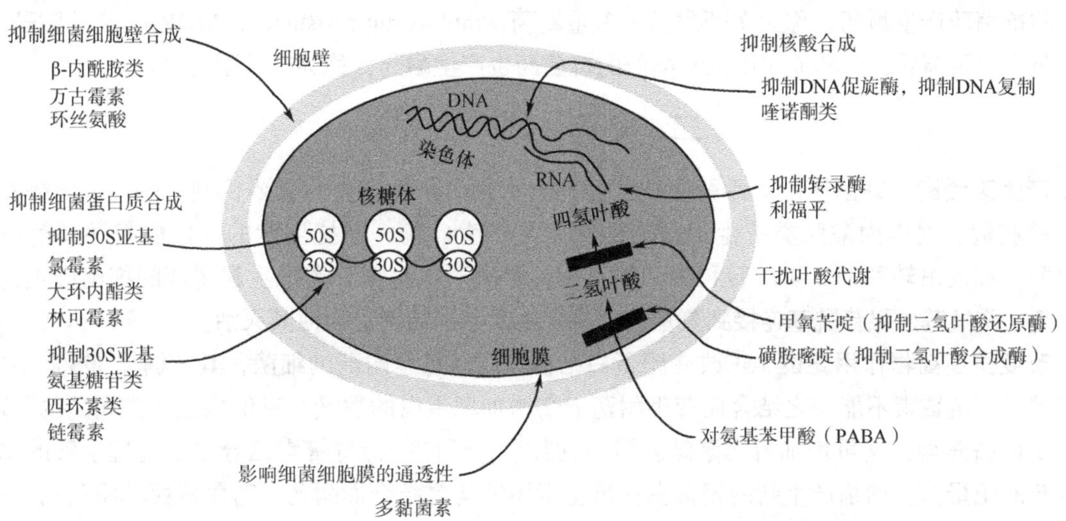

图34-2 抗菌药作用机制

1. 抑制细菌细胞壁合成 细菌细胞膜外是一层厚而坚韧的细胞壁，主要功能是保护菌体固有形态和抵抗内外渗透压差的变化。细胞壁的主要结构成分为肽聚糖，又称黏肽。例如，青霉素类、头孢菌素类等能抑制转肽酶，阻碍肽聚糖的交叉联结，致细胞壁缺损，丧失渗透屏障作用。因菌体内渗透压高，水分不断内渗，使细菌细胞肿胀、变形、破裂而死亡。

2. 影响细胞膜通透性 细菌细胞膜（质膜）是一种半透膜，具有物质转运、生物合成、分泌和呼吸等功能。例如，多黏菌素E能与细菌细胞膜中的磷脂结合，使膜功能受损；两性霉素B能与真菌细胞膜中的麦角固醇结合，形成孔道。二者均可使膜通透性增加，导致菌体内的氨基酸、蛋白质、核苷酸等重要物质外漏而死亡。

3. 抑制细菌蛋白质合成 细菌细胞为原核细胞，其核糖体为70S，由30S和50S亚基组成。哺乳动物为真核细胞，其核糖体为80S，由40S与60S亚基构成。两者之间的差异，使得抗菌药只抑制细菌蛋白质合成而不影响哺乳动物蛋白质的合成。例如，阿奇霉素、林可霉素和大环内酯类与核糖体50S亚基结合，而多西环素和庆大霉素与核糖体30S亚基结合，从而抑制细菌蛋白质的合成。

4. 抑制细菌核酸合成 喹诺酮类抗生素抑制细菌DNA回旋酶，抑制细菌DNA复制而产生杀菌作用；利福平抑制DNA依赖的RNA多聚酶，阻碍mRNA合成而杀灭细菌。

5. 影响细菌叶酸代谢 细菌不能利用环境中的叶酸进行代谢，而必须自身合成叶酸供自体使用。磺胺嘧啶、甲氧苄啶分别抑制叶酸合成中的二氢叶酸合成酶与二氢叶酸还原酶，妨碍叶酸代谢。由于叶酸缺乏，核酸合成也会受阻，导致细菌生长繁殖不能进行。

第3节　细菌耐药性

一、耐药性的分类

耐药性又称抗药性（drug resistance），分为固有耐药性（intrinsic resistance）和获得耐药性（acquired resistance）。固有耐药性又称天然耐药性，由细菌染色体基因决定，代代相传，不会改变，如链球菌对氨基糖苷类天然耐药；肠道阴性杆菌对青霉素G天然耐药等。获得耐药性是由于病原菌与抗菌药多次接触后，由质粒介导，通过改变代谢途径，使其不被抗生素杀灭。例如，金黄色葡萄球菌产生β-内酰胺酶而对β-内酰胺类抗生素耐药。获得耐药性可因不再接触抗生素而消失，也可由质粒将耐药基因转移给染色体而代代相传，成为固有耐药性。

对药物产生耐药的病原菌称为耐药菌（或耐药菌株）。有些耐药菌可同时对三种或三种以上不同作用机制的抗菌药产生耐药，称为多药耐药（多重耐药，multi-drug resistance，MDR）。有些耐药菌对一种抗菌药产生耐药后，对其他作用机制类似的抗菌药也产生耐药，称为交叉耐药性。

二、耐药性的产生机制

1. 产生灭活酶 细菌产生灭活酶使抗菌药物失活是耐药性产生的重要机制之一。灭活酶有两类：①β-内酰胺酶，对β-内酰胺类抗生素耐药的细菌可产生此酶，使抗生素的β-内酰胺环裂解而灭活。②钝化酶，如乙酰转移酶、磷酸转移酶和核苷酸转移酶对氨基糖苷类抗生素耐药的细菌产生钝化酶，将乙酰基、磷酰基、腺苷酰基连接到氨基糖苷类抗生素分子结构上而使其灭活。

2. 改变抗菌药物作用靶位 ①改变靶蛋白结构，对链霉素耐药的细菌，其核糖体30S亚基发生结构改变后，使链霉素不能与之结合而产生耐药。②增加靶蛋白的数量，对β-内酰胺类耐药的肠球菌既可产生β-内酰胺酶，又可增加青霉素结合蛋白的数量，还能降低青霉素结合蛋白与抗生素的结合力。③产生新的靶蛋白，细菌产生新的靶蛋白使抗生素不能与之结合而耐药，对甲氧西林耐药的金黄色葡萄球菌比敏感的金黄色葡萄球菌多一个青霉素结合蛋白亚型。

3. 降低细菌细胞膜通透性 细菌接触抗生素后，可通过改变通道蛋白的性质和数量来降低细菌对抗生素的膜通透性而产生耐药。正常情况下，细菌外膜的通道蛋白由OmpF蛋白和OmpC蛋白组成，多次接触抗生素后，OmpF蛋白可发生结构改变，使得进入菌体内的β-内酰胺类抗生素和喹诺酮类抗生素减少，铜绿假单胞菌还存在OprD通道蛋白，该通道蛋白只允许亚胺培南通过进入菌体，当该蛋白通道丢失时，同样产生特异性耐药。

4. 增强主动流出系统 大肠埃希菌、金黄色葡萄球菌、铜绿假单胞菌均有主动流出系统，可将进入菌体内的药物泵出体外而致耐药。经此系统外排引起耐药的抗菌药物有大环内酯类、β-内酰胺类、喹诺酮类等。

知识拓展 抗菌药物的分级管理

为保障患者用药安全及减少细菌耐药性的产生，2015年国家卫生和计划生育委员会等对2004年印发的《抗菌药物临床应用指导原则》进行了修订，形成了《抗菌药物临床应用指导原则（2015年版）》。该版本提出了抗菌药物临床应用的最新管理办法，根据安全性、疗效、细菌耐药性、价格等因素，将抗菌药物分为三级。

1. 非限制使用级 经临床长期应用证明安全、有效，对病原菌耐药性影响较小，价格相对较低的抗菌药物。已列入基本药物目录、《国家处方集》和《国家基本医疗保险、工伤保险和生育保险药品目录》收录的抗菌药物品种。

2. 限制使用级 经临床长期应用证明安全、有效，对病原菌耐药性影响较大，价格相对较高的药物。

3. 特殊使用级 具有明显或严重不良反应，不宜随意使用；抗菌作用较强、抗菌谱广，经常或过度使用会使病原菌过快产生耐药；疗效、安全性方面临床资料较少，不优于现用药物；新上市的，在适应证、疗效和安全性方面尚需进一步考证，价格昂贵。

学习小结

抗菌药是指抑制或杀灭细菌，用于防治细菌感染性疾病的药物，包括抗生素和人工合成抗菌药。本章主要介绍了抗菌药物的常用术语、抗菌药物的作用机制和细菌耐药性的产生机制。

高频考点 1. 抗菌药物的基本概念
2. 耐药性

自 测 题

1. 耐药性指
   A. 连续用药机体对药物产生不敏感现象
   B. 连续用药细菌对药物的敏感性降低甚至消失
   C. 反复用药患者对药物产生精神依赖性
   D. 反复用药患者对药物产生躯体依赖性
   E. 连续用药后药物在体内的蓄积现象
2. 抗菌药物的抗菌范围称为
   A. 抗菌活性 B. 抗菌后效应
   C. 抗菌谱 D. 治疗指数
   E. 耐药性
3. 抗菌药物发挥抗菌作用后，药物浓度低于MIC或被消除之后，细菌生长仍受到持续抑制的效应称为
   A. 抗菌活性 B. 抗菌后效应
   C. 抗菌谱 D. 治疗指数
   E. 耐药性
4. 与细菌的耐药性产生无关的是
   A. 细菌产生β-内酰胺酶水解青霉素
   B. 细菌产生钝化酶灭活氨基糖苷类抗生素
   C. 细菌内靶位结构的改变
   D. 细菌改变对抗菌药的通透性，降低抗菌药在菌体内的浓度
   E. 细菌体内产生的内毒素增多

（卢 敏）

第35章 抗 生 素

学习目标

1. 掌握青霉素类和头孢菌素类的抗菌谱、抗菌机制、临床应用和不良反应。
2. 掌握大环内酯类药物抗菌作用、临床应用和不良反应。
3. 熟悉其他β-内酰胺类抗生素的作用特点及临床应用。
4. 熟悉林可霉素类抗生素的作用特点、临床应用及主要不良反应。
5. 了解多肽类抗生素的主要临床应用及不良反应。
6. 了解氨基糖苷类抗生素的共性；常用氨基糖苷类抗生素的作用特点、临床应用及不良反应。
7. 了解四环素类及氯霉素类药物的抗菌谱、临床应用及主要不良反应。
8. 具有根据适应证合理选择β-内酰胺类抗生素、减少不良反应的能力；能区别各类β-内酰胺类抗生素的作用特点；会分析β-内酰胺类抗生素的相互作用。
9. 具有根据适应证合理选择大环内酯类、林可霉素类及多肽类抗生素，防止不良反应的能力；能认识各药的特点；会分析此类药物的相互作用。
10. 具有根据适应证合理选择氨基糖苷类抗生素、防治不良反应的能力；会分析此类药物的相互作用。
11. 能与患者及家属进行沟通，开展用药咨询服务，并能正确指导患者合理用药。

第1节 β-内酰胺类抗生素

案例导入

患者，女，34岁。因“发热伴咽痛，寒战3天”就诊。体温38.4℃，急性病容，双侧扁桃体Ⅱ度肿大，表面可见有脓苔覆盖。其他查体及胸片未见明显异常。诊断为急性扁桃体炎。

问题：该患者应选用哪种抗生素治疗？

β-内酰胺类抗生素（β-lactam antibiotic）是指化学结构中含β-内酰胺环的抗生素，具有抗菌活性强、毒性低、适应证广等特点。

β-内酰胺类抗生素的抗菌机制是作用于细菌菌体内的青霉素结合蛋白（penicillin-binding protein，PBP），阻碍细菌细胞壁的合成。菌体失去渗透屏障作用，加上自溶酶的作用，最终膨胀、裂解而死亡。哺乳动物细胞无细胞壁，所以β-内酰胺类抗生素对人和动物的毒性很小。β-内酰胺类抗生素对已合成的细胞壁无影响，故对繁殖期细菌的作用较静止期强。

细菌对β-内酰胺类抗生素的耐药机制有：①对β-内酰胺类抗生素耐药的细菌可产生β-内酰胺酶，破坏抗生素的结构；②改变PBP结构、增加PBP数量或产生新的PBP，使抗生素与细菌的亲和力下降；③改变细菌外膜通道蛋白的结构，使得抗生素不能进入菌体内；④有些细菌还可以通过主动外排系统将已进入菌体内的抗生素泵出菌体外。

一、天然青霉素

青霉素G

青霉素G（penicillin G，苄青霉素，benzylpenicillin）常用其钠盐或钾盐，其干燥粉末在室温下稳定。但溶于水后不稳定，易被酸、碱、醇、金属离子、氧化剂分解破坏，不耐热。室温中放置24小时大部分降解失效，并产生有抗原性的降解产物，须临用前配制。本药剂量采用国际单位U表示，理论效价为青霉素G钠1670U≈1mg，青霉素G钾1598U≈1mg。其他半合成青霉素均以毫克（mg）为剂量单位。

【体内过程】 青霉素G口服易被胃酸及消化酶破坏，吸收量少且不规则，故不宜口服。通常肌内注射，吸收迅速完全，约30分钟达血药浓度峰值。因该药脂溶性低，主要分布于细胞外液，并能广泛分布于全身各组织，肝、胆、肾、精液、关节液及淋巴液中均有大量分布。房水和脑脊液中含量低，但炎症时药物较易进入，可达有效浓度。几乎全部以原型药迅速经尿排泄，约10%经肾小球滤过排出，90%经肾小管分泌排出，$t_{1/2}$为0.5～1.0小时。

【抗菌作用】 青霉素G对G^+菌作用强，对G^-菌作用弱或无效，属繁殖期杀菌剂。其抗菌谱包括：①大多数G^+球菌，如溶血性链球菌、草绿色链球菌、肺炎链球菌、敏感金黄色葡萄球菌和表皮葡萄球菌等。②G^+杆菌，如白喉棒状杆菌、炭疽芽孢杆菌、破伤风梭菌等。③G^-球菌，如脑膜炎奈瑟菌和淋病奈瑟菌等。④螺旋体、放线菌，如梅毒螺旋体、钩端螺旋体、牛放线菌等。对大多数G^-杆菌作用弱或无效，对肠球菌不敏感，对病毒、真菌、支原体、立克次体无效。金黄色葡萄球菌、淋病奈瑟菌对本药极易产生耐药性。

知识拓展　弗莱明发现青霉素

1928年夏，英国微生物家弗莱明无意间发现，一个与空气意外接触过的金黄色葡萄球菌培养皿中长出了一团青绿色霉菌。在用显微镜观察这个培养皿时，弗莱明发现霉菌周围的葡萄球菌菌落已被溶解。这意味着霉菌的某种分泌物能抑制葡萄球菌。经鉴定，该霉菌为青霉菌，所以弗莱明将其分泌的抑菌物质称为青霉素。经过十几年的不断研究，英国病理学家弗洛里和德国生物化学家钱恩用冷冻干燥法提取了青霉素晶体。为表彰弗莱明等人作出的杰出贡献，1945年的诺贝尔生理学或医学奖授予了弗莱明、弗洛里和钱恩三人。此时正值第二次世界大战期间，青霉素成为重要的军需品，随后作为新兴产业进入了工业化生产时期。

【临床应用】 本药肌内注射或静脉滴注，常用于治疗敏感的G^+球菌、G^+杆菌、G^-球菌及螺旋体所致感染。

1. G^+球菌感染 溶血性链球菌感染如咽炎、中耳炎、扁桃体炎、蜂窝组织炎、猩红热等；草绿色链球菌引起的心内膜炎；肺炎链球菌感染如大叶性肺炎、支气管炎、脓胸等；金黄色葡萄球菌感染如疖、痈、脓肿、骨髓炎、败血症等。

2. G^+杆菌感染 可用于破伤风、白喉、气性坏疽等，须加用抗毒素血清以中和细菌释放的外毒素。

3. G^-球菌感染 淋病奈瑟菌感染如淋病；脑膜炎奈瑟菌感染如流行性脑脊髓膜炎。

4. 其他感染 螺旋体感染如钩端螺旋体病、梅毒、回归热等；放线菌感染如局部肉芽肿样炎症、脓肿、多发性瘘管、肺部感染及脑脓肿等，应大剂量、长疗程给药。

【不良反应及防治】

1. 过敏反应 是青霉素类最常见的不良反应，发生率为0.7%～10.0%。症状以药疹、接触性皮炎、发热、哮喘、血管神经性水肿、溶血性贫血、血清病样反应多见，但多不严重，停药可消失；最严重的是过敏性休克，表现为心悸、胸闷、面色苍白、喉头水肿、出冷汗、脉搏细弱、血压下降、惊厥和昏迷等，发生迅猛，如抢救不及时可迅速死亡。

主要防治措施有：①详细询问过敏史：患者有无青霉素类过敏史，对青霉素过敏者禁用。②做皮试：初次注射、更换批号或停药时间超过24小时以上者，均应皮试，反应阳性者禁用。应注意，皮试过程患者也可能发生过敏反应。③避免在饥饿时用药。④现用现配。⑤备好抢救设备和抢救药物，注射后应观察30分钟，无过敏反应者方可离开。青霉素钾盐不可快速静脉注射。

主要治疗措施：①一旦发生过敏性休克，必须就地抢救，吸氧，首选肾上腺素，立即皮下或肌内注射0.5～1.0mg，②给予抗组胺药物。③给予肾上腺皮质激素类药物，如地塞米松等。④给予升压药，如间羟胺等。⑤呼吸兴奋剂如尼可刹米，必要时气管切开。

2. 赫氏反应（Herxheimer reaction） 应用青霉素G治疗梅毒、钩端螺旋体、鼠咬热或炭疽等感染时，可有症状加剧现象，表现为全身不适、寒战、发热、咽痛、肌痛、心跳加快等症状，甚至危及生命。此反应可能是大量病原体被杀死后释放的物质所引起。

3. 其他 肌内注射可产生局部疼痛、红肿或硬结；静脉给药剂量过大时，对大脑皮质产生直接刺激作用，严重时发生青霉素脑病等。

二、半合成青霉素

青霉素G虽有高效、低毒等优点，但也有不耐酸、口服无效、不耐酶、易产生耐药性、抗菌谱窄、对铜绿假单胞菌等多数G^-杆菌无效等缺点。为克服这些缺点，药物化学家对天然青霉素进行化学结构改造，获得了一些具有耐酸、耐酶、广谱等特点的半合成青霉素。常见的半合成青霉素见表35-1。

表35-1 半合成青霉素的分类、常用药物、作用特点及应用

分类及常用药物		作用特点及应用
耐酸青霉素类	青霉素V（penicillin V，苯氧甲青霉素）	①耐酸，可口服。②对β-内酰胺酶不稳定。③用于敏感G^+球菌引起的轻症感染
耐酸、耐酶青霉素类	苯唑西林（oxacillin，新青霉素Ⅱ） 氯唑西林（cloxacillin，邻氯青霉素） 氟氯西林（flucloxacillin，氟氯青霉素）	①耐酸，可口服。②对β-内酰胺酶稳定。③主要用于耐青霉素G的金黄色葡萄球菌感染
广谱青霉素类	氨苄西林（ampicillin，氨苄青霉素） 阿莫西林（amoxicillin，羟氨苄青霉素）	①耐酸，可口服。②对β-内酰胺酶不稳定。③较青霉素G广谱，对G^+菌和G^-菌都有杀菌作用。④氨苄西林治疗肠球菌、李斯特菌感染
抗铜绿假单胞菌广谱青霉素类	羧苄西林（carbenicillin，羧苄青霉素） 哌拉西林（piperacillin） 替卡西林（ticarcillin） 美洛西林（mezlocillin） 阿洛西林（azlocillin）	①不耐酸，注射给药。②不耐酶。③广谱，对G^-杆菌特别是对铜绿假单胞菌有强大作用。④用于肠杆菌科细菌及铜绿假单胞菌所致的感染性疾病
抗革兰氏阴性杆菌青霉素类	美西林（mecillinam） 替莫西林（temocillin）	①对G^-杆菌作用强，对G^+菌作用弱，对铜绿假单胞菌无效。②对大肠埃希菌感染者疗效好

三、头孢菌素类

头孢菌素类是由冠头孢菌培养液中提取而来的头孢菌素C，对其化学结构进行改变而形成一系列半合成抗生素，根据头孢菌素不同品种、研发时间、抗菌谱、抗菌强度、对β-内酰胺酶的稳定性及肾毒性的不同，分为五代（表35-2）。

表35-2 头孢菌素类的分类、常用药物与主要特点

	分类及常用药物	主要特点
第一代（20世纪60年代末）	头孢氨苄（cefalexin，先锋霉素Ⅳ） 头孢羟氨苄（cefadroxil） 头孢唑啉（cefazolin，先锋霉素Ⅴ） 头孢拉定（cefradine，先锋霉素Ⅵ）	①对G^+菌作用强，对G^-菌作用弱。但对铜绿假单胞菌无效。②对β-内酰胺酶的稳定性差。③有一定的肾毒性
第二代（20世纪70年代中）	头孢克洛（cefaclor） 头孢呋辛（cefuroxime） 头孢孟多（cefamandole）	①对G^+菌作用较第一代弱，对G^-菌作用较第一代强，对铜绿假单胞菌无效。②对多种β-内酰胺酶比较稳定。③对肾的毒性小，较第一代轻
第三代（20世纪70年代末）	头孢噻肟（cefotaxime） 头孢克肟（cefixime） 头孢曲松（ceftriaxone） 头孢他啶（ceftazidime） 头孢哌酮（cefoperazone）	①对G^+菌作用不及第一、二代，对G^-菌作用更强，包括肠杆菌类、铜绿假单胞菌及厌氧菌均有较好作用。②对多种β-内酰胺酶有较高的稳定性。③基本无肾毒性
第四代（20世纪80年代末）	头孢匹罗（cefpirome） 头孢吡肟（cefepime） 头孢利定（cefalorne）	①对G^+菌、G^-菌均有高效。②对β-内酰胺酶高度稳定。③无肾毒性
第五代	头孢洛林酯（ceftaroline fosamil） 头孢吡普（ceftobiprole）	①对G^+菌抑制作用强于第四代，尤其是MRSA最为有效。②对G^-菌抑制作用与第四代类似。③对耐药菌有效。④对于β-内酰胺酶抵抗力很高。⑤无肾毒性

【临床应用】

1. 第一代头孢菌素 主要用于敏感菌所致呼吸道、尿路感染、皮肤、软组织感染。

2. 第二代头孢菌素 主要用于敏感菌所致肺炎、胆道感染、败血症、泌尿道感染，腹腔和盆腔感染时需与抗厌氧菌药合用。

3. 第三代头孢菌素 主要用于敏感肠杆菌科细菌等G^-杆菌所致严重感染，头孢他啶、头孢哌酮尚可用于铜绿假单胞菌所致的各种感染。

4. 第四代头孢菌素 主要用于对第三代头孢菌素耐药的细菌感染。对铜绿假单胞菌作用与头孢他啶相仿，对G^+球菌作用较第三代头孢菌素略强。

5. 第五代头孢菌素 主要用于治疗中重度感染及部分耐药菌感染。对G^+菌作用增强。

【不良反应】

1. 过敏反应 多为皮疹、荨麻疹等，偶见过敏性休克。与青霉素类之间有交叉过敏反应。青霉素过敏者及过敏体质者应慎用。临床使用前也应进行皮试。

2. 肾毒性 第一代头孢菌素大剂量使用可出现肾损害，与高效利尿药或氨基糖苷类合用，肾毒性显著增强。肾功能不全者禁用。

3. 双硫仑反应 头孢孟多、头孢哌酮、拉氧头孢可引起双硫仑反应，服药期间应戒酒或避免摄入含乙醇饮料。

4. 其他 第三、四代头孢菌素偶见二重感染；头孢孟多和头孢哌酮、拉氧头孢可引起凝血酶原或血小板减少而致出血。

四、其他β-内酰胺类

本类药物包括碳青霉烯类、头霉素类、氧头孢烯类和单环β-内酰胺类（表35-3）。

表 35-3 其他β-内酰胺类

类别	药物	特点
碳青霉烯类	亚胺培南（imipenem，亚胺硫霉素） 美罗培南（meropenem）	①抗菌谱广、抗菌作用强、对β-内酰胺酶高度稳定；②需与脱氢肽酶抑制剂西司他丁（cilastatin）组成复方制剂，即泰能；③用于G^+和G^-需氧菌和厌氧菌所致的各种严重感染
头霉素类	头孢西丁（cefoxitin） 头孢美唑（cefmetazole）	①抗菌谱广，对G^+菌和G^-菌均有较强的杀菌作用，对厌氧菌有高效；②对β-内酰胺酶高度稳定，故对耐青霉素金黄色葡萄球菌及对头孢菌素耐药菌有较强活性；③用于治疗由需氧菌和厌氧菌引起的盆腔、腹腔及妇科的混合感染
氧头孢烯类	拉氧头孢（latamoxef） 氟氧头孢（flomoxef）	①对β-内酰胺酶高度稳定；②与第三代头孢菌素有相似的抗菌特点；③可治疗尿路、呼吸道、妇科、胆道感染及脑膜炎、败血症

五、β-内酰胺酶抑制药和β-内酰胺类抗生素的复方制剂

（一）β-内酰胺酶抑制药

β-内酰胺酶抑制药主要有克拉维酸（clavulanic acid，棒酸）、舒巴坦（sulbactam，青霉烷砜）和他唑巴坦（tazobactam，三唑巴坦）三种。此类药物本身没有或只有较弱的抗菌活性，但可抑制β-内酰胺酶，从而保护与其配伍的β-内酰胺类抗生素免遭水解。

（二）β-内酰胺类抗生素的复方制剂

β-内酰胺类抗生素复方制剂在临床普遍应用，常见的复方制剂如表35-4所示。

表 35-4 常见β-内酰胺类抗生素的复方制剂

复方制剂	组成
奥格门汀（阿莫西林/克拉维酸）	广谱青霉素与β-内酰胺酶抑制剂
他唑星（哌拉西林/他唑巴坦）	抗铜绿假单胞菌广谱青霉素与β-内酰胺酶抑制剂
舒普深（头孢哌酮/舒巴坦）	第三代头孢菌素与β-内酰胺酶抑制剂
泰能（亚胺培南/西司他丁）	亚胺培南与西司他丁

学习小结

β-内酰胺类抗生素通过抑制细菌细胞壁合成而产生杀菌作用，属于繁殖期杀菌剂。主要包括青霉素类、头孢菌素类及其他β-内酰胺类。

青霉素G具有疗效高、毒性低、价格低廉等优点，可用于G^+球菌和杆菌、G^-球菌、螺旋体、放线菌引起的感染。易被胃酸破坏，金黄色葡萄球菌易产生耐药，易引起过敏反应。

半合成青霉素弥补了青霉素G不耐酸、不耐酶、抗菌谱窄等缺点，但与青霉素G之间存在交叉过敏反应，用药前仍需做皮试。

头孢菌素类与青霉素相比具有抗菌谱广、杀菌力强、对β-内酰胺酶稳定、过敏反应发生率低等优点。根据临床应用先后和抗菌特点分为五代，临床应用广泛。

高频考点 1. 青霉素类药物抗菌谱、临床应用和不良反应
2. 头孢菌素类药物抗菌谱、临床应用和不良反应
3. 过敏性休克的预防及抢救

第2节 大环内酯类、林可霉素类及多肽类抗生素

案例导入

患者，女，3岁，因“发热，咳嗽3天”就诊，体温最高达40℃，口服退热药物可降至正常，胸片显示双肺炎症。

问题： 1. 该患者考虑什么疾病？

2. 该患者应选用哪种抗生素？

一、大环内酯类抗生素

大环内酯类抗生素是一类具有14～16元大内酯环结构的抗生素，共有三代：第一代以红霉素为代表，第二代包括罗红霉素、克拉霉素和阿奇霉素等，第三代有泰利霉素和喹红霉素。

红 霉 素

红霉素（erythromycin）是从链霉菌的培养液中提得的14元环大环内酯类抗生素，不耐酸，在碱性条件下抗菌作用增强。常用的红霉素制剂有红霉素肠溶片、琥乙红霉素（erythromycin ethylsuccinate）、依托红霉素（erythromycin estolate，无味红霉素）、乳糖酸红霉素注射液等。

【体内过程】 口服易被胃酸破坏，故常服用肠溶片或酯化物。体内分布广泛，可分布到除脑脊液以外的各种体液和组织中。主要在肝代谢，从胆汁排泄，故在胆汁中浓度高，可形成肝肠循环。少量由尿排泄，$t_{1/2}$约为2小时。

【抗菌作用】 红霉素通过抑制细菌蛋白质的合成而呈现快速抑菌作用。抗菌谱与青霉素相似且略广，但抗菌效力不如青霉素。对大多数G^+菌如耐药金黄色葡萄球菌、表皮葡萄球菌、链球菌及梭状芽孢杆菌、白喉杆菌、炭疽杆菌等有较强的抑制作用；对部分G^-菌如脑膜炎奈瑟菌、淋病奈瑟菌、流感嗜血杆菌、百日咳鲍特菌、布鲁氏菌、军团菌等高度敏感；对某些螺旋体、肺炎支原体、螺杆菌、立克次体、衣原体也有抑制作用。

细菌对红霉素易产生耐药性，但停药数月后，又可恢复对其敏感性。本类药物间存在不完全的交叉耐药性。

【临床应用】 常作为青霉素过敏患者的替代药物。也可用于军团菌及衣原体属、支原体属等所致的呼吸道及泌尿生殖系统感染。

【不良反应】

1. 胃肠道反应 这是该药的主要不良反应，表现为恶心、呕吐、腹痛等，发生率、反应与剂量大小有关。

2. 肝损害 大剂量或长期应用可引起肝损害，表现为氨基转移酶升高、肝大、胆汁淤积性黄疸等，一般停药后数日可自行恢复。

3. 其他 少数患者出现过敏性皮疹、药物热、假膜性肠炎、耳鸣、暂时性耳聋等。

罗红霉素

罗红霉素（roxithromycin）对胃酸稳定性好，口服吸收好，吸收后分布广泛，$t_{1/2}$平均为12小时。本药对G^+菌和厌氧菌的作用与红霉素相似，对G^-菌的作用较红霉素略差，对嗜肺军团菌的作用较红霉素强，对肺炎支原体、衣原体作用与红霉素相似或略强。主要用于敏感菌所致的呼吸道、泌尿道、皮肤软组织、耳鼻喉感染。也可用于治疗支原体肺炎、沙眼衣原体感染及军团菌病等。胃肠道反应比红霉素少，偶见皮疹、皮肤瘙痒、头痛、头晕等。

克拉霉素

克拉霉素（clarithromycin，甲红霉素）为14元环半合成大环内酯类抗生素。对胃酸较稳定，首过消除明显，生物利用度仅为55%。体内分布广泛，鼻黏膜、扁桃体、肺组织中的浓度较同期血药浓度为高。抗菌活性强于红霉素，不良反应发生率较红霉素低。主要用于呼吸道、皮肤软组织感染及幽门螺杆菌感染。

阿奇霉素

阿奇霉素（azithromycin）为15元环半合成大环内酯类抗生素。口服吸收好，分布范围广，血浆蛋白结合率低，组织中药物浓度高，大部分以原型药经粪便排出体外。$t_{1/2}$长达35～48小时，为大环内酯类中最长者，每日仅需给药1次。抗菌谱较红霉素广，增加了对G^+菌的抗菌作用，对红霉素敏感菌的抗菌活性与红霉素相当，而对G^-菌作用明显强于红霉素，对某些细菌表现为快速杀菌作用，而其他大环内酯类为抑菌药。主要用于敏感菌所致的呼吸道感染、皮肤和软组织感染。不良反应少，主要是胃肠道反应。

泰利霉素

泰利霉素（telithromycin）属第三代大环内酯类抗生素。抗菌谱类似红霉素，但对野生型细菌核糖体的结合力较红霉素和克拉霉素强，分别为10倍和6倍；抗菌作用比阿奇霉素强。对其他大环内酯类耐药的细菌也有较强抗菌活性。主要用于敏感菌所致的呼吸道感染，包括社区获得性肺炎、慢性支气管炎、急性上颌窦炎、咽炎及扁桃体炎。

此外，第三代大环内酯类抗生素还有喹红霉素，抗菌机制同红霉素，抗菌谱同泰利霉素，但抗菌活性更强。

二、林可霉素类抗生素

林可霉素和克林霉素

林可霉素（lincomycin，洁霉素）和克林霉素（clindamycin，氯洁霉素）具有相同的抗菌谱和抗菌机制，但后者的抗菌作用强、不良反应少，临床较为常用。

【体内过程】 克林霉素口服吸收好。生物利用度约为90%，而林可霉素口服吸收差，生物利用度仅为20%～35%，且受食物影响明显。两药分布广泛，骨组织中的药物浓度尤其高。在肝脏经氧化代谢成无活性的产物或经胆汁排入肠道或经肾小球滤过。仅有10%原型药物排入尿中，难以达到有效治疗浓度。

【抗菌作用】 抗菌谱与红霉素相似。最主要的特点是对各类厌氧菌有强大抗菌作用，对需氧G^+菌有显著活性，对部分需氧G^-球菌、人型支原体和沙眼衣原体也有抑制作用，但肠球菌、G^-杆菌、耐甲氧西林金黄色葡萄球菌（MRSA）、肺炎支原体对本类药物不敏感。

抗菌机制与大环内酯类相同，因二者结合位点接近，合用时可产生拮抗作用。

大多数细菌对此类药物存在完全交叉耐药性，也与大环内酯类存在交叉耐药性。

【临床应用】 主要用于厌氧菌，包括脆弱类杆菌、产气荚膜梭菌、放线杆菌等引起的口腔、腹腔和妇科感染，也用于需氧G^+球菌引起的呼吸道、皮肤软组织、胆道感染及心内膜炎、败血症等。对金黄色葡萄球菌引起的骨髓炎为首选药。

【不良反应】 主要表现为恶心、呕吐、腹泻等胃肠道反应，口服给药多见。严重者可引起假膜性肠炎，口服万古霉素或甲硝唑可防治。也可引起过敏反应、血清氨基转移酶升高及神经肌肉阻滞作用。

三、多肽类抗生素

（一）万古霉素类

万古霉素类属糖肽类抗生素，包括万古霉素（vancomycin）、去甲万古霉素（norvancomycin）和替考拉宁（teicoplanin）。

【抗菌作用】 本类药物通过抑制细菌细胞壁合成而呈现快速杀菌作用，对G^+菌产生强大杀菌作用，对MRSA和甲氧西林表皮葡萄球菌（MRSE）的作用尤为显著。

【临床应用】 适用于耐药G^+菌所致的严重感染，特别是MRSA、MRSE、肠球菌属及耐青霉素肺炎链球菌所致感染。也可用于对青霉素过敏的严重G^+菌感染。口服可用于经甲硝唑治疗无效的艰难梭菌所致假膜性肠炎患者。

【不良反应】 毒性大，大剂量长期应用可出现较严重的耳毒性、肾毒性。偶有药物热、皮疹、瘙痒等过敏反应。快速静脉滴注万古霉素时，可出现上身皮肤潮红、红斑、荨麻疹、心动过速和低血压等症状，称为红人综合征，故静脉滴注速度不宜过快。

（二）多黏菌素类

多黏菌素类（polymyxins）是从多黏杆菌培养液中提取的一组多肽类抗生素，临床仅用多黏菌素B（polymyxin B）、多黏菌素E（polymyxin E，抗敌素）和多黏菌素M（polymyxin M）。属窄谱慢效杀菌药，只对G^-杆菌作用强，特别是对铜绿假单胞菌作用显著，对G^-球菌、G^+菌和真菌无效。不易产生耐药性，一旦出现本类药物之间有交叉耐药。毒性较大，主要为肾损害，也可引起一系列神经系统症状。因此，临床应用受限，主要用于耐药的铜绿假单胞菌及G^-杆菌引起的尿路感染、败血症、脑膜炎等，需注射给药。

学习小结

大环内酯类抗生素通过抑制细菌蛋白质合成，主要对G^+菌、部分G^-菌及军团菌、螺旋体、支原体、衣原体等有明显的抑制作用，属快速抑菌剂。主要用于敏感菌及耐青霉素的细菌感染和对青霉素过敏的患者。

林可霉素和克林霉素对耐青霉素的G^+菌、厌氧菌有很好的抗菌作用，主要用于金黄色葡萄球菌引起的骨髓炎等。

万古霉素由于毒性大，仅用于严重G^+菌感染，特别是MRSA、MRSE和肠球菌所致感染，如败血症、心内膜炎、骨髓炎、呼吸道感染等。

多黏菌素类虽然对G^-杆菌有强大的杀菌作用，但因毒性大，主要用于耐药的铜绿假单胞菌感染，一般不常用。

高频考点 1. 大环内酯类药物抗菌作用和临床应用
2. 林可霉素、万古霉素的临床应用

第3节 氨基糖苷类抗生素

案例导入

患者，女，18岁，因“尿频、尿急、尿痛10天”来院就诊，未婚，入院前自服用头孢菌素治疗，上述症状仍无改善，以尿路感染收入院。

问题： 1. 该患者宜选用哪类抗生素治疗？
2. 该患者用药期间应注意哪些不良反应？

氨基糖苷类抗生素因其化学结构中含有氨基醇环和氨基糖分子，并由配糖链连接成苷而得名，包括天然抗生素和半合成抗生素两大类。天然氨基糖苷类抗生素有链霉素、卡那霉素、庆大霉素、妥布霉素等，半合成氨基糖苷类抗生素有阿米卡星、奈替米星等。

一、氨基糖苷类抗生素的共性

【体内过程】 全身感染需注射给药，肌内注射吸收迅速而完全。氨基糖苷类的血浆蛋白结合率低，多数在10%以下。因穿透力弱，主要分布在细胞外液，不易透过血脑屏障，可通过胎盘屏障，孕妇慎用。约90%以原型药经肾脏排泄，故尿中药物浓度高，有利于尿路感染的治疗。

【抗菌作用】 氨基糖苷类对各种需氧G^-杆菌如埃希菌属、铜绿假单胞菌、克雷伯菌属、肠杆菌属、变形杆菌属、志贺菌属、枸橼酸杆菌属具有强大抗菌作用；对沙雷菌属、沙门菌属、产碱杆菌属、不动杆菌属及嗜血杆菌属具有一定抗菌作用。对G^-球菌如脑膜炎奈瑟菌、淋病奈瑟菌作用较差，对链球菌、肠球菌和厌氧菌不敏感。此外，链霉素、卡那霉素对结核分枝杆菌有效。

【临床应用】 临床偶用于敏感需氧G^-杆菌所致的全身感染。链霉素可作为结核病的治疗药物。

【不良反应】

1. 耳毒性 包括前庭神经和耳蜗听神经损伤。前庭神经功能损伤表现为眩晕、恶心、呕吐、眼球震颤和平衡失调；耳蜗听神经损伤表现为耳鸣、听力减退甚至永久性耳聋。

2. 肾毒性 本类抗生素对肾组织的亲和力极高，可大量积聚在肾皮质，导致肾小管，尤其是近曲小管上皮细胞损害，轻则引起肾小管肿胀，重则产生急性坏死。

3. 神经肌肉接头阻滞 与用药剂量和给药途径有关，过去常见于大剂量腹膜内、胸膜内给药或静脉滴注速度过快，也偶见于肌内注射，表现为心肌抑制、血压下降、四肢无力、呼吸困难甚至呼吸衰竭。

4. 过敏反应 常见症状有皮疹、发热、口周发麻、血管神经性水肿等。偶见过敏性休克。

二、临床常用氨基糖苷类抗生素

临床常用氨基糖苷类抗生素及其特点如表35-5所示。

表35-5 临床常用氨基糖苷类抗生素及其特点

药物	特点
庆大霉素（gentamicin）	临床偶用，可与甲硝唑合用治疗盆腔、腹腔感染；局部用于皮肤、黏膜表面感染和眼、耳、鼻部感染
阿米卡星（amikacin，丁胺卡那霉素）	临床偶可用于肠道G^-杆菌，尤其是铜绿假单胞菌引起的严重感染
妥布霉素（tobramycin）	①菌谱与庆大霉素相似；②对肺炎克雷伯菌、肠杆菌属、变形杆菌、铜绿假单胞菌作用比庆大霉素强；③用于铜绿假单胞菌和各种G^-杆菌的严重感染，对耐庆大霉素菌株仍有效
奈替米星（netilmicin）	①为半合成氨基糖苷类抗生素，对多种钝化酶稳定；②对耐其他氨基糖苷类抗生素的G^-杆菌及耐青霉素的金黄色葡萄球菌感染有效；③本药耳、肾毒性较小
大观霉素（spectinomycin）	①为淋病奈瑟菌所致尿道炎、前列腺炎、宫颈炎和直肠感染的二线用药。②仅限用于对青霉素、四环素等耐药菌株引起的感染
依替米星（etimicin）	①为半合成水溶性氨基糖苷类抗生素；②抗菌谱广；③不良反应是目前本类药中发生率最低的

学习小结

氨基糖苷类抗生素的抗菌谱、临床应用、不良反应等基本相似。对G^-杆菌具有强大的抗菌活性，其抗菌机制主要是抑制细菌蛋白质合成，属静止期杀菌剂，临床上主要用于敏感的G^-杆菌所致感染，主要毒性反应是耳毒性和肾毒性，从而限制了其临床应用。目前临床已很少应用此类药物。

高频考点 1. 氨基糖苷类抗生素的临床应用
2. 氨基糖苷类抗生素的不良反应

第4节 四环素类和氯霉素类抗生素

案例导入

患者，男，45岁，农民。因“右眼眼红，疼痛，视物不清”就诊，诊断为右眼角膜炎。

问题：该患者应该选用哪种药物局部治疗？

一、四环素类

四环素类药物具有共同的基本母核（氢化骈四苯），是酸、碱两性物质。在酸性溶液中较稳定，在碱性溶液中易降解，故临床一般用其盐酸盐。可分为三代，第一代的代表药是四环素，近年来由于耐药菌株日益增多及不良反应，临床已不用；临床上主要应用的是第二代的多西环素（强力霉素）、米诺环素（二甲胺四环素），以及第三代的替加环素（丁甘米诺环素）。

本类药物口服易吸收，可与多价阳离子如Ca^{2+}、Mg^{2+}、Fe^{2+}及Al^{3+}等形成难溶性络合物而妨碍吸收。因此，不宜与含这些离子的药物如抗酸药、抗贫血药合用；若必须合用时，应间隔3小时以上。

本类药物可通过抑制细菌蛋白质合成而呈现快速抑菌作用，抗菌谱广，对G^+菌、G^-菌、立克次体、支原体、衣原体、螺旋体、放线菌均有抑制作用，还能间接抑制阿米巴原虫，但对铜绿假单胞菌、结核分枝杆菌、病毒与真菌无效。

本类药物常用于立克次体感染如斑疹伤寒和恙虫病等，支原体感染如非典型病原体肺炎和非特异性尿道炎等，衣原体感染如鹦鹉热、肺炎和性病性淋巴肉芽肿等，螺旋体感染如回归热和慢性游走性红斑等，也可用于治疗布鲁氏菌病、霍乱、鼠疫、幽门螺杆菌感染引起的消化性溃疡等。多西环素最为常用。

临床使用时，应密切观察本类药物的不良反应。

1. 二重感染（菌群失调症） 长期口服或注射使用时，敏感菌被抑制，不敏感菌乘机大量繁殖，由原来的劣势菌群变为优势菌群，造成新感染，称为二重感染或菌群失调症。常见的二重感染有：①真菌病，如白念珠菌（白假丝酵母菌）引起的口腔炎、鹅口疮、肠炎等；②难辨梭状芽孢杆菌引起的假膜性肠炎，可引起肠壁坏死、剧烈腹泻、体液渗出，甚至休克、死亡。一旦发生应立即停药，并用相应药物治疗。前者可用抗真菌药治疗，后者用万古霉素或甲硝唑治疗。

2. 影响骨骼和牙齿的生长 四环素类能与新形成的骨、牙中所沉积的钙结合，称为四环素牙，从而影响牙齿发育和骨骼的生长。故孕妇、哺乳期妇女及8岁以下的儿童禁用。

3. 其他 口服可引起胃肠道反应；长期大剂量使用有肝肾毒性；偶见药物热、皮疹和过敏性皮炎等。

多西环素

多西环素（doxycycline）口服吸收快而完全，受食物影响较小。分布广泛，在脑脊液、前列腺中浓度也较高，血浆$t_{1/2}$长达12～22小时。大部分药物随胆汁进入肠腔排泄，肠道中的药物多以无活性的结合型或络合型存在，故不易引起二重感染。少量药物经肾排泄，肾功能减退时粪便中药物排泄增多，故肾衰竭时也可使用。本药适用于治疗肾外感染伴肾衰竭患者及胆道感染；也用于酒糟鼻、痤疮、前列腺炎和呼吸道感染如慢性气管炎、肺炎。常见胃肠道刺激症状，易致光敏反应。

米诺环素

米诺环素（minocycline）口服吸收良好，不易受食物影响。组织穿透力强，分布广泛，脑脊液中的浓度高于其他四环素类。消除$t_{1/2}$为11～22小时。

在本类药物中，该药抗菌作用最强。主要用于治疗耐药菌引起的泌尿生殖系统、呼吸道、胆道、耳鼻喉部感染，也可用于酒糟鼻、痤疮及脓皮病的治疗。不良反应与其他四环素类相似，但可产生特有的前庭反应，出现恶心、呕吐、眩晕、运动失调等症状，首剂服药可迅速出现，女性多于男性，有12%～52%的患者因严重的前庭反应而停药，停药24～48小时后症状可消失。用药期间不宜从事高空、驾驶和机器操作。

替加环素

替加环素（tigecycline）口服不易吸收，仅静脉给药，迅速广泛分布于组织，主要经胆道消除，少部分以原型药经肾排出，血浆$t_{1/2}$为27～42小时。广谱抗菌，不仅对耐其他四环素类菌株有良好的抗菌作用，而且对其他抗菌药耐药的菌株也有效，如MRSA和MRSE、对青霉素耐药的肺炎链球菌（PRSP）、对万古霉素耐药的肠球菌（VRE）及超广谱β-内酰胺酶耐药菌株（ESBL）等。适用于复杂皮肤结构及软组织感染、腹腔感染，以及社区获得性肺炎。

常见不良反应是恶心、呕吐，停药可缓解。

二、氯霉素类

氯 霉 素

氯霉素（chloramphenicol）通过抑制细菌蛋白质合成而呈现快速抑菌作用，抗菌谱广，对G^-菌的作用强于G^+菌，但对流感嗜血杆菌、脑膜炎奈瑟菌、肺炎链球菌有抑制作用；对G^+菌的作用不如青霉素和四环素；对立克次体、支原体、衣原体也有抑制作用。

由于本药可引起严重地抑制骨髓等毒性反应，在临床已不作为全身治疗用药。对敏感菌所致的眼部感染，如沙眼、结膜炎、角膜炎等，可使用氯霉素滴眼液局部用药。

学习小结

四环素和氯霉素均属广谱抗生素，但由于不良反应多且严重，临床应用受到限制。多西环素、米诺环素主要用于立克次体、支原体、衣原体感染，替加环素主要用于治疗复杂皮肤结构及软组织感染、腹腔感染和社区获得性肺炎。氯霉素主要限于眼科局部应用。

高频考点 1. 四环素类抗生素引起二重感染的原因及防治措施
2. 四环素类药物主要用于哪些感染
3. 氯霉素的不良反应

自 测 题

1. 肺炎链球菌所致的大叶性肺炎应选用
   A. 红霉素 B. 半合成青霉素
   C. 青霉素 D. 头孢菌素
   E. 阿奇霉素
2. 临床应用之前不需做皮试的药物是
   A. 青霉素 B. 氨苄西林
   C. 阿莫西林 D. 氯唑西林
   E. 红霉素
3. 青霉素G对下列哪一病原体所致感染无效
   A. 溶血性链球菌 B. 螺旋体
   C. 大肠埃希菌 D. 肺炎链球菌
   E. 破伤风梭菌
4. 头孢菌素用于抗铜绿假单胞菌感染的药物是
   A. 头孢氨苄 B. 头孢羟氨苄
   C. 头孢呋辛 D. 头孢哌酮
   E. 头孢拉定
5. 患儿，女，5天。因发热伴意识丧失3天入院，查体：皮肤黄染，囟门饱满，双侧病理反射阳性，脑脊液提示大量中性粒细胞，宜首选
   A. 头孢菌素 B. 青霉素
   C. 阿米卡星 D. 红霉素
   E. 庆大霉素

6. 患者，男，30岁。高热，胸痛，咳铁锈色痰，右肺下叶实变，青霉素过敏试验可疑，宜选用
   A. 氯唑西林
   B. 红霉素静脉滴注
   C. 青霉素静脉滴注
   D. 青霉素V口服
   E. 头孢曲松
7. 青霉素过敏的患者可选用
   A. 红霉素　　B. 头孢唑林
   C. 阿莫西林　　D. 氨苄西林
   E. 苯唑西林
8. 红霉素对下列哪种细菌作用最差
   A. 肺炎链球菌　　B. 脑膜炎奈瑟菌
   C. 军团菌　　D. 肺炎支原体
   E. 变形杆菌
9. 患儿，男，6岁。因高热伴憋喘6天入院，查体：双肺可闻及广泛小水泡音，诊断为支气管肺炎，青霉素皮试阳性，宜选用
   A. 青霉素　　B. 头孢菌素
   C. 头孢唑啉　　D. 多西环素
   E. 阿奇霉素

（10、11题共用题干）

患儿，男，14岁。秋游后出现低热、乏力、咳嗽、咳少量黏痰2周。X线胸片示两下肺网状及按小叶分布的斑片状浸润阴影。血常规：白细胞9.8×10^9/L。

10. 以上最合适的药物是
    A. 红霉素　　B. 青霉素
    C. 头孢菌素　　D. 抗结核药
    E. 氟康唑
11. 该药物最有可能发生的不良反应是
    A. 二重感染　　B. 骨髓抑制
    C. 假膜性肠炎　　D. 胃肠道反应
    E. 肾损害
12. 庆大霉素与呋塞米合用时会引起
    A. 抗菌作用增强　　B. 肾毒性增强
    C. 耳毒性加重　　D. 利尿作用增强
    E. 肾毒性减轻
13. 过敏性休克发生率最高的氨基糖苷类药物是
    A. 庆大霉素　　B. 阿米卡星
    C. 链霉素　　D. 妥布霉素
    E. 奈替米星
14. 阿米卡星的特点是
    A. 不易产生耐药性
    B. 广谱和对铜绿假单胞菌有效
    C. 与β-内酰胺类联合可获协同作用
    D. A+B+C
    E. B+C
15. 下列关于氨基糖苷类抗生素共性的叙述，正确的是
    A. 口服吸收良好
    B. 氨基糖苷类抗生素之间无交叉耐药性
    C. 为繁殖期杀菌剂
    D. 所有氨基糖苷类抗生素对铜绿假单胞菌均有效
    E. 氨基糖苷类抗生素的主要不良反应为耳毒性和肾毒性
16. 患者，女，25岁。因不明原因发热2月余入院，查体：贫血貌，杵状指，皮肤、黏膜有多处小出血点，入院时，心脏三尖瓣听诊区可闻及Ⅲ级吹风样杂音，近日消失，脾脏轻度肿大，有压痛，血液细菌培养为草绿色链球菌，拟用青霉素G和下列其中一药合用，应选
    A. 阿奇霉素　　B. 庆大霉素
    C. 红霉素　　D. 苯唑西林
    E. 羧苄西林
17. 患者，男，22岁。因腹痛、腹泻2天就诊。门诊以急性胃肠炎给予5%葡萄糖氯化钠注射液500ml加庆大霉素24万U静脉滴注，若用药3天后查尿常规，尿蛋白（++），说明庆大霉素
    A. 出现肾毒性　　B. 出现过敏反应
    C. 用量不足　　D. 影响造血功能
    E. 诱发溶血性贫血
18. 氯霉素的主要不良反应是
    A. 骨髓抑制　　B. 过敏反应
    C. 胃肠道反应　　D. 耳毒性
    E. 肾毒性
19. 关于四环素类的叙述，错误的是
    A. 二价金属离子如Fe^{2+}等可影响其从胃肠道吸收
    B. 易引起二重感染
    C. 长期应用可使牙齿染黄
    D. 可与β-内酰胺类抗生素同时应用
    E. 对G^+菌、G^-菌均有抑制作用
20. 米诺环素的独有不良反应是
    A. 肾毒性　　B. 肝损害
    C. 过敏反应　　D. 前庭反应
    E. 骨髓抑制
21. 患者，男，50岁。因持续高热伴剧烈头痛7天入院，入院后给予青霉素、链霉素治疗3天，无明显效果，发病第5日于胸、肩、背等处发现直径2～4mm的圆形鲜红色丘疹，但面部无疹，住院后患者谵妄、昏迷。其内衣有蚤、虱，医生诊断为：立克次体病，宜选用
    A. 庆大霉素　　B. 磺胺嘧啶
    C. 头孢他啶　　D. 林可霉素
    E. 多西环素

（卢　敏）

第36章 人工合成抗菌药

思维导图

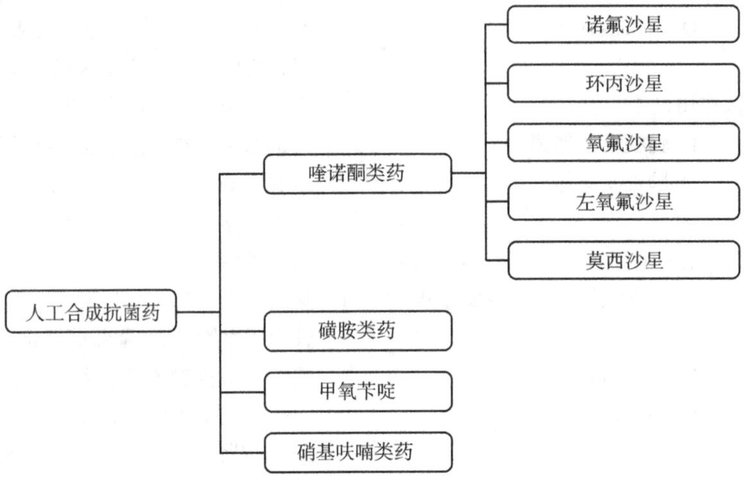

学习目标

1. 掌握喹诺酮类药的抗菌作用、临床应用及不良反应。
2. 熟悉喹诺酮类药的抗菌机制及耐药性。
3. 了解磺胺类药、甲氧苄啶、硝基呋喃类药的临床应用。
4. 能根据药物的适应证、患者个体差异、特殊人群用药信息等合理选用人工合成抗菌药；能及时发现药物的不良反应并进行正确处理。
5. 能与患者及家属进行沟通，开展用药咨询服务，正确指导患者合理用药。

案例导入

患者，女，16岁。因“腹痛、水样腹泻伴呕吐、头痛”1天就诊。有食用街边快餐饮食史。体检：T 38.5℃，脐周正中压痛，无反跳痛，肠鸣音亢进。辅助检查：WBC 17.8×10^9/L，N 87.9%。大便常规 WBC 10～12/高倍视野（HP）。诊断为急性胃肠炎。给予静脉滴注盐酸左氧氟沙星0.2g，输液30分钟左右患者胸闷、心悸、咳嗽、呼吸困难、面色苍白、全身皮肤瘙痒，并出现风团样皮疹。

问题： 1. 该患者使用左氧氟沙星后发生了什么？应给予什么药物处理？

2. 该患者使用左氧氟沙星是否合理？为什么？

第1节 喹诺酮类药

一、概　述

喹诺酮类（quinolones）是一类含有4-喹诺酮基本母核的人工合成抗菌药。根据开发上市先后及抗菌性能分为四代。第一代以萘啶酸为代表，仅对肠杆菌科有抑菌作用，不良反应多，已被淘汰。第二代以吡哌酸为代表，仅用于敏感菌引起的尿路和肠道感染。第三代又称氟喹诺酮类（fluoroquinolones），代表药有诺氟沙星、环丙沙星、氧氟沙星、左氧氟沙星等。第四代以莫西沙星等为代表。第三、四代喹诺酮类药物由于抗菌活性强、毒性低，广泛用于泌尿生殖系统、肠道、呼吸道、皮肤软组织等部位的感染。

【体内过程】 第三、四代喹诺酮类口服吸收良好，多数药物的生物利用度超过80%，与富含Fe^{2+}、Ca^{2+}、Mg^{2+}的食物同服可降低生物利用度。药物血浆蛋白结合率低，一般不超过40%。体内分布广泛，在肺、肝、肾、扁桃体、牙髓、子宫内膜、输卵管、皮肤软组织、前列腺组织、骨组织、胆汁、膀胱、尿液中均达有效治疗浓度。多数药物以肝、肾两种方式消除，氧氟沙星、左氧氟沙星等药物主要以原型药经肾排泄。

【抗菌作用】 第三代喹诺酮类属广谱杀菌药，不仅对革兰氏阴性菌（如志贺菌属、沙门菌属、克雷伯菌属、枸橼酸杆菌属、大肠埃希菌、变形杆菌、淋病奈瑟菌、流感嗜血杆菌、弯曲杆菌、军团菌、铜绿假单胞菌等）有强大的杀菌作用，对革兰氏阳性菌（如金黄色葡萄球菌、链球菌、肠球菌）也有较好的抗菌活性，某些品种对衣原体、支原体、结核分枝杆菌、部分厌氧菌也有作用。第四代除保留第三代药物对革兰氏阴性菌的良好抗菌特性外，对革兰氏阳性菌、支原体、衣原体、嗜肺军团菌、结核分枝杆菌的杀菌作用进一步增强，并显著提高了对厌氧菌的抗菌活性。

喹诺酮类药通过抑制DNA回旋酶及拓扑异构酶Ⅳ，使细菌DNA合成受阻，导致细菌死亡。一般认为，喹诺酮类作用的靶点在革兰氏阴性菌主要为DNA回旋酶，在革兰氏阳性菌主要为拓扑异构酶Ⅳ。本类药物治疗浓度时对哺乳动物的拓扑异构酶影响小，对人的体细胞毒性低。

铜绿假单胞菌、金黄色葡萄球菌、肺炎链球菌、大肠埃希菌、肠球菌等对本类药物易产生耐药。耐药机制包括：①DNA回旋酶发生变异，与喹诺酮类药的亲和力下降。②细菌细胞膜对药物的通透性降低。③细菌细胞膜主动外排系统高表达，使药物流出增加。喹诺酮类药物之间、喹诺酮类与头孢菌素类药物之间存在交叉耐药现象。

【临床应用】 用于治疗敏感菌所致的泌尿生殖系统感染、肠道感染、呼吸系统感染及革兰氏阴性杆菌所致的各种感染，骨骼系统、皮肤软组织感染。

1. 泌尿生殖系统感染 环丙沙星、氧氟沙星可用于治疗单纯性淋病奈瑟菌性尿道炎或宫颈炎，但对非特异性尿道炎或宫颈炎疗效差。环丙沙星可用于治疗铜绿假单胞菌性尿道炎。

2. 肠道感染 治疗多种细菌如弯曲菌属、志贺菌属和沙门菌属导致的腹泻、胃肠炎和细菌性痢疾，也可有效治疗耐药菌株伤寒、副伤寒和其他沙门菌属感染及大肠埃希菌引起的旅行性腹泻。

3. 呼吸系统感染 万古霉素与左氧氟沙星或莫西沙星联合用药常用于治疗青霉素高度耐药肺炎链球菌感染。氟喹诺酮类（除诺氟沙星）可替代大环内酯类用于支原体肺炎、衣原体肺炎、嗜肺军团菌引起的军团病。

4. 骨骼系统感染 用于革兰氏阴性杆菌所致的骨髓炎和骨关节感染。

5. 皮肤软组织感染 用于革兰氏阴性杆菌所致的五官科和外科伤口感染。

6. 其他 诺氟沙星治疗化脓性脑膜炎和由克雷伯菌属、肠杆菌属、沙雷菌属所致的败血症，也可作为β-内酰胺类治疗全身感染的替代药。

【不良反应和注意事项】

1. 胃肠道反应 常见恶心、呕吐、腹痛、腹泻、便秘等，平均发生率3.8%，反应程度一般较轻。

2. 神经系统反应 喹诺酮类药物可透过血脑屏障，故该类药物的神经精神损害较为突出，表现为失眠、头晕、震颤、共济失调、幻觉等，严重者出现精神异常、惊厥。部分患者用药后发生周围神经病变，表现为四肢发热、刺痛、麻木等症状。

3. 过敏反应 常见发热、寒战、多汗、乏力、水肿等，严重者可引起过敏性休克。

4. 皮肤损害　主要表现为光敏反应、剥脱性皮炎、多形性红斑、大疱性皮疹、瘙痒等。用药期间应避免日光或紫外线的直接照射。

5. 软骨损害　本类药物能引起幼年动物软骨组织损害，特别是负重区软骨，年龄越小受损害越严重。临床研究也发现儿童用药后出现关节肿胀、疼痛等。儿童、孕妇、哺乳期妇女不宜使用。

6. 心脏毒性　发生率低但后果严重。主要为Q-T间期延长引发的尖端扭转型室性心动过速、室颤等。妇女、儿童、老年人的发生率相对高于其他人群。

7. 肾损害　喹诺酮类药物在碱性尿液中结晶析出，引起结晶尿、血尿、蛋白尿等，严重者可导致急性肾衰竭。患者在服药期间应注意多饮水，避免与碱化尿液的药物同时使用。

8. 其他　包括肌腱炎、肌腱断裂、肝毒性、视网膜脱离、致畸、血糖紊乱、加重重症肌无力症状、静脉炎等。

对喹诺酮类药过敏、18岁以下、心律失常、癫痫或其他中枢神经系统基础疾病患者，以及妊娠期、哺乳期妇女禁用。肝肾功能减退者，需根据肾功能减退程度减量用药。

【药物相互作用】　喹诺酮类与二价或三价阳离子同服可影响吸收；与抗心律失常药、三环类抗抑郁药、大环内酯类抗生素合用可加重心脏毒性；与氨茶碱、咖啡因、非甾体抗炎药合用可增加中枢神经系统的毒性反应；使尿液碱化的药物可降低喹诺酮类在尿中的溶解度，加重肾毒性。

二、常用喹诺酮类药

环丙沙星

环丙沙星（ciprofloxacin，环丙氟哌酸）为第三代喹诺酮类药。口服生物利用度约56%。本药穿透性好，分布于全身组织。口服与静脉滴注时原型药药经肾排出量分别是29%～45%和45%～60%。对肠杆菌科、铜绿假单胞菌、流感嗜血杆菌等绝大多数革兰氏阴性菌的体外抗菌活性显著高于其他氟喹诺酮类，对耐氨基糖苷类或耐三代头孢类的菌株仍有效，对链球菌、葡萄球菌也有较强的作用，多数厌氧菌对其仍不敏感。临床主要用于敏感菌所致的呼吸系统、泌尿生殖系统、肠道、皮肤软组织、骨与关节、眼、耳、咽喉等部位的感染。

氧氟沙星

氧氟沙星（ofloxacin，氟嗪酸）为第三代喹诺酮类药物。口服生物利用度约95%，体内分布广，尿中浓度居喹诺酮类之首，胆汁中浓度为血药浓度的7倍，易透过血脑屏障（脑膜有炎症时，脑脊液中浓度达血药浓度的50%～75%）。除具有环丙沙星的抗菌特点和良好抗耐药菌株的特性外，对结核分枝杆菌、衣原体和部分厌氧菌也有杀灭作用。临床主要用于敏感菌所致的呼吸系统、泌尿生殖系统、胆道、皮肤软组织、盆腔等部位的感染。也可作为二线药物与其他抗结核病药联合使用治疗结核病。

左氧氟沙星

左氧氟沙星（levofloxacin）为消旋氧氟沙星的左旋体。口服生物利用度接近100%，吸收后约80%的药物以原型药经肾排泄。抗菌谱与氧氟沙星相同，抗菌活性是氧氟沙星的2倍。临床用于敏感菌所致的呼吸系统、泌尿生殖系统、肠道等部位感染，是耐青霉素肺炎链球菌感染的首选药之一。本药严禁与其他药物混合静脉滴注，如碱性液体、头孢类抗生素、中药注射剂等。

莫西沙星

莫西沙星（moxifloxacin）为第四代喹诺酮类药。口服生物利用度约90%。与第三代药物相比，显著增强了对革兰氏阳性菌、厌氧菌、结核分枝杆菌、衣原体和支原体的杀灭作用，且对耐青霉素及头孢菌素的肺炎链球菌、流感嗜血杆菌、卡他莫拉菌也有高效。临床主要用于敏感菌所致的呼吸系统感染，包括慢性支气管炎急性发作、轻度或中度社区获得性肺炎、急性鼻窦炎等。本药可引起光敏性皮炎、血糖代谢紊乱、急性重型肝炎甚至肝衰竭，女性或老年患者使用后可导致心力衰竭。糖尿病、肝功能障碍、老年患者等应慎用。

第2节　磺胺类药

一、概　述

磺胺类药（sulfonamides）是最早用于治疗全身感染的人工合成抗菌药，曾广泛用于临床，现已被抗生素及喹诺酮类药取代。

磺胺类药分为三大类：①治疗全身感染的肠道易吸收类，如磺胺嘧啶（SD）、磺胺甲噁唑等。②治疗肠道感染的肠道难吸收类，如柳氮磺吡啶。③外用磺胺类，如磺胺嘧啶银、磺胺醋酰等。

【体内过程】 肠道易吸收类药物，一般在服药2～4小时血药浓度达峰值，血浆蛋白结合率25%～95%。体内分布广泛。磺胺嘧啶血浆蛋白结合率低（45%），故易透过血脑屏障及胎盘屏障。磺胺类药主要在肝内乙酰化后失活，药物原型及乙酰化物经肾小球滤过排出。原型药及代谢物在碱性尿液中溶解度高，在酸性尿液中易结晶析出产生肾损害。

【抗菌作用】 磺胺类药为广谱抑菌药。对大多数革兰氏阳性菌和革兰氏阴性菌有良好的抗菌作用。其中高度敏感的有溶血性链球菌、肺炎链球菌、脑膜炎奈瑟菌、淋病奈瑟菌、鼠疫杆菌、流感嗜血杆菌；对变形杆菌、沙门菌、大肠埃希菌、卡氏肺孢子菌等也有较理想的抑制作用；局部外用磺胺类药对铜绿假单胞菌、沙眼衣原体等有效。磺胺类药对螺旋体、立克次体、支原体无效。

磺胺类药的结构与敏感菌的叶酸合成前体物质对氨基苯甲酸（PABA）相似，能与PABA竞争二氢叶酸合成酶，干扰细菌叶酸代谢，抑制细菌的生长繁殖。

PABA与二氢叶酸合成酶的亲和力高于磺胺类药，使用磺胺类药时应首剂加倍，以保证其抑菌作用；脓液或坏死组织中含有大量的PABA，局部使用磺胺类药时注意清创；普鲁卡因在体内水解生成PABA，可减弱磺胺类药的抗菌活性，二者不宜合用。

单用磺胺类药易产生耐药性，磺胺类药之间存在交叉耐药。细菌对磺胺类药产生耐药的原因为：①细菌合成过量的PABA，与磺胺类药竞争作用靶点。②产生对磺胺类药亲和力低的二氢叶酸合成酶。③降低细胞膜对磺胺类药的通透性。④改变代谢途径，直接利用外源性叶酸。

【不良反应】 磺胺类药全身应用时可产生以下不良反应。

1. 肾损害　磺胺类药在尿液中溶解度低，特别是在酸性环境中易结晶析出，损害肾小管，出现结晶尿、蛋白尿、血尿甚至尿闭等症状，其中磺胺嘧啶最易引起。适当增加饮水和碱化尿液能减少结晶析出，减轻肾损害。

2. 过敏反应　常见皮疹、药物热、血管神经性水肿等。

3. 血液系统反应　长期用药可抑制骨髓造血，引起粒细胞减少、血小板减少、再生障碍性贫血等。G-6-PD缺乏者用后可引起溶血。

4. 其他　可引起恶心、呕吐、腹痛、肝损害等，少数患者出现头晕、失眠、共济失调等神经系统症状，用药期间应避免高空作业和驾驶。新生儿或早产儿用后可致胆红素脑病，故新生儿、早产儿及哺乳期妇女不宜使用。

二、磺胺类药及其临床应用简介

磺胺类药物及其临床应用见表36-1。

表36-1 常用磺胺类药及其临床应用

药物	临床应用
磺胺甲噁唑（sulfamethoxazole，SMZ）	预防流行性脑脊髓膜炎。用于大肠埃希菌等敏感菌引起的急性尿路感染；敏感菌引起的中耳炎、呼吸道感染、肠道感染、皮肤化脓感染等。与甲氧苄啶合用来预防和治疗卡氏肺孢子菌肺炎
柳氮磺吡啶（sulfasalazine，SASP）	口服或灌肠治疗非特异性溃疡性结肠炎
磺胺嘧啶银（sulfadiazine silver，SD-Ag）	外用预防或治疗Ⅱ、Ⅲ度烧伤继发创面细菌感染，如肠杆菌科细菌、铜绿假单胞菌、金黄色葡萄球菌、肠球菌等引起的创面感染
磺胺醋酰（sulfacetamide，SA）	适用于敏感菌所致的眼科感染，如角膜炎、结膜炎等，也可用于沙眼的治疗

第3节 甲氧苄啶

甲氧苄啶（trimethoprim，TMP）又称磺胺增效剂或抗菌增效剂，能增强磺胺类药的抗菌活性。

TMP口服吸收迅速而完全，血浆$t_{1/2}$约10小时，体内分布广，易透过血脑屏障，炎症时脑脊液中药物浓度接近血药浓度。抗菌谱与SMZ相似但抗菌活性高，本药能抑制细菌二氢叶酸还原酶，阻碍四氢叶酸的合成，属抑菌药。单用易产生耐药性，故常与SMZ或SD合用，两者的复方制剂分别称复方磺胺甲噁唑和双嘧啶，用于敏感菌所致的呼吸道、泌尿道、肠道感染及脑膜炎的治疗，也可作为伤寒、痢疾、卡氏肺孢子菌肺炎、全身诺卡菌病等的治疗。

常见不良反应有恶心、呕吐、皮疹等，长期应用可引起巨幼细胞贫血、白细胞及血小板减少。有致畸作用，孕妇禁用。

第4节 硝基呋喃类药

呋喃妥因

呋喃妥因（nitrofurantoin，呋喃坦啶）为广谱杀菌药，对大肠埃希菌、肠球菌、葡萄球菌、淋病奈瑟菌、志贺菌、沙门菌等有良好的抗菌活性，对铜绿假单胞菌无作用。耐药菌株形成缓慢，与其他抗菌药无交叉耐药现象。体内消除快，血药浓度低，但尿中可达有效治疗浓度，在酸性尿液中抗菌作用增强。临床用于敏感菌所致的泌尿系统感染，栓剂直肠给药可减轻胃肠道反应。

常见不良反应为胃肠道反应，偶见皮疹、药物热等过敏反应，大剂量可致周围神经炎，G-6-PD缺乏者用后可产生溶血。

呋喃唑酮

呋喃唑酮（furazolidone，痢特灵）口服不易吸收，肠道内药物浓度高。抗菌谱与呋喃妥因相似。主要用于细菌性痢疾、肠炎的治疗，栓剂可用于阴道滴虫病的治疗。近年与甲硝唑、铋制剂等联合应用根除幽门螺杆菌，治疗消化道溃疡。本药可抑制乙醛脱氢酶，与乙醇合用引起双硫仑反应。

学习小结

喹诺酮类通过抑制细菌DNA回旋酶及拓扑异构酶Ⅳ产生杀菌作用，其中氟喹诺酮类抗菌谱广、疗效好、使用方便，为目前常用抗菌药，临床主要用于敏感病原体所致的呼吸系统、泌尿生殖系统、肠道等部位感染。随着本类药物的广泛应用，不良反应也日益突显，如导致肝肾损害、血糖水平紊乱、皮肤损害、神经系统不良反应等。磺胺类药为广谱、慢速抑菌药，常与甲氧苄啶组成复方制剂以增强疗效、延缓或减少耐药的产生，临床可用于泌尿系统、呼吸系统、肠道等部位感染，常用于预防和治疗卡氏肺孢子菌肺炎。硝基呋喃类药主要用于泌尿系统及肠道感染。

高频考点　1. 喹诺酮类药的抗菌作用、临床应用及不良反应
2. 磺胺类药的抗菌作用、临床应用及不良反应

自　测　题

1. 适用于创伤面铜绿假单胞菌感染的药物是
A. 磺胺醋酰　B. 磺胺嘧啶银
C. 甲氧苄啶　D. 磺胺嘧啶
E. 磺胺甲噁唑

2. 喹诺酮类药物的作用机制是
A. 抑制细菌细胞壁的合成
B. 杀灭敏感菌的DNA聚合酶
C. 抑制DNA回旋酶及拓扑异构酶Ⅳ
D. 对G^-菌无杀灭作用
E. 第一代、第二代与第三代、第四代抗菌机制不同

3. 下列左氧氟沙星正确的描述
A. 对呼吸道感染性疾病无效
B. 可用于支原体感染
C. 对G^+菌和G^-菌均有杀灭作用
D. 无神经系统不良反应，如失眠等
E. 儿童、孕妇、哺乳期妇女可以使用

4. 局部应用治疗眼部感染的药物是
A. 磺胺嘧啶　B. 磺胺甲噁唑
C. 磺胺嘧啶银　D. 磺胺醋酰
E. 磺胺米隆

5. 服用磺胺类药时加用碳酸氢钠的主要目的是
A. 减少胃肠道反应
B. 增强抗菌活性
C. 碱化尿液，增加磺胺类药及其代谢产物在尿中溶解度
D. 促进磺胺类药的吸收
E. 促进磺胺类药的分布

6. 下列药物中，易引起新生儿胆红素脑病的是
A. 青霉素　B. 磺胺甲噁唑
C. 头孢氨苄　D. 红霉素
E. 庆大霉素

（卢　敏）

第37章 抗结核病药

学习目标

1. 掌握常用抗结核病药的药理作用、临床应用及不良反应。
2. 能按照结核病化学治疗原则，确定早期、规律、全程、适量、联合用药方案。
3. 能与患者及家属进行沟通，开展用药咨询服务。

案例导入

患者，男，42岁，右上肺继发性结核（进展期）、右侧结核性胸膜炎。入院给予口服异烟肼、利福平、吡嗪酰胺、泼尼松龙治疗，并抽取胸腔积液。2个月后患者症状逐渐消失，痰涂片转阴。继续口服抗结核药物治疗3个月上述症状消失。

问题： 1. 3种抗结核药物联合应用是否合理？

2. 该患者抗结核治疗中给予泼尼松龙片的依据是什么？

结核病是由结核分枝杆菌感染引起的慢性传染病，可累及全身各个组织和器官，其中最常见的是肺结核。抗结核病药通过抑制或杀灭结核分枝杆菌而产生病原治疗作用。常用抗结核病药包括异烟肼（H）、利福平（R）、吡嗪酰胺（Z）、乙胺丁醇（E）和链霉素（S）等，备选药物包括对氨基水杨酸、丙硫异烟胺和左氧氟沙星等，主要用于对常用药物产生耐药或与其他抗结核病药配伍使用。

知识拓展　结核病在我国的现状

我国2021年估算的结核病新发患者人数为78.0万（2020年为84.2万），估算结核病发病率为55/10万（2020年为59/10万）。在30个结核病高负担国家中，我国估算结核病发病数排第3位，低于印度尼西亚（96.9万）和印度（295万）。目前我国结核病防治工作的重要挑战是耐多药结核病发现率低、病原学确诊率低、筛查率低、耐药率高。结核病的防治防控是公共卫生问题，需要在政府主导下，通过与财政部门、社保部门、疾控机构、医疗机构、科研机构、企业、公益组织和国际组织等通力合作，予以控制。

一、常用抗结核病药

异　烟　肼

异烟肼（isoniazid，INH）又称雷米封（rimifon），是异烟酸的肼类衍生物。

【体内过程】 口服或注射均易吸收，口服生物利用度达90%。穿透力强，吸收后分布广泛，在脑脊液、胸腔积液、腹水、关节腔、肾、巨噬细胞内、纤维化或干酪样病灶、淋巴结中含量较高。大部分在肝乙酰化后失活，代谢产物及少量原型药经肾排泄。由于遗传差异，肝对异烟肼乙酰化速率有快、慢之分，快乙酰化者 $t_{1/2}$ 为70分钟左右，慢乙酰化者 $t_{1/2}$ 约3小时。每日服药1次，异烟肼对两种代谢型患者的疗效无明显差异；每周服药1次，快乙酰化者的疗效较差。

【抗菌作用】 异烟肼对结核分枝杆菌有高度的选择性。对生长旺盛的结核分枝杆菌有强大的杀菌作用，用药48小时内能迅速杀菌，使菌群数量明显减少，传染性减弱或消失，对防止细菌耐药性的产生具有重要意义；对静止期结核分枝杆菌有抑菌作用。本药对细胞内外的结核分枝杆菌均有杀灭作用，被称为全效杀菌药。单用易产生耐药性，与其他抗结核病药无交叉耐药现象，联合用药可增强疗效并延缓耐药性的产生。

异烟肼的抗菌机制可能是：①抑制分枝菌酸的生物合成，使细菌细胞壁合成受阻而发挥杀菌作用。②抑制结核分枝杆菌DNA的合成，发挥抗菌作用。③与菌体内的酶结合，引起分枝杆菌代谢紊乱而死亡。

【临床应用】 异烟肼是防治各种类型结核病的一线用药。单独用药可治疗早期轻症肺结核及作为预防用药。规范化治疗各种结核病时，必须与其他抗结核病药联合应用，以增强疗效，防止或延缓耐药性的产生。对粟粒性结核、结核性脑膜炎等重症患者应加大用量，延长疗程，必要时可注射给药。

【不良反应和注意事项】 发生率与剂量及疗程有关，治疗量时不良反应较少。

1. 神经系统 常用量可出现四肢麻木、肌肉萎缩等周围神经炎的表现；大剂量引起兴奋、失眠、反射亢进等中枢神经系统症状，严重时导致中毒性脑病、精神异常。异烟肼与维生素B_6的结构相似，能竞争同一酶系或增加维生素B_6的排泄，导致维生素B_6缺乏，产生神经系统不良反应，及时使用维生素B_6可以治疗神经系统不良反应（维生素B_6预防性使用可削弱异烟肼的抗结核作用，故不主张预防性应用）。

癫痫患者同时应用异烟肼和苯妥英钠可引起过度镇静或运动失调，故癫痫及精神病患者等慎用。

2. 肝毒性 可见血清氨基转移酶升高、黄疸，严重时出现肝小叶坏死，可能与异烟肼代谢产生的乙酰化异烟肼有关。35岁以上及快代谢型患者更易发生。用药期间定期检查肝功能，肝功能不全者慎用。

3. 其他 有皮肤过敏、发热、胃肠道反应、粒细胞减少等。

【药物相互作用】 异烟肼为肝药酶抑制药，可抑制香豆素类、苯妥英钠、三环类抗抑郁药等药物的代谢；合用利福平或饮酒可加重肝毒性；合用肼屈嗪可使异烟肼代谢受阻，毒性增加。

利 福 平

利福平（rifampicin，RFP）又称甲哌利福霉素，为利福霉素的半合成衍生物，为橘红色结晶粉末。口服易吸收，2～4小时血浆药物浓度达峰值。对氨基水杨酸钠可阻碍其吸收，若两者联合使用应间隔8～12小时。本药穿透力强，分布广泛，能进入脑脊液、胸腔积液、腹水、结核空洞、痰液、胎盘及巨噬细胞内。主要在肝代谢为去乙酰基利福平，其抗菌活性是利福平的1/10。代谢产物及原型药大部分经胆汁排泄，可形成肝肠循环。利福平为肝药酶诱导剂，连续用药使肝药酶活性增强。本药呈橘红色，使用后可将尿液、唾液、痰液、泪液和汗液等染成橘红色。

【抗菌作用】 利福平为广谱抗菌药。对结核分枝杆菌、麻风分枝杆菌、革兰氏阳性或革兰氏阴性球菌（如金黄色葡萄球菌、脑膜炎奈瑟菌等）有强大的抗菌活性；对革兰氏阴性杆菌如大肠埃希菌、变形杆菌、流感嗜血杆菌及沙眼衣原体也有抑制作用。利福平对繁殖期及静止期细菌皆有抗菌作用，高浓度杀菌，低浓度抑菌。抗菌机制为抑制依赖DNA的RNA多聚酶，阻碍细菌mRNA的合成。对人体RNA多聚酶无影响。单用易产生耐药性，与其他抗结核药无交叉耐药现象。耐药性与细菌RNA多聚酶的基因突变有关。

【临床应用】

1. 结核病 利福平是目前治疗结核病的一线药物，常与异烟肼、乙胺丁醇、吡嗪酰胺等药物合用治疗各型结核病。

2. 麻风病及感染 治疗麻风病和耐药金黄色葡萄球菌及其他敏感细菌所致感染。

3. 胆道感染 因利福平在胆汁中浓度较高，也可用于重症胆道感染。

4. 其他 局部用药可用于沙眼、急性结膜炎的治疗。

【不良反应】 发生率低且轻微。

1. 胃肠道反应 常见恶心、呕吐、腹痛、腹泻等，一般不严重。

2. 肝毒性 长期大剂量使用可出现黄疸、肝大、肝功能减退甚至肝坏死。慢性肝病患者、嗜酒者或与异烟肼合用时发生率明显增加。

3. "流感样综合征" 大剂量间隔使用时，少数患者可出现畏寒、发热、头昏、寒战和肌肉疼痛等类似感冒的症状，发生率与剂量大小、间隔时间有明显关系，所以间歇给药法现已不用。

4. 其他 可有皮疹、药物热等过敏反应。偶见嗜睡、头昏和运动失调等神经系统不良反应，动物实验有致畸作用，妊娠早期禁用。

乙胺丁醇

乙胺丁醇（ethambutol，EMB）口服吸收良好，2～4小时血浆浓度达峰值，分布广泛。脑膜炎时脑脊液中可达有效治疗浓度。主要以原型药经肾排泄，对肾有一定毒性。

【抗菌作用和临床应用】 本药对巨噬细胞内、外的结核分枝杆菌均有杀菌作用，主要作用于生长繁殖期的细菌。对耐异烟肼、链霉素的结核分枝杆菌仍有抗菌活性。乙胺丁醇能抑制分枝杆菌菌体内的阿拉伯糖基转移酶，使细菌细胞壁合成障碍，呈现杀菌作用。由于本药破坏了细菌细胞壁的屏障作用，可促进其他抗结核药进入菌体内，增强抗菌效果。单用易产生耐药性，但发生缓慢，一般3～4个月后出现，与其他抗结核病药无交叉耐药现象。临床主要与异烟肼或利福平联合使用，治疗各种类型的结核病。

【不良反应】 常用量不良反应少，偶见胃肠道反应、过敏反应、肝及肾损害、诱发痛风等。连续大剂量［＞15mg/（kg·d）］用药2～6个月，可导致严重的球后视神经炎，引起视物模糊、异物感、流泪、弱视、红绿色盲、视野缩小等。若出现视力障碍应及时停药，13岁以下患者不主张使用。

链 霉 素

链霉素（streptomycin，SM）抗结核分枝杆菌的作用弱于异烟肼及利福平。因穿透力差、毒性大，临床已基本不用。

吡嗪酰胺

吡嗪酰胺（pyrazinamide，PZA）口服易吸收，2小时血药浓度达峰值，细胞内和脑脊液中浓度较高。吡嗪酰胺在酸性环境中作用增强，主要杀灭巨噬细胞内的结核分枝杆菌。单用易产生耐药性，与其他抗结核病药无交叉耐药现象，与异烟肼、利福平有协同作用，是结核病联合用药的重要药物。长期大剂量使用可发生严重的肝损害，也可引起胃肠道反应、光敏反应、诱发痛风等，用药期间避免日光照射。

二、备选抗结核病药

对氨基水杨酸钠

对氨基水杨酸钠（sodium aminosalicylate）为二线抗结核病药。其特点是：①口服吸收好，分布于全身组织、体液及干酪化病灶（不易进入细胞内）。②仅对细胞外的结核分枝杆菌有抑菌作用。③抗菌机制为抑制二氢叶酸合成酶，干扰结核分枝杆菌的叶酸合成。④耐药性产生缓慢，与其他抗结核病药无交叉耐药。常与异烟肼、链霉素等联合使用以增强疗效并延缓耐药性的产生。不良反应发生率高，主要为胃肠道反应、过敏反应，长期使用可出现肝、肾损害，大量使用可影响凝血酶原的生成，偶可引起甲状腺肿大、黏液性水肿。

丙硫异烟胺

丙硫异烟胺（protionamide）化学结构及抗菌机制与异烟肼相似，但疗效较异烟肼差，对结核分枝杆菌仅有抑菌作用。临床与其他抗结核病药联合，用于一线药物治疗无效的结核病患者。不良反应发生率高，主要为胃肠道反应、肝损害及神经系统症状。孕妇、儿童禁用。

利福喷丁

利福喷丁（rifapentine）为利福平的衍生物，抗菌谱与利福平相似，抗结核分枝杆菌的活性是利福平的7倍。血浆$t_{1/2}$长，每周用药1～2次即可，与利福平有交叉耐药。不良反应较利福平少且轻。主要用于结核病、麻风病的治疗。与异烟肼、乙胺丁醇等有协同作用。

喹诺酮类

喹诺酮类（quinolones）中的氧氟沙星、左氧氟沙星、莫西沙星等对结核分枝杆菌有较强的抗菌作用。与其他抗结核病药有协同作用，对耐链霉素、异烟肼的菌株仍有效。

三、肺结核初治及复治标准治疗方案

1. 初治活动性肺结核化疗方案（2HRZE/4HR），即强化期2个月，使用异烟肼、利福平、吡嗪酰胺、乙胺丁醇治疗，1次/天；巩固期4个月，使用异烟肼、利福平，1次/天。若强化期第2个月末痰涂片仍阳性，强化方案可延长1个月，总疗程6个月不变。

2. 复治涂阳肺结核化疗方案（2HRZES/6HRE），即强化期：异烟肼、利福平、吡嗪酰胺、乙胺丁醇、链霉素，每日1次，共2个月。继续期：异烟肼、利福平、乙胺丁醇，每日1次，共6个月。

学习小结

常用抗结核病药有异烟肼、利福平、乙胺丁醇等，口服易吸收，穿透力强，对细胞内、外结核分枝杆菌皆有抗菌作用，脑脊液中可达有效浓度（除外链霉素），抗菌活性强，不良反应少，是治疗各种结核病的首选药。其他抗结核病药包括对氨基水杨酸钠、丙硫异烟胺、莫西沙星、氧氟沙星、左氧氟沙星等，主要在常用抗结核病药产生耐药时或与常用抗结核病药配伍时使用，也是耐多药结核杆菌感染的主要用药。

结核病的用药原则要遵守早期用药、联合用药、适量用药、规律用药、全程督导治疗五原则，才能确保治疗有效、彻底。

高频考点　1. 简述抗结核病药的用药原则

2. 应用异烟肼、利福平的注意事项

自　测　题

1. 有关异烟肼抗结核病的描述，错误的是
   A. 对结核分枝杆菌有高度的选择性
   B. 在脑脊液中可达有效治疗浓度
   C. 对繁殖期结核分枝杆菌有杀灭作用
   D. 单用不易产生耐药性
   E. 无肝毒性
2. 兼有抗结核病及抗麻风病作用的药物是
   A. 异烟肼　B. 乙胺丁醇
   C. 利福平　D. 链霉素
   E. 丙硫异烟胺
3. 连续大量使用导致球后视神经炎的药物有
   A. 利福平　B. 异烟肼
   C. 链霉素　D. 乙胺丁醇
   E. 对氨基水杨酸钠
4. 治疗活动性结核病最宜选用
   A. 异烟肼　B. 乙胺丁醇
   C. 利福平　D. 对氨基水杨酸钠
   E. 丙硫异烟胺
5. 能妨碍利福平吸收的药物是
   A. 链霉素　B. 异烟肼
   C. 丙硫异烟胺　D. 乙胺丁醇
   E. 对氨基水杨酸钠
6. 对利福平的描述，错误的是
   A. 抗菌谱窄，只作用于结核分枝杆菌
   B. 为肝药酶诱导剂
   C. 抗结核病时，可诱发“流感样综合征”
   D. 单用易产生耐药
   E. 穿透力强

（董艳艳）

第38章 抗真菌药

学习目标

1. 熟悉唑类抗真菌药的作用特点、临床应用及不良反应。

2. 了解其他抗真菌药的作用特点、临床应用。

3. 能根据药物的适应证、患者的病情等，合理选用抗真菌药；能及时发现药物的不良反应并进行正确处理。

4. 能与患者及家属进行沟通，开展用药咨询服务。

案例导入

患儿，女，4个月。近半月大便稀，有时呈豆渣样，多泡沫，有发酵味，每天3～7次不等，每次量较少，伴低热，入院诊断为念珠菌性肠炎。

问题：酮康唑、氟康唑、制霉菌素这三个药物，您认为应选用何药治疗？为什么？

真菌感染一般分为浅部真菌感染和深部真菌感染。前者常由各种癣菌引起，主要侵犯皮肤、毛发、指（趾）甲等，发病率高；后者多由白念珠菌、新生隐球菌、荚膜组织胞浆菌等引起，侵袭黏膜、内脏、深部组织及全身，发病率低，但病情严重甚至危及生命。近年，深部真菌感染的发病率呈持续上升趋势，这与长期不合理使用广谱抗菌药、细胞毒抗恶性肿瘤药、免疫抑制药、糖皮质激素等有关。

抗真菌药是指能抑制真菌生长繁殖或杀死真菌的药物。根据化学结构分为四类：抗生素类、唑类、丙烯胺类及嘧啶类。

一、抗生素类抗真菌药

两性霉素B

两性霉素B（amphotericin B）口服、肌内注射均难吸收，临床采用静脉滴注给药，不易透过血脑屏障。药物主要在肝代谢，代谢产物及少许原型药经肾缓慢排出。

【抗菌作用】 对多种深部真菌如新型隐球菌、白念珠菌、球孢子菌、荚膜组织胞浆菌、孢子丝菌、芽生菌等有较强的抑菌作用，高浓度时杀菌。两性霉素B可选择性与真菌细胞膜中的麦角固醇结合，改变膜的通透性，导致细胞内重要物质如氨基酸、电解质等外漏而使真菌生长停止或死亡。哺乳动物的红细胞膜及肾小管上皮细胞的细胞膜含有类固醇，故两性霉素B可引起红细胞膜及肾损伤。真菌对本药极少产生耐药性。

【临床应用】 静脉滴注治疗深部真菌感染性疾病。真菌性脑膜炎时，需加鞘内注射。口服给药仅用于肠道真菌感染。局部应用治疗皮肤、黏膜等部位的念珠菌病。

【不良反应】 不良反应较多且重。治疗初期可出现高热、寒战、头痛、呕吐、静脉炎等；静脉滴注过快可致心律失常；鞘内注射可引起惊厥、下肢疼痛甚至瘫痪；用药者在疗程中可出现不同程度的肾损害（氮质血症、低血钾、低血镁等）及贫血。为降低两性霉素B的不良反应，临床现用其脂质体剂型、脂质体复合物、胶样分散剂型等新剂型，同时可提高其治疗效果。

制霉菌素

制霉菌素（nystatin）的体内过程及抗菌谱与两性霉素B相似，但对念珠菌属的抗菌活性较高且不易产生耐药性。毒性大，不注射用药；口服不易吸收，适用于肠道念珠菌感染；局部用药治疗黏膜等部位的念珠菌病，儿科常用10万～20万U/ml混悬溶液局部涂抹治疗鹅口疮。

二、唑类抗真菌药

唑类抗真菌药包括咪唑类及三唑类。本类药物的特点是：①广谱抗真菌药，对浅部真菌和深部真菌皆有效。②抗菌机制为选择性抑制真菌细胞色素P450酶，干扰真菌细胞膜中麦角固醇的合成，造成膜的通透性增加，细胞内重要物质外漏，从而发挥抑菌或杀菌作用。③较少产生耐药性。④在肝中代谢，可不同程度地抑制人细胞色素P450酶系。⑤常见不良反应包括胃肠道反应、肝功能异常、内分泌紊乱、致畸等。多数三唑类药物不良反应较咪唑类轻，常用于深部真菌感染。

咪康唑

咪康唑（miconazole，达克宁）系咪唑类广谱抗真菌药。口服吸收差，静脉给药可治疗深部真菌感染性疾病，但不良反应多。目前主要局部应用治疗皮肤、黏膜及指（趾）甲的真菌感染。

克霉唑

克霉唑（clotrimazole）为咪唑类广谱抗真菌药，毒性大，口服不易吸收，只局部给药治疗体癣、手足癣等浅部真菌病，栓剂用于白念珠菌引起的阴道炎。

酮康唑

酮康唑（ketoconazole）是咪唑类广谱抗真菌药。对多种癣菌及新型隐球菌、白念珠菌、荚膜组织胞浆菌、球孢子菌等有抗菌作用。口服吸收需要足够的胃酸，血浆蛋白结合率80%以上，不易透过血脑屏障。临床用于治疗深部及浅表真菌感染。口服给药不良反应较多，常见胃肠道反应、过敏性皮疹，也可干扰人体内分泌，引起男性乳房发育、女性月经紊乱，动物实验证明有致畸作用，肝毒性是最严重的不良反应，可引起肝衰竭，导致患者死亡。

氟康唑

氟康唑（fluconazole）为三唑类广谱抗真菌药。其特点是：①口服吸收迅速，不受食物及胃酸的影响。②穿透力强，脑脊液中浓度高。③在肝内代谢少，约90%以原型药经肾排泄。④抗菌谱与酮康唑相似，体外抗菌活性是酮康唑的5～20倍。临床主要用于治疗隐球菌病、念珠菌病、球孢子菌病、芽生菌病等，隐球菌性脑膜炎时，可在使用两性霉素B联合氟胞嘧啶治疗病情好转后，用氟康唑维持。不良反应较咪唑类少，但仍可引起消化道反应、皮疹、肝坏死、胎儿畸形等。儿童、孕妇、哺乳期妇女使用应权衡利弊，肝、肾功能不全患者应慎用，6个月以下的婴儿不推荐使用。

伊曲康唑

伊曲康唑（itraconazole）为三唑类广谱抗真菌药。口服吸收良好，分布广，在肺、肾、皮肤、指（趾）甲等处药物浓度为血药浓度的10倍以上，但不易透过血脑屏障。体内、外抗菌活性是酮康唑的5～100倍。可有效治疗深部、皮下及浅表部位的真菌感染，为治疗荚膜组织胞浆菌、芽生菌感染的首选药。不良反应主要为胃肠道反应，也可出现头痛、头昏、低血钾、胚胎毒性等。肝毒性低于酮康唑。6个月以下的婴儿不推荐使用。

三、丙烯胺类抗真菌药

特比萘芬

特比萘芬（terbinafine）口服吸收好，分布广，在皮肤角质层、毛囊、甲板等处长时间维持较高浓度。对各种浅部真菌有杀菌作用，对白念珠菌等深部真菌有较弱的抑菌作用。抗菌机制为阻碍真菌细胞膜麦角固醇的合成。临床主要外用或口服治疗体癣、手癣、足癣、甲癣等。不良反应轻，可见胃肠道反应，偶有皮疹及肝毒性。

四、嘧啶类抗真菌药

氟胞嘧啶

氟胞嘧啶（flucytosine）口服易吸收，穿透力强，分布广，能透过血脑屏障，也可进入关节腔、腹腔、房水中。对白念珠菌、新型隐球菌、芽生菌、着色霉菌等有良好的抑菌作用。氟胞嘧啶进入真菌细胞内，在胞嘧啶脱氨酶的作用下转变成5-氟尿嘧啶，干扰真菌核酸及蛋白质的合成。临床主要用于治疗念珠菌病和隐球菌病，对隐球菌性脑膜炎疗效较好。单用易产生耐药性，与两性霉素B合用有协同作用。不良反应较轻，有恶心、呕吐、皮疹、血清氨基转移酶升高等，偶见骨髓造血功能抑制。

学习小结

临床常用抗真菌药为唑类，本类药物抗菌谱广，对浅部真菌及深部真菌皆有作用，其中三唑类药物常用于治疗深部真菌感染，咪唑类大多用于浅表部位的真菌感染。

高频考点 1. 常用的三唑类抗真菌药
2. 试比较酮康唑、氟康唑、伊曲康唑的抗菌特点及不良反应

自 测 题

1. 治疗真菌性脑膜炎应选用以下哪种药物
   A. 咪康唑　B. 氟康唑
   C. 克霉唑　D. 酮康唑
   E. 制霉菌素
2. 患儿，女，4个月。口腔黏膜白色块状物4天，诊断为鹅口疮，合理的处理措施是
   A. 克霉唑局部涂抹
   B. 氟康唑口服
   C. 咪康唑口服
   D. 制霉菌素局部涂抹
   E. 酮康唑局部涂抹

（孙经兴）

第39章 抗病毒药

学习目标

1. 熟悉抗病毒药的作用特点、临床应用及不良反应。
2. 了解抗病毒药的分类。
3. 能根据药物的适应证、患者的病情等，合理选用抗病毒药；能及时发现药物的不良反应并进行正确处理。

案例导入

患者，女，68岁。因“高热，咳嗽3天”来院就诊，患者高热、寒战，全身肌肉酸痛，咳嗽，体温39.5℃。诊断为甲型流感。

问题：该患者应选用什么药物进行治疗？

病毒（包括DNA病毒和RNA病毒）属非细胞型微生物。病毒由核心（单链或双链核酸）及外面的蛋白衣壳组成，寄生于活细胞内，利用宿主细胞的代谢系统进行增殖复制。病毒的增殖周期依次包括吸附、穿入、脱壳、生物合成及组装、成熟、释放几个步骤。阻止病毒增殖过程中任一环节的药物，皆可起到防治病毒感染性疾病的作用。理想的抗病毒药应选择性作用于病毒而对宿主细胞无损害，但由于病毒具有胞内寄生特性且增殖时需依赖宿主细胞的许多功能，迄今为止，临床安全有效的抗病毒药为数极少。

根据药物的抗病毒谱，将抗病毒药分为广谱抗病毒药、抗人类免疫缺陷病毒药、抗疱疹病毒药、抗流感病毒药和抗肝炎病毒药。

一、广谱抗病毒药

利巴韦林

利巴韦林（ribavirin，病毒唑）为人工合成的广谱抗病毒药。对甲型肝炎病毒、丙型肝炎病毒、甲型流感病毒、呼吸道合胞病毒、新型冠状病毒、腺病毒、流行性出血热病毒、疱疹病毒等多种RNA或DNA病毒有抑制作用。临床用于防治流行性感冒、新型冠状病毒感染、疱疹、麻疹、甲型肝炎、流行性出血热、腺病毒肺炎等。不良反应有头痛、皮疹、血清胆红素升高，大剂量可引起白细胞减少、心肌损害等。有较强的致畸作用，孕妇禁用。

干扰素

干扰素（interferon，IFN）是机体细胞在病毒感染或其他诱导剂刺激下产生的具有抗病毒、抗肿瘤、抑制细胞增生和调节免疫作用的糖蛋白，包括IFN-α、IFN-β、IFN-γ三种。IFN-α、IFN-β抗病毒及抗增生作用较强，IFN-γ调节免疫作用明显。临床常用的是通过基因重组技术获取的IFN-α。

干扰素作用于细胞表面特异性受体，通过信号转导及转录激活，诱导宿主细胞产生某些酶（即抗病毒蛋白），以降解病毒mRNA，阻断病毒的合成、翻译、组装及释放。本药为广谱抗病毒药，临床主要用于治疗慢性肝炎（乙、丙、丁型肝炎）、流行性腮腺炎、乙型脑炎及疱疹病毒感染。不良反应有胃肠道反应、倦怠、头痛等，偶有骨髓抑制、肝功能障碍，大剂量长期使用可引起共济失调、精神失常。孕妇禁用。

二、抗人类免疫缺陷病毒药

人类免疫缺陷病毒（HIV）是1981年在美国首次被发现。1986年WHO将该病毒命名为人类免疫缺陷病毒，顾名思义它会造成人类免疫系统的缺陷，属反转录病毒。HIV能选择性侵犯$CD4^+$ T细胞，一旦进入$CD4^+$ T细胞，病毒RNA即被用作模板，在反转录酶（RNA依赖性DNA多聚酶）的催化下，产生互补双螺旋DNA，然后在HIV整合酶的催化下掺入宿主基因组，最后病毒DNA被转录和翻译成大分子非功能多肽，大分子非功能多肽在HIV蛋白酶的作用下裂解成小分子功能蛋白。临床使用的抗HIV药主要为核苷类反转录酶抑制药、非核苷类反转录酶抑制药、HIV蛋白酶抑制药三类。

齐多夫定

齐多夫定（zidovudine）为核苷类反转录酶抑制药，是经FDA批准的第一个用于抗HIV的药物，是治疗艾滋病的一线药物。能竞争性抑制HIV反转录酶，终止DNA链的延长，阻止病毒复制。常见不良反应为骨髓抑制、贫血、中性粒细胞减少、胃肠道反应等，剂量过大出现焦虑、精神错乱等神经系统症状。

拉米夫定

拉米夫定（lamivudine）为核苷类反转录酶抑制药。作用和齐多夫定相似，与其他核苷类反转录酶抑制药有协同作用。临床主要与齐多夫定等合用治疗艾滋病，也常用于乙型肝炎的治疗，能减轻或阻止肝纤维化。常见不良反应有头痛、失眠、疲劳和腹泻等。

奈韦拉平

奈韦拉平（nevirapine）为非核苷类反转录酶抑制药，与HIV反转录酶的活性中心结合，阻断反转录酶活性，抑制HIV的复制。临床与核苷类反转录酶抑制药联合使用，治疗HIV感染。本药可致严重皮肤损害（如中毒型表皮坏死）、过敏反应、肝坏死、抑郁甚至器官衰竭。

利托那韦

利托那韦（ritonavir）为HIV蛋白酶抑制药，通过抑制蛋白酶活性，使HIV在被感染的细胞中产生不成熟的、不具有感染性的蛋白颗粒，阻止HIV传播。临床需与其他抗艾滋病药联合应用，即鸡尾酒疗法。可引起过敏、诱发癫痫、支气管痉挛、脂肪重新分布等不良反应。

知识拓展　新型冠状病毒感染的药物选择

根据2023年1月5日国家卫健委发布的《新型冠状病毒感染诊疗方案（试行第十版）》，新型冠状病毒感染抗病毒治疗药物有以下几种。

1. 奈玛特韦片/利托那韦片组合包装：适用于发病5天以内的轻、中型，且伴有进展为重症高风险因素的成年患者。

2. 阿兹夫定片：用于治疗中型新冠病毒感染的成年患者。

3. 莫诺拉韦胶囊：适用于发病5天以内的轻、中型且伴有进展为重症高风险因素的成年患者。

4. 单克隆抗体：安巴韦单抗/罗米司韦单抗注射液，联合用于治疗轻、中型，且伴有进展为重症高风险因素的成年患者和青少年（12～17岁，体重＞40kg）患者。

5. 静脉注射COVID-19人免疫球蛋白：在病情早期用于有重症高风险因素、病毒载量较高、病情进展较快的患者。

三、抗疱疹病毒药

阿昔洛韦

阿昔洛韦（aciclovir，无环鸟苷）口服吸收差，但体内分布广，易透过血脑屏障。在体内转化为三磷酸无环鸟苷，抑制DNA多聚酶，阻止病毒DNA复制。对单纯疱疹病毒作用最强，对水痘-带状疱疹病毒、EB病毒的作用稍弱，对巨细胞病毒作用差，对乙型肝炎病毒也有抑制作用。临床常用于治疗单纯疱疹病毒感染、水痘-带状疱疹病毒感染。常见不良反应为胃肠功能紊乱、药物疹，静脉给药可引起静脉炎，严重不良反应为急性肾衰竭。

伐昔洛韦

伐昔洛韦（valaciclovir）为阿昔洛韦与*L*-缬氨酸所构成的酯，口服吸收迅速并完全转化为阿昔洛韦发挥作用，克服了阿昔洛韦口服生物利用低的缺点。不良反应较阿昔洛韦轻。

更昔洛韦

更昔洛韦（ganciclovir）对单纯疱疹病毒及水痘-带状疱疹病毒的作用与阿昔洛韦相似，但对巨细胞病毒作用强。因骨髓抑制等不良反应发生率高，临床只用于巨细胞病毒引起的严重感染，如肺炎、肠炎、视网膜炎等。

阿糖腺苷

阿糖腺苷（vidarabine）为腺嘌呤核苷衍生物。通过抑制DNA多聚酶而抑制病毒DNA合成。对单纯疱疹病毒、水痘-带状疱疹病毒、乙型肝炎病毒等皆有抑制作用，对巨细胞病毒无效。临床静脉滴注治疗单纯疱疹病毒性脑炎，也用于水痘、带状疱疹等疾病的治疗。常见不良反应为胃肠道反应，剂量过大可引起骨髓抑制、肝和肾功能损害。有致畸作用，孕妇禁用。

四、抗流感病毒药

奥司他韦

奥司他韦（oseltamivir）在体内能转化为对流感病毒神经氨酸酶具有抑制作用的代谢物，能有效抑制病毒颗粒释放，阻止甲、乙型流感病毒传播，是目前流行性感冒最常用的药物之一，也是公认的抗禽流感、甲型H_1N_1流感最有效的药物之一。临床主要用于成人、1岁及以上未成年人的甲型和乙型流行性感冒的治疗，也可用于成人、13岁及以上青少年甲型和乙型流行性感冒的预防。常见不良反应有恶心、呕吐、失眠、头痛、腹痛等，常在首次用药时发生，也可见鼻塞、咽痛、咳嗽等，偶见血尿、嗜酸性粒细胞减少、皮肤多形性红斑、肝损害。孕妇及哺乳期妇女不主张使用。

金刚烷胺

金刚烷胺（amantadine）口服易吸收，分布广，主要以原型药经肾排泄。对甲型流感病毒有较强的抑制作用，大剂量也抑制乙型流感病毒、风疹病毒。本药能干扰病毒的吸附、穿入和脱壳过程。临床主要用于防治甲型流感病毒感染。金刚烷胺尚有抗帕金森病的作用。不良反应有恶心、头晕、焦虑、失眠、幻觉及共济失调等。

金刚乙胺

金刚乙胺（rimantadine）为金刚烷胺的α-甲级衍生物，抗甲型流感病毒的作用优于金刚烷胺。因不易透过血脑屏障，中枢神经系统副作用较小。临床用于流行性感冒的预防和早期治疗。

五、抗肝炎病毒药

主要致病的肝炎病毒分为甲、乙、丙、丁、戊五型，其中，甲型、戊型肝炎病毒由消化道传播，可引起急性肝炎；乙型、丙型、丁型肝炎病毒主要由血源性传播，在急性感染后有80%以上转为慢性病毒性肝炎，并与肝硬化、肝细胞癌的发生有关。抗肝炎病毒药主要用于慢性病毒性肝炎和急性丙型肝炎的治疗，临床常用的有干扰素、阿德福韦、利巴韦林、拉米夫定等。

拉米夫定

拉米夫定除了用于HIV治疗外，也抑制HBV的复制，有效治疗慢性HBV感染，成为目前治疗HBV感染最有效的药物之一。

阿德福韦

阿德福韦（adefovir dipivoxil）在体内被转化为具有抗病毒活性的二磷酸盐，能抑制乙型肝炎病毒DNA复制，改善肝组织炎症。本药联合拉米夫定用于慢性乙型肝炎患者的治疗，特别适用于乙型肝炎表面抗原（HBsAg）和乙型肝炎病毒脱氧核糖核酸（HBV DNA）阳性、谷丙转氨酶（ALT）增高的慢性乙型肝炎患者。乙型肝炎病毒对阿德福韦不易产生耐药。

学习小结

临床常用广谱抗病毒药为利巴韦林；抗人类免疫缺陷病毒的代表药有齐多夫定（反转录酶抑制剂）、奈韦拉平（非核苷类反转录酶抑制剂）、利托那韦（蛋白酶抑制剂）等；抗单纯疱疹病毒药代表药为阿昔洛韦；抗流感病毒的代表药有奥司他韦、金刚烷胺，其中奥司他韦也是目前抗禽流感病毒和甲型 H_1N_1 流感病毒最有效的药物；抗肝炎病毒药主要为干扰素、阿德福韦等。

高频考点 1. 抗病毒药的分类，每一类的代表药物
2. 干扰素的药理作用和临床用途

自 测 题

1. 金刚烷胺主要作用于以下哪种病毒感染
   A. 甲型肝炎病毒　B. 巨细胞病毒
   C. 乙型脑炎病毒　D. 甲型流感病毒
   E. 流行性出血热病毒
2. 兼有抗帕金森病作用的抗病毒药是
   A. 阿昔洛韦　B. 金刚烷胺
   C. 干扰素　D. 碘苷
   E. 齐多夫定
3. 单纯疱疹病毒感染的常选用
   A. 阿昔洛韦　B. 伐昔洛韦
   C. 阿糖腺苷　D. 齐多夫定
   E. 干扰素
4. 对禽流感、甲型 H_1N_1 流感病毒最有效的药物是
   A. 阿昔洛韦　B. 奥司他韦
   C. 阿糖腺苷　D. 碘苷
   E. 齐多夫定

（卢　敏）

第40章 抗寄生虫药

学习目标

1. 掌握抗疟药的作用环节及临床应用；抗滴虫病药、抗肠蠕虫病药的临床应用。

2. 熟悉抗阿米巴病药的临床应用。

3. 了解抗吸虫病药、抗丝虫病药的临床应用及不良反应。

4. 能根据药物的适应证合理选用药物；能及时发现药物的不良反应并进行正确处理。

5. 能指导疟区人群或将要前往疟区的人群正确预防性用药；能与患者及家属进行沟通，开展用药咨询服务。

案例导入

患者，男，35岁。腹痛、腹泻半个月，大便4～8次/天，每次便量多，暗红色，肉眼可见血液及黏液，有腥臭味。患者有烟酒嗜好史。入院查体：体温37.5℃，腹软，右下腹轻微压痛，无肝脾肿大。粪便镜检：白细胞10～15个/HP，红细胞满视野，粪检找到阿米巴滋养体。诊断：肠阿米巴病。医嘱给予甲硝唑500mg/次，一日3次，口服，连用10天。用药3天后出现头痛、眩晕、站立不稳等症状。

问题：1. 选用甲硝唑的依据是什么？

2. 患者使用甲硝唑后为什么出现头痛、眩晕、站立不稳等症状？

3. 患者使用甲硝唑时应注意什么？

第1节 抗 疟 药

疟疾是疟原虫引起的由雌性按蚊传播的寄生虫性传染病。疟疾的一次典型发作表现为寒战、高热和出汗退热三个连续阶段，可引起贫血及多器官损害。合理使用抗疟药是防治疟疾的重要手段。

一、疟原虫的生活史和抗疟药的作用环节

寄生于人体内的疟原虫主要有恶性疟原虫、间日疟原虫、三日疟原虫和卵形疟原虫，分别引起恶性疟、间日疟、三日疟和卵形疟。在我国三日疟原虫少见，卵形疟原虫罕见。4种疟原虫的生活史基本相同，分为在雌性按蚊体内的有性生殖阶段和在人体内的无性生殖阶段。抗疟药通过作用于疟原虫生活史的不同环节，发挥治疗或预防疟疾的作用。

（一）人体内无性生殖阶段

1. 红细胞外期 受感染的雌性按蚊刺吸人血时，子孢子随唾液进入人体，随血流侵入肝细胞发育，经10～14天发育为成熟裂殖体（可产生数以万计的裂殖子）。此期无临床症状，为疟疾的潜伏期。乙胺嘧啶能杀灭此期的裂殖体，有病因性预防作用。

间日疟原虫和卵形疟原虫的部分子孢子（迟发型子孢子）侵入肝细胞后，在肝细胞内经数月休眠（称休眠子）后再裂体增殖，成为疟疾远期复发的根源。恶性疟原虫和三日疟原虫无迟发型子孢子，不

引起疟疾复发。伯氨喹能杀灭迟发型子孢子，有阻止复发的作用。

2. 红细胞内期 红细胞外期的裂殖子胀破肝细胞释出，侵入红细胞，经滋养体阶段发育为成熟裂殖体，破坏红细胞后，释放出大量裂殖子、疟色素及其他代谢产物，刺激机体，引起高热、寒战等症状，即疟疾发作。释放出的裂殖子再侵入其他正常红细胞重复裂体增殖，可引起临床症状反复发作。氯喹、奎宁、青蒿素等能杀灭红细胞内期的裂殖体，有控制症状的作用。

（二）雌性按蚊体内的有性生殖阶段

红细胞内的疟原虫裂体增殖3～5代后，部分裂殖子发育成雌、雄配子体。在按蚊刺吸患者的血液时，雌、雄配子体随血液进入蚊胃并发育成子孢子，移行至蚊唾液腺内，成为疟疾传播的根源。伯氨喹能杀灭各种疟原虫的配子体，乙胺嘧啶能抑制雌、雄配子体在蚊胃内发育，两者均有控制疟疾传播和流行的作用。

二、常用抗疟药

（一）控制症状药

氯 喹

氯喹（chloroquine）为人工合成的4-氨基喹啉类衍生物。口服吸收快而完全，广泛分布于全身组织。红细胞内药物浓度是血浆浓度的10～20倍，受感染的红细胞内浓度又比正常红细胞高约25倍。主要在肝代谢，代谢产物仍有抗疟作用；原型药及部分代谢产物经肾排出，酸化尿液可加速排泄。氯喹在体内消除缓慢，后遗效应可持续数周。

【药理作用和临床应用】

1. 抗疟作用 氯喹对间日疟、三日疟及敏感的恶性疟原虫的红细胞内期裂殖体有较强的杀灭作用，能迅速有效地控制疟疾的临床发作，通常用药后24～48小时症状消退，48～72小时血中疟原虫消失，常用于控制症状；也可用于预防性抑制症状发作（进入疫区前1周至离开疫区后4周期间，每周服药1次）；对红细胞外期疟原虫无作用，不用于病因性预防及控制复发和传播。

2. 抗肠外阿米巴病作用 在肝脏中浓度高，可杀灭阿米巴滋养体，用于阿米巴肝脓肿的治疗。

3. 免疫抑制作用 大剂量氯喹能抑制免疫反应，可用于类风湿关节炎、系统性红斑狼疮等免疫功能紊乱性疾病的治疗。

4. 对新型冠状病毒有抑制作用 氯喹具有抑制病毒复制和抗炎作用，可与洛匹那韦、瑞德西韦等抗病毒药物联合应用，以增强疗效，降低病毒耐药性。

【不良反应】 治疗疟疾时不良反应轻，有头痛、头晕、恶心、皮疹，长期大剂量使用可致脱毛、毛发变白、角膜及视网膜变性、听力障碍、心律失常等。

奎 宁

奎宁（quinine）为奎尼丁的左旋体。

【药理作用和临床应用】 对各种疟原虫的红细胞内期裂殖体有杀灭作用，能迅速控制临床症状，对红细胞外期疟原虫无影响。因其疗效较氯喹差且毒性大，一般不作首选药。临床主要用于耐氯喹或耐多种药物的恶性疟原虫感染，特别是脑型疟疾。奎宁尚有解热镇痛、心肌抑制、兴奋子宫平滑肌等作用。

【不良反应】

1. 金鸡纳反应 恶心、呕吐、耳鸣、视力减退等，重复给药时多见。

2. 心血管系统反应 用药过量或静脉滴注速度过快，可导致低血压、心律失常等。

3. 特异质反应 G-6-PD缺乏者，用药后可出现急性溶血。

4. 其他 刺激胰岛素释放，引起低血糖；兴奋子宫平滑肌，孕妇禁用。

甲氟喹

甲氟喹（mefloquine）为奎宁衍生物，抗疟作用与奎宁相似，但起效较慢。与氯喹和奎宁间无交叉耐药现象。主要用于预防或治疗耐氯喹或多药抗药的恶性疟，也可用于在疟疾流行区作短暂停留的无免疫力旅游者的预防用药。与乙胺嘧啶合用可增强疗效、延缓耐药性的产生。此外，本药$t_{1/2}$长（约30天），可每2周服药1次，用于预防性控制症状发作。

青蒿素

青蒿素（artemisinin）是从菊科植物黄花蒿中提取的抗疟药。口服吸收迅速，1小时血药浓度达峰值。广泛分布于各组织，在肝、肠、肾等组织中含量高，易透过血脑屏障。代谢产物经肾排出。

【药理作用和临床应用】 青蒿素对各种疟原虫红细胞内期滋养体及裂殖体有快速杀灭作用，对红细胞外期疟原虫无效。临床主要用于间日疟、恶性疟的症状控制，因可透过血脑屏障，对凶险的脑型疟疾有良好的抢救效果，也可用于治疗耐氯喹或多药耐药的虫株感染。由于青蒿素代谢快，有效血药浓度维持时间短，杀死疟原虫不彻底，故治疗疟疾复发率高，与伯氨喹合用能降低复发率。随着青蒿素的普遍使用，耐药虫株不断增加，2006年WHO指出：青蒿素不应再单独使用，将青蒿素的复方制剂列为一线抗疟疾药物。

【不良反应】 不良反应少。偶见胃肠道反应、白细胞减少、一过性心脏传导阻滞、发热等。有致畸作用，孕妇禁用。

知识拓展 青蒿素的发现拯救了数百万疟疾患者的生命

青蒿素是我国科学家自主研究开发的新药，以青蒿素为主的药物组合是目前治疗疟疾的标准方案。1972年，在我国科研团队的共同努力下，成功分离提纯得到抗疟有效单体，后被命名为青蒿素。同时全国科学家开展大量基础研究和临床应用研究，最终将青蒿素应用于临床，并取得惊人的抗疟疗效。在对青蒿素化学结构的研究中，屠呦呦首创其还原衍生物——双氢青蒿素，并继续组织研制“复方双氢青蒿素”，开发多种剂型。当时疟原虫对已有抗疟药已经开始产生耐药性，青蒿素的上市为疟疾治疗带来了曙光，有效率达100%。世界卫生组织将青蒿素及其复方制剂列为治疗疟疾的首选药。目前青蒿素系列产品已出口到世界上许多国家和地区，为控制疟疾流行，拯救患者生命，做出了巨大贡献。

蒿甲醚和青蒿琥酯

蒿甲醚（artemether）、青蒿琥酯（artesunate）分别是青蒿素的脂溶性和水溶性衍生物，体内分布广，作用机制与青蒿素相同，抗疟效果优于青蒿素。临床主要用于脑型疟疾及各种危重病例的抢救。

双氢青蒿素和双氢青蒿素哌喹

双氢青蒿素（dihydroarteannuin）为青蒿素、青蒿醚和青蒿琥酯的代谢产物，能迅速控制症状和杀死疟原虫无性体，有效率100%，不良反应少，特别适用于恶性疟疾和脑型疟疾的治疗。双氢青蒿素哌喹片（dihydroartemisinin and piperaquine phosphate tablets）为双氢青蒿素与磷酸哌喹组成的复方制剂，磷酸哌喹作用与氯喹相似，影响疟原虫红细胞内期的裂体增殖，两者合用疗效增强，并可延缓抗药性的产生。

咯萘啶

咯萘啶（malaridine）杀灭红细胞内期裂殖体，特别是对耐氯喹的疟原虫仍有较强作用。主要用于治疗耐氯喹的恶性疟疾及脑型疟疾，不良反应少。

（二）控制复发与传播药

伯氨喹

伯氨喹（primaquine，伯喹）为人工合成的8-氨基喹啉类衍生物。口服吸收迅速且完全，体内代谢快，代谢产物经肾排泄。

【药理作用和临床应用】 伯氨喹对间日疟原虫和卵形疟原虫的休眠子有较强的杀灭作用，是防治疟疾复发的主要药物，与氯喹等红细胞内期的抗疟药合用，可根治间日疟和卵形疟并减少耐药虫株的产生。本药也可杀灭各种疟原虫的配子体，阻止疟疾传播。

【不良反应】 治疗量引起头晕、恶心、呕吐、腹痛、粒细胞减少等。大剂量引起高铁血红蛋白血症。G-6-PD缺乏者，用药后可发生急性溶血。孕妇、1岁以下婴儿、有溶血史者禁用伯氨喹。

（三）病因性预防药

乙胺嘧啶

【药理作用和临床应用】 乙胺嘧啶（pyrimethamine，息疟定）为二氢叶酸还原酶抑制剂，能抑制四氢叶酸的形成，阻碍核酸合成，阻止疟原虫的裂体增殖，对已发育成熟的裂殖体无作用。本药主要抑制疟原虫原发性红细胞外期子孢子的发育增殖，常作为病因性预防，由于排泄缓慢，一次给药作用可持续1周以上；对红细胞内期未成熟裂殖体也有效，但常需在用药后第2个无性增殖周期发挥作用，控制症状起效缓慢；含药血液被按蚊吸食后，抑制配子体在蚊胃内发育，能阻断疟疾的传播。本药与磺胺类药或砜类药（二氢叶酸合成酶抑制剂）合用，对疟原虫叶酸代谢产生双重阻断，有协同作用。

【不良反应】 治疗剂量不良反应轻。长期服用可干扰人体叶酸代谢，引起巨幼细胞贫血、粒细胞减少等。过量导致急性中毒，表现为恶心、呕吐、发热、惊厥甚至死亡。

第2节　抗阿米巴病药和抗滴虫病药

一、抗阿米巴病药

阿米巴病是由食入溶组织内阿米巴包囊引起的。阿米巴包囊在肠腔内发育成小滋养体，当肠道环境合适时，小滋养体侵入肠壁发育成大滋养体。大滋养体可侵袭黏膜下层组织，使肠壁发生溃疡，引起肠阿米巴病，表现为痢疾样症状和慢性肠道感染；大滋养体也可随血流进入肝、肺、脑等组织，引起肝脓肿、脑脓肿、肺脓肿等肠外阿米巴病。当肠道环境改变后，滋养体转为包囊，随粪便排出体外，感染新宿主。常用抗阿米巴病药主要有甲硝唑、二氯尼特等。

甲硝唑

甲硝唑（metronidazole，灭滴灵）为人工合成的5-硝基咪唑类化合物。口服吸收迅速且完全，血浆蛋白结合率约20%。体内分布广，易通过血脑屏障。$t_{1/2}$约8小时，主要在肝代谢，经肾排泄。

【药理作用和临床应用】

1. 抗阿米巴作用　甲硝唑对肠内、肠外阿米巴大滋养体有强大杀灭作用，是治疗急性阿米巴痢疾和肠外阿米巴病的首选药。因在肠腔内浓度偏低，对肠内小滋养体及包囊无明显影响，对无症状的包囊携带者无治疗作用。

2. 抗滴虫作用　甲硝唑是阴道毛滴虫感染的首选药。口服可杀死阴道分泌物、精液和尿液中阴道毛滴虫，对阴道内正常菌群无影响，对男女感染患者均有良好疗效。

3. 抗蓝氏贾第鞭毛虫作用　甲硝唑是治疗蓝氏贾第鞭毛虫病最有效的药物，治愈率在90%以上。

4. 抗厌氧菌作用　对革兰氏阳性或革兰氏阴性厌氧杆菌和球菌有较好的抗菌作用。可用于厌氧菌感染引起的败血症、骨髓炎、产后盆腔炎的治疗，也可与其他抗菌药合用防治妇科手术、胃肠外科手术时厌氧菌感染。

【不良反应和注意事项】　常见不良反应为恶心、呕吐、味觉改变等，部分患者出现轻微的头痛、眩晕、共济失调等神经系统症状及皮肤、黏膜的过敏反应。甲硝唑抑制乙醛脱氢酶，与乙醇合用可致急性乙醛中毒，引起双硫仑反应，使用本药期间和停药2周内禁止饮用含乙醇的饮料。动物实验证实，本药有致癌、致畸作用，孕妇禁用。

替　硝　唑

替硝唑（tinidazole）除用于抗滴虫和抗阿米巴原虫外，对拟杆菌属、梭形杆菌属、梭状芽孢杆菌属及消化球菌等厌氧菌有较好的抗菌作用。临床主要用于治疗和预防上述厌氧菌引起的系统或局部感染，如腹腔、妇科、手术创口等部位的感染及败血症；还可用于口腔厌氧菌感染，肠道及泌尿生殖道的毛滴虫病、肠道和肝阿米巴病。不良反应以恶心、呕吐等消化道反应最为常见；神经系统症状有头痛、眩晕、肢体麻木、多发性神经炎等，大剂量可致抽搐；少数病例有皮疹、瘙痒、口中金属味、白细胞减少等，均为可逆性。有活动性中枢神经系统疾病、血液病者、妊娠及哺乳期妇女禁用。

奥　硝　唑

奥硝唑（ornidazole）是第三代硝基咪唑类衍生物，作用于厌氧菌、阿米巴原虫、贾第鞭毛虫和毛滴虫细胞的DNA，可使致病病原体死亡。临床用于厌氧菌感染引起的多种疾病。用于男女泌尿生殖道毛滴虫、贾第鞭毛虫感染，还可用于肠阿米巴病、肝阿米巴病。不良反应及用药注意事项参见替硝唑。

氯　　喹

氯喹（chloroquine）口服吸收后肝中浓度是血浆浓度的数百倍，可杀灭肠外阿米巴滋养体（见本章第1节述）。

二氯尼特

二氯尼特（diloxanide）为目前最有效的杀包囊药之一。单用常用于无症状或有轻微症状的包囊携带者；急性阿米巴痢疾患者，用甲硝唑控制症状后，再用本药肃清肠腔内包囊，可有效防止复发。对肠外阿米巴病无效。不良反应有恶心、呕吐、皮疹等。动物实验证明大剂量可致流产。

二、抗滴虫病药

抗滴虫病药主要用于治疗阴道毛滴虫感染引起的阴道炎、尿道炎和前列腺炎。甲硝唑是滴虫病的主要治疗药。替硝唑为甲硝唑的衍生物，也是高效低毒的抗滴虫药。

乙酰胂胺（acetarsol）能杀灭阴道毛滴虫及阿米巴原虫，遇耐甲硝唑滴虫株感染时，可局部使用本药。有刺激性，可使阴道分泌物增多。

第3节　抗血吸虫病药和抗丝虫病药

一、抗血吸虫病药

吡　喹　酮

吡喹酮（praziquantel）为人工合成的吡嗪异喹啉衍生物。口服吸收迅速，1～2小时血药浓度达峰值，首过消除明显。在肝、肾、脂肪等组织中含量高，可通过血脑屏障。主要在肝代谢，经肾排泄。

【药理作用】　吡喹酮是广谱抗吸虫和驱绦虫药。对日本血吸虫、埃及血吸虫、曼氏血吸虫有快速杀灭作用，对成虫作用强，对幼虫作用弱，单一感染或混合感染均有效。对其他吸虫如华支睾吸虫、肺吸虫、姜片吸虫及各种绦虫也有显著杀灭作用。对各种绦虫感染及其幼虫引起的囊虫病、棘球蚴病有良好疗效。

吡喹酮达到有效浓度时，引起虫体痉挛性麻痹，失去吸附能力，脱离宿主组织；较高治疗浓度时，损伤虫体表膜，暴露隐藏的抗原，在宿主防御机制参与下，虫体被破坏；此外，虫体表膜损伤后，对糖的摄入减少，使虫体能量耗竭死亡。吡喹酮的作用具有高度选择性，对哺乳动物细胞无以上作用。

【临床应用】 可用于各型血吸虫病，如肝华支睾吸虫病、肠吸虫病（如姜片虫病等）、肺吸虫病等，也可用于治疗各种绦虫病。

【不良反应和注意事项】 口服可出现短暂的腹痛、腹泻、头痛、嗜睡；也可引起发热、皮疹、肌痛、关节痛等，与虫体死后释放异体蛋白有关；偶见心电图异常；治疗脑型囊虫病时，可引起脑水肿、颅内压升高等不良反应，脱水药和糖皮质激素可减轻症状。孕妇禁用。

知识拓展　血吸虫病的流行及现状

我国流行的血吸虫病为日本血吸虫病，曾是危害最严重、防治难度最大的血吸虫病。中华人民共和国成立初期，血吸虫病患者达1161.2万，严重流行区，十室九空，田园荒芜，造成“千村薜荔人遗矢，万户萧疏鬼唱歌”的悲惨景象。通过开展大规模的群众性防治工作，至2003年全国共有血吸虫病推算患者人数843 007人，较防治初期减少了92.74%。2004年国家将其列为乙类传染病。2010年底，全国血吸虫病患者人数降至32.6万，但近年由于生物、自然、人口流动等因素变化较大，出现了血吸虫病疫情回升的现象，输入性病例呈上升趋势，并有向城市蔓延的迹象，进一步加强和改进吸虫病监测和防治工作刻不容缓。

二、抗丝虫病药

丝虫病是丝虫寄生于人体淋巴系统引起的一系列病变，早期主要表现为淋巴管炎和淋巴结炎，晚期可出现淋巴管阻塞症状。我国寄生于人体的仅有班氏丝虫和马来丝虫。目前治疗丝虫病的多用乙胺嗪。

乙 胺 嗪

乙胺嗪（diethylcarbamazine，海群生）口服吸收迅速，1～2小时血药浓度达峰值，均匀分布于各组织。大部分在体内氧化失活，原型药及代谢物主要经肾排泄，$t_{1/2}$约8小时。酸化尿液可加速其排泄。

【药理作用和临床应用】 乙胺嗪能杀灭体内的班氏丝虫和马来丝虫。对马来丝虫的作用优于班氏丝虫，对微丝蚴的作用强于成虫。在体外对微丝蚴和成虫无直接杀灭作用。作用机制尚不明确。

【不良反应】 药物本身引起的不良反应轻，有恶心、呕吐、头痛、乏力等。成虫和微丝蚴死亡时释出的异体蛋白可引起皮疹、淋巴结肿大、发热、哮喘、肌肉酸痛、心率加快等，加用地塞米松可缓解症状。

第4节　抗肠蠕虫病药

肠道内寄生的蠕虫有线虫、绦虫和吸虫。我国肠蠕虫病以线虫（如蛔虫、蛲虫、钩虫、鞭虫）感染最普遍。抗肠蠕虫病药是指能驱除或杀灭肠道蠕虫的药物。本节主要介绍治疗肠道线虫感染和绦虫感染的药物。

一、抗线虫药

甲苯咪唑

甲苯咪唑（mebendazole，甲苯达唑）为苯并咪唑类衍生物。

【药理作用和临床应用】 为广谱驱肠虫药，不仅能杀灭各种线虫和绦虫的成虫，对蛔虫、钩虫、鞭虫的虫卵及幼虫也有杀灭和抑制发育作用。甲苯咪唑能影响虫体多种生化代谢途径，选择性地使虫体体壁和肠细胞中微管消失，抑制虫体对葡萄糖的摄取，导致糖原耗竭；使ATP生成减少，干扰虫体生存及繁殖。临床主要用于治疗蛔虫、钩虫、蛲虫、鞭毛虫、绦虫及粪类圆线虫的单独或混合感染。

【不良反应】 口服吸收少，不良反应轻。少数患者出现短暂的腹痛、腹泻、皮肤瘙痒。偶见粒细胞减少、脱发、脑炎综合征等。孕妇、2岁以下儿童及肝、肾功能不全者禁用。

阿苯达唑

阿苯达唑（albendazole，肠虫清）是甲苯咪唑的同类物，具有高效、低毒、广谱的特点。能杀灭多种肠道线虫、绦虫、吸虫的成虫及虫卵。临床主要用于线虫单独或混合感染，疗效优于甲苯咪唑。由于本药口服能缓慢吸收，吸收后分布于肝、肾、肺等组织，并能透过血脑屏障，故对肠道外寄生虫病（如棘球蚴病、囊虫病、肺吸虫病、华支睾吸虫病等）也有较好疗效。对脑囊虫病有缓慢的治疗作用。

治疗肠道蠕虫病时不良反应较少，偶有腹痛、腹泻、恶心、头晕、血清氨基转移酶升高等；治脑囊虫病时可引起癫痫发作、颅内压升高甚至脑疝；动物实验证明有致畸作用，孕妇禁用。

哌 嗪

哌嗪（piperazine，驱蛔灵）对蛔虫、蛲虫有较强的驱虫作用。本药能引起虫体肌细胞膜超极化，阻断神经-肌肉冲动的传递，导致虫体迟缓性麻痹，不能吸附在肠壁而随粪便排出。临床主要用于驱肠道蛔虫，特别适用于伴有胆道蛔虫病的患者；驱蛲虫时需用药7～10天。大剂量应用可出现恶心、呕吐、腹泻，甚至有眩晕、共济失调、肌肉震颤等神经系统症状。

噻 嘧 啶

噻嘧啶（pyrantel，抗虫灵）为去极化神经肌肉阻滞剂。临床用于钩虫、蛲虫、蛔虫的单独或混合感染。有轻微发热、头痛、腹部不适等不良反应。与哌嗪有拮抗作用，不宜合用。

左旋咪唑

左旋咪唑（levamizole）为广谱驱虫药。能选择性抑制虫体肌肉中的琥珀酸脱氢酶，减少能量生成，使虫体肌肉麻痹，随肠蠕动排出体外。临床主要用于驱蛔虫、钩虫、蛲虫，对丝虫病也有一定疗效。本药尚能增强细胞免疫，可用于免疫功能低下的治疗。偶有恶心、呕吐、皮疹等不良反应。

恩波吡维铵

恩波吡维铵（pyrvinium embonate，扑蛲灵）口服不易吸收，肠道内药物浓度高，对蛲虫有较强的驱虫作用。抗虫机制为选择性干扰虫体呼吸酶系统，抑制需氧代谢，同时阻止虫体对葡萄糖的吸收，导致虫体逐渐衰竭死亡。

二、驱绦虫药

氯硝柳胺

氯硝柳胺（niclosamide，灭绦灵）口服不吸收，肠内浓度高，能杀灭多种绦虫的成虫，主要杀死虫体头节和近端节片，对虫卵无效。临床用于牛肉绦虫、猪肉绦虫、阔节裂头绦虫、短膜壳绦虫感染。

因对钉螺和日本血吸虫尾蚴也有杀灭作用，可防止血吸虫传播。本药能引起轻微的胃肠道反应、皮肤瘙痒等，杀灭绦虫时，死亡节片释放出虫卵，有致囊虫病的危险。

学习小结

抗疟药根据用途分为3类：①控制疟疾症状的药物为氯喹、奎宁、青蒿素等。②控制疟疾复发和传播的药物为伯氨喹。③病因性预防的药物为乙胺嘧啶。

甲硝唑、替硝唑为阿米巴病滴虫病、蓝氏贾第鞭毛虫病的治疗，对厌氧菌感染有较好的治疗作用。

吡喹酮常用于血吸虫病和各种绦虫病。

常用广谱驱肠蠕虫药主要有甲苯咪唑、阿苯达唑等，对多数肠蠕虫均有作用；哌嗪、左旋咪唑等主要用于驱肠道蛔虫；氯硝柳胺主要用于驱肠道绦虫。

高频考点 1. 对应用甲硝唑患者的用药指导
2. 在应用抗疟药时患者出现酱油尿的原因是什么，用哪些药物时容易出现此种情况
3. 青蒿素对疟原虫的作用特点

自 测 题

1. 控制疟疾症状的药物是
   A. 奎宁　B. 伯氨喹
   C. 氯喹　D. 乙胺嘧啶
   E. 青蒿素
2. 与磺胺类药合用对疟原虫叶酸代谢产生双重阻断作用的是
   A. 乙胺嘧啶　B. 伯氨喹
   C. 青蒿素　D. 奎宁
   E. 甲氟喹
3. 既能控制疟疾复发又能阻断疟疾传播的药物是
   A. 乙胺嘧啶　B. 伯氨喹
   C. 磺胺类药　D. 氯喹
   E. 蒿甲醚
4. 只对肠外阿米巴病有效的药物是
   A. 甲硝唑　B. 氯喹
   C. 二氯尼特　D. 阿苯达唑
   E. 吡喹酮
5. 主要灭杀阿米巴包囊的药物是
   A. 甲硝唑　B. 乙酰胂胺
   C. 二氯尼特　D. 喹碘方
   E. 依米丁
6. 患者，女，29岁。滴虫性阴道炎，最适宜的药物是
   A. 氯喹　B. 甲硝唑
   C. 克霉唑　D. 制霉菌素
   E. 庆大霉素

（孙经兴）

第41章 抗恶性肿瘤药

学习目标

1. 掌握常用抗恶性肿瘤药的药理作用、临床应用、不良反应及用药注意事项。
2. 熟悉抗恶性肿瘤药的分类及临床用药原则。
3. 了解抗恶性肿瘤药的作用机制。
4. 具有根据适应证合理选择抗恶性肿瘤药物、防治不良反应的能力；会分析抗恶性肿瘤药物用药的合理性。
5. 能利用所学知识与患者及家属进行沟通，开展用药咨询服务，并能正确指导患者合理用药。

案例导入

患者，男，55岁。近1个月来常感腹胀、腹痛，排大便次数增加，并有腹泻及便秘症状，粪便中偶带血，无明显发热、乏力、消瘦等症状，经纤维结肠镜检查。诊断为结肠癌。

问题： 1. 对该患者应采取以何种方法为主的综合治疗？

2. 在行结肠癌根治术后，可选用何种抗肿瘤药进行化学治疗？

恶性肿瘤是严重威胁人类健康的常见病、多发病。目前治疗恶性肿瘤的主要方法有药物治疗、手术治疗和放射治疗等。另外，免疫治疗及中医中药等方法结合，显著提高了疗效及患者的生活质量，延缓病情发展并减少了恶性肿瘤患者的病死率。其中，抗恶性肿瘤药物（简称化疗药物）作为临床综合治疗的重要组成部分，可明显改善癌症患者的生存时间和生活质量。随着分子生物学、细胞动力学和免疫学的研究进展，近年来，免疫治疗、基因治疗、分化诱导剂、生物反应调节剂、肿瘤疫苗及抗侵袭抗转移药等新的治疗手段和有效药物在临床的应用，不但开辟了肿瘤治疗新途径，也为肿瘤化疗概念注入了新内涵。

第1节 细胞周期

细胞从一次分裂结束到下一次分裂完成，称为细胞周期。根据细胞生长增殖特点将肿瘤细胞群分为两类。

一、增殖细胞群

增殖细胞群为肿瘤细胞中按指数分裂增殖的细胞，生长代谢活跃。肿瘤增殖细胞群与全部肿瘤细胞群之比称为生长比率（growth fraction，GF）。增长迅速的肿瘤，GF大，对化疗药物敏感，如急性白血病、霍奇金病；增长缓慢的肿瘤，GF值较小，对化疗药物敏感性低，如慢性白血病和多数实体瘤。按细胞内DNA含量变化，细胞周期可分为四期：DNA合成前期（G_1期）、DNA合成期（S期）、DNA合成后期（G_2期）和有丝分裂期（M期）。

二、非增殖细胞群

非增殖细胞群有增殖能力但暂不分裂，处于静止期（G_0期），对药物不敏感。当增殖细胞群被大量杀灭后，处于G_0期的非增殖细胞可进入增殖期，是肿瘤复发的根源。

第2节 抗恶性肿瘤药物的作用机制及其分类

一、按细胞周期分类

（一）细胞周期非特异性药

对增殖周期各期细胞均有杀伤作用，对非增殖周期细胞群的作用较弱或几乎无作用，如白消安、环磷酰胺、塞替派、卡莫司汀、丝裂霉素等。

（二）细胞周期特异性药

仅对某一增殖周期细胞有杀伤作用，如甲氨蝶呤作用于S期，长春碱类作用于M期。

二、按作用机制分类

（一）干扰核酸合成药

干扰核酸合成药又称抗代谢药。本类药物分别在不同环节抑制核酸及蛋白质的合成，影响细胞分裂增殖。根据其影响生化过程的不同，又可分为以下几类。

1. 二氢叶酸还原酶抑制药（抗叶酸制剂） 如甲氨蝶呤等。

2. 阻止嘧啶类核苷酸生成药（抗嘧啶药） 如氟尿嘧啶等。

3. 阻止嘌呤类核苷酸生成药（抗嘌呤药） 如巯嘌呤等。

4. 抑制DNA多聚酶药 如阿糖胞苷等。

5. 抑制核苷酸还原酶药 如羟基脲。

（二）影响DNA结构和功能的药物

如烷化剂、丝裂霉素、博来霉素、顺铂及喜树碱等。

（三）干扰转录过程阻止RNA合成的药物

如放线菌素D、柔红霉素、多柔比星等。

（四）干扰蛋白质合成的药物

1. 影响纺锤丝形成和功能的药物 如长春碱类、鬼臼毒素类、紫杉醇等。

2. 干扰核糖体功能的药物 如三尖杉酯碱。

3. 影响氨基酸供应的药物 如门冬酰胺酶。

（五）影响体内激素平衡药

如肾上腺皮质激素、雄激素、雌激素、他莫昔芬等。

三、按化学结构和来源分类

1. 烷化剂 如氮芥、环磷酰胺、塞替派和亚硝脲类等。

2. 抗代谢药 如甲氨蝶呤、培美曲塞、氟尿嘧啶、巯嘌呤、羟基脲、阿糖胞苷等。

3. 抗肿瘤抗生素 如多柔比星、丝裂霉素、柔红霉素、多柔比星、放线菌素D等。

4. 抗肿瘤植物药 如长春碱、长春新碱、三尖杉酯碱、羟基喜树碱、紫杉醇等。

5. 抗肿瘤激素类药　如肾上腺皮质激素、雌激素、雄激素、他莫昔芬等。

6. 其他类抗肿瘤药　如顺铂、卡铂、*L*-门冬酰胺酶等。

四、按细胞毒性分类

1. 细胞毒类抗肿瘤药　即传统化疗药，主要影响肿瘤细胞的核酸和蛋白质的结构与功能，如抗代谢药和抗微管蛋白药等。

2. 非细胞毒类抗肿瘤药　主要以肿瘤分子病理过程的关键调控分子为靶点，如调节体内激素平衡的药物和分子靶向药物等。

第3节　抗恶性肿瘤药的主要毒性反应

大多数抗肿瘤药的治疗指数较小，且选择性低，在杀伤肿瘤细胞的同时，也损伤正常组织，尤其是增殖迅速的组织，故在治疗量时即可引起不良反应。

1. 骨髓抑制　常见白细胞、血小板及红细胞减少，可导致出血、贫血、感染等。可见于大多数抗恶性肿瘤药，但长春新碱、博来霉素的毒性较小，激素类、门冬酰胺酶无骨髓抑制作用。应定期监测血常规，如白细胞低于4×10^9/L，血小板低于80×10^9/L，应停止用药。

2. 消化道反应　多数抗肿瘤药可引起恶心、呕吐、食欲减退，也能直接损害消化道黏膜引起口腔炎、溃疡、腹痛、腹泻及消化道出血等。应给予高蛋白、高热能的饮食，避免进食过硬、过热及刺激性食物。因严重恶心、呕吐而影响进食者，可给予止吐药。

3. 皮肤及毛发损害　多数抗肿瘤药可损伤毛囊上皮细胞，引起脱发；损害皮肤引起红斑、水肿等。应保持患者皮肤及毛发清洁，经常检查皮肤有无瘀点、红斑，定时翻身以防止压疮。

4. 肝肾毒性　多数抗肿瘤药经肝代谢、由肾排泄，可引起肝损害，出现肝大、黄疸、肝功能异常等；肾损害可引起血尿、蛋白尿、血尿素氮升高等。应定期检查肝、肾功能，肝、肾功能不全者应避免使用有肝、肾损害的药物，如环磷酰胺、顺铂等。

5. 免疫抑制　多数抗肿瘤药可抑制机体的免疫功能，杀伤和抑制免疫细胞，使机体抵抗力下降而易发生感染。应注意预防感染，避免和消除引起感染的途径，如静脉穿刺、导尿等操作应严格消毒；病房及病房内物品也应定期消毒；如有感染，应及早加用抗生素。

6. 其他不良反应　多柔比星、顺铂等有心脏毒性；甲氨蝶呤、博来霉素等可引起肺纤维化；环磷酰胺可致出血性膀胱炎；长春碱类可引起周围神经炎；顺铂有耳毒性等。

第4节　常用抗恶性肿瘤药

一、干扰核酸合成的药物

本类药物的化学结构和核酸代谢的必需物质如叶酸、嘌呤碱、嘧啶碱等相似，能与体内代谢物发生特异性结合，从而影响代谢功能。尤其是干扰DNA的生物合成，阻止肿瘤细胞的分裂繁殖，为细胞周期特异性药物，主要作用于S期细胞。

（一）二氢叶酸还原酶抑制药

甲氨蝶呤

【体内过程】 甲氨蝶呤（methotrexate，MTX）的化学结构与二氢叶酸类似，与其竞争二氢叶酸还原酶的结合，干扰叶酸的代谢，主要抑制dTMP合成，继而影响S期的DNA合成代谢，属周期特异性药物。

【药理作用和临床应用】 四氢叶酸是在体内合成嘌呤核苷酸和嘧啶脱氧核苷酸的重要辅酶。本品作为一种叶酸还原酶抑制剂，主要抑制二氢叶酸还原酶而使二氢叶酸不能还原成有生理活性的四氢叶酸，从而使嘌呤核苷酸和嘧啶脱氧核苷酸的生物合成过程中一碳基团的转移作用受阻，导致DNA的生物合成受到抑制。此外，本品也有对胸苷酸合成酶的抑制作用，但抑制RNA与蛋白质合成的作用则较弱。本品主要作用于细胞周期的S期，属细胞周期特异性药物，对G_1/S期的细胞也有延缓作用，对G_1期细胞的作用较弱。用于治疗儿童急性白血病，疗效显著；也用于治疗绒毛膜上皮癌、侵蚀性葡萄胎（恶性葡萄胎）、头颈部肿瘤、消化道癌、卵巢癌等。此外，本药为细胞免疫强抑制剂，可用于同种骨髓移植、器官移植、类风湿关节炎等。

【不良反应和注意事项】 常见口腔及肠道黏膜损伤，如口腔炎、胃炎、腹泻、便血甚至死亡等；对骨髓抑制较明显，表现为白细胞、血小板减少及全血细胞下降。用药前应监测肝、肾及骨髓功能。

【药物相互作用】

1. 由于用该品后可引起血液中尿酸水平增高，对于痛风或高尿酸血症患者应相应增加别嘌醇等药的剂量。

2. 该品可增加抗凝血作用，甚至引起肝脏凝血因子的缺少和（或）血小板减少症，因此与其他抗凝药谨慎同用。

3. 与弱有机酸和水杨酸盐等同用，可抑制本品的肾排泄，从而导致血清药物浓度增高，继而毒性增加，应酌情减少用量。

4. 氨苯蝶啶、乙胺嘧啶等药物均有抗叶酸作用，如与本品同用可增加其毒副作用。

5. 先用或同用时，与氟尿嘧啶有拮抗作用，如先用该品，4～6小时后再用氟尿嘧啶则可产生协同作用。该品与左旋门冬酰胺酶合用也可导致减效，如用后者10日后用该品，或于该品用药后24小时内给左旋门冬酰胺酶，则可增效而减少对胃肠道和骨髓的毒副作用。有报道如在用该品前24小时或10分钟后用阿糖胞苷，可增加本品的抗癌活性。该品与放疗或其他骨髓抑制药同用时宜谨慎。

培美曲塞

【体内过程】 培美曲塞（pemetrexed）为多靶点的叶酸拮抗剂，通过破坏细胞复制过程中的关键性叶酸依赖性酶，来抑制嘌呤核苷酸和胸腺嘧啶核苷酸的合成，从而抑制细胞的复制。

【药理作用和临床应用】

1. 非小细胞肺癌（NSCLC） 本品与顺铂联合，适用于局部晚期或转移性非鳞状细胞型非小细胞肺癌患者的一线治疗。本品单药适用于经4个周期以铂类为基础的一线化疗后未出现进展的局部晚期或转移性非鳞状细胞型非小细胞肺癌患者的维持治疗。本品单药适用于既往接受一线化疗后出现进展的局部晚期或转移性非鳞状细胞型非小细胞肺癌患者的治疗。不推荐本品用于组织学以鳞状细胞癌为主的非小细胞肺癌患者。

2. 恶性胸膜间皮瘤 本品联合顺铂用于治疗无法手术的恶性胸膜间皮瘤。

【不良反应和注意事项】 主要有乏力、恶心、食欲减退、骨髓抑制、皮疹等。

（二）嘌呤拮抗药

巯 嘌 呤

【体内过程】 巯嘌呤（mercaptopurine，6-MP）又名6-巯基嘌呤，是一种有机化合物，化学式为$C_5H_4N_4S$。抑制腺嘌呤、鸟嘌呤的合成代谢或直接掺入DNA、RNA发挥细胞毒作用。

【药理作用和临床应用】 对S期作用最显著，对G_1期有延缓作用。临床主要用于急性白血病、绒毛膜上皮癌和侵蚀性葡萄胎的治疗，对淋巴瘤和多发性骨髓瘤也有一定疗效。

【不良反应和注意事项】

1. 较常见的为骨髓抑制，可有白细胞及血小板减少。
2. 肝脏损害：可致胆汁淤积出现黄疸。
3. 消化系统：恶心、呕吐、食欲减退、腹泻和口腔炎，但较少发生，可见于服药量过大的患者。
4. 高尿酸血症：多见于白血病治疗初期，严重的可发生尿酸性肾病。
5. 少见有间质性肺炎及肺纤维化。

（三）嘧啶拮抗药

氟尿嘧啶

【体内过程】 氟尿嘧啶（fluorouracil，5-FU）可与dUMP竞争dTMP合成酶，影响S期的DNA合成代谢，是常用的周期特异性药物。

【药理作用和临床应用】 用于治疗消化系统癌，如食管癌、胃癌、结肠癌、直肠癌、胰腺癌及肝癌，也用于乳腺癌、子宫癌、卵巢癌、绒毛膜上皮癌、膀胱癌、鼻咽癌及前列腺癌的治疗。

【不良反应和注意事项】 消化道反应有恶心、口腔炎、吞咽困难，重者出现血性腹泻，应立即停药；可引起骨髓抑制、脱发及皮肤色素沉着等。

替加氟

【体内过程】 替加氟（tegafur，FT-207，喃氟啶）体内逐渐变为氟尿嘧啶而起作用。其作用与氟尿嘧啶相同，在体内能干扰、拮抗DNA、RNA及蛋白质的合成。但在体外并无这些作用。

【药理作用和临床应用】 动物实验表明，其毒性只有氟尿嘧啶的1/7～1/4；化疗指数为氟尿嘧啶的2倍。慢性毒性实验中未见到严重的骨髓抑制，对免疫的影响亦较轻微。口服后吸收良好，给药后2小时对DNA、RNA和蛋白质合成的抑制作用达最高峰，持续时间亦较长，为12～20小时。在血中的$t_{1/2}$为5小时。静脉注射后，均匀地分布于肝、肾、小肠、脾和脑，而以肝、肾中的浓度较高，且可通过血脑屏障。主要由尿和呼吸道排出，给药后24小时内由尿中以原型药排出23%，由呼吸道以CO_2形式排出55%。

【不良反应和注意事项】 与氟尿嘧啶相似但较轻微。外周水肿和呼吸困难常见。肝功能监测升高常见，有致命的急性重型肝炎的报道。

【药物相互作用】 不应和抑制二氢尿嘧啶脱氢酶的药物同时使用，同时使用本品和索立夫定的患者中有出现死亡的报道。本品与尿嘧啶和苯妥英三药合用时，会增加苯妥英的血浆药物浓度，出现毒性症状。

卡莫氟

【体内过程】 卡莫氟（carmofur）为口服抗肿瘤药，属嘧啶类抗代谢药，系氟尿嘧啶潜型衍生物，口服后从肠道迅速吸收，在体内缓缓释放出氟尿嘧啶，借氟尿嘧啶的抗代谢作用而发挥抗肿瘤作用。

【药理作用和临床应用】 本品口服后有效血药浓度较氟尿嘧啶静脉注射维持时间长。抗瘤谱广，治疗指数高。临床上对胃癌、结直肠癌及乳腺癌有一定疗效，尤以对结直肠癌的有效率较为突出。

【不良反应和注意事项】

1. 偶有引起白质脑病的可能，出现言语、步行、意识、知觉等障碍及记忆力下降，需慎加观察。
2. 血液系统偶见白细胞、血小板减少。神经系统偶见言语、步行及意识障碍、锥体外系反应等。
3. 消化道反应可有食欲不振、恶心、呕吐等。有时有腹泻、口炎、腹部不适感等。
4. 偶可致肝、肾功能异常，部分患者有尿频、尿急、尿痛，尿频是由于其一种中间代谢产物刺激脑干排尿反射中枢所致；少数患者可有明显热感，亦系本品及其中间代谢产物刺激视束前野的温觉中枢所引起。药疹偶见。

5. 高龄、骨髓功能低下、肝肾功能不全、营养不良者及孕妇慎用。服药后避免摄入含乙醇饮料。用药期间定期检查白细胞、血小板，若出现骨髓抑制，应酌情减量或停药。

卡培他滨

【体内过程】 卡培他滨（capecitabine）口服吸收迅速，可在肿瘤组织内转化为5-FU而生效。

【药理作用和临床应用】 正常细胞和肿瘤细胞都能将5-FU代谢为5-氟-2-脱氧尿苷酸一磷酸（FdUMP）和5-氟尿苷三磷酸（FUTP）。这些代谢产物通过两种不同机制引起细胞损伤。首先，FdUMP及叶酸协同因子N^5, N^{10}-亚甲基四氢叶酸与胸苷酸合成酶（TS）结合形成共价结合的三重复合物。这种结合抑制2′脱氧尿嘧啶核苷酸形成胸苷酸。胸苷酸是胸腺嘧啶核苷三磷酸必需的前体，而后者是DNA合成所必需的，因此该化合物的不足能抑制细胞分裂。其次，在RNA合成过程中核转录酶可能会在尿苷三磷酸（UTP）的部位错误地编入FUTP。这种代谢错误将会干扰RNA的加工处理和蛋白质的合成。主要用于晚期乳腺癌和大肠癌。

【不良反应和注意事项】 主要有手足综合征、皮炎、脱发、胃肠道反应等。

（四）DNA多聚酶抑制药

阿糖胞苷

【体内过程】 阿糖胞苷（cytarabine，Ara-C）主要作用于细胞S期的嘧啶类抗代谢药物，通过抑制细胞DNA的合成，干扰细胞的增殖。

【药理作用和临床应用】 阿糖胞苷进入人体后经激酶磷酸化后转化为三磷酸阿糖胞苷及二磷酸阿糖胞苷，前者能强有力地抑制DNA聚合酶的合成，后者能抑制二磷酸胞苷转变为二磷酸脱氧胞苷，从而抑制细胞DNA聚合及合成。本品为细胞周期特异性药物，对处于S期细胞的作用最敏感，对抑制RNA及蛋白质合成的作用较弱。临床主要用于成人急性粒细胞性白血病或单核细胞性白血病。

【不良反应和注意事项】 主要为骨髓抑制和胃肠道反应，静脉注射可致静脉炎。

【药物相互作用】 四氢尿苷可抑制脱氨酶，延长阿糖胞苷血浆半衰期，提高血中药物浓度，起增效作用。本品可使细胞部分同步化，继续应用柔红霉素、多柔比星、环磷酰胺及亚硝脲类药物可以增效。本品不应宜与5-Fu并用。

（五）核苷二磷酸还原酶抑制药

羟 基 脲

【体内过程】 羟基脲（hydroxycarbamide，HU）可阻止胞苷酸还原为脱氧胞苷酸，从而抑制DNA的合成，杀伤S期细胞。

【药理作用和临床应用】 用药后可使肿瘤细胞集中于G_1期，促使肿瘤细胞同步化，然后选用对G_1期敏感的药物或放射治疗可提高疗效。主要用于慢性粒细胞性白血病，疗效显著，对黑色素瘤有暂时缓解作用。

【不良反应和注意事项】 主要为骨髓抑制，并有轻度胃肠道反应；可致畸，孕妇禁用。

二、影响DNA结构和功能的药物

（一）烷化剂

烷化剂（alkylating agent）是一类分子中有烷化功能基团、化学性质活泼的化合物，其烷化基团易与细胞中的功能基团，如DNA或蛋白质分子中的氨基、巯基、羧基、羟基和磷酸基发生烷化反应，以烷基取代上述基团中的氢原子，常可形成交叉联结或引起脱嘌呤，使DNA链断裂，或使复制时碱基配对错码，造成DNA结构和功能的损害，重者可使细胞死亡。

环磷酰胺

【体内过程】 环磷酰胺（cyclophosphamide，CTX）是进入人体内被肝脏或肿瘤内存在的过量的磷酰胺酶或磷酸酶水解，变为活化作用型的磷酰胺氮芥而起作用的氮芥类衍生物。抗瘤谱广，是首个"潜伏化"的广谱抗肿瘤药，对白血病和实体瘤都有效。

【药理作用和临床应用】 在体外无抗肿瘤作用，进入体内后经肝微粒体酶系氧化生成中间产物醛磷酰胺，在肿瘤细胞内分解出磷酰胺氮芥，与DNA发生烷化并形成交叉联结，影响DNA功能，从而显著抑制肿瘤细胞的分裂增殖。对各期细胞均有杀伤作用，属周期非特异性药物。另外，本药还有免疫抑制作用，能抑制T及B淋巴细胞的功能。

1. 作为抗肿瘤药，用于淋巴瘤、多发性骨髓瘤、乳腺癌、小细胞肺癌、卵巢癌、神经母细胞瘤、视网膜母细胞瘤、尤因肉瘤、软组织肉瘤及急性白血病和慢性淋巴细胞白血病等。对睾丸肿瘤、头颈部鳞癌、鼻咽癌、横纹肌瘤、骨肉瘤也有一定疗效。目前多与其他抗癌药组成联合化疗方案。

2. 作为免疫抑制剂，用于各种自身免疫性疾病，如严重类风湿关节炎、全身性红斑狼疮、儿童肾病综合征、多发性肉芽肿、天疱疮及溃疡性结肠炎、特发性血小板减少性紫癜等。也用于器官移植时抗排斥反应，通常与泼尼松、抗淋巴细胞球蛋白合用。

3. 本药滴眼液可用于翼状胬肉术后、角膜移植术后蚕蚀性角膜溃疡等。

【不良反应和注意事项】 骨髓抑制（最低值1～2周，一般维持7～10天，3～5周恢复）、脱发、消化道反应、口腔炎、膀胱炎，个别报道有肺炎、过量的ADH分泌等。一般剂量对血小板影响不大，也很少引起贫血。此外，环磷酰胺可杀伤精子，但为可逆性。超高剂量时（＞120mg/kg）可引起心肌损伤及肾毒性。

【药物相互作用】

1. CTX可增加血清尿酸水平，与抗痛风药如别嘌醇等同用，应调整抗痛风药的剂量；别嘌醇可增加CTX的骨髓毒性，如同用应密切观察其毒性作用。

2. 与大剂量皮质激素同用可增加急性毒性。

3. 与多柔比星同用可增加心脏毒性，多柔比星总剂量不应超过400mg/m^2。

塞　替　派

【体内过程】 塞替派（thiotepa，thiophosphoramide，TSPA）为合成的抗肿瘤药，是乙烯亚胺类烷化剂的代表，对多种实体瘤均有效。

【药理作用和临床应用】 其化学结构中有三个乙酰亚氨基，能与细胞内组成DNA的碱基结合，抑制肿瘤细胞分裂。特点为选择性高，抗瘤谱广，作用快而强。主要用于治疗乳腺癌、卵巢癌、膀胱癌（膀胱内灌注）、肝癌等。

【不良反应和注意事项】 主要为骨髓抑制、消化道反应，但一般较轻微，本品可引起男性患者无精子，女性无月经，少数患者尚可有发热、皮疹。

白　消　安

【体内过程】 白消安（busulfan，myleran，马利兰）属磺酸酯类，为细胞周期非特异性药物。其在体内解离后起烷化作用，其烷化作用发生在DNA双螺旋链内的鸟嘌呤上，可明显抑制粒细胞的生成。

【药理作用和临床应用】 用于慢性粒细胞性白血病疗效显著，对急性白血病无效，也用于治疗原发性血小板增多症和真性红细胞增多症。

【不良反应和注意事项】 主要为消化道反应及骨髓抑制，白细胞、血小板减少，肺纤维化。有的患者可有头昏、面红、男性乳腺发育或睾丸萎缩；妇女无月经，可能致畸胎。长期服用或用药过大可致肺纤维化。妊娠前3个月禁用本品。

亚硝脲类

【体内过程】 有卡莫司汀（carmustine，BCNU，卡氮芥）、洛莫司汀（lomustine，CCNU，环己亚硝脲）和司莫司汀（semustine）。本类药脂溶性高，易透过血脑屏障，其活性代谢物对增殖细胞各期均有作用，属细胞周期非特异性药物。

【药理作用和临床应用】 抗瘤谱广，作用快而强。主要用于治疗中枢神经系统肿瘤，如脑瘤。对黑色素瘤及胃肠道肿瘤等也有效。

【不良反应和注意事项】 主要为骨髓抑制及消化道反应，偶见肝肾毒性及神经炎。

（二）抗生素类

博来霉素

【体内过程】 博来霉素（bleomycin，BLM，争光霉素）是用于治疗癌症的药物，与铁的复合物嵌入DNA会引起DNA单链和双链断裂，不引起RNA链断裂。

【药理作用和临床应用】 可与铜或铁离子络合，使氧分子大量转化为氧自由基，通过与DNA结合，引起DNA单链或双链断裂，阻止DNA复制。主要用于各种鳞状上皮细胞癌（头颈部癌、口腔癌、食管癌、阴茎癌、宫颈癌）的治疗。

【不良反应和注意事项】 常见的有恶心、呕吐、口腔炎、皮肤反应、药物热、食欲减退、脱发、色素沉着、指甲变色、手足指（趾）红斑、硬结、肿胀及脱皮等。肺炎样症状及肺纤维化症状，表现为呼吸困难、咳嗽、啰音、间质水肿等。

丝裂霉素

【体内过程】 丝裂霉素（mitomycin，MMC，丝裂霉素C，自力霉素）抗瘤谱广，化学结构中有乙酰亚胺基团和氨甲酰酯基团，具有烷化作用，可与DNA双链交叉联结，抑制DNA复制，也可使部分DNA断裂。

【药理作用和临床应用】 属细胞周期非特异性药物。抗瘤谱广，可用于胃癌、肺癌、乳腺癌、慢性粒细胞性白血病、淋巴瘤等。

【不良反应和注意事项】 本品与其他烷化剂的毒性相近，主要为骨髓抑制、消化道反应。此外，对肾脏、肺亦有毒性，个别患者可引起发热、乏力、肌肉痛及脱发。用药期间应严格检查血常规。本品对局部有刺激作用，不可漏于血管外。

【药物相互作用】 本品与多柔比星同时应用可增加心脏毒性，建议多柔比星的总量限制在按体表面积$450mg/m^2$以下。与维生素C、维生素B_6等配伍静脉应用时，可使本品疗效显著下降。用药期间禁用活病毒疫苗接种和避免口服脊髓灰质炎疫苗。

（三）铂类配合物

铂类配合物包括顺铂、卡铂、异丙铂、奥沙利铂、洛铂与奈达铂，为细胞周期非特异性药物，主要通过破坏DNA结构和功能而发挥抗肿瘤作用。

顺　　铂

【体内过程】 顺铂（cisplatin，顺氯氨铂）是二价铂与两个氯原子、两个氨基结合的重金属化合物。维生素进入体内将氯解离后，二价铂与DNA上的碱基鸟嘌呤、腺嘌呤和胞嘧啶形成交叉联结，破坏DNA的结构和功能。

【药理作用和临床应用】 对多种实体瘤有效，如睾丸肿瘤、卵巢癌、膀胱癌、乳腺癌、肺癌、头颈部癌、前列腺癌等，对非精原细胞性睾丸瘤最为有效。也可用于治疗淋巴瘤及肺癌，为联合化学治疗较常用的药物，常与环磷酰胺、长春碱和博来霉素等合用。

【不良反应和注意事项】 主要为消化道反应、肾脏毒性、骨髓抑制及听力减退。

卡　铂

【体内过程】 卡铂（carboplatin，碳铂）为第二代铂类抗恶性肿瘤药，其抗癌作用与顺铂相似，但消化道、肾及耳毒性比顺铂低，主要毒性反应是骨髓抑制。

【药理作用和临床应用】 本品口服无效，静脉注射后血浆中总铂及可超滤的游离铂浓度与课题量之间均存在线性关系，可超滤的非结合型铂和母体药物的终末消除半衰期分别为6小时和1.5小时。在初始相，大多数可超滤的游离铂以原型存在，血浆总铂的终末半衰期是24小时，约87%的血浆铂在给药24小时排出。主要从尿中排出，24小时内经肾小球过滤排泄。

【不良反应和注意事项】

1. 骨髓抑制 为剂量限制性毒性，长期大剂量给药时，可使血小板、血红蛋白、白细胞减少，一般发生在用药后的14～21日，停药后3～4周恢复。

2. 胃肠道反应 食欲减退、恶心、呕吐。

3. 过敏反应（皮疹或瘙痒，偶见喘鸣） 发生于使用后几分钟之内。

奥沙利铂

【体内过程】 奥沙利铂（oxaliplatin，草酸铂）为第三代铂类抗恶性肿瘤药，作用机制类似顺铂，但抗恶性肿瘤作用更强、毒性更低。

【药理作用和临床应用】 主要用于大肠癌、卵巢癌、胃癌、非小细胞肺癌、非霍奇金淋巴瘤等。

【不良反应和注意事项】

1. 神经毒性 剂量限制性毒性为剂量相关性、蓄积性和可逆性的外周神经毒性，主要表现为感觉迟钝、感觉异常，遇冷加重，偶见可逆性急性咽喉感觉异常。

2. 胃肠道反应 一般多为轻、中度，有恶心、呕吐和腹泻。而腹泻反应较常见，有的腹泻频繁，程度较重。

3. 血液学毒性 发生率不高，多为轻、中度，严重者少见。

奈 达 铂

【体内过程】 奈达铂（nedaplatin）水溶性好，毒副作用小，剂量限制毒性为骨髓抑制，无肾毒性和神经毒性。

【药理作用和临床应用】 抗癌谱广，对头颈部癌、卵巢癌、食管癌、膀胱癌和小细胞肺癌等均有活性。

【不良反应和注意事项】 主要不良反应为骨髓抑制，表现为白细胞、血小板、血红蛋白少；其他较常见的不良反应包括恶心、呕吐、食欲不振等消化道症状，以及肝肾功能异常、耳神经毒性、脱发等。其他不良反应虽发生率较低，但应引起关注。

（四）喜树碱类

喜 树 碱

【体内过程】 喜树碱（camptothecin，CPT）是从我国特有的植物喜树中提取的一种生物碱。其衍生物有羟喜树碱（OPT）、拓扑替康（TPT）和伊立替康（CPT-Ⅱ）。该类药物能特异性抑制DNA拓扑异构酶Ⅰ，干扰DNA的复制、转录和修复功能，为细胞周期特异性药物。

【药理作用和临床应用】 对胃癌、绒毛膜上皮癌、侵蚀性葡萄胎、急性及慢性粒细胞性白血病等有一定疗效，对膀胱癌、大肠癌及肝癌等也有一定疗效。

【不良反应和注意事项】 CPT毒性较大，可出现泌尿道刺激症状、消化道反应、骨髓抑制等，其衍生物毒性反应则较轻。

三、干扰转录过程阻止RNA合成的药物

放线菌素D

【体内过程】 放线菌素D（dactinomycin；actinomycin D，更生霉素）能嵌入到DNA双螺旋中相邻的鸟嘌呤和胞嘧啶（G-C）碱基之间，与DNA结合成复合体，干扰转录过程，阻止RNA的合成。

【药理作用和临床应用】 属细胞周期非特异性药物。抗瘤谱较窄。主要用于侵蚀性葡萄胎、绒毛膜上皮癌、霍奇金病和淋巴瘤、肾母细胞瘤、骨骼肌肉瘤及神经母细胞瘤的治疗。

【不良反应和注意事项】 口腔黏膜、消化道反应多见，骨髓抑制较明显。

多柔比星

【体内过程】 多柔比星（doxorubicin，adriamycin，ADM，阿霉素）直接嵌入DNA碱基对之间，并与DNA紧密结合，阻止RNA转录和DNA复制。

【药理作用和临床应用】 属于细胞周期非特异性药物，S期细胞尤其敏感。抗瘤谱广，疗效好。主要用于对常用抗恶性肿瘤药耐药的急性淋巴细胞白血病或粒细胞白血病、淋巴肉瘤、乳腺癌、卵巢癌、小细胞肺癌、胃癌、肝癌及膀胱癌等。

【不良反应和注意事项】 主要为心脏毒性、骨髓抑制、消化道反应等。

柔红霉素

【体内过程】 柔红霉素（daunorubicin，DNR）与多柔比星同属蒽环类抗生素。给药后40～45分钟内即在肝内代谢成具有抗癌活性的柔红霉素醇，并与该品原形一起分布至全身。

【药理作用和临床应用】 抗恶性肿瘤作用和机制与多柔比星相似。主要用于淋巴细胞白血病和粒细胞白血病，但缓解期短。

【不良反应和注意事项】 主要不良反应与多柔比星类似，心脏毒性较大。

四、干扰蛋白质合成的药物

长春碱类

长春碱（vinblastine，VLB）及长春新碱（vincristine，VCR）为夹竹桃科植物长春花所含的生物碱。长春地辛（vindesine，VDS）和长春瑞滨（vinorelbine，NVB）为长春碱的半合成衍生物。

【药理作用和临床应用】 主要作用于肿瘤的M期细胞，抑制微管聚合和纺锤丝的形成，使细胞有丝分裂终止；VLB的作用较VCR强。本药还可干扰蛋白质合成和RNA多聚酶，对G_1期细胞也有作用。VLB主要用于治疗急性白血病、淋巴瘤及绒毛膜上皮癌。VCR对儿童急性淋巴细胞白血病疗效好、起效快，常与泼尼松合用作诱导缓解药。VDS主要用于治疗肺癌、淋巴瘤、乳腺癌、食管癌、黑色素瘤和白血病等。NVB主要用于治疗肺癌、乳腺癌、卵巢癌和淋巴瘤等。

【不良反应和注意事项】 主要包括骨髓抑制、神经毒性、消化道反应、脱发及注射局部刺激等。VCR对骨髓毒性不明显，但外周神经系统毒性较大。

鬼臼毒素类衍生物

【体内过程】 鬼臼毒素能与微管蛋白结合，抑制微管聚合，使细胞的有丝分裂停止。

【药理作用和临床应用】 本药衍生物依托泊苷（etoposide，VP-16）和替尼泊苷（teniposide，VM-26）则主要抑制DNA拓扑异构酶Ⅱ，从而干扰DNA复制、转录和修复功能，属细胞周期非特异性药物。依托泊苷在同类药物中毒性最低，临床用于肺癌、睾丸肿瘤及淋巴瘤有良效。替尼泊苷的作用为

依托泊苷的5～10倍，对儿童白血病和脑瘤有较好疗效。

紫杉醇

【体内过程】 紫杉醇（paclitaxel）能选择性地促进微管蛋白聚合并抑制其解聚，从而影响纺锤体的功能、抑制肿瘤细胞的有丝分裂。

【药理作用和临床应用】 对卵巢癌和乳腺癌有独特的疗效，尤其是对顺铂耐药的卵巢癌仍有较好疗效；也用于食管癌、肺癌、头颈部癌及脑肿瘤等。

【不良反应和注意事项】 主要为骨髓抑制、神经毒性、心脏毒性和过敏反应等。

多西他赛

【体内过程】 多西他赛（docetaxel，多西紫杉醇）为M期周期特异性药物，促进小管聚合成稳定的微管并抑制其解聚，从而使小管的数量显著减少，并可破坏微管网状结构。

【药理作用和临床应用】 临床主要用于乳腺癌、卵巢癌、非小细胞肺癌，对小细胞肺癌、头颈部癌、胃癌、胰腺癌、黑色素瘤也有一定的疗效。

【不良反应和注意事项】 主要有骨髓抑制、过敏反应、体液潴留和水肿、皮肤反应、胃肠道反应等。

三尖杉生物碱类

【体内过程】 三尖杉酯碱（cephalotaxine）和高三尖杉酯碱（homoharringtonine）是三尖杉属植物提取的生物碱。可抑制蛋白合成的起始阶段，并使核糖体分解，蛋白质合成及有丝分裂停止，属细胞周期非特异性药物。

【药理作用和临床应用】 对急性粒细胞白血病疗效较好，也可用于急性单核细胞性白血病及慢性髓细胞性白血病等。

【不良反应和注意事项】 包括骨髓抑制、胃肠道反应、脱发等，偶有心脏毒性。

门冬酰胺酶

【药理作用和临床应用】 某些肿瘤细胞不能自行合成其生长必需的门冬酰胺，需从细胞外摄取。门冬酰胺酶（asparaginase，ASP，*L*-asaraginase，L-ASP，*L*-门冬酰胺酶）可水解血清中的门冬酰胺，使肿瘤细胞缺乏门冬酰胺供应，生长受到抑制，而正常组织细胞能自行合成门冬酰胺，故影响较小。主要用于急性淋巴细胞性白血病。

【不良反应和注意事项】 有消化道反应及精神症状等，偶见过敏反应，同时需作皮试。

知识拓展　分子靶向药物

随着分子生物技术的不断提高，人们对肿瘤的发病机制和肿瘤细胞增殖的研究已达到分子水平，随之出现了针对肿瘤治疗的分子靶向药物。分子靶向药物主要有单克隆抗体和信号传导抑制剂。

单克隆抗体药物是将细胞受体、关键基因或调控分子作为靶点进行靶向治疗。目前临床应用的单克隆抗体主要有4种：西妥昔单抗（cetuximab），用于大肠癌的二线治疗；贝伐珠单抗（bevacizumab），用于大肠癌、非小细胞肺癌和乳腺癌的治疗；曲妥珠单抗（trastuzumab），用于HER-2过度表达的晚期乳腺癌；利妥昔单抗（rituximab），用于治疗表达CD20的中低度恶性非霍奇金淋巴瘤。

信号传导抑制剂主要有索拉非尼（sorafenib）、吉非替尼（gefitinib）、厄洛替尼（erlotinib）。索拉非尼为血管内皮生长因子受体（VEGFR）阻断剂，也是血小板衍生生长因子受体（PDGFR）的抑制剂，可以抑制肿瘤血管的形成，主要用于肝癌和肾癌的治疗。吉非替尼和厄洛替尼均是通过抑制表皮生长因子受体（EGFR）酪氨酸激酶来实现抗肿瘤作用的，主要用于晚期非小细胞肺癌的二、三线化疗。

五、激 素 类

某些肿瘤如乳腺癌、前列腺癌、甲状腺癌、宫颈癌、卵巢癌和睾丸肿瘤，其生长与相应的激素失调有关。应用某些激素或其拮抗药可改变平衡失调状态，抑制肿瘤生长。本类药物不抑制骨髓，但使用不当也会诱发其他不良反应。

糖皮质激素

【体内过程】 糖皮质激素（GC）是机体内极为重要的一类调节分子，它对机体的发育、生长、代谢及免疫功能等起着重要的调节作用，是机体应激反应最重要的调节激素，也是临床上使用最为广泛而有效的抗炎和免疫抑制剂。

【药理作用和临床应用】 常用药物有泼尼松、泼尼松龙、地塞米松等，属细胞周期非特异性药物。能抑制淋巴细胞，使淋巴细胞溶解。对急性淋巴细胞白血病和淋巴瘤的疗效较好，缓解快但不持久，易产生耐药性。对其他恶性肿瘤无效，但与其他抗癌药少量短期合用，可减少血液系统并发症及癌肿引起的发热等毒血症反应。但可能因抑制机体免疫功能而促进肿瘤的扩散或并发感染等。

【不良反应和注意事项】

1. 水、盐、糖、蛋白质及脂肪代谢紊乱：表现为向心性肥胖（库欣综合征），出现满月脸、水牛背、痤疮、多毛，高血钠和低血钾、高血压、水肿，高血脂、高血糖或使糖尿病加重，肾上腺皮质功能减退，甚至萎缩，闭经，肌肉消瘦、无力，骨质疏松、股骨头坏死和精神症状等。
2. 减弱机体抵抗力。
3. 阻碍组织修复，延缓组织愈合。
4. 抑制儿童生长发育。

雌激素类

常用药物为己烯雌酚（diethylstilbestrol），其不仅直接对抗雄激素，尚可反馈性抑制下丘脑和垂体释放促间质细胞激素，从而减少雄激素的分泌。主要用于前列腺癌和绝经期乳腺癌的治疗。

雄激素类

常用药物为丙酸睾酮、甲睾酮和氟甲睾酮。本类药物不仅可直接对抗雌激素，也可抑制垂体前叶分泌促卵泡激素，减少卵巢雌激素的分泌；还可对抗催乳素的乳腺刺激作用，从而抑制肿瘤的生长。主要用于晚期乳腺癌，对雌激素样受体阳性患者疗效较好。

抗雌激素药

抗雌激素药有氯米芬（clomifene，clomiphene）、他莫昔芬（tamoxifen，三苯氧胺）及雷洛昔芬（raloxifen），为人工合成的抗雌激素药物，是雌激素受体的部分激动剂，既具有一定的雌激素样作用，也具有较强的抗雌激素作用，能阻断雌激素对乳腺癌的促进作用，抑制乳腺癌生长。主要用于治疗乳腺癌，对雌激素受体阳性患者疗效较好。

学习小结

抗恶性肿瘤药根据药物抗肿瘤作用的生化机制分为五类：①抗代谢药，如抗叶酸制剂甲氨蝶呤。②破坏DNA结构和功能的药物，如烷化剂环磷酰胺。③干扰转录过程阻止RNA合成的药物，如放线菌素D。④干扰蛋白质合成的药物，如长春碱类。⑤影响体内激素平衡药，如肾上腺皮质激素。

抗恶性肿瘤药根据药物对肿瘤细胞周期的作用分为两类：①细胞周期非特异性药物如烷化剂、抗肿瘤抗生素、铂类等。②细胞周期特异性药物如抗代谢剂等。

抗肿瘤药物的主要不良反应有骨髓抑制、胃肠道反应、脱发、肝及肾损害、免疫抑制等。

高频考点　1. 简述顺铂、卡铂、奥沙利铂的药理作用、临床应用及不良反应的异同点
2. 哪些抗肿瘤激素可用于治疗绝经期妇女的乳腺癌？简述其异同点

自测题

1. 关于甲氨蝶呤，下列选项中错误的是
   A. 抑制二氢叶酸还原酶发挥抗肿瘤作用
   B. 有致畸作用
   C. 对儿童急性白血病和绒癌疗效好
   D. 用大量叶酸可减轻骨髓毒性
   E. 可致肝肾损害
2. 下列哪种药物对肉瘤疗效好
   A. 博来霉素　B. 丝裂霉素
   C. 卡莫司汀　D. 环磷酰胺
   E. 甲氨蝶呤
3. 环磷酰胺发挥抗肿瘤作用的作用机制主要是
   A. 影响DNA结构和功能
   B. 影响激素水平
   C. 阻止DNA合成
   D. 干扰蛋白合成和功能
   E. 干扰转录过程和阻止RNA合成
4. 下列哪个不是细胞周期非特异性抗肿瘤药的特点
   A. 对G_0期细胞也有一定杀伤作用
   B. 剂量反应曲线接近直线
   C. 治疗效果比细胞周期特异性抗肿瘤药好
   D. 对M期细胞敏感
   E. 对S期细胞敏感
5. 甲氨蝶呤的骨髓毒性可用下列哪种药物减轻
   A. 维生素B_{12}　B. 硫酸亚铁
   C. 亚叶酸钙　D. 叶酸
   E. 红细胞生成素
6. 患者，女，58岁。术后病理诊断为卵巢低分化腺癌，可用以下哪种药物进行化疗
   A. 门冬酰胺酶　B. 他莫昔芬
   C. 紫杉醇　D. 白消安
   E. 利妥昔单抗

（王学屏）

第42章
影响免疫功能药

学习目标

1. 熟悉环孢素、硫唑嘌呤、环磷酰胺、抗淋巴细胞球蛋白、左旋咪唑、转移因子、白细胞介素-2、干扰素的药理作用和临床应用。
2. 了解其他调节免疫功能药的作用特点及临床应用。
3. 具有根据适应证合理选择影响免疫功能药物，以及正确处置药物不良反应的能力。
4. 能运用所学知识与患者及家属进行沟通，开展用药咨询服务，指导患者合理用药。

案例导入

患者，男，25岁。入院诊断为急性肾炎，予青霉素、泼尼松及利尿药等治疗。数年来经常出现颜面及双下肢水肿，食欲明显下降，乏力，消瘦，面色蜡黄，下肢肌肉抽搐，尿量逐渐减至40ml/d左右，诊断为尿毒症。给予肾移植术，术后1周患者出现发热、尿量减少、高血压、移植肾区压痛、血肌酐升高等症状，医生诊断为肾移植后排斥反应。

问题：为防止此种情况再发生，预防性应用环孢素，是否正确？为什么？

参与免疫反应的各种细胞、组织和器官，如胸腺、骨髓、淋巴结、脾、扁桃体及分布在全身组织中的淋巴细胞和浆细胞等构成机体的免疫系统。其功能正常是免疫功能的基础，各种原因导致的免疫功能障碍，包括变态反应、自身免疫性疾病、免疫缺陷病和免疫增殖病等，须应用影响免疫功能的药物，调节机体的免疫过程。

知识拓展　免疫应答与免疫病理反应

免疫系统的主要生理功能是识别、破坏和清除异物，以维持机体内环境稳定。免疫反应可分为特异性免疫和非特异性免疫。特异性免疫包括细胞免疫和体液免疫，分别由T淋巴细胞（T细胞）和B淋巴细胞（B细胞）介导，并有多种与免疫功能相关的细胞因子参与；非特异性免疫由吞噬细胞、补体、干扰素等吞噬清除异物，并介导和参与特异性免疫的杀伤反应。机体免疫系统在抗原刺激下所发生的一系列变化称为免疫应答反应，包括感应期、增殖分化期和效应期三个阶段。

正常的免疫应答反应在抗感染、抗肿瘤方面具有重要意义。当机体免疫功能异常时，可出现免疫病理反应，包括变态反应（过敏反应）、自身免疫性疾病、免疫缺陷病和免疫增殖病等，表现为机体的免疫功能低下或免疫功能过度增强。影响免疫功能的药物通过影响机体免疫过程的一个或多个环节发挥免疫抑制或免疫增强作用。

第1节　免疫抑制药

免疫抑制药（immunosuppressive drug）是指能抑制有关免疫细胞的增殖和功能，降低机体免疫反应的药物，主要用于治疗自身免疫性疾病和防治器官移植后的排斥反应。由于本类药物对正常免疫反应也有抑制作用，故可致机体的抵抗力降低而诱发感染、恶性肿瘤发生率增高及影响生殖系统功能等不良反应。

环 孢 素

环孢素（ciclosporin，cyclosporine A，CsA）口服吸收慢而不完全，生物利用度仅20%～50%，也可静脉注射。在血液中约50%被红细胞摄取，30%与血红蛋白结合，4%～9%结合于淋巴细胞，血浆中游离药物仅约5%，$t_{1/2}$为24小时，主要经肝代谢，由胆汁排泄。有明显的肠肝循环。

【药理作用】 本药可选择性抑制辅助性T细胞产生细胞因子，如白细胞介素-2（IL-2），从而阻断T细胞对抗原的分化增殖性反应，抑制自然杀伤细胞的杀伤能力；还可抑制T细胞产生干扰素。由于环孢素仅抑制T细胞介导的细胞免疫，对机体的一般防御能力无明显影响。

【临床应用】 临床广泛用于防治异体器官或骨髓移植时的排斥反应；也可用于治疗红斑狼疮、银屑病等自身免疫性疾病。

【不良反应】 常见肾毒性，发生率约70%，表现为肾小球滤过率下降、血肌酐升高，停药后可恢复；其次为肝毒性，可见血清氨基转移酶升高、黄疸等；继发感染也常见，多为病毒感染；此外还有胃肠道反应、感觉异常、嗜睡及多毛等。

肾上腺皮质激素

常用药物有泼尼松（prednisone）、泼尼松龙（prednisolone）、地塞米松（dexamethasone）等。三者对免疫反应的多个环节均有影响。可抑制巨噬细胞对抗原的吞噬和处理、阻止淋巴细胞增殖、破坏淋巴细胞、抑制淋巴因子产生、减少抗体生成等。临床主要用于器官移植对抗排斥反应和治疗自身免疫性疾病（参见第29章）。

他 克 莫 司

他克莫司（tacrolimus，FK-506）口服吸收快，生物利用度为25%，体内分布广，经肝代谢，$t_{1/2}$为7小时。作用与环孢素相似但更强。用于肝、肾移植后的排斥反应，对自身免疫性疾病有一定的疗效，可用于风湿性关节炎、肾病综合征、1型糖尿病等的治疗，也可用于治疗系统性红斑狼疮。不良反应与环孢素相似，肾毒性及神经毒性不良反应发生率更高，而多毛症发病率较低；胃肠道反应及代谢异常均可发生。

硫唑嘌呤、甲氨蝶呤和巯嘌呤

硫唑嘌呤、甲氨蝶呤和巯嘌呤均通过干扰嘌呤代谢，而抑制DNA、RNA和蛋白质合成。对T淋巴细胞的抑制作用较明显，并可抑制T、B淋巴母细胞，故兼抑制细胞免疫和体液免疫作用，但不抑制巨噬细胞的功能。主要用于肾移植的排斥反应、类风湿关节炎和系统性红斑狼疮等自身免疫性疾病。

环磷酰胺、白消安和塞替派

环磷酰胺、白消安和塞替派均为抗恶性肿瘤药，可选择性地杀伤增殖期淋巴细胞，并抑制其转化为淋巴母细胞。主要选择性抑制B细胞，大剂量也能抑制T细胞；对自然杀伤细胞也有抑制作用。主要用于类风湿关节炎、肾小球肾炎等自身免疫性疾病及器官移植后的排斥反应。

抗淋巴细胞球蛋白

抗淋巴细胞球蛋白（antilymphocyte globulin，ALG）属于强免疫抑制剂，是用人的淋巴细胞免疫马、兔等动物后，从动物血清中分离制成的抗人淋巴细胞的免疫球蛋白。主要作用于T细胞，对细胞免疫有较强的抑制作用。其特点是无骨髓毒性。主要用于防治器官移植的排斥反应，因变态反应发生率高，多在其他免疫抑制药无效时应用。

麦考酚吗乙酯

麦考酚吗乙酯（mycophenolate mofetil）可抑制T细胞和B细胞的增殖及抗体生成，抑制细胞毒性T细胞的产生；能快速抑制单核细胞的增殖，减轻炎症反应；减少细胞黏附分子，抑制血管平滑肌的增生。主要用于肾移植和其他器官移植。主要不良反应为腹泻，减量或对症治疗可消除，无明显肝、肾毒性。

单克隆抗体

单克隆抗体是经过杂交技术制备的一类特殊抗体，作为一种新型免疫抑制剂已广泛应用于临床。主要用于防治肾移植后的急性排斥反应及防治同种骨髓移植时移植物抗宿主反应，也可用于自身免疫性疾病的治疗。不良反应有寒战、高热、呼吸困难、呕吐等，偶可引起严重超敏反应。

第2节　免疫增强药

免疫增强药（immunopotentiating drug）是指单独或与抗原同时使用时，增强机体免疫应答反应的药物。临床主要用于免疫缺陷病、慢性感染及恶性肿瘤的辅助治疗。

卡 介 苗

卡介苗（bacillus Calmette-Guérin，BCG）是牛结核分枝杆菌的减毒活菌苗，能刺激多种免疫活性细胞，增强机体的非特异性免疫功能；也能提高机体的体液免疫和细胞免疫功能。除用于预防结核病外，还可用于肿瘤的辅助治疗，如白血病、黑色素瘤、肺癌等。近年来，也用于膀胱癌术后灌洗，可预防肿瘤的复发。

不良反应较多，可见注射部位红斑、硬结或溃疡，瘤内注射偶见过敏性休克；剂量过大可降低免疫功能。

干 扰 素

干扰素（interferon，IFN）除具有抗病毒、抑制肿瘤细胞增殖作用（已于前述）外，还具有免疫调节作用。其中致敏前或大剂量给药可抑制体液免疫和细胞免疫；相反，致敏后或小剂量给药可增强体液免疫和细胞免疫功能。主要用于免疫功能低下或免疫缺陷所致复发性或慢性感染；对骨肉瘤患者疗效较好，也可辅助用于部分肿瘤化疗、放疗及手术后。不良反应较少，可有发热、流感样症状、皮疹、嗜睡等。剂量过大可致白细胞及血小板减少。

白细胞介素-2

白细胞介素-2（interleukin-2，IL-2）由T细胞和NK细胞产生，也称为T细胞生长因子（T cell growth factor，TCGF）。主要功能是促进辅助性T细胞（Th）、细胞毒性T细胞（Tc）、自然杀伤细胞（NK）及B细胞的活化与增殖；诱导LAK（激活杀伤细胞）、肿瘤浸润淋巴细胞（TIL）的增生及增强其活性；诱导干扰素产生。主要用于治疗黑色素瘤、肾细胞癌、霍奇金病等，可控制肿瘤发展，减小肿瘤体积及延长生存时间。尚可与抗艾滋病药合用治疗艾滋病。全身性不良反应有发热、寒战；胃肠道不良反应有厌食、恶心、呕吐等；皮肤反应有弥漫性红斑；此外尚有心肺反应、肾脏反应、血液系统反应及神经系统症状等。

左旋咪唑

左旋咪唑（levamisole，LMS）是一种口服有效的免疫调节药。对免疫功能低下者，促进抗体生成，使低下的细胞免疫功能恢复正常，还能增强巨噬细胞的趋化和吞噬功能，但对正常人和动物几乎不影响抗体的产生。

主要用于免疫功能低下者恢复免疫功能，增强机体抗病能力；与抗癌药合用治疗恶性肿瘤，可巩固疗效，减少复发或转移，延长缓解期；对多种自身免疫性疾病如类风湿关节炎、系统性红斑狼疮等症状可改善。

不良反应主要有恶心、呕吐、腹痛等，少见发热、头痛、乏力等，偶见肝功能异常、白细胞减少及血小板减少等。

转移因子

转移因子（transfer factor，TF）是从健康人的白细胞提取的多核苷酸和低分子量肽类物质，无免疫原性，它可将供体的细胞免疫信息转移给受者的淋巴细胞，使之增殖、分化为致敏淋巴细胞，从而获得供体样的细胞免疫功能，但不转移体液免疫，作用较持久。主要用于先天性或获得性细胞免疫缺陷病的补充治疗，还可用于某些难以控制的病毒性或霉菌性感染（如带状疱疹、乙型脑炎、白色念珠菌感染等）及恶性肿瘤的辅助治疗。不良反应较少。

胸 腺 素

本药可促进T细胞分化成熟，增强T细胞对抗原或其他刺激的反应，同时增强白细胞、红细胞的免疫功能，并调节机体的免疫平衡。主要用于胸腺依赖性免疫缺陷性疾病（包括艾滋病）、某些自身免疫性疾病、晚期肿瘤和病毒感染。常见不良反应为发热，少数出现过敏反应。

处方分析

患者，男，30岁，肾脏移植手术后。为防止患者发生机体排斥反应，医生治疗方案如下，试分析是否合理，并说明为什么。

环孢素　口服一次2g，一日1次，器官移植前3小时开始服用，连用1周后改用维持量每日一次，每次1g。

硫唑嘌呤　手术当天350mg口服，7天内递减至150mg，每日用药，维持用药。

甲泼尼龙　500mg，术前3天每日1次静脉滴注；3天后改用泼尼松30mg，每日口服；3个月后，泼尼松10mg，每日口服，持续用药。

学习小结

影响免疫功能的药物包括免疫抑制药和免疫增强药两种，主要用于变态反应、自身免疫性疾病、免疫缺陷病和免疫增殖病等。常用的免疫抑制药有环孢素、糖皮质激素、抗淋巴细胞球蛋白等，它们能非特异地抑制机体免疫功能，主要用于治疗自身免疫性疾病和器官移植后的排斥反应；免疫增强药包括卡介苗、干扰素、白细胞介素-2、左旋咪唑等，主要用于免疫缺陷病、恶性肿瘤、病毒感染等。

高频考点　1. 临床常用的免疫抑制药，长期应用可带来哪些严重不良反应
2. 干扰素除具有免疫增强作用外，还能用于哪些疾病

自 测 题

1. 不属于免疫抑制药的是
A. 巯嘌呤
B. 肾上腺皮质激素类
C. 卡介苗
D. 环磷酰胺
E. 环孢素

2. 不属于免疫增强药的是
   A. 干扰素　　B. 转移因子
   C. 左旋咪唑　　D. 抗淋巴细胞球蛋白
   E. 胸腺素
3. 器官移植后最常用的免疫抑制药是
   A. 泼尼松　　B. 地塞米松
   C. 环孢素　　D. 硫唑嘌呤
   E. 环磷酰胺
4. 主要抑制巨噬细胞对抗原吞噬处理的免疫抑制药是
   A. 环孢素　　B. 左旋咪唑
   C. 泼尼松龙　　D. 干扰素
   E. 巯嘌呤
5. 小剂量增强免疫功能，大剂量则抑制免疫功能的药物是
   A. 环孢素　　B. 干扰素
   C. 左旋咪唑　　D. 泼尼松龙
   E. 硫唑嘌呤
6. 转移因子的主要适应证是
   A. 免疫力低下
   B. 免疫缺陷性疾病
   C. 血小板减少性紫癜
   D. 肾移植
   E. 白血病辅助性免疫疗法

（孙岩梅）

第43章 解毒药

学习目标

1. 掌握有机磷酸酯类中毒解毒药阿托品、氯解磷定、碘解磷定的药理作用和临床应用。
2. 熟悉金属、类金属中毒解毒药的药理作用和临床应用。
3. 了解氰化物中毒解毒药、蛇毒中毒解毒药及灭鼠药中毒解毒药的临床应用。
4. 具有根据中毒类型的不同，选择相应的急救处理方法和解毒剂进行解救，并防止不良反应发生的能力；会分析解毒药常用配伍用药的合理性。
5. 能与患者及家属进行沟通，开展用药咨询服务，并能正确指导患者合理用药。

解毒药（antidotes）是指能直接对抗毒物或解除毒物所致毒性反应的一类药物。急性中毒的处理原则是排出毒物、给予特效解毒药和进行对症治疗。特效解毒药是一类具有高度专一性的药物，在中毒的抢救中占重要地位。

第1节　有机磷酸酯类中毒及解毒药

案例导入

患者，男，36岁。1小时前误服敌敌畏50ml，之后呕吐一次。查体：血压130/70mmHg，脉搏60次/分，流涕，对光反应迟钝，双肺可闻及湿啰音，心律齐，无杂音，全身皮肤潮湿。初步诊断：急性有机磷中毒。处置：洗胃，急查血常规、血清胆碱酯酶活性、电解质等相关检查项目。医嘱：阿托品注射液一次2mg，静脉注射，直至阿托品化，之后使用维持量；氯解磷定一次1000mg，肌内注射，每30分钟一次，连用四次，之后每2小时肌内注射一次，并根据胆碱酯酶活性调整用量。

问题： 1. 有机磷中毒的症状有哪些？

2. 何为阿托品化？为什么要达到阿托品化？

3. 为什么阿托品和氯解磷定联合应用？

有机磷酸酯类（简称有机磷）包括对硫磷、内吸磷、甲拌磷、马拉硫磷、乐果、敌敌畏、敌百虫等农林业杀虫剂和沙林、塔崩、梭曼等化学战毒气。有机磷对人畜均有剧烈毒性，极易引起中毒。

一、有机磷酸酯类中毒机制及中毒表现

（一）有机磷酸酯类中毒机制

有机磷酸酯类可通过消化道、呼吸道、皮肤及黏膜等多种途径进入机体，与胆碱酯酶结合，形成磷酰化胆碱酯酶而失去活性，导致乙酰胆碱不能被水解而堆积，激动胆碱受体，引起一系列胆碱能神经系统功能亢进的中毒症状。若不及时使用胆碱酯酶复活药，磷酰化胆碱酯酶则不容易被解离，胆碱

酯酶难以复活，形成酶的“老化”现象。此时即使再用胆碱酯酶复活药，也不能使胆碱酯酶恢复活性，中毒症状难以缓解，需等待新生的胆碱酯酶出现，才能恢复水解乙酰胆碱的能力。

（二）有机磷酸酯类中毒表现

1. 急性中毒 轻度中毒以M样症状为主。中度中毒同时出现明显的M样及N样症状。重度中毒时除M样和N样症状加重外，还有明显的中枢症状。致死的原因主要为呼吸中枢麻痹及循环衰竭。

（1）M样症状 表现为恶心、呕吐、腹痛、腹泻、大小便失禁、瞳孔缩小、视物模糊、心动过缓、血压下降、出汗、流涕、呼吸道分泌物增加、肺部湿啰音、胸闷、呼吸困难、发绀等。

（2）N样症状 激动N_2受体引起肌肉震颤、抽搐，严重者导致呼吸肌麻痹；激动N_1受体引起心动过速、血压升高。

（3）中枢症状 先兴奋后抑制，表现为躁动不安、失眠、谵语、昏迷、窒息、血压下降、呼吸抑制等。

2. 慢性中毒 多发生在长期从事有机磷酸酯农药生产的工人或长期密切接触有机磷酸酯类的人员中。突出表现是血浆胆碱酯酶活性持续下降，但临床症状不明显。主要症状有头痛、头晕、视物模糊、记忆力减退、思想不集中、多汗、失眠、乏力等；偶见肌束颤动和瞳孔缩小等。主要采取对症治疗和预防措施，如避免与有机磷酸酯类长期接触、加强劳动防护等。

3. 迟发性神经损害 部分急性有机磷酸酯类中毒患者症状消失后数周乃至月余，由于神经轴突的脱髓鞘变性，可出现进行性上肢或下肢麻痹，产生机制未明，目前认为可能与胆碱酯酶抑制作用无直接联系。

二、常用解毒药

（一）M受体阻断药

阿 托 品

【药理作用】 阿托品（atropine）可阻断M受体，使乙酰胆碱不能与M受体结合，导致瞳孔括约肌和睫状肌松弛、腺体分泌减少、呼吸道及胃肠道平滑肌舒张、心脏兴奋性增强等，从而迅速解除M样症状；同时又能通过血-脑脊液屏障进入脑内消除部分中枢症状；对呼吸中枢具有兴奋作用，还可以对抗有机磷酸酯类中毒引起的呼吸中枢抑制。

【临床应用】 有机磷酸酯类中毒者，阿托品的用量常不受药典规定剂量的限制，使用量视中毒程度而定。使用原则为及早、足量、反复给药直至阿托品化，然后改用维持量。阿托品化的指征为：瞳孔较前扩大、颜面潮红、腺体分泌减少、肺部湿啰音显著减少或消失、有轻度躁动不安等。但阿托品不能阻断N_2受体，对肌束颤动无效，也不能使胆碱酯酶复活，故对中度和重度中毒者，必须与胆碱酯酶复活药合用。

其他M受体阻断药如东莨菪碱、山莨菪碱等也能对抗有机磷酸酯类中毒引起的M样症状。

（二）胆碱酯酶复活药

氯解磷定

氯解磷定（pralidoxime chloride，氯磷定、氯化派姆）溶解度大，溶液稳定，使用方便，可静脉给药，也可肌内注射。

【药理作用】 氯解磷定进入机体后，既可与磷酰化胆碱酯酶中的磷酰基结合使胆碱酯酶游离，恢复水解乙酰胆碱的活性；又可直接与游离的有机磷酸酯类结合，形成无毒的磷酰化氯解磷定由肾排出，阻止毒物继续抑制胆碱酯酶。

【临床应用】 用于各种急性有机磷酸酯类中毒，能迅速解除N样症状，消除肌束颤动，但对M样症状效果差，故应与阿托品同时应用。氯解磷定应尽早给药，首剂足量，重复应用，至各种中毒症状消失、病情稳定48小时后停药。

【不良反应】 肌内注射时局部有轻微疼痛；静脉注射过快可出现头痛、乏力、眩晕、视物模糊、恶心及心动过速等；用量过大可抑制胆碱酯酶，导致神经-肌肉传导阻滞，甚至导致呼吸抑制。

碘解磷定

碘解磷定（pralidoxime iodide，派姆）作用和临床应用与氯解磷定相似，但作用弱，不良反应更常见，只作静脉给药，不能肌内注射。

第2节 重金属和类金属中毒及解毒药

一、重金属和类金属中毒机制

铜、铅、锑、汞、铬、银、砷、锑、铋、磷等中的金属离子，能与机体细胞的某些活性基团相结合，导致某些生物活性物质功能障碍，引起人体中毒。

常用的解毒药大多是络合剂，与金属离子络合成为可溶、无毒或低毒的化合物经尿排出，与金属络合后不易解离者，其解毒效果更好。

二、常用解毒药

二巯丁二钠

二巯丁二钠（sodium dimercaptosuccinate，二巯琥钠）是我国原创的解毒药，水溶液不稳定，必须新鲜配制。注射给药，血药浓度很快达峰值，并迅速由血行转移，由肾排泄，无蓄积作用。

【药理作用】 本药化学结构中含有两个活泼的巯基，与金属离子有较强的亲和力，能结合成不易解离的无毒性的环状化合物，由尿排出，从而阻止含巯基的酶与金属离子结合，避免这些酶的活性被抑制；及早用药，还能与巯基酶上的金属离子竞争性结合，使巯基酶恢复活性。因该药与金属离子结合后，仍有部分解离，故应强调早期用药、重复用药。

【临床应用】 主要用于酒石酸锑钾中毒，效果明显；对汞、砷、铅中毒也有明显的解毒和促排作用；对铜、钴、镍等中毒也有疗效；还可用于肝豆状核变性疾病。

【不良反应】 毒性较小。注射后可有口臭、头痛、头晕、恶心、全身乏力及四肢酸痛，减慢注射速度，症状会减轻。偶见过敏反应。

知识拓展 中国科学家的原创药物——二巯丁二钠

二巯丁二钠是我国著名药理学专家丁光生（1921.7.23—2023.10.6）研究员在研究抗血吸虫病药物时发现的一个中间原料，后研制成为对重金属中毒具有良好解毒疗效的创新药物。1958年，二巯丁二钠开始用于锑中毒患者的抢救和治疗，1963年用于治疗铅、汞和砷中毒，1964年开始试用于治疗肝豆状核变性（铜代谢障碍），均取得良好效果。目前已成为金属类金属中毒解救的常用药物。

二巯丙磺酸钠

二巯丙磺酸钠（sodium dimercapto-sulfonate）作用机制与二巯丁二钠相似。常用于治疗汞、砷中毒；对铬、铋、铅、铜及锑中毒有一定疗效；也可作为灭鼠药毒鼠强中毒及农药杀虫双、杀虫单中毒的特效解毒药。常用量肌内注射无明显副作用。静脉注射过快，可引起恶心、头晕、口唇发麻、面色苍白及心悸等，少数人可发生过敏反应，甚至过敏性休克。

依地酸钠钙

依地酸钠钙（calcium sodium versenate）能与多种金属离子（铅、锰、铜等）和放射性物质（钇、镭、钚等）络合形成可溶性络合物，使金属离子失去毒性作用，迅速由尿中排出。主要用于急、慢性铅中毒，也可用于铜、锰、铬、镉等中毒和放射性物质的中毒。不良反应少，部分患者可出现短暂的头晕、恶心、关节酸痛、乏力等反应。大剂量对肾有损害，用药期间应常规查尿，如有血尿或管型尿，应及时停药。肾病患者禁用。

青 霉 胺

青霉胺（penicillamine）为青霉素的水解产物，为含巯基的氨基酸。可与金属离子络合成可溶的络合物，迅速自尿排出，常用于治疗肝豆状核变性，对铅、汞、锌中毒也有效。可引起头痛、乏力、恶心、腹痛、腹泻，也可引起发热、皮疹、关节痛、白细胞及血小板减少；与青霉素有交叉过敏反应，故用前必须做青霉素皮肤过敏试验，对青霉素过敏者禁用。

去 铁 胺

去铁胺（deferoxamine）是特效的铁络合剂，可与组织中的铁络合成无毒物后从尿中排出。主要用于铁中毒，但口服吸收差，必须肌内注射或静脉注射。该药注射过快，可引起面部潮红、低血压等，注射局部可出现疼痛。

第 3 节　氰化物中毒及解毒药

一、氰化物中毒及解毒机制

氰化物是作用迅速的剧毒物质。常见的氰化物有氢氰酸、氰化钾和氰化钠；桃仁、苦杏仁、枇杷核仁、杨梅仁及樱桃核仁和木薯、高粱秆中含有氰苷，氰苷水解后产生氢氰酸，人畜误食也可致中毒。此外，因为硝普钠中含有44%的氰化物，所以用药过量也可引起氰化物中毒。其中毒机制是氰化物进入体内释放出氰离子（CN^-），与机体内细胞色素氧化酶结合形成氰化细胞色素氧化酶，使该酶失去传递电子的能力，使呼吸链中断，引起细胞内窒息，出现中毒症状，严重者迅速死亡。

氰化物中毒的解救必须联合应用高铁血红蛋白形成剂和供硫剂。首先给予高铁血红蛋白形成剂，迅速将体内部分血红蛋白氧化形成高铁血红蛋白，后者可与游离的CN^-结合或夺取已与细胞色素氧化酶结合的CN^-，形成氰化高铁血红蛋白，使细胞色素氧化酶复活；然后给予供硫剂硫代硫酸钠，与体内游离的或已结合的CN^-相结合，形成稳定性强、无毒的硫氰酸盐，经尿排出，达到彻底解毒的目的。

二、常用解毒药

（一）高铁血红蛋白形成剂

亚硝酸钠

亚硝酸钠（sodium nitrite）在体内能使亚铁血红蛋白氧化为高铁血红蛋白，后者与CN^-结合力强，故可有效地解救氰化物中毒。大剂量可引起高铁血红蛋白血症，如发绀、眩晕、头痛、呼吸困难；静脉注射速度过快或过量中毒可引起血压骤降、晕厥、循环衰竭甚至死亡。孕妇禁用。

亚 甲 蓝

亚甲蓝（methylene blue，美蓝）为氧化还原剂，对血红蛋白有双重作用，随其在体内浓度不同而异。低浓度时，可在还原型脱氢酶辅酶 I 的作用下转变为还原型亚甲蓝，后者能将高铁血红蛋白还原成血红蛋白，自身又氧化成氧化型亚甲蓝。可用于伯氨喹、亚硝酸盐、苯胺及硝酸甘油等引起的高铁血红蛋白血症。高浓度时，能直接将血红蛋白氧化成高铁血红蛋白，可用于氰化物中毒，但其作用不如亚硝酸钠强。

静脉注射剂量过大时，可引起恶心、腹痛、出汗、眩晕、头痛等。禁用皮下和肌内注射，以免引起组织坏死。

（二）供硫剂

硫代硫酸钠

硫代硫酸钠（sodium thiosulfate）具有活泼的硫原子，在硫转移酶的作用下，可与游离的及结合的 CN^- 结合，解救氰化物中毒。与亚硝酸钠合用可显著提高疗效，但应注意不宜混合注射，以免血压过度下降。此外，硫代硫酸钠还是钡盐中毒的特效解毒药。偶见头晕、乏力、恶心、呕吐等不良反应。

第 4 节 灭鼠药中毒及解毒药

灭鼠药的种类很多，发生中毒后，首先要确认中毒鼠药的种类，然后应用解毒药物并对症治疗。

一、抗凝血类灭鼠药中毒及解毒药

抗凝血类灭鼠药常用的有敌鼠钠、杀鼠灵、鼠得克、大隆等，其毒理主要是破坏机体凝血功能及损伤小血管，引起出血等。人误服后，中毒症状多缓慢出现，一般在服用后第三日（数小时乃至20日）开始出现恶心、呕吐、食欲减退及精神不振，其后可发生鼻出血、齿龈出血、皮肤紫癜、咯血、便血、尿血等，并可伴有关节痛、腹痛及低热等。严重者发生休克。患者可有贫血、出凝血时间及凝血酶原时间延长。特效解毒药是维生素 K_1。

维生素 K_1

维生素 K_1（vitamin K_1）与抗凝血类灭鼠药化学结构相似，可对抗并解除这类药物对凝血酶原活性的抑制，使凝血过程正常。可同时给予足量维生素C及糖皮质激素辅助治疗。

二、磷毒鼠药中毒及解毒药

磷毒鼠药包括磷化锌和毒鼠磷。

（一）磷化锌中毒及解救

磷化锌作用于神经系统，轻度中毒时有头痛、头晕、乏力、恶心、呕吐、腹痛及腹泻等消化道症状及胸闷、咳嗽、心动过缓等。中度中毒时，除上述症状外，可有意识障碍、抽搐、呼吸困难、轻度心肌损害、心电图ST段降低、T波低平、传导阻滞。重度中毒时，尚有昏迷、惊厥、肺水肿、呼吸衰竭、明显的心肌损害及肝损害等。

磷化锌口服中毒者应立即催吐、洗胃。洗胃用0.5%硫酸铜溶液，每次200～500ml口服，使磷转变为无毒磷化铜沉淀，直至洗出液无磷臭味为止。再用0.3%过氧化氢溶液或0.05%高锰酸钾溶液持续洗胃，直至洗出液澄清为止。然后口服硫酸钠15～30g导泻。禁用油类泻药。禁食鸡蛋、牛奶、动植物油类，因磷能溶于脂肪中而促进吸收。呼吸困难、休克、急性肾衰竭及肺水肿时，应及时对症治疗。

（二）毒鼠磷中毒及解救

毒鼠磷的毒理主要是抑制胆碱酯酶活性，使突触处乙酰胆碱过量积聚，胆碱能神经节后纤维支配的效应器出现一系列改变，如平滑肌兴奋、腺体分泌增加、瞳孔缩小、骨骼肌兴奋等。

毒鼠磷是有机磷化合物，其中毒症状主要由抑制胆碱酯酶所致，故解救基本上与有机磷酸酯类中毒相同，主要应用阿托品及胆碱酯酶复活药如氯解磷定等解救。

三、毒鼠强中毒及解毒药

毒鼠强（tetramethylene disulfotetramine）是国家禁止使用的灭鼠药。人口服的致死量约为12mg。本药对中枢神经系统，尤其是脑干有兴奋作用。其中毒解救措施包括：①首先应清除胃内毒物：可采取催吐、洗胃、灌肠、导泻等方法。②对症处理：抗惊厥药苯巴比妥的疗效较地西泮好；呕吐、腹痛时，可用山莨菪碱；心率慢于40次/分，考虑体外临时起搏器，发生阿-斯综合征时进行人工起搏等。③中毒情况较重者采用活性炭血液灌流。④应用特异性解毒药二巯丙磺酸钠。

第5节　蛇毒中毒及解毒药

蛇毒是毒蛇所分泌的有毒物质，主要有神经毒、心脏毒、血液毒等。人被毒蛇咬伤后，蛇毒可侵入人体而引起一系列中毒症状，可表现为肌肉瘫痪、呼吸肌麻痹、室性早搏、房室传导阻滞甚至心力衰竭、出血甚至失血性休克等。抢救不及时，可因呼吸肌麻痹或休克而死亡。因此，被毒蛇咬伤必须及时治疗，除进行一般处理外，还要用抗蛇毒药进行治疗。抗蛇毒药包括抗蛇毒血清及由中草药配制而成的抗蛇毒药两类，常用抗蛇毒药及临床应用见表43-1。

表43-1　常用抗蛇毒药及临床应用

药物	临床应用
精制抗五步蛇毒血清	主要用于五步蛇咬伤
精制抗眼镜蛇毒血清	主要用于眼镜蛇咬伤
精制抗蝮蛇毒血清	主要用于蝮蛇咬伤
精制抗银环蛇毒血清	主要用于银环蛇咬伤
多价抗蛇毒血清	用于蛇种不明的毒蛇咬伤
南通蛇药	用于各种毒蛇、毒虫咬伤
群生蛇药	用于蝮蛇、五步蛇、眼镜蛇等咬伤
群用蛇药	用于治疗眼镜蛇咬伤效果较好，对银环蛇、蝮蛇、五步蛇、竹叶青蛇等咬伤亦有效
上海蛇药	用于治疗蝮蛇、竹叶青蛇、眼镜蛇、银环蛇、尖吻蛇等咬伤

学习小结

掌握各种中毒的解救方法。当遇到中毒患者时，需确定中毒种类，对症治疗并及时足量给予解毒药。有机磷酸酯类属于难逆性胆碱酯酶抑制药，常用阿托品和胆碱酯酶复活药解救。重金属和类金属中毒常用的解毒药大多是络合剂，如二巯丁二钠等。氰化物中毒的解救必须联合应用高铁血红蛋白形成剂和供硫剂。灭鼠药中毒的解救因种类不同而不同。蛇毒中毒解毒药有抗蛇毒血清及由中草药配制而成的抗蛇毒药两类。

高频考点　1. 解毒药的分类

2. 简述阿托品在解救有机磷中毒患者中的药理作用、应用原则及阿托品化的指征

自 测 题

1. 治疗砷中毒的药物是
   A. 依地酸钙钠　　B. 青霉胺
   C. 二巯丙磺酸钠　　D. 二巯丁二钠
   E. 硫代硫酸钠
2. 治疗肝豆状核变性的药物是
   A. 青霉胺　　B. 依地酸钙钠
   C. 氯解磷定　　D. 阿托品
   E. 二巯丙磺酸钠
3. 碘解磷定解救有机磷酸酯类中毒的机制是
   A. 阻断M受体　　B. 阻断N受体
   C. 阻断M及N受体　　D. 减少ACh的合成
   E. 使胆碱酯酶复活
4. 下列哪种药物属于胆碱酯酶复活剂
   A. 阿托品　　B. 依地酸钙钠
   C. 氯解磷定　　D. 东莨菪碱
   E. 亚甲蓝
5. 解救亚硝酸钠导致的高铁血红蛋白症可选用
   A. 大剂量亚甲蓝　　B. 小剂量亚甲蓝
   C. 硫代硫酸钠　　D. 阿托品
   E. 二巯丙磺酸钠
6. 患者，男，26岁。因感情问题服用敌百虫，可能出现的症状有
   A. 瞳孔扩大　　B. 皮肤干燥
   C. 小便失禁　　D. 骨骼肌松弛
   E. 胃肠平滑肌抑制

（王　伟）

第44章 盐类及酸碱平衡调节药

学习目标

1. 熟悉氯化钠、氯化钾、钙盐、碳酸氢钠、乳酸钠、氨丁三醇的药理作用、临床应用及不良反应。
2. 了解复方盐类及酸碱平衡调节药的组成及临床应用。
3. 具有根据适应证合理选择药物、防治不良反应的能力。
4. 能利用所学知识与患者及家属进行沟通，开展用药咨询服务，并能正确指导患者合理用药。

案例导入

患者，女，50岁。因高热3天未饮食，口干、口渴，尿少色黄，皮肤弹性差，眼窝凹陷，尿比重1.0441，血清钠浓度为160mmol/L。

问题： 1. 该患者出现上述症状的原因是什么？

2. 以何浓度进行补液？

第1节 盐　类

一、钠　盐

氯 化 钠

【药理作用】 细胞外液中Na^+占阳离子含量的90%左右，是维持细胞外液和渗透压的主要因素。Na^+浓度也是维持细胞兴奋性、神经肌肉应激性的必要条件，此外，Na^+还以$NaHCO_3$形式构成体液缓冲系统，对调节体液的酸碱平衡具有重要作用。正常血清钠浓度一般维持在135～145mmol/L。

【临床应用】

1. 低钠综合征 氯化钠可用于体内大量失钠，出汗过多、剧烈吐泻、大面积烧伤、大量失血、强效利尿药的作用及肾上腺皮质功能不全等均可引起低钠综合征，表现为全身虚弱、表情淡漠、头痛、肠绞痛、手足痉挛、循环障碍、昏迷甚至死亡。氯化钠等钠盐制剂可补充血容量和Na^+，用于各种缺钠性脱水症。对于缺钠严重而渗透压明显降低者，适当给予高渗（3%～5%）氯化钠溶液，可补充细胞外液容量并提高细胞内液的渗透压。

2. 外用冲洗液 0.9%氯化钠溶液的渗透压与哺乳类动物的体液渗透压相同，属于等渗溶液，无刺激性。可外用于眼、鼻、手术及伤口的冲洗。

3. 其他 可用于频繁呕吐、严重腹泻或服用利尿药后大量排尿的患者，还可做注射用药的溶剂或稀释剂。

【不良反应和注意事项】 过量输入可导致高钠血症，引起组织水肿，故高血压及心、肾功能不全者应慎用，肺水肿者禁用，已有酸中毒倾向的患者，大量应用可引起高氯性酸中毒，应予注意，不宜使用本品。

二、钾　盐

氯 化 钾

【药理作用】 K^+是细胞内最重要的阳离子，是维持细胞内渗透压的重要成分，与细胞外H^+交换，参与酸碱平衡的调节，是维持神经肌肉和心肌正常功能的必需物质。血浆中K^+浓度3.5～5.5mol/L，当体内缺钾时产生低钾血症，细胞内K^+外移而细胞外H^+/Na^+内移，引起细胞内酸中毒；另外，低血钾还会导致心肌兴奋性升高。

【临床应用】 氯化钾主要用于防治严重呕吐、腹泻、不能进食、长期应用排钾利尿药或肾上腺皮质激素等所引起的低钾血症，也可用于强心苷中毒引起的阵发性心动过速、频发室性期前收缩等心律失常，有传导阻滞者禁用钾盐。

【不良反应和注意事项】

1. 胃肠道反应　本品有强烈刺激性，口服可引起恶心、呕吐、腹痛，甚至可引起胃肠溃疡、坏死等并发症，宜采用本品的10%水溶液稀释于饮料中在餐后服用。

2. 抑制心脏　诱发或加重房室传导阻滞，甚至心搏骤停，故禁止静脉注射。静脉滴注时，浓度不宜超过0.2%～0.4%，一般滴速不超过1g/h。

3. 局部组织坏死　静脉滴注时漏于皮下可致局部组织坏死。

4. 禁忌证　肾衰竭、尿少或尿闭、高钾血症、房室传导阻滞者及对K^+过敏的患者禁用。

知识拓展　运动补钾

运动时人体出汗多，微量元素流失也比较多，如果运动期间和运动后感觉疲倦无力甚至精力下降，除了是运动带来的疲劳外，还提示人体很可能已缺钾。

在运动时大量出汗，会使体内丢失一部分水分和盐分，随着汗液排出的还有一定量的K^+。除了Na^+外，钾也是人体内一种重要的元素，起到维持神经和肌肉正常功能特别是保证心肌正常运动的作用。因此，低血钾时，就会感到疲倦、无力，精神和运动能力都会下降，身体的耐热能力也会降低。如果人体严重缺钾，将会导致心律失常和全身肌肉无力。这也是有些运动员在比赛间隙吃香蕉，是因为香蕉中含有大量的钾。

三、钙　盐

临床常用的钙剂有氯化钙（calcium chloride）、葡萄糖酸钙（calcium gluconate）和乳酸钙（calcium lactate）等。氯化钙的用药方式以静脉注射为主，乳酸钙主要是口服给药，葡萄糖酸钙比氯化钙刺激性小、安全性好，既可以静脉注射给药，也可以口服。

【药理作用和临床应用】

1. 降低毛细血管的通透性，增加毛细血管的致密性，减少渗出，发挥抗炎、抗过敏作用。可用于荨麻疹、血管神经性水肿、血清病、接触性皮炎和湿疹等，一般采用静脉给药。

2. 促进骨骼和牙齿的发育　钙是构成骨骼和牙齿的主要成分。体内缺钙可引起佝偻病或软骨病，补充钙盐可防治。维生素D可增加钙的吸收、促进骨骼的正常钙化，故口服钙剂常同时配合使用维生素D。

3. 维持神经肌肉的正常兴奋性　正常人血清钙含量为90～110mg/L，当血清钙低于60～70mg/L时，神经肌肉的兴奋性升高，出现手足搐搦症，婴幼儿可见喉痉挛或惊厥。此时应静脉注射钙剂以迅速缓解症状，待症状减轻或惊厥控制后可采用口服给药。

4. 拮抗镁离子的作用　钙与镁的化学性质相似，可以相互竞争同一结合部位而产生对抗作用，故注射硫酸镁过量引起中毒时，可静脉注射氯化钙或葡萄糖酸钙解救。

5. 其他 钙是凝血因子Ⅴ，参与凝血过程；可对抗氨基糖苷类抗生素引起的呼吸肌麻痹。

【不良反应】 静脉注射有全身发热感，注射过快可引起心律失常甚至心搏骤停，故应缓慢静脉注射（每分钟不超过2ml）；本类药物有强烈刺激性，不可作皮下或肌内注射，并避免漏出血管外而引起剧痛及组织坏死。

第2节 酸碱平衡调节药

一、纠正酸中毒药

碳酸氢钠

碳酸氢钠（sodium bicarbonate）为弱碱性物质，口服或静脉注射均可。

【药理作用和临床应用】

1. 纠正代谢性酸中毒 解离的HCO_3^-与H^+结合，使体内H^+浓度降低，常用于治疗代谢性酸中毒。

2. 碱化尿液 碳酸氢钠经肾排泄时使尿液碱化。可用于巴比妥类等药物过量中毒时加速从尿排出，防止磺胺类药物在肾小管析出结晶损害肾脏，增强氨基糖苷类抗生素治疗泌尿道感染的疗效。

3. 降低血钾 碳酸氢钠可升高血液的H^+，促进K^+由细胞外进入细胞内，从而使血钾降低。用于心脏复苏，纠正缺氧性酸中毒时所造成的高钾血症，缓解K^+对心脏的抑制，使心肌收缩性及应激性增高。

4. 治疗消化性溃疡 见作用于消化系统的药物。

【不良反应和注意事项】 对组织有刺激性，注射时切勿漏出血管。过量可致代谢性碱中毒。还可加重钠水潴留和缺钾等。充血性心力衰竭、急慢性肾功能不全、低血钾或伴有CO_2潴留者慎用。

乳 酸 钠

乳酸钠（sodium lactate）进入人体内后，其乳酸根在有氧条件下，在肝内氧化为碳酸氢根，增加碱储备，故可用于治疗代谢性酸中毒。因作用不及碳酸氢钠迅速和稳定，较少采用，但在高钾血症或普鲁卡因、奎尼丁等药物引起的心律失常伴有酸血症者，仍以乳酸钠治疗为宜。过量可引起碱血症，伴有休克、缺氧、肝及心功能不全、乳酸性酸中毒者禁用。

氨丁三醇

氨丁三醇（trometamol）为不含钠的氨基缓冲剂，能摄取H^+而纠正酸中毒。作用较强，并能透过细胞膜，可在细胞内、外同时纠正酸中毒。常用于急性代谢性及呼吸性酸中毒。不良反应较多而严重，可引起低血糖、低血压、低血钙、高血钾、呼吸抑制、恶心、呕吐等；注射时勿漏出血管，以免引起局部组织坏死。慢性呼吸性酸中毒、慢性肾性酸中毒、肾功能不全及无尿者禁用。

二、纠正碱中毒药

氯 化 铵

【药理作用和临床应用】

1. 酸化体液 氯化铵（ammonium chloride）进入体内解离为NH_4^+和Cl^-，NH_4^+迅速经肝代谢形成尿素，而Cl^-在体内可置换HCO_3^-，减少体内过量的碱储备。可用于纠正代谢性碱中毒。

2. 酸化尿液 Cl^-经肾排出时，可使HCO_3^-重吸收增多，H^+排出增多，使尿液pH降低。可用于有碱类药物（如氨茶碱）过量中毒。

3. 祛痰作用 口服可刺激胃黏膜，反射性增加呼吸道分泌而祛痰。

【不良反应】 可致恶心、呕吐、胃部不适等症状；过量应用可致高氯性酸中毒，并引起呼吸加强和血液CO_2张力的下降；静脉滴注过快可引起惊厥和呼吸停止。消化道溃疡及严重肝、肾功能不全者禁用。

学习小结

常用的盐类主要有钠盐、钾盐、钙盐，其用途主要为补充无机盐离子，当机体相关离子紊乱时，应及时进行补充。调节酸碱平衡的药物为弱酸性药物或者弱碱性药物，主要通过升高或降低体液pH纠正酸碱平衡。

高频考点 1. 常见盐类药物的作用
2. 碳酸氢钠的临床应用及不良反应

自 测 题

1. 细胞外液中Na^+占阳离子含量的是
A. 60% B. 70%
C. 80% D. 85%
E. 90%
2. 下列哪项不是氯化钠的不良反应
A. 高钠血症 B. 血压上升
C. 酸中毒 D. 腹泻
E. 肺水肿
3. 血浆中K^+的浓度是
A. 1.0～1.5mmol/L B. 2.0～3.5mmol/L
C. 3.5～5.5mmol/L D. 5.5～7.0mmol/L
E. 7.0～8.5mmol/L
4. 下列不属于氯化钾临床应用的是
A. 防治呕吐 B. 治疗腹泻
C. 治疗低钾血症 D. 治疗心动过速
E. 治疗心搏骤停
5. 下列不属于碳酸氢钠作用的是
A. 纠正代谢性酸中毒 B. 碱化尿液
C. 降低血钾 D. 治疗心动过速
E. 治疗消化性溃疡
6. 患者，女，35岁，肢肌力2级，血钾含量2.35mmol/L，可能患有
A. 低钠血症 B. 高钠血症
C. 高钾血症 D. 低钾血症
E. 酸碱平衡紊乱

（董艳艳）

第45章 消毒防腐药

学习目标

1. 熟悉常用的消毒防腐药及临床应用。
2. 了解常用消毒防腐药的配制方法及给药方法。
3. 能够根据临床需要正确选择消毒防腐药。

案例导入

患者，女，78岁。6个月前因大雪出门滑倒致股骨颈骨折，复位手术后一直卧床休息治疗，为防止压疮，遵医嘱用50%乙醇局部按摩进行预防。

问题：该处理方法是否正确？为什么？

消毒防腐药包括消毒药和防腐药两类，其共同特点都是用化学的方法达到抑菌、杀菌或防腐的目的，主要用于皮肤、黏膜、分泌物、排泄物、物品及环境的消毒，以及食品、药品、动植物标本的防腐等。消毒药是指能杀灭病原微生物的药物，防腐药是指能抑制病原微生物生长繁殖的药物。但两者之间没有严格的界限，低浓度的消毒药可起到防腐作用，而高浓度的防腐药又能发挥消毒效力。此外，本类药作用的发挥受药液浓度、酸碱度、环境介质及药物相互作用等的影响，临床使用中应避免各种降低药物疗效因素的干扰。

一、酚　　类

酚类能使菌体蛋白质变性、凝固而呈抗菌作用，对细菌和真菌有效，对芽孢、病毒无效，有的药物能扩张血管，改善局部血液循环。常用酚类消毒防腐药见表45-1。

表45-1　常用酚类消毒防腐药

药名	临床应用	注意事项
苯酚	常用于消毒痰、脓、粪便和医疗器械。水溶液或软膏用于皮肤止痒；酚甘油溶液用于治疗中耳炎	高浓度对皮肤有腐蚀性，可引起新生儿黄疸
甲酚	煤酚皂溶液（又称来苏水）由甲酚500ml、植物油300g、氢氧化钠43g配制而成。常用于手术部位、用具、绷带等的消毒	禁用于伤口、橡皮塑料制品及厨房和餐具的消毒

二、醇　　类

醇类能使蛋白质变性、沉淀而产生抗菌作用，但对芽孢、病毒、真菌无效。常用醇类消毒防腐药见表45-2。

表45-2　常用醇类消毒防腐药

药名	临床应用	注意事项
乙醇	75%乙醇溶液杀菌力最强，可用于皮肤、体温计及手术器械消毒。50%乙醇溶液用于涂擦局部受压皮肤，防止压疮发生。20%～30%乙醇溶液用于物理降温	乙醇对皮肤有较强的刺激性。不宜用于破损伤口及黏膜的消毒
苯氧乙醇	对铜绿假单胞菌有强大杀灭作用，外用涂擦用于烧烫伤及其他皮肤铜绿假单胞菌感染	—

三、醛　类

醛类能与蛋白质中的氨基酸结合而使蛋白质变性、沉淀，从而杀灭细菌、真菌、芽孢及病毒。其杀菌作用强大，但对皮肤、黏膜刺激性强，对人体毒性也大，主要用于房屋、器械消毒。常用醛类消毒防腐药见表45-3。

表45-3 常用醛类消毒防腐药

药名	临床应用	注意事项
甲醛	40%的甲醛水溶液为福尔马林。15ml本品加水20ml加热蒸发可消毒空气1m³；可用于手术器械消毒、固定生物标本及保存疫苗；配成干髓剂，充填髓洞，使牙髓失活	挥发性强，对黏膜和呼吸道有强烈刺激
戊二醛	对多种细菌、结核分枝杆菌、真菌、乙肝病毒有杀灭作用。可用于口腔器械、内镜、温度计、橡胶、塑料制品及不能加热器械的消毒；10%溶液用于面部寻常疣及多汗症	有刺激性，不宜用于黏膜

四、酸　类

酸类可解离出氢离子与菌体蛋白中的氨基结合，形成蛋白质盐类化合物，使蛋白质变性或沉淀而发挥抗菌作用。有些药物可改变细菌周围环境的酸碱度而影响细菌的生长繁殖。常用酸类消毒防腐药见表45-4。

表45-4 常用酸类消毒防腐药

药名	临床应用	注意事项
过氧乙酸	为酸性强氧化剂。对细菌、真菌及其芽孢、病毒有较强的杀灭作用。可用于家庭生活环境、手术器械的消毒	有强酸性，对皮肤、黏膜有刺激性。易挥发，需现用现配
硼酸	防腐作用弱，刺激性小。用于眼、口腔、膀胱、子宫等的冲洗；10%软膏用于湿疹及化脓性皮肤病的湿敷	婴儿应用含硼酸过多的扑粉，可通过皮肤吸收而中毒
乳酸	酸性防腐液，抑菌作用弱。用于空气消毒、食物防腐及治疗滴虫性阴道炎	高浓度对皮肤黏膜有刺激作用和腐蚀性
苯甲酸	食品和药物的防腐剂，有抗真菌作用，在酸性环境中抑菌作用更强。可用于食品和药物的防腐、皮肤浅部真菌感染如体癣、手足癣	局部外用有轻微刺激性

五、卤 素 类

本类药物可使菌体原浆蛋白活化基团卤化或氧化而发挥杀菌作用。常用卤素类消毒防腐药见表45-5。

表45-5 常用卤素类消毒防腐药

药名	临床应用	注意事项
聚维酮碘	又名碘伏，杀菌力强、作用持久、无刺激性、无致敏性、毒性低，为广谱杀菌剂，能杀死细菌、病毒、芽孢、真菌、原虫等，在酸性环境中更稳定，作用更强。常用于皮肤消毒、烫伤、化脓性皮肤炎症及真菌性皮炎、滴虫性阴道炎；餐具、食具的消毒	对碘过敏者慎用。皮肤烧伤面积达20%者不宜用
碘酊	为含2%的碘和1.5%碘化钾的醇溶液，有强大的消毒杀菌作用。主要用于皮肤和手术野消毒，用于毛囊炎、甲癣、传染性软疣；另外牙龈感染和咽炎时涂擦局部	高浓度可刺激皮肤黏膜造成损伤，涂抹后应用乙醇脱碘，对碘过敏者禁用
次氯酸钠	强氧化剂，通过氧化作用破坏菌体细胞膜和酶系统，呈现杀菌作用，对细菌、病毒、芽孢等有强大的杀灭作用。常作为外用消毒剂的成分	高浓度时对组织有腐蚀、溶解作用
含氯石灰	又名漂白粉，为次氯酸钙、氯化钙、氢氧化钙混合物，有消毒杀菌作用。可用于饮水、用具消毒，厕所和浴室消毒，其乳状液或干粉可用于消毒患者的分泌物和排泄物	对皮肤有刺激性，应现用现配

知识拓展　84消毒液

84消毒液是北京第一传染病医院（现北京地坛医院）于1984年研制的一种消毒液，能迅速杀灭各类肝炎病毒。其是以次氯酸钠为主的无色或淡黄色高效液体消毒剂，主要成分为次氯酸钠，有效氯含量为5.5%～6.5%。广泛用于宾馆、旅游、医院、食品加工行业、家庭等卫生消毒。

六、氧 化 剂

本类药物遇有机物释放出新生态氧，使菌体内活性基团氧化而杀菌。常用氧化剂消毒防腐药见表45-6。

表45-6 常用氧化剂消毒防腐药

药名	临床应用	注意事项
高锰酸钾	强氧化剂，具有抑菌和杀菌作用，可用于水果、食物、食具消毒，冲洗溃疡或脓疡，处理蛇咬伤伤口，阴道冲洗，食物中毒时洗胃，湿敷治疗湿疹	溶液应现用现配，久置或加温可迅速失效

七、表面活化剂

本类药物常用者为阳离子表面活性剂，可降低表面张力，使油脂乳化和油污清除，所以又称清洁剂，而且能改变细菌细胞膜通透性，使菌体成分外渗而杀菌。其特点为抗菌谱广、显效快、刺激性小、性质稳定。其效力可被血浆、有机物、阴离子表面活性剂如肥皂、合成洗涤剂所降低。常用表面活性剂消毒防腐药见表45-7。

表45-7 常用表面活性剂消毒防腐药

药名	临床应用	注意事项
苯扎溴铵	即新洁尔灭，是快速杀菌剂。低浓度时即对各类细菌有杀菌作用，较高浓度对革兰氏阳性菌敏感，对真菌和某些病毒有效，对芽孢、结核分枝杆菌及铜绿假单胞菌无效。用于皮肤黏膜、器械消毒；阴道、膀胱及尿道的灌洗	禁止与肥皂及其他阴离子表面活性剂配伍

八、染 料 类

本类药物有酸、碱两性染料，分子中阳离子或阴离子分别与细菌蛋白质的羧基或氨基结合，从而抑制细菌的生长繁殖。常用染料类消毒防腐药见表45-8。

表45-8 常用染料类消毒防腐药

药名	临床应用	注意事项
依沙吖啶	溶液用于外科创伤、皮肤黏膜糜烂感染创面的冲洗和湿敷，也用于口腔黏膜溃疡、牙龈炎、牙周炎的辅助治疗	水溶液不稳定，遇光变色，禁止与含氯溶液配伍

九、重金属化合物

低浓度的重金属离子能抑制菌体内含巯基酶系统的活性，影响细菌代谢而抑菌。高浓度的重金属离子则能与细菌蛋白质结合产生沉淀而杀菌。高浓度对人体组织产生收敛、刺激甚至腐蚀作用。卤素或碱性物质（肥皂）可使之失效，不可合用。常用重金属化合物消毒防腐药见表45-9。

表45-9 常用金属化合物消毒防腐药

药名	临床应用	注意事项
硝酸银	水溶液可解离出银离子，与菌体蛋白质结合，呈杀菌作用。用于灼烧慢性溃疡及过度增生的肉芽组织，也可用作牙本质脱敏	误服可引起重金属中毒

十、其 他 类

此外，还有其他类消毒防腐药见表45-10。

表45-10 其他类消毒防腐药

药名	临床应用	注意事项
环氧乙烷	为广谱、高效的气体消毒剂，与微生物中的蛋白质发生烷化作用，导致微生物死亡。通常用于怕热怕湿的医疗器械、合成材料、棉毛织品及一次性医疗用品和卫生用品的消毒与灭菌	消毒时必须在密闭容器中进行

学习小结

消毒防腐药是一类能够杀灭或者抑制病原体的药物。本类药物一般毒性较大，选择性低，故通常不用于体内，而只用于体表、环境、排泄物的消毒处理，以防止交叉感染的发生或治疗体表感染。

高频考点 1. 常用的消毒防腐药
2. 消毒药与防腐药的区别

自 测 题

1. 乙醇杀菌最强的浓度是
A. 50% B. 60%
C. 75% D. 80%
E. 90%
2. 被称为福尔马林的甲醛的浓度为
A. 20% B. 35%
C. 40% D. 50%
E. 55%
3. 下列不属于甲醛作用的是
A. 促进蛋白质的合成 B. 抑制细胞分裂
C. 抑制细胞核合成 D. 抑制细胞质合成
E. 导致微生物死亡
4. 可用于食品和药物防腐的是
A. 过氧乙酸 B. 甲酚
C. 乳酸 D. 苯甲酸
E. 苯酚
5. 依沙吖啶属于
A. 酚类 B. 醛类
C. 卤素类 D. 表面活性剂
E. 染料类
6. 患者，女，12岁，需要进行伤口清洗，应选用
A. 过氧化氢 B. 过氧乙酸
C. 高锰酸钾 D. 氯己定
E. 苯扎溴铵

（蔡秀婷）

第46章 维生素类及酶类制剂

学习目标

1. 熟悉常用维生素的药理作用、临床应用及不良反应。
2. 了解常用酶类制剂的药理作用和临床应用。
3. 能够根据临床需要正确使用维生素类和酶类制剂。
4. 能与患者及家属进行沟通，开展用药咨询服务，并能正确指导患者合理用药。

案例导入

患儿，男，6个月，嗜睡伴失声、呛咳及竖头无力。哭闹不安4～6小时后出现拒乳、呻吟、呼吸急促、发绀、全身皮肤花纹、尿少。肺部闻及大量湿啰音、肝大、四肢末端冰凉，心肌酶异常升高。

问题： 1. 该患者出现上述症状的原因是什么？

2. 该患者此时应使用何药治疗？

第1节 维生素类

维生素（vitamin，维他命）是一类维持机体正常代谢和生理功能所必需的低分子有机化合物，同时也是机体主要营养要素之一。在体内维生素既不供给热能，也不构成人体组织，而是直接或以某些辅酶（或辅基）方式参与代谢过程，维持器官组织的正常代谢与功能。机体缺乏某种（些）维生素时，影响正常的物质代谢过程，从而导致相应的维生素缺乏症。正常情况下，除少数维生素可在体内合成或由肠道细菌合成外，绝大多数须从肉类、禽蛋、蔬菜、水果及粮食制品中获取。人体对维生素需要量不多，只要科学搭配、合理膳食，多数人从食物中就能获得人体每天所需要的各种维生素。只有当需要量增多、补充不足或吸收障碍（如婴幼儿生长发育期、妇女妊娠期、哺乳期及患某些疾病）时，才需要以药物方式补充。

维生素种类很多，迄今为止已发现的维生素超过60种，分子结构、化学性质差异很大，缺乏共性。因此，一般根据其溶解性将维生素分为脂溶性和水溶性两大类。临床常用的维生素有十几种，大多已能人工合成。

一、水溶性维生素

常用的水溶性维生素有维生素B_1、维生素B_2、烟酸及烟酰胺、维生素B_6、维生素C、叶酸和维生素B_{12}等。

维生素B_1

维生素B_1（vitamin B_1，硫胺素）广泛存在于谷类、麦麸、豆类、瘦肉、干果及酵母中，烹饪过程可丧失约50%。药用者为人工合成品，在酸性环境中较稳定。

【药理作用】 维生素B_1作为α-酮酸氧化脱羧酶的辅酶，参与丙酮酸与α-酮戊二酸的氧化脱羧反应，在糖分解代谢中起重要作用；同时能激活胆碱乙酰化酶和抑制胆碱酯酶的活性。维生素B_1缺乏时，体内丙酮酸、乳酸堆积，能量代谢障碍，胆碱酯酶活性增强，乙酰胆碱水解加速，产生神经系统、心血管系统、消化系统症状，如维生素B_1缺乏症（脚气病）、多发性神经炎、心功能不全、肺水肿及全身水肿，严重者可出现心包、胸腔积液、腹水等。

【临床应用】 主要用于防治维生素B_1缺乏症，如脚气病、心功能不全、多发性神经炎等。也用于全身感染、高热、甲状腺功能亢进、心肌炎、消化道疾病及妊娠期妇女的辅助治疗。

【不良反应和注意事项】 本药毒性低，但注射给药偶见过敏反应甚至过敏性休克，故除特殊情况需紧急补充外，应尽量避免采用注射用药。与碱性药物配伍可变质，应避免。

知识拓展 脚气病

脚气病常发生在以精白米为主食的地区，常由于对维生素B_1摄入不足、需要量增高和吸收利用障碍等原因引起。临床上以消化系统、神经系统及心血管系统的症状为主，其症状表现为多发性神经炎、食欲缺乏、恶心、呕吐，严重时可出现心力衰竭，称脚气性心脏病；还可出现水肿及浆液渗出，常见于足踝部，其后发展至膝、大腿至全身，严重者可有心包、胸腔及腹腔积液，临床称为“脚气病”，故维生素B_1又称为抗脚气病维生素。

维生素B_2

维生素B_2（vitamin B_2，核黄素）来源于动物的肝、肾、肉类、鱼类、蛋黄、乳类、酵母、绿叶蔬菜及谷类，药用多为人工合成。

【药理作用】 维生素B_2在体内转化为黄素单核苷酸（FMN）及黄素腺嘌呤二核苷酸（FAD），两者均为黄素酶类的辅酶，参与三大营养物质代谢，在生物氧化中发挥递氢作用；激活维生素B_6，促进色氨酸转化为烟酸；参与血红蛋白的合成、维持红细胞的完整性。维生素B_2缺乏时，可引起口、舌、眼及外生殖器部位的炎症。

【临床应用】 常用于口角炎、舌炎、结膜炎、视网膜炎、角膜血管化、阴囊炎、脂溢性皮炎等维生素B_2缺乏症，因常伴有其他B族维生素的缺乏，故主张应用复合维生素B；也可用于慢性感染、发热、甲状腺功能亢进、肠道疾病、恶性肿瘤，以及妊娠、哺乳期妇女等的辅助治疗。

【不良反应】 服药后尿液呈黄绿色，可能干扰尿胆原的测定。饭后服药吸收完全，但乙醇可影响本药吸收。应用吩噻嗪类、三环类抗抑郁药、丙磺舒时，应适当补充维生素B_2。

维生素B_6

维生素B_6（vitamin B_6，吡多辛）广泛存在于动物肝脏、肉类、蛋黄、酵母、豆类、谷类及绿叶蔬菜中，通常以吡哆醇、吡哆醛、吡哆胺形式存在，后二者在体内可相互转化，是维生素B_6的活性形式。

【药理作用】 维生素B_6在红细胞内转化为具有生理活性的磷酸吡哆醛和磷酸吡哆胺，作为体内上多种酶的辅酶，广泛参与氨基酸代谢，并参与中枢抑制性递质γ-氨基丁酸（GABA）的合成。维生素B_6缺乏时，可出现皮炎、舌炎、唇炎、腹泻、周围神经病变，以及抑郁、贫血、癫痫发作等。

【临床应用】 临床常用于治疗婴儿惊厥及异烟肼、肼屈嗪所致的周围神经炎、失眠、中枢兴奋等；也可用于服用口服避孕药或接受化疗、放疗期间引起的剧烈恶心、呕吐；还可用于动脉粥样硬化、脂溢性皮炎、白细胞减少症、慢性肝炎的辅助治疗。

【不良反应】 长期大剂量使用，可引起头痛、进行性步态不稳、手足麻木等神经系统症状；与左旋多巴合用，可拮抗其抗震颤作用；肾上腺皮质激素类药、环磷酰胺、氯霉素、青霉胺等药物可增加维生素B_6的排泄或拮抗其作用，与上述药物合用时应注意补充。

维生素C

维生素C（vitamin C，抗坏血酸）广泛存在于新鲜蔬菜和水果中，如番茄、菠菜、青椒、橘、橙、柠檬、山楂及枣等。久放或遇光颜色变微黄或加深，在酸性溶液中较稳定，具有强还原性。

【药理作用】 维生素C在体内具有广泛的生理生化作用，主要包括以下几方面。

1. 参与体内物质代谢及生化反应 如氨基酸中苯丙氨酸、酪氨酸的代谢及蛋白质（含胶原蛋白）、脂肪、多种神经递质的合成；作为药物代谢酶系的成分参与多种药物的代谢；促进铁、碳水化合物的利用；刺激凝血功能，加速凝血反应。

2. 参与氧化还原反应 参与Fe^{3+}还原为Fe^{2+}，促使叶酸在体内还原为四氢叶酸，并防止甲基四氢叶酸变为不可逆的氧化产物甲酰叶酸，是治疗贫血的重要辅助药物；促使胱氨酸还原为半胱氨酸，以利于免疫球蛋白的合成。

3. 其他作用 促使胆固醇转化为胆汁酸，从而降低血中胆固醇含量；提高细胞内第二信使如cAMP与cGMP的含量；抑制亚硝酸转化为具有致癌作用的亚硝胺。

【临床应用】 常用于防治维生素C缺乏症（坏血病），也常用于急慢性传染病、久病卧床骨折伤口愈合不良、各类贫血、高胆固醇血症及动脉粥样硬化等的辅助治疗；对药物、毒物及重金属如汞、铅中毒，以及急慢性肝炎、中毒性肝损害，应用本药有促进药物、毒物排泄，保护肝功能的作用。

【不良反应】 过量使用可出现胃肠道症状；并明显增加尿中草酸排泄量，甚至引起尿路草酸盐结石，故肾结石、痛风患者慎用。长期大剂量使用可引起恶心、呕吐、胃酸增多等。每日5g以上可引起溶血。使用时不可与维生素B_2、维生素B_{12}及碱性药物配伍。

二、脂溶性维生素

维生素A

维生素A（vitamin A，视黄醇）主要存在于动物肝脏、肉类、蛋类及乳制品中，尤以鱼肝油中含量丰富。胡萝卜、番茄中含β-胡萝卜素，为维生素A原，在体内可转化为维生素A。维生素A是一种较复杂的不饱和一元醇，包括维生素A_1（视黄醇）和维生素A_2（3-脱氢视黄醇）两种形式，因后者效力较弱，故维生素A一般指维生素A_1。

【药理作用】

1. 参与视网膜中视紫红质的合成，增强视网膜感光能力，与暗视觉形成有关，缺乏时引起夜盲症。

2. 促进生长发育，维持上皮组织完整性 维生素A促进上皮细胞糖蛋白的合成，维持上皮组织的健全；参与软骨内成骨作用。维生素A缺乏时，儿童生长发育延迟、长骨及牙齿发育障碍，皮肤干燥、增生、角化及脱屑，眼角膜软化，出现干眼症，所以维生素A又称为抗干眼症维生素。

3. 其他作用 如促进T细胞产生淋巴因子，增强机体细胞免疫功能；提高生殖能力，缺乏时可致男性睾丸萎缩，精子数量减少，活力下降，女性胎盘发育受阻；促进肝内贮存铁在血液中的转运，缺乏时出现贫血表现。

【临床应用】 维生素A主要用于各种原因引起的维生素A缺乏症，如夜盲症、干眼症、角膜软化症及皮肤粗糙等；还可用于生长发育期儿童、妊娠期和哺乳期妇女的补充治疗。

【不良反应】 过量应用可引起中毒。急性中毒者表现为嗜睡或过度兴奋、头痛、呕吐等颅内高压症状，婴儿囟门未闭合者可出现前囟隆起。长期过量应用可引起慢性中毒，表现为食欲缺乏、体重减轻、皮肤干燥、皲裂、毛发枯黄、脱发，严重者出现肝功能异常甚至肝硬化症状。孕妇过量服用可致胎儿畸形。

维生素D

维生素D（vitamin D）又称抗佝偻病维生素，包括维生素D_2和维生素D_3两种，前者主要存在于动物性食品如鱼肝油、沙丁鱼、蛋黄、猪肝、奶油、乳汁中；后者主要存在于酵母、蘑菇等菌类植物中。

人皮肤组织内含有维生素D_3的前体7-脱氢胆固醇，经日光或紫外线照射后，可转变成维生素D_3。

【药理作用】 维生素D本身无生理活性，须分别在肝脏和肾脏转化为25-羟维生素D_3及1,25-二羟维生素D_3才具有活性，其作用如下。

1. 促进肠道对钙、磷的吸收 能促进小肠黏膜刷状缘对钙、磷的吸收和转运，从而增加血中钙、磷的含量。

2. 对骨骼的影响 在甲状旁腺激素和降钙素的协同作用下，使未成熟的破骨细胞前体细胞转变为成熟的破骨细胞，促进骨质吸收；同时溶解骨质中的骨盐，使其中的钙、磷释放并转运到血中，以提高血钙和血磷浓度；还能刺激成骨细胞，促进骨样组织成熟及骨盐沉积，利于新骨的形成和钙化。

3. 促进肾脏对钙、磷的重吸收 能提高近曲小管对钙、磷的重吸收，从而使血钙、血磷浓度增加。

综上所述，维生素D的作用最终是增加血钙和血磷浓度，促进骨钙化及骨样组织的成熟。维生素D严重缺乏时，在婴幼儿可引起佝偻病，而成人则表现为骨软化症。

【临床应用】 主要用于防治佝偻病、骨软化症、骨质疏松、婴儿手足搐搦症及老年人骨折的辅助治疗。一般采用口服，但口服吸收不良或不能坚持口服者如婴幼儿可采取肌内注射给药，在补充维生素D的同时应适当给予钙剂。

【不良反应】 短期内超量服用或长期大量服用可出现中毒症状，表现为厌食、恶心、呕吐、腹痛、持续性腹泻、全身乏力、嗜睡、头痛、多尿、口渴、心悸、血压升高、尿钙阳性等。高钙血症、高磷血症伴肾性佝偻病者禁用，心、肾功能不全者慎用。禁与镁剂合用。

知识拓展 阳光维生素——维生素D

人体内维生素D的来源主要有两个途径：一是通过摄取富含维生素D的食物，二是通过紫外线的照射在皮肤表层细胞内合成。前者摄取的维生素D在小肠内吸收，为外源性维生素D的来源，但真正被吸收的维生素D较少，不能满足机体对于维生素D的需求。后者所说的合成，是通过皮肤表层细胞内胆固醇转化成7-脱氢胆固醇，再在阳光（紫外线）的作用下转化为维生素D_3，成为人体内维生素D_3的主要来源。故维生素D又被称为阳光维生素。因此，婴幼儿、孕妇、哺乳期妇女、老年人及其他钙需求量增多的人要多晒太阳。

维生素E

维生素E（vitamin E，生育酚）广泛存在于各种食物中，尤以植物油如大豆油、玉米油、棉籽油等中含量为多，故人类因维生素E摄入不足所导致的缺乏极为罕见。

【药理作用】

1. 维持和促进生殖功能 通过增加垂体促性腺激素的释放，促进卵泡的生长发育和排卵，加速黄体的生成；促进精子生成并提高其活力。若维生素E缺乏，则女性不孕，孕后胎盘萎缩，胚胎死亡或流产；男性睾丸萎缩，无生育能力。

2. 维持神经、骨骼肌、平滑肌和心肌的正常结构和功能，降低组织中氧消耗，提高氧的利用率。

3. 参与酶系统的活动 作为酶系统的辅因子，维生素E参与多种酶的活动，在促进血红素等的合成中发挥重要作用。

4. 维持毛细血管正常的通透性 能修复血管壁损伤后的瘢痕，抑制血小板聚集，防止血栓形成。

5. 增强细胞的抗氧化作用 能增强细胞的抗氧化能力，减少氧化脂质的形成，维持细胞膜的正常结构和功能。

【临床应用】 常用于先兆流产、习惯性流产、不育症、月经失调、绝经期综合征、进行性肌营养不良、骨骼肌痉挛及间歇性跛行、神经痛、运动神经元疾病等。

【不良反应】 过量可出现恶心、眩晕、视物模糊、腹泻、胃肠功能紊乱、低血糖及肌无力等。

第2节 常用酶类制剂

胰蛋白酶

胰蛋白酶（trypsin）系从牛、羊或猪的胰腺组织中分离而得到，其水溶液对热不稳定，贮藏时应低于20℃，药液应新鲜配制。

【药理作用和临床应用】 属丝氨酸蛋白溶解酶，能消化溶解变性的蛋白质，故能使创面组织局部的脓肿、血凝块、坏死组织及痰液液化变稀，容易引流排出，从而加速创面净化，促进肉芽组织的新生。胰蛋白酶还具有抗炎作用，对炎症的消除有辅助作用。临床常用于脓胸、血胸、肺脓肿、外科炎症、创伤性损伤、血栓性静脉炎、瘘管及虹膜睫状体炎、急性泪囊炎、视网膜周围炎等。尚可用于各类毒蛇咬伤的治疗。

【不良反应和注意事项】 常见的有发热、寒战、头晕、头痛、胸痛、腹痛等，给予抗组胺药及解热药多可缓解，不影响继续用药。不能作静脉注射，结核患者慎用；肝肾功能不全、凝血障碍或有出血倾向者禁用。用前需做皮肤划痕试验。

糜蛋白酶

糜蛋白酶（chymotrypsin）与胰蛋白酶来源相同、作用相似且更强，仅作用部位有所不同。

【药理作用和临床应用】 能激活纤溶酶，使蛋白质迅速分解。可使晶状体的悬韧带和眼组织的其他蛋白质溶解；催化痰液中的黏蛋白和纤维蛋白水解，使痰液变稀、易于咳出；还能使蛇毒中的碱性氨基酸分解为无毒的物质，从而消除中毒症状。

本药可用于创伤、扭伤和手术后，促进伤口愈合、消除局部水肿，减少出血，与抗菌药物合用，可发挥抗感染作用；还可用于角膜溃疡、泪道疾病、玻璃体积血、白内障晶状体摘除术及毒蛇咬伤等。

【不良反应】 一般不良反应较胰蛋白酶少见，有过敏反应，用药前需作皮肤过敏试验，阳性者应改用其他药物。用药中出现过敏反应需立即停药，采取抗过敏治疗。药液应现配现用，不可作静脉注射。因可导致玻璃体液丧失，不满20周岁的眼病患者或玻璃体液不固定的创伤性白内障患者禁用。

玻璃酸酶

玻璃酸酶（hyaluronidase，透明质酸酶）来源于动物的睾丸或由微生物中提取。能水解组织基质中的透明质酸，从而提高细胞间质的渗透性，加速局部血液和组织液的扩散和吸收，有利于消除局部水肿、血肿与积液。

对长期皮下注射抗生素、化学治疗药物者合用本药，可加快局部药液扩散减少疼痛；与局麻药合用，可促进局麻药吸收，加速局麻药药效产生；长期注射岛素的糖尿病患者应用本药，可防止注射局部因药物浓度过高所致的脂肪组织萎缩；还可用于防止结膜化学烧伤后的睑球粘连，促进玻璃体混浊或出血的吸收。禁用于感染及肿瘤部位。本药不能静脉注射，需现配现用。

菠萝蛋白酶

菠萝蛋白酶（bromelains，菠萝酶）是来源于菠萝汁中的一种蛋白水解酶。能水解大分子的纤维蛋白、酪蛋白及血红蛋白，但对纤维蛋白原无水解作用。故用药后能溶解组织中的纤维蛋白及血凝块，消除局部炎症和水肿，改善血液循环，而不影响凝血功能。常用于各种炎症、局部损伤、血肿及血栓性疾病。与抗生素、化疗药物并用，能促进药物对病灶的渗透和扩散，用于治疗关节炎、关节周围炎、蜂窝织炎、小腿溃疡等。用药后可出现胃部烧灼感、胃酸增多或胃痛等，故胃肠道溃疡、严重肝肾功能障碍及凝血功能不全者禁用。因遇蛋白酶可被破坏，片剂宜吞服不要嚼碎。

胶　原　酶

胶原酶（collagenase）是由溶组织梭状芽孢杆菌发酵而得到的一种蛋白酶。对坏死组织有较强的消化分解作用（能消化天然胶原和变性胶原），用药后可加快上皮细胞的生长，促进伤口愈合。临床用于创伤、烧伤局部创面的清创、脱痂，以减少瘢痕的形成，也可用于慢性溃疡、压疮。

知识拓展　各类维生素缺乏症

维生素A缺乏会导致夜盲症，夜晚视力减弱，容易出现肠道感染，皮肤干燥粗糙，出现多种皮肤色斑。

维生素B_1缺乏可致脚气病，引起食欲缺乏、记忆力减退、易怒、易疲乏、心智灵敏度降低，严重的还会引起恶心、呕吐、腹泻、生长速度慢、消瘦等。

维生素B_2缺乏会出现口角糜烂、裂口、张口出血，伴疼痛和灼热感，喉咙痛，干涩难受，鼻、嘴、前额和耳朵周围皮肤呈鳞状，对光敏感。

维生素B_6缺乏会导致血糖低、嘴角干裂、肌肉抽搐、反应迟钝等。

维生素B_{12}缺乏会导致胳膊和大腿酸痛，嘴感觉酸痛，行走困难，四肢感觉发麻。

维生素C缺乏会引起坏血病，皮肤经常有出血点，牙龈出血，抵抗力下降，容易患呼吸系统疾病。

维生素D缺乏会引起佝偻病、骨质疏松、鸡胸、罗圈腿等。

学习小结

维生素分为脂溶性维生素和水溶性维生素两类。前者包括维生素A、维生素D、维生素E、维生素K等，后者有B族维生素和维生素C。人和动物缺乏维生素时不能正常生长，并发生特异性病变，即维生素缺乏症。人体需要的维生素只有当需要增加、补充不足或吸收障碍时，才需要以药物方式补充。常用酶类制剂有胰蛋白酶、糜蛋白酶、玻璃酸酶、菠萝蛋白酶及胶原酶，临床上根据其不同特点，用途各异。

高频考点　1. 维生素缺乏症及治疗措施
2. 各种维生素的用途

自　测　题

1. 与人体视力有关，缺乏容易得夜盲症的脂溶性维生素是
   A. 维生素A　　B. 维生素B_1
   C. 维生素D　　D. 维生素K
   E. 维生素C
2. 脚气病与以下哪种维生素缺乏有关
   A. 维生素A　　B. 维生素B_1
   C. 维生素B_2　　D. 维生素B_6
   E. 叶酸
3. 以下哪种维生素是水溶性维生素
   A. 维生素A　　B. 维生素B_2
   C. 维生素D　　D. 维生素E
   E. 以上皆是
4. 缺乏下列何种维生素可导致口角炎
   A. 维生素A　　B. 维生素B_1
   C. 维生素B_2　　D. 维生素C
   E. 维生素PP
5. 与人体骨骼有关，缺乏容易得骨质疏松的维生素是
   A. 维生素A　　B. 维生素B_1
   C. 维生素D　　D. 维生素K
   E. 维生素B_2
6. 以下哪种维生素具有抗衰老作用
   A. 维生素A　　B. 维生素B_1
   C. 维生素E　　D. 维生素K
   E. 维生素PP

（蔡秀婷）

主要参考文献

陈新谦，金有豫，汤光. 2018. 新编药物学. 18版. 北京：人民卫生出版社

国家基本药物临床应用指南编委会. 2019. 国家基本药物处方集(化学药品和生物制品). 北京：人民卫生出版社

国家基本药物临床应用指南编委会. 2019. 国家基本药物临床应用指南(化学药品和生物制品). 北京：人民卫生出版社

国家药典委员会. 2020. 中华人民共和国药典. 北京：中国医药科技出版社

国家药典委员会. 2024. 中国药品通用名称. 北京：化学工业出版社

王吉耀，葛均波，邹和建. 2022. 实用内科学. 16版. 北京：人民卫生出版社

王开贞，李卫平. 2019. 药理学. 8版. 北京：人民卫生出版社

徐红. 20022. 药理学. 5版. 北京：科学出版社

杨宝峰. 2021. 药理学. 9版. 北京：人民卫生出版社

自测题（选择题）参考答案

第1章　绪言

1. D　2. A　3. D　4. D　5. C

第2章　药物代谢动力学

1. C　2. D　3. B　4. C　5. B　6. C

第3章　药物效应动力学

1. B　2. B　3. D　4. A　5. C

第4章　影响药物作用的因素

1. C　2. E　3. B　4. C　5. D　6. A

第5章　传出神经系统药理概论

1. C　2. E　3. B　4. C　5. D　6. A

第6章　拟胆碱药

1. E　2. A　3. B　4. C　5. D　6. D

第7章　抗胆碱药

1. B　2. D　3. C　4. D　5. B　6. E

第8章　拟肾上腺素药

1. A　2. A　3. D　4. B　5. B　6. E

第9章　抗肾上腺素药

1. A　2. E　3. E　4. D　5. A　6. D

第10章　局部麻醉药

1. A　2. B　3. A　4. A　5. B　6. B

第11章　镇静催眠药和抗惊厥药

1. C　2. D　3. D　4. C

第12章　抗癫痫药

1. A　2. C　3. B　4. E　5. D　6. D

第13章　抗帕金森病药和治疗阿尔茨海默病药

1. B　2. C　3. E　4. E　5. D　6. B

第14章　抗精神失常药

1. B　2. B　3. B　4. A　5. D　6. D

第15章　镇痛药

1. E　2. C　3. B　4. C　5. A　6. C

第16章　解热镇痛抗炎药

1. B　2. E　3. A　4. E　5. C　6. C

第17章　抗痛风药

1. A　2. A　3. C　4. A　5. B

第18章　中枢兴奋药与促大脑功能恢复药

1. C　2. B　3. C　4. B　5. A

第19章　利尿药与脱水药

1. E　2. A　3. B　4. B　5. C　6. E

第20章　抗高血压药

1. E　2. D　3. E　4. C　5. D　6. B

第21章　抗心律失常药

1. D　2. E　3. A　4. E　5. E　6. C

第22章　治疗心力衰竭的药物

1. A　2. E　3. A　4. C　5. D　6. B

第23章　抗心绞痛药

1. C　2. D　3. C　4. D　5. B　6. C

第24章　抗动脉粥样硬化药

1. D　2. B　3. B　4. C　5. E　6. E

第25章　作用于血液与造血系统的药物

1. E　2. C　3. E　4. C　5. B　6. A

第26章　拟组胺药与抗组胺药

1. E　2. B　3. B　4. B　5. A　6. B

第27章　作用于消化系统的药物

1. B　2. D　3. B　4. E　5. B

第28章　作用于呼吸系统的药物

1. B　2. C　3. B　4. B　5. C　6. B

第29章　子宫平滑肌收缩药与舒张药

1. C　2. A　3. A　4. A　5. A　6. B

第30章　肾上腺皮质激素类药

1. A　2. B　3. E　4. C　5. C　6. A

第31章　甲状腺激素类药与抗甲状腺药

1. A　2. A　3. E　4. C　5. B　6. E

第32章　降血糖药

1. B　2. D　3. E　4. A　5. B　6. E

第33章　性激素类药与抗生育药

1. D　2. D　3. A　4. B　5. A　6. A

第34章　抗菌药物概论

1. B　2. C　3. B　4. E

第35章 抗生素

1. C 2. E 3. C 4. D 5. B 6. B 7. A 8. E
9. E 10. A 11. D 12. C 13. C 14. D 15. E
16. B 17. A 18. A 19. D 20. D 21. E

第36章 人工合成抗菌药

1. B 2. C 3. C 4. D 5. C 6. B

第37章 抗结核病药

1. D 2. C 3. D 4. A 5. E 6. A

第38章 抗真菌药

1. B 2. D

第39章 抗病毒药

1. D 2. B 3. A 4. B

第40章 抗寄生虫药

1. C 2. A 3. B 4. B 5. C 6. B

第41章 抗恶性肿瘤药

1. D 2. D 3. A 4. C 5. C 6. C

第42章 影响免疫功能药

1. C 2. D 3. C 4. C 5. B 6. B

第43章 解毒药

1. C 2. A 3. E 4. C 5. B 6. C

第44章 盐类及酸碱平衡调节药

1. E 2. D 3. C 4. E 5. D 6. A

第45章 消毒防腐药

1. C 2. C 3. A 4. D 5. E 6. A

第46章 维生素类及酶类制剂

1. A 2. B 3. B 4. C 5. C 6. C 1